国家社会科学基金重点项目（16AYY003）
中国博士后科学基金第9批特别资助项目（2016T90177）
湖南省2011协同创新中心"武陵山区民族生态文化中心"资助项目
湖南省湘西民族语言研究基地开放基金资助项目

湘西汉语方言音韵研究

邹晓玲——

著

中国社会科学出版社

图书在版编目（CIP）数据

湘西汉语方言音韵研究／邹晓玲著.—北京：中国社会科学出版社，2017.9
ISBN 978-7-5203-0810-6

Ⅰ.①湘⋯ Ⅱ.①邹⋯ Ⅲ.①汉语方言-音韵学-方言研究 Ⅳ.①H17

中国版本图书馆 CIP 数据核字（2017）第 195875 号

出 版 人	赵剑英
责任编辑	张　林
特约编辑	张冬梅
责任校对	周　昊
责任印制	戴　宽

出　　版	中国社会科学出版社
社　　址	北京鼓楼西大街甲 158 号
邮　　编	100720
网　　址	http://www.csspw.cn
发 行 部	010-84083685
门 市 部	010-84029450
经　　销	新华书店及其他书店

印　　刷	北京明恒达印务有限公司
装　　订	廊坊市广阳区广增装订厂
版　　次	2017 年 9 月第 1 版
印　　次	2017 年 9 月第 1 次印刷

开　　本	710×1000　1/16
印　　张	18
插　　页	2
字　　数	325 千字
定　　价	86.00 元

凡购买中国社会科学出版社图书，如有质量问题请与本社营销中心联系调换
电话：010-84083683
版权所有　侵权必究

序

  2010年9月，邹晓玲考取中山大学中文系汉语言文字学专业博士研究生，以汉语方言作为研究方向。三年中，本人作为其导师，除了为她讲授两门专业基础课程，还带她及其他博士生先后到粤东、粤北、湘西、鄂西北、豫西南等地调查方言，并全程指导她撰写课程论文和博士学位论文。我本人的许多方言知识，特别是有关湘西方言的知识，便是来源于这个教学相长的经历。博士毕业后不久，晓玲进入中国社会科学院语言研究所师从麦耘研究员做博士后研究，继续从事湘西方言的调查研究工作，调查能力和研究水平都大有长进。《湘西汉语方言音韵研究》是晓玲在中山大学博士学位论文的基础上，结合国家社科基金重点项目和中国博士后科学基金特别资助项目的阶段性成果撰写而成的一部专著，即将在中国社会科学出版社出版。我作为通读全稿的第一个读者，自然深感欣慰。

  该书所说的湘西实为湘西土家族苗族自治州（简称湘西）。湘西地处云贵高原、鄂西山地与洞庭湖平原的结合部，历史上是我国南方许多少数民族的聚居地。在特殊的地理、历史背景下，今天湘西的语言生活丰富多彩，单是汉语方言就有乡话、湘语、西南官话和一些归属未明的小土话。迄今为止诸如乡话的性质和归属、湘语与西南官话的界定和划分、非官话和官话的历史关系和现实联系以及众多小土话的来源和特征等，在学界都还是一些没有很好解决的问题。本书打破了以往对于湘西方言只注重某时某地单一方言静态的研究状况，首次把湘西的汉语方言作为一个整体进行综合的考察，以17个方言点的材料作为基本依据，从共时的角度对湘西的汉语方言音韵进行描写分析和横向比较，并从历时的角度探讨其发展演变规律，进而归纳区域特征和分析方言归属，在此基础上探讨湘西汉语方言的地理格局及其历史形成。相信本书的出版，对于解决上述问题将会提供一方重要的参考。本书有几个显著的优点值得称道，至少值得重视。

  第一，本书主要涉及湘西汉语方言17个点的语音、词汇材料，其中14个方言点的材料均为作者通过实地调查所得。在调查过程中，作者改变过去只靠耳听口辨的传统调查方式，尽量利用声学实验的方法辅助调查研究，把传统调查法和现代调查法进行结合，展现大量的实验结果，互相验证，做到尽量忠于语言事实。另外，本书绘制了多幅精美的音韵特征图和方言分布图，形象地展示湘西方言重要音韵特征的分布和语言地理的格局，也是非常值得提倡的。

第二，本书论证了湘西不仅有湘语、西南官话和乡话的存在，并且还有以赣语为底层和以湘语为底层的混合性方言，厘清了湘西各种汉语方言之间的发展演变关系，对于重新认识湘西汉语方言的性质、系属具有重要的学术意义。如所周知，湘西除了乡话之外的其他汉语方言，其系属问题历来颇有争议，大略说来有三种意见。第一种认为湘语、西南官话两分，如日本学者辻伸久（1979）以吉首、古丈、保靖、花垣、永顺、泸溪等地方言古全浊声母仍保留浊音，归为老湘型方言，其余为西南官话；《中国语言地图集》（1987）认为除永顺、凤凰、龙山为西南官话外，其他各地都属湘语；陈晖、鲍厚星（2007）认为除泸溪为湘语外，其余皆为西南官话。第二种认为西南官话、混合语二分，如《湖南方言调查报告》（1974）把花垣、永顺、保靖、古丈、凤凰、泸溪、乾城归为第五区（西南官话），把龙山列为第三区（兼具湘语与西南官话色彩）。第三种认为都属西南官话，持这种观点的以周振鹤、游汝杰（1985）和李蓝（1994）等为代表。本书通过对17个代表性方言的内部比较，以及结合周边其他方言的横向比较，从共时和历时两个维度来看待湘西方言的性质、系属问题，明确指出湘西方言分为民乐片（西南官话）、乾州片（混合性方言）、洗溪片（湘语）、高峰片（乡话）等四片。其中特别值得关注的是乾州片（混合性方言），本书认为该片又分为沱江小片和乾州小片。沱江小片以凤凰县沱江方言为代表，过往所有的研究成果都毫无争议地把它归为西南官话，但是本书指出"早期的沱江方言应是赣语，只是在西南官话的大肆进逼之下，也带上了许多西南官话的色彩""沱江方言在未来的进一步发展过程中，其赣语色彩最终会被西南官话所消磨取代"，非常有见地；乾州小片包括乾州吉首、花垣、古阳_{古丈}、迁陵_{保靖}、王村_{永顺}五个方言点，本书认为其"前身"是湘语，但是"随着西南官话在湘西的进一步扩散，乾州小片方言相对于洗溪片和高峰片方言而言会率先完成向西南官话的转变"，也是符合事实的。本书深刻认识到在地域上相毗邻的语言或方言，不管是否具有亲属关系，完全有可能出于语言的相互影响而形成某些共同的区域特征，这是关系到能否正确看待边界混合性方言的"前身"和"今世"的最重要的理论武器。除了上述片区的方言，湘西还有一些归属未明的小土话，通过实地调查和比较研究，本书明确指出分布在古丈县山枣乡一带的"六保话"属于乡话，而河蓬乡一带的"死客话"则属于辰溆片湘语。

第三，本书最后一章着重指出湘西汉语方言的地理格局首先是官话与非官话两分，这种地理格局既跟湘西的各大主要河流高度相关，又与湘西的山川地貌紧密相联，如官话区分布于西北中山山原区，混合性方言区基本处于中部低山山原区，湘语主要分布于东南部的低山山丘区，乡话也主要分布于中部及东南部地区。本书还进一步论证了湘西汉语方言地理格局的形成与历代行政区划、历代移民以及语言接触的关系，把语言的本体研究与地理、历史、文化研究结合起来，得出的结论自然更接地气，更有说服力，对于多语言、多方言混杂地区的语言及方言研究具有积极的借鉴意义。

本书最明显的不足是田野调查的广度和深度问题。如上所述，湘西的汉语方言品种多，变异大，各大方言在地理上的分布尽管存在一定的格局，甚至可以人为地划分出不同的区片，但是整体上毫无疑问是一个渐进演变的连续统，这就需要密集布点，以地理语言学的眼光来加以观照。本书17个方言点的调查数量以及每个方言点字、词的调查体量显然不够，一些非常重要的方言点如凤凰县官庄乡没有专门进行调查，一些非常重要的语音项目如儿化的类型也没有专门涉猎，可以说不无遗憾。好在作者历来非常勤勉刻苦，而且目前已经申请到相关的一些研究课题，未来只要假以时日一定可以弥补上述的不足，为湘西方言乃至湖南方言的调查研究做出更大的贡献。

是为序。

庄初升
2017 年 5 月 18 日于广州

目 录

第一章 绪论 ··· 1
第一节 湘西的地理历史概况 ································· 1
一 地理环境及水陆交通 ······································· 1
二 历史沿革和人口 ··· 3
第二节 湘西语言概况 ··· 4
一 土家语 ··· 4
二 苗语 ··· 6
三 汉语方言 ··· 10
第三节 湘西汉语方言语音研究概况 ······················ 11
第四节 湘西汉语方言音韵研究的意义、思路和方法 ··· 17
一 研究意义 ··· 17
二 研究思路 ··· 17
三 研究方法 ··· 18
第五节 材料来源及发音合作人简介 ······················ 18

第二章 湘西汉语方言代表点音系 ······················· 21
第一节 湘西西北部方言代表点音系 ······················ 21
一 龙山县民安镇方言音系 ·································· 21
二 龙山县里耶乡方言音系 ·································· 22
三 永顺县万坪镇方言音系 ·································· 24
四 永顺县润雅乡方言音系 ·································· 25
五 保靖县野竹坪镇方言音系 ······························ 27
六 花垣县民乐镇方言音系 ·································· 28
第二节 湘西东南部方言代表点音系 ······················ 30
一 凤凰县沱江镇方言音系 ·································· 30
二 永顺县王村方言音系 ······································ 31
三 保靖县迁陵镇方言音系 ·································· 32
四 花垣县花垣镇方言音系 ·································· 34
五 吉首市乾州镇方言音系 ·································· 36

六　古丈县古阳镇方言音系……………………………………37
　　七　古丈县高峰乡话音系……………………………………39
　　八　古丈县山枣乡"六保话"音系……………………………40
　　九　古丈县河蓬乡"死客话"音系……………………………42
　　十　泸溪县洗溪镇方言音系…………………………………44
　　十一　泸溪县岩头河乡话音系………………………………46
第三章　湘西汉语方言与中古音系的比较……………………………48
　第一节　声母的比较……………………………………………48
　第二节　韵母的比较……………………………………………52
　第三节　声调的比较……………………………………………65
第四章　湘西汉语方言的声母……………………………………………67
　第一节　古全浊声母的今读类型及演变………………………67
　　一　古全浊声母今读的类型…………………………………69
　　二　古全浊声母的演变………………………………………78
　第二节　古次浊声母的今读类型及演变………………………94
　　一　古泥母与来母今读的分混………………………………94
　　二　古影疑母的今读以及与泥来母的分混…………………96
　　三　古日母的今读与演变……………………………………97
　第三节　古精知庄章组声母的今读类型及演变……………102
　　一　古精知庄章组声母的今读类型………………………102
　　二　古精知庄章组声母的演变……………………………109
　　三　乡话古知组读如端组的类型和性质…………………112
　第四节　古见组的今读及尖团音的分混……………………118
　　一　古见组二等字的今读…………………………………118
　　二　古见组三、四等字的今读……………………………119
　　三　尖团音的分混…………………………………………120
　第五节　古非晓组的今读类型及演变………………………122
　　一　古非晓组声母的今读类型……………………………122
　　二　古非晓组声母的演变…………………………………124
第五章　湘西汉语方言的韵母…………………………………………127
　第一节　古阴声韵………………………………………………127
　　一　果假摄的今读类型与演变……………………………127
　　二　鱼虞韵的分合…………………………………………136
　　三　支微入鱼………………………………………………143
　　四　蟹效摄一、二等韵的分混……………………………146

五　效流摄的分混……………………………………………… 148
　第二节　古阳声韵……………………………………………………… 149
　　　一　古阳声韵的今读类型及分布………………………………… 149
　　　二　古阳声韵的演变……………………………………………… 153
　　　三　古阳声韵演变的特殊性……………………………………… 157
　第三节　古入声韵……………………………………………………… 160
　　　一　古入声韵的演变……………………………………………… 161
　　　二　古入声韵今读鼻音韵的现象………………………………… 167

第六章　湘西汉语方言的声调………………………………………………… 172
　第一节　古平声的演变………………………………………………… 172
　第二节　古上声的演变………………………………………………… 173
　第三节　古去声的演变………………………………………………… 180
　　　一　古清去、浊去今读无别……………………………………… 180
　　　二　古清去、浊去今读有别……………………………………… 181
　　　三　沱江方言全浊上、浊去今读阴平的现象…………………… 182
　第四节　古入声的演变………………………………………………… 185
　　　一　有入声调的方言……………………………………………… 185
　　　二　无入声调的方言……………………………………………… 186
　第五节　湘西汉语方言声调的特点…………………………………… 190
　　　一　调类分合、演变的特点……………………………………… 190
　　　二　调型、调值上的特点………………………………………… 192
　　　三　湘西汉语方言共时声调格局的成因………………………… 192
　　　四　调类的发展趋势……………………………………………… 194
　第六节　湘西汉语方言的两种特殊声调……………………………… 196
　　　一　嘎裂声………………………………………………………… 197
　　　二　假声…………………………………………………………… 201

第七章　湘西汉语方言的区域特征及内部分片……………………………… 204
　第一节　湘西汉语方言音韵的区域特征……………………………… 204
　第二节　湘西汉语方言内部分片……………………………………… 209
　　　一　民乐片………………………………………………………… 210
　　　二　乾州片………………………………………………………… 212
　　　三　洗溪片………………………………………………………… 212
　　　四　高峰片………………………………………………………… 213
　第三节　湘西汉语方言的归属………………………………………… 214
　　　一　民乐片归属…………………………………………………… 215

二　乾州片归属 ································· 218
　　三　洗溪片归属 ································· 224
　　四　高峰片归属 ································· 230
第八章　湘西汉语方言的地理格局及其形成 ················ 239
　第一节　地理格局 ································· 239
　第二节　地理格局的形成 ····························· 241
　　一　历史地理、行政区划与地理格局的形成 ·············· 241
　　二　历史移民与地理格局的形成 ······················ 242
　　三　语言接触与地理格局的形成 ······················ 250
结语 ·· 256
参考文献 ·· 257
后记 ·· 271

图 目 录

图 1-1　湘西土家族苗族自治州行政区域 ………………………………… 2
图 1-2　湘西土家语分布 ……………………………………………………… 5
图 1-3　湘西苗语分布 ………………………………………………………… 7
图 1-4　湘西汉语方言调查代表点 ………………………………………… 19
图 2-1　里耶方言等长时间基频曲线 ……………………………………… 23
图 2-2　万坪方言等长时间基频曲线 ……………………………………… 25
图 2-3　润雅方言等长时间基频曲线 ……………………………………… 26
图 2-4　野竹坪方言等长时间基频曲线 …………………………………… 28
图 2-5　民乐方言等长时间基频曲线 ……………………………………… 29
图 2-6　王村方言浊音声母例字的语图 …………………………………… 31
图 2-7　迁陵方言浊音声母例字的语图 …………………………………… 33
图 2-8　迁陵方言等长时间基频曲线 ……………………………………… 34
图 2-9　花垣方言浊音声母例字的语图 …………………………………… 34
图 2-10　花垣方言等长时间基频曲线 …………………………………… 35
图 2-11　乾州方言浊音声母例字的语图 ………………………………… 36
图 2-12　乾州方言等长时间基频曲线 …………………………………… 37
图 2-13　古阳方言浊音声母例字的语图 ………………………………… 38
图 2-14　古阳方言等长时间基频曲线 …………………………………… 39
图 2-15　山枣"六保话"浊音声母例字的语图 ………………………… 41
图 2-16　山枣"六保话"等长时间基频曲线 …………………………… 42
图 2-17　河蓬"死客话"浊音声母例字的语图 ………………………… 42
图 2-18　河蓬"死客话"等长时间基频曲线 …………………………… 44
图 2-19　洗溪方言浊音声母例字的语图 ………………………………… 44
图 2-20　洗溪方言等长时间基频曲线（发音人为女性） ……………… 45
图 4-1　湘西方言全浊声母今读及演变 …………………………………… 93
图 4-2　湘西汉语方言古精知庄章组声母的今读类型 …………………… 108
图 5-1　湘西汉语方言蟹假果遇摄主元音今读类型 ……………………… 137
图 6-1　"通同桶痛"的发音 ………………………………………………… 195

图 6-2　洗溪方言等长时间基频曲线（发音人为女性）……………… 196
图 6-3　河蓬"死客话"等长时间基频曲线…………………………… 196
图 6-4　洗溪"半"pai^{213}（龙永文发音）河蓬"半"
　　　　pai^{213}（苏青禄发音）………………………………………… 198
图 6-5　"白"p^{h}ai^{213}（龙永文发音）…………………………………… 199
图 6-6　"桂"kui^{213}（龙永文发音）…………………………………… 199
图 6-7　"桂"kui^{213}（龙玉燕发音）…………………………………… 199
图 6-8　"痛"t^{h}oŋ^{213}（龙玉燕发音）………………………………… 199
图 6-9　"滴"ti^{213}（龙玉燕发音）……………………………………… 200
图 6-10　河蓬"白"p^{h}ai^{213}＝"派"p^{h}ai^{213}（苏青禄发音）………… 200
图 6-11　"第"ti^{45}（龙玉燕发音）……………………………………… 201
图 6-12　"事"sղ^{45}（苏青禄发音）……………………………………… 202
图 7-1　湘西汉语方言内部分片……………………………………… 211
图 7-2　湘西汉语方言土语区示意图………………………………… 221
图 8-1　湘西地形地貌………………………………………………… 240

表 目 录

表 3-1	中古声类与湘西汉语方言声母主要对应表（1）	48
表 3-1	中古声类与湘西汉语方言声母主要对应表（2）	49
表 3-1	中古声类与湘西汉语方言声母主要对应表（3）	50
表 3-1	中古声类与湘西汉语方言声母主要对应表（4）	50
表 3-1	中古声类与湘西汉语方言声母主要对应表（5）	51
表 3-2	中古韵类与湘西汉语方言韵母主要对应表（1）	52
表 3-2	中古韵类与湘西汉语方言韵母主要对应表（2）	53
表 3-2	中古韵类与湘西汉语方言韵母主要对应表（3）	54
表 3-2	中古韵类与湘西汉语方言韵母主要对应表（4）	55
表 3-2	中古韵类与湘西汉语方言韵母主要对应表（5）	55
表 3-2	中古韵类与湘西汉语方言韵母主要对应表（6）	56
表 3-2	中古韵类与湘西汉语方言韵母主要对应表（7）	57
表 3-2	中古韵类与湘西汉语方言韵母主要对应表（8）	57
表 3-2	中古韵类与湘西汉语方言韵母主要对应表（9）	58
表 3-2	中古韵类与湘西汉语方言韵母主要对应表（10）	59
表 3-2	中古韵类与湘西汉语方言韵母主要对应表（11）	60
表 3-2	中古韵类与湘西汉语方言韵母主要对应表（12）	60
表 3-2	中古韵类与湘西汉语方言韵母主要对应表（13）	61
表 3-2	中古韵类与湘西汉语方言韵母主要对应表（14）	62
表 3-2	中古韵类与湘西汉语方言韵母主要对应表（15）	62
表 3-2	中古韵类与湘西汉语方言韵母主要对应表（16）	63
表 3-2	中古韵类与湘西汉语方言韵母主要对应表（17）	64
表 3-2	中古韵类与湘西汉语方言韵母主要对应表（18）	64
表 3-3	中古调类与湘西汉语方言调类主要对应	65
表 4-1	古全浊擦音声母清化为清擦音的情况	78
表 4-2	古匣母字今读	79
表 4-3	湘西汉语古影疑母的今读	96
表 4-4	湘西汉语古日母的今读	98

表 4-5	古精知庄章组声母的今读	102
表 4-6	古见组二等字的今读	118
表 4-7	古见组三、四等字的今读	120
表 4-8	尖团音分混情况	121
表 4-9	古非晓组声母的今读	122
表 5-1	湘西汉语方言果摄韵的今读	127
表 5-2	湘西汉语方言果摄一等字今读类型	128
表 5-3	湘西汉语方言假摄韵的今读	131
表 5-4	假摄开口二等韵见系字的文白异读	133
表 5-5	湘西汉语蟹、假、果、遇四摄的元音	136
表 5-6	湘西汉语古鱼虞韵的今读	137
表 5-7	现代汉语方言中的鱼虞韵今读	141
表 5-8	粤北土话的鱼虞韵今读	143
表 5-9	蟹摄一、二等字今读分合的情况	146
表 5-10	效摄一、二等字今读分合的情况	147
表 5-11	效流摄今读的分合情况	148
表 5-12	湘西汉语方言阳声韵今读类型、音值及分布情况	154
表 5-13	古阳声韵在湘西汉语方言中的演变情况	154
表 6-1	湘西汉语方言古平声字今读	173
表 6-2	沱江、洗溪和河蓬古全浊上声字的今读	174
表 6-3	高峰型方言点古全浊上声字今读	178
表 6-4	乾州型方言点古全浊上声字今读	178
表 7-1	湘西汉语方言的声母特征比较	204
表 7-2	湘西汉语方言的韵母特征比较	206
表 7-3	湘西汉语方言的声调特征比较	207
表 7-4	湘西汉语方言的内部分片	210
表 7-5	民乐片方言与贵阳、重庆、桑植方言声调比较	216
表 7-6	万坪方言与常德等地方言古四声今读的比较	217
表 7-7	沱江方言与周边西南官话型方言声调比较	220
表 7-8	"死客话"与湘语辰溆片声母系统的比较	228
表 7-9	"死客话"与泸溪湘语声调比较	229
表 8-1	凤凰县移民来源（1）	246
表 8-2	凤凰县移民来源（2）	247
表 8-3	乾州小片与周边西南官话、湘语古阳声韵今读比较	251

第一章 绪论

第一节 湘西的地理历史概况

一 地理环境及水陆交通

湘西土家族苗族自治州（以下简称"湘西"）是我国 30 个少数民族自治州之一，位于湖南省西北部，中国东西部地区的结合部。地理坐标为东经 109°10′—110°22.5′，北纬 27°44.5′—29°38′。武陵山脉自西南向东北蜿蜒境内，系云贵高原东北侧与鄂西山地西南端之结合部，西跨云贵高原，北接鄂西山地，东南以雪峰山为屏障。州域地势由西北向东南倾斜。州境东部、东北部与湖南省怀化市、张家界市交界，西南与贵州省铜仁地区接壤，西部与重庆市秀山县、酉阳县毗连，西北部与湖北省恩施州相邻，是湘、鄂、渝、黔四省市交界之地。现辖吉首市和泸溪、凤凰、花垣、保靖、古丈、永顺、龙山 7 个县（见图 1-1），总面积 15485.99 平方公里（《湘西州志》，1999：105—106、139）。据 2010 年第六次全国人口普查数据，湘西总人口为 2845797 人，世居主体民族土家族占 41.5%、苗族占 33.1%。

湘西因居湘、鄂、渝、黔四省市交界处，是中国西南部重要交通要道。清代以前，境域交通以便道和溪河为凭靠，陆路运输均为肩挑背负，故民谣称："山高路窄插云霄，千年扁担压断腰。"通向境外的水路主要有沅、澧两大河流，此外还有酉水、武水。沅水，是湖南四大水系之一，"发源于贵州省都匀县云雾山鸡冠岭，于德山入洞庭湖。干流从泸溪县浦市镇小熟坪上游约 1 公里入境，流经浦市镇、白沙镇、武溪镇会武水，下流至大龙溪出境，过境进程约 40 公里，在州境流域面积 1158.8 平方公里"（《湘西州志》，1999：149）。澧水，亦属湖南四大水系之一，源于永顺、桑植，向东流经张家界、石门、澧县、津市、注入洞庭湖，是湘西北部主要水路交通。酉水，是古代"五溪"之一，源于鄂、渝、黔三省，由西向东横穿龙山、保靖、永顺、古丈等县，至怀化地区沅陵县注入沅江，是湘西中部、西北部通往大西南的重要水运交通线，历代为兵家必争之河道。酉水，在湘西境内航程 210 公里，其中保靖至凤滩 99 公里，可航行 100—300 吨船舶。其

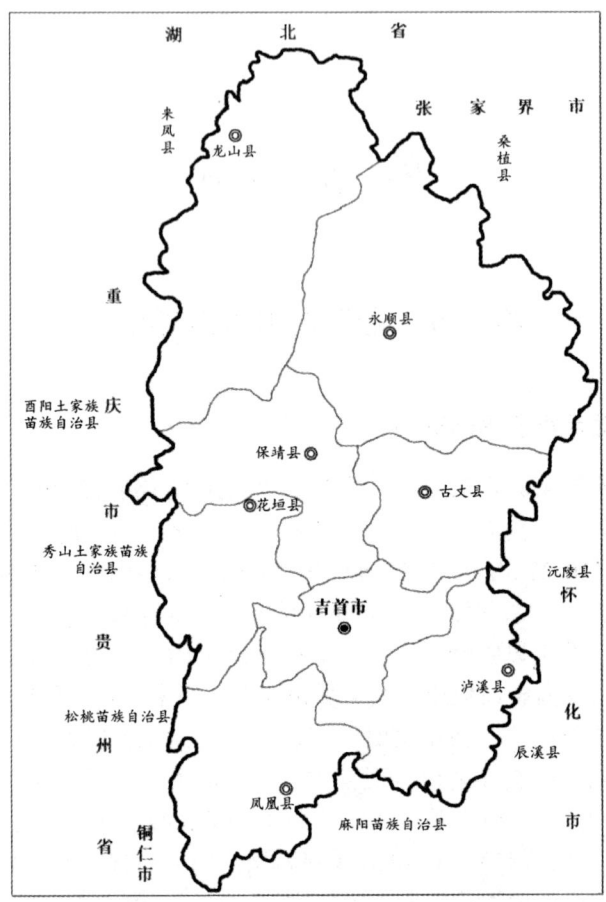

图 1-1　湘西土家族苗族自治州行政区域

中，湖南省内外著名的旅游风景区猛洞河属于酉水中段的一大支流，在古丈县罗依溪与贯穿南北的焦柳铁路相交，沿河 7 个主要港口连通 309 号国道和 1828 号省道，形成以罗依溪为中心的水路交通网。武水，又名峒河，深入湘西苗寨之中，"自来言苗事者，必讲峒河运输"。民国时期，湘西境内开始修建公路，现有国道 2 条，443.40 公里；省道 5 条，462.92 公里；县道 73 条，1899.44 公里；乡道 164 条，1832.24 公里。319 国道自沅陵县与泸溪县交界之枚子山入境，经泸溪、吉首至花垣茶洞镇入渝，境内共 179.59 公里；209 国道自鄂、湘交界之龙山县官渡口入州境，经龙山、永顺、保靖、花垣、吉首至凤凰石羊哨出境，进入怀化地区麻阳县，境内 334.27 公里。20 世纪 70 年代末，焦柳铁路在州境全线贯通，经永顺、古丈、吉首、泸溪、凤凰 5 县市，境内正线长 145.32 公里。2012 年，渝湘高速公路最后一段吉首至茶峒正式建成通车，标志着从自治州首府吉首到长沙、重庆的渝湘高速公路全线贯通。

二 历史沿革和人口

湘西历史悠久。唐虞之时，有"蛮地"之称，属"三苗"范围。夏，为"荆州之域"。商代，属楚"鬼方"地域。西周至春秋，属楚"黔中地"。战国时属楚黔中郡。西汉属武陵郡。三国时初属蜀，后属吴。西晋、东晋属荆州武陵郡。南朝时期，相继属宋、齐、梁、陈国。隋朝，属荆州沅陵郡。唐五代时期属黔中道。宋代为荆湖北路的辰州、澧州。元为湖广行省恩州军民安抚司、新添葛蛮安抚司和四川行省永顺司。明置永顺宣慰司、保靖州宣慰司，其余为岳、辰两州地。清置永顺府和凤凰、乾州、永绥直隶厅，东北部为澧州地。民国时期的1914—1922年间为辰沅道地，1938—1949年为第八、第九行政督察区。中华人民共和国成立之初，凤凰、乾城（今吉首）、永绥（今花垣）、泸溪等县和永顺、龙山、保靖、古丈等县分属沅陵专区、永顺专区。1952年8月，湘西苗族自治区成立，辖吉首、泸溪、凤凰、古丈、花垣、保靖6县，并代管永顺、龙山、桑植、大庸（今张家界永定区）4县。年底，代管4县亦属直接管辖。1955年4月，湘西苗族自治区改为湘西苗族自治州。1957年9月，湘西土家族苗族自治州正式成立。州府设吉首，辖吉首、泸溪、凤凰、花垣、保靖、古丈、永顺、龙山、桑植、大庸10县。1982年和1985年，吉首、大庸先后改县设市。1988年，大庸市升为地级市（即今张家界市），同年12月31日，大庸市及桑植县正式划出湘西。1989年至今，湘西土家族苗族自治州辖吉首、泸溪、凤凰、花垣、保靖、古丈、永顺、龙山8县市（《湘西州志》，1999：108—113）。

据考古发现，湘西旧石器时代就有人类活动。西汉高帝二年（前205）在今永顺、保靖二县分别设酉阳县、迁陵县。今州域有文字可考的人口史料，自唐朝开始。据《新唐书·地理志》记载，唐开元二十八年（740），溪州灵溪郡（含今永顺、龙山、保靖、古丈4县）有2184户15282人，人口密度为每平方公里1.60人。清康熙、雍正年间，今州域8县市户口为39862户246176人。乾隆二十年（1681）前后，州域总人口为100539户499104人。嘉庆二十一年（1816），人口总量为125359户812749人。同治十年（1817），今州域总人口为128038户588745人。随着经济和社会的发展，人口繁衍生息，不断增多。民国时期总人口超过100万，中华人民共和国成立后，人口总数大幅增长，据2010年第六次全国人口普查数据，州域总人口为2845797人。湘西境内现有43个民族，主体少数民族是土家族、苗族，各民族长期以来处于大杂居、小聚居的状态。其中，人口过千的少数民族有回族、瑶族、侗族和白族。旧时，土家族、苗族多居住在比较偏僻的乡村，汉族多分布于交通相对便利的河畔叉口、集镇圩场。随着经济文化交流的日益频繁，各民族之间的交往融合进一步加强。

第二节 湘西语言概况

湘西是一个以土家族、苗族和汉族等为主的多民族杂居区，土家族主要集中在北半部及中部的永顺、龙山、保靖、古丈和吉首，苗族主要集中在南半部及中部的花垣、凤凰、吉首、泸溪、保靖、古丈。湘西既处于方言交界地带，又是一个多民族、多语言、多方言共存、接触和交融地区，语言和方言分布相当复杂，土家族、苗族都有自己的语言，但汉语是这一地区的通用交际语。就汉语来说，主要有湘语、西南官话、乡话、小土话以及以赣语或湘语为底层的过渡语，各种语言和方言呈交错分布状态，其中乡话和土话已高度濒危。概述如下。

一 土家语

湘西土家族有自己的语言——土家语。土家语的系属问题至今未有定论，大部分学者认为属汉藏语系藏缅语族，但其具体系属仍未能确定。[①]土家语分北部方言和南部方言，北部方言又可划分为龙山土语和保靖土语。土家语北部方言区土家族人自称为"毕兹卡"[$pi^{35}tsɿ^{55}kʰa^{21}$]，其方言分布在龙山、永顺、保靖、古丈等县，各地均能通话，约10万人操此种方言。具体分布情况为龙山县东南部的洗车河镇、隆头镇、苗儿滩镇、靛房镇、洛塔乡、干溪乡、猛西乡、凤溪乡、坡脚乡、他砂乡、内溪乡、贾市乡、岩冲乡、长潭乡、里耶镇；永顺县西部的对山乡、和平乡、西歧乡、首车镇、勺哈乡；保靖县西北部的隆头乡、比耳镇、马王乡、拔茅镇、普戎镇、昂洞乡、龙溪乡、簸箕乡，东南部的涂乍乡、仙人乡；古丈县西北部的茄通乡、断龙乡。南部方言区土家族人自称为"孟兹"[$mõ^{21}dʐ^{21}$]，其方言主要分布在泸溪县的潭溪镇（湘西土家语具体分布点见图1-2，图来自陈康《土家语研究》（2006：153），现约有2000人说此种方言，与北部方言语音、词汇差别较大，故南北方言互相不能通话。

土家语语音特征如下。

1. 声母都是单辅音，有送气和不送气之分；无塞、塞擦浊音，南部方言虽有浊音，但清浊对立者甚少；擦音声母中的舌尖前和舌根音分清、浊两套。

[①] 学界关于土家语归属的几种观点，请见杨再彪《湖南西部四种濒危语言调查》（2011：33）。

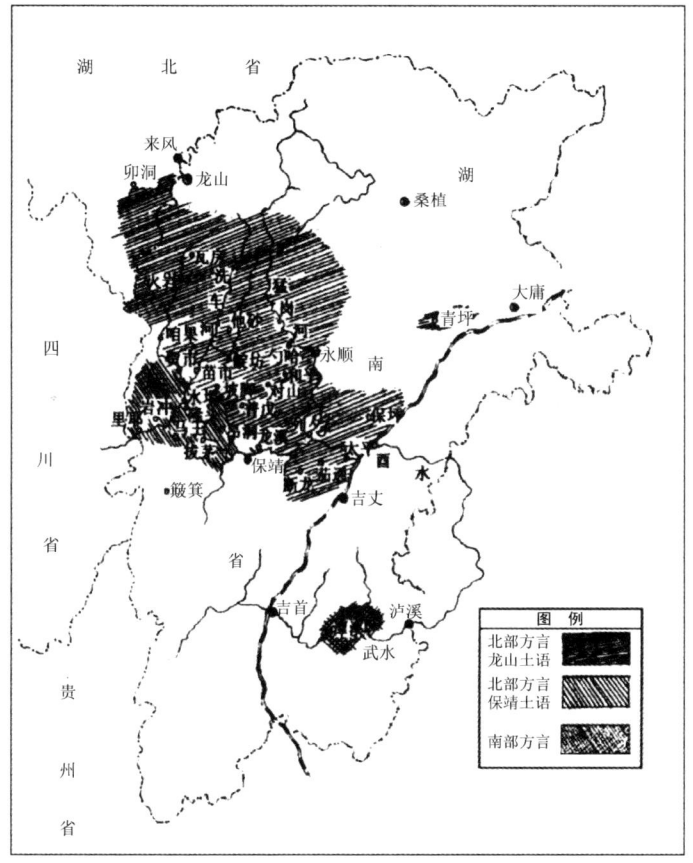

图 1-2 湘西土家语分布

2. 韵母有单元音、二合元音、三合元音、鼻化元音，鼻化元音非常的丰富；元音没有松紧、长短、轻重的对立；另还有一部分专拼汉借词的韵母。

3. 声调有 3—5 个，一般为 4 个声调。[①]

下面我们以湘西龙山县靛房乡的土家语代表北部方言，泸溪县下都土家语代表南部方言，分别列出这两个方言的音系，以对湘西土家语语音有一个简单了解。

1. 龙山县靛房乡土家语音系（田德生、何天贞等，1986：3—16）：

声母 21 个：p pʰ m w t tʰ n l ts tsʰ s z tɕ tɕʰ ɕ j k kʰ ŋ x ɣ

[①] 土家语究竟有几个声调，目前看法不一：叶德书《土家语研究》、罗安源等《土家人与土家语》、陈康《土家语研究》认为是 4 个声调；田德生、何天贞等《土家语简志》，邓佑玲《土家语濒危现象研究》认为是 3 个声调；李敬忠《泸溪土家语》归纳为 5 个声调。

韵母25个：i e ɿ o u ia iu iau ei ai au ɥe ɥu uei uai ua ĩ iã iũ ẽ ã ũ uẽ uã

声调3个：高平55　高升35　低降21

其中声调中的高平调55，也可以读成53、54、51调。一般情况是在句中或句首读55调，在句末或单独成句的词中读53、54、51调；低降调21，也可读作低平调22或11，但在句中一般读21调。

泸溪县下都土家语音系（李敬忠，2000：3—10）：

声母30个：p pʰ b m f w t tʰ d n l ts tsʰ ʥ s z tɕ tɕʰ ʑ n ȵ k kʰ g ŋ ɣ ɦ ʔ y

韵母33个：i ɿ e a o ɯ u y ie ia iao io iu iɯ ei ai ao uei ua ye ɪe ĩ iã iõ iæ̃ ẽ ã æ̃ ũ uẽ uã ỹ yæ̃

声调5个：高平55　高升35　中平33　低升13　低降21

从上面所列的北、南两个方言音系来看，土家语两种方言之间的差别是比较突出的，主要体现为：

1. 南部方言有浊塞音、塞擦音声母和唇齿擦音以及ɦ、ʕ、ʔ声母，北部方言没有。
2. 北部方言边音l和鼻音n自由变读，南部方言两者是区分的。
3. 南部方言有撮口呼韵母，北部方言没有。
4. 南部方言鼻化韵和借自汉语词的韵母较多，北部方言较少。
5. 南部方言声调比北部方言复杂，有中平调和低升调。

湘西土家族聚居于武陵山区，清人引元人的记录说，湘西土家邑里"言喌啾不可辨"[①]，五溪"喌啾之声往往皆是"[②]，可见，元时土家语与汉语截然不同，且土家语使用相当普遍。土司王朝时期，曾有"汉不入境，蛮不出峒"的规定，直至清代"改土归流"以前，土家族人大多以土家语为主要交流工具。"改土归流"后，大量汉族人进入土家族聚居区，土家语言开始接受汉语的影响。特别是近几十年来，湘西土家族的政治、经济、文化等都得到了快速的发展，与外界的联系进一步加强，随之带来的是汉语对土家语的更大冲击。现在说土家语的地理范围越来越小，会说土家语的人越来越少，土家语已面临濒危。

二　苗语

苗语是苗族人使用的语言，分东部、中部和西部三大方言。苗语东部方言主要分布在湘西，故又称湘西苗语方言，或简称湘西苗语。湘西苗语

---

① 清乾隆《辰州府志》卷十四"风俗"引《图南学记》。
② 清乾隆《辰州府志》卷十四"风俗"引《刘时懋学记》。

主要在湘西苗族聚居的花垣、凤凰两县和吉首、古丈、泸溪、保靖等市（县）境内苗族聚居的乡（镇）村、寨通行，使用人口为 97 万余人。

除第一土语外，湘西苗语分布地区详见图 1-3（图来自杨再彪《苗语东部方言土语比较》（2004）目录前一页）。

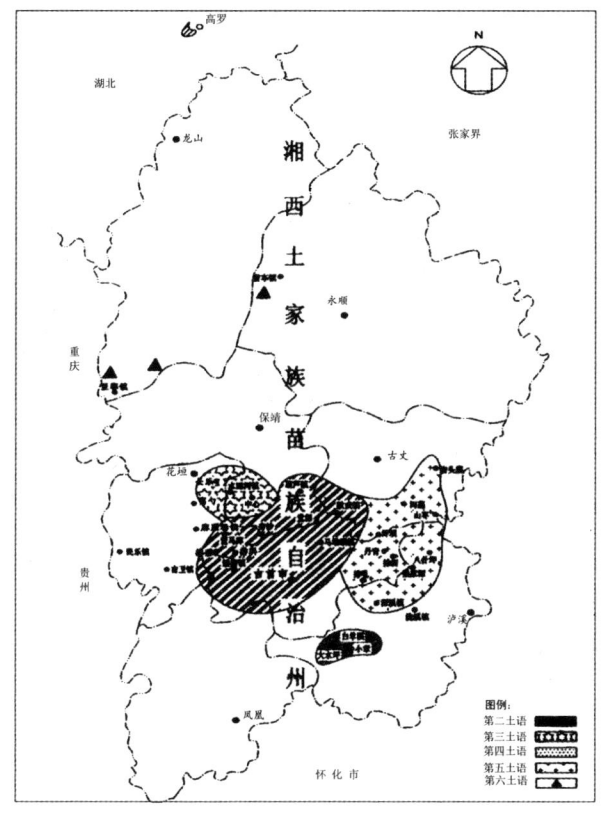

图 1-3　湘西苗语分布

杨再彪（2011：122）在总结和比较前人对湘西苗语划分的基础上，结合自己的调查，认为湘西苗语方言分为两个次方言六个土语。其划分的次方言和土语情况如下：

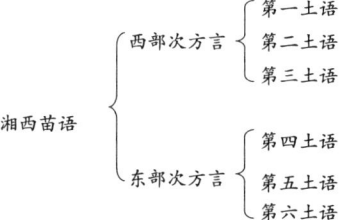

六个土语的分布区域为：

第一土语：湘西的凤凰县（除叭仁乡）、花垣县（除排碧、排料、董马库、窝勺、长乐五个乡）、吉首市南部与凤凰交界的一些村寨。

第二土语：花垣县的排碧、排料、董马库、窝勺、长乐五个乡，吉首市矮寨镇、马颈坳镇、寨阳乡、社塘坡乡、己略乡、毛坪乡，吉首市直、乾州镇的部分村寨，保靖县的夯沙乡、堂朗乡、葫芦镇，古丈县龙鼻镇和坪坝乡的部分村寨，凤凰县叭仁乡。

第三土语：保靖县水田河镇和中心乡，花垣县长乐乡和窝勺乡。

第四土语：泸溪县小章乡和解放岩乡的牛场村。

第五土语：泸溪县良家潭、八什坪、潭溪三个乡镇和八什坪乡的部分村寨，吉首市的排吼、排绸、丹青三个乡及太平乡的少数村寨，古丈县的坪坝乡和河蓬乡的大部分村寨及山枣乡和岩头寨乡的少数村寨。

第六土语：龙山县隆头镇的新双村和里耶镇的太坪村的部分人，永顺县首车乡傍湖村和梭他湖村的部分人。另外龙山县内溪乡砂湖村和长潭乡青江溪村有残存。

湘西苗语韵母和声调比较简单，声母相对比较复杂，各土语的声母系统主要有以下几个共同特点。

（1）存在数量不等的鼻冠音声母（南部土语除外）。但从古苗语声类构拟看，古鼻冠闭塞音声母更加丰富，可见在现代湘西方言各土语区发生了简化。（2）存在舌根音与小舌音两套对立的音位。（3）存在复辅音声母。如果鼻冠音不计（因鼻冠音成分在声母发音中表现为次要成分），双唇塞音、鼻音这两类声母有腭化（如 pj-、mj-）、卷舌（如 p̈-、m̈-）两套对立；舌根和小舌塞音声母在各土语点还出现不同程度的唇化（如 kw-、qw-）。这些腭化、卷舌、唇化成分在声母读音中与前面的辅音同等重要，都是由古复声母演变而来，仍然保留了复声母特点。（4）鼻音有清浊对立。（5）有较丰富的浊声母（明显的清浊对立两套）。（杨再彪、龙兴武，2001：47—49）

另外，湘西苗语固有韵母系统无撮口呼、齐齿呼、合口呼韵母，尽管受汉语的影响，现在湘西苗语开始出现了"开齐合撮"四呼，但这些韵母还不成套，没有汉语那样整齐，并且主要出现在借词当中；此外湘西苗语声调比湘西汉语复杂，湘西苗语各土语之间调类有严格的对应关系，但所对应的调值往往不相同。[①]

下面我们以泸溪县小章乡苗语代表湘西苗语东部次方言，以花垣县吉卫镇代表湘西苗语西部次方言，分别列出它们的声韵调表，来帮助我们大

[①] 具体可参见杨再彪《苗语东部方言土语比较》（2004：112—113）。

致了解湘西苗语的语音系统。

泸溪小章苗语音系（杨再彪，2011：122—123）：

声母（58个）：p ph b m m̥ w ɸ v f pj phj bj mj ts tsh ʣ z s t th d dh n n̥ l lh ʐ ʂ ɭ ʈ ʈh ɖ tɕ tɕh ʥ ʑ ɕ c ch ɟ j ç ɦʝ k kh g x xh kw gw xw q qh qw

韵母（33个）：

单韵母15个：ɿ i y e ɛ ɯ o ɤ ɔ a m̩ n̩ ŋ̍ ɿ̍ l̩

复韵母18个：iɛ io in ye yɛ yn ei en ui uen uɛ uo ua uaŋ un oŋ aŋ ər

声调6个：

调类 1阴平 2阳平 3上声 4阴去 5阳去 6入声
调值 53 21 55 33 24 35

花垣吉卫苗语音系（杨再彪，2004：80—81）：

声母（70个）：p ph b bh m m̥ w pj phj bj mj pɹ phɹ bɹ bhɹ mɹ ts tsh ʣ ʣh s t th d dh n n̥ l lh ʈ ʈh ɖ ɖh n̠ ʐ ʂ ʐ̠ tɕ tɕh ʥ ʥh n̠ʑ ʑ ɕ c ch ɟ ɟh j ʝ n̥ɟ ɲ̥ h f k kh g gh ŋ x kw khw gw ghw ŋw xw q qh ɢ ɢh qw qhw ɢw ɢhw

韵母（16个）：

单韵母10个：i e ɛ a u ɯ o ɤ ɔ ɒ

复韵母6个：ei eɹ in en oŋ aŋ

声调6个：

调类 1阴平 2阳平 3阴上 4阳上 5阴去 6阳去
调值 35 42 44 22 54 31

从上面所列的两个苗语方言点的语音系统来看，湘西苗语东、西两个次方言差别是非常大的，概述如下：

1. 东部次方言受汉语的影响比西部次方言要严重，具体体现在东部方言声母数量的急剧减少和韵母数量的增多，语音系统变得与当地汉语趋同。

2. 西部次方言有一套非常完整的送气浊声母，而东部次方言浊送气已趋于消失，浊送气塞音声母只保留一个 dh，甚至浊声母也在不断消失。

3. 西部次方言的复辅音声母多于东部次方言。

4. 西部次方言有自成音节 m̩ n̩ ŋ̍，东部次方言没有。

5. 西部次方言没有 y 韵母和以 y、u、i 为介音的韵母，而东部次方言因受汉语影响较大，变得四呼俱全。

随着社会的发展、民族融合的进一步加强，湘西苗语跟湘西土家语一样，面临濒危，很多原来说苗语的地区现在已很难找到会说苗语的居民。

三 汉语方言

湘西汉语方言驳杂多样，主要有西南官话、湘语、乡话和一些小土话（如"死客话""六保话"等），各种方言呈交错分布状态。

1. 西南官话和湘语

西南官话和湘语是湘西最主要的汉语方言，西南官话分布于湘西的大部分县市，是湘西的通用交际语（泸溪县除外），湘语主要分布于泸溪县各乡镇（解放岩乡除外）。西南官话和湘语在湘西的许多地方又称为"客话"，"客话"是相对于民族语言、乡话或各种土话而言的。关于西南官话及湘语的界定，它们的关系及它们在湘西的分布，学界一直颇有争议，具体见后文论述，此处先不赘述。

2. 乡话

乡话是湘西瓦乡人所说的一种语言。关于瓦乡人的语言，历代文献有所记述。乾隆二十年（1755）顾奎光修、李漙纂《泸溪县志》，书中作了如是记载："五方之风土不同，言语亦异。同一楚语，而群之音异于乡。沅泸相隔不远，其乡谈谜语，语曲謷牙，令人不可晓。泸人亦有能言之者，兹不謷载。泸音浊而促，不审字义，不辨平仄，或因古语或本土音，转而之为谬，失其本意，其所从来久矣。"清嘉庆（1796—1820）时，溆浦严如煜《苗防备览》云："沅陵清水塘、拱胜坪一带与永顺、乾州接界……苗佬猩鼯杂处，无一字可识，偕其同队，作乡语，唔伊之声往往偕是。"1907 年董鸿勋所修《古丈坪厅志》里提到古丈居民按来源分别被称为民籍、客籍、苗籍、章籍和地籍。这些居民使用的语言分别被称为客话、土客话、小客乡话（即瓦乡话）、苗语、章语（又称仡佬语）以及土话（即土家族语言）。《古丈坪厅志》在"卷九、十一客族姓编"中还指出："客族姓者，民之介乎民姓土姓之间，其时代大抵后土籍、先民籍，而与章、苗相习久，而自成风气言语、自成一种乡音，谓之小客乡语。"

乡话目前在湘西的分布为：泸溪县八什坪乡、上堡乡、梁家谭镇、白沙镇，古丈县高望界林场、高峰乡、岩头寨乡、山枣乡、野竹乡、河蓬乡、草潭乡。另据曹志耘调查（2007：43），永顺县王村镇里明村、镇溪、小溪等地有人会说乡话，但我们在当地调查时，并没有发现会说乡话的人。

乡话处于西南官话与湘语的过渡地带，又处于苗族和土家族聚居之地，历史上经历了多次的移民迁徙运动。频繁的语言、方言接触，造就了它们层次斑驳、离散性强的特点，也导致乡话成为一种萎缩型的濒危方言。特别是绝对具有优势地位的"客话"，其对乡话的影响非常显著。词汇上，乡话中存在大量由"客话"借来的词，有些词虽然语音形式上是乡话，但词形是借自"客话"。有时候说乡话的人为了更准确地表达一件较为复杂的事情，往往要掺杂大量"客话"的词语才能完成。语音上，乡话也在向"客话"靠拢，如古全浊声母的清化、泥来母的今读、阳声韵尾和入声韵尾的演变等。在湘西，现在会说乡话的人越来越少，说乡话的人一般也都会说"客话"，一些年轻人在学会了"客话"以后基本上就不用乡话与他人进行交流了，即便是偶尔使用，也是乡话与"客话"混在一起。在人口流动日渐频繁与大众媒介日渐发达的今天，乡话已经呈现出消亡的趋势，最终将被"客话"取而代之。即便不被取代，随着语言本体逐渐向"客话"靠拢，乡话最终也会演变成"客话"型的方言。

3. 小土话

湘西境内存在的小土话主要为"死客话"和"六保话"。"死客话"主要分布于古丈县山枣乡的火麻村、公家寨，野竹乡的湾溪沟、洞坪村及河蓬乡的苏家村，泸溪县除八什坪以外的部分地区。根据我们的调查研究，"死客话"实质上为辰溆片湘语①。

"六保话"主要分布于古丈县山枣乡的火麻村、高寨村、筲箕田村、磨刀村，岩头寨乡的银坪村、梓木坪村、碗沟溪村②以及泸溪县的八什坪乡，其口音大同小异。"六保话"和乡话一样，都已经处于高度濒危状态。特别是说"六保话"方言区的人民，从小使用当地的权威方言"客话"来读书识字，母语方言"六保话"的读书音系统自然高度萎缩，以至于出现大量的训读现象。我们发现"六保话"中保留了大批上古时期汉语的单音节词，如：泅游、室房、家屋、盗偷、拾拣、履鞋、薪柴、犬狗、虺蛇、裈裤、箸筷、餍饱、啼哭、还回、闭关、织编、怯怕、甘甜、疲累、夺抢，这类词在其他的汉语方言中并不习见，非常富有特色。迄今为止学界倾向于把乡话（或称"瓦乡话"）定性为汉语方言，而根据我们的调查和比较分析，"六保话"显然与乡话没有本质的区别，因此我们也暂时把"六保话"归为汉语方言。当然，要真正弄清包括"六保话"在内的乡话归属，还需要与周边的土家语、苗语等少数民族语言进行比较研究。

第三节 湘西汉语方言语音研究概况

湘西汉语方言语音研究起步较晚，成果不多，在此我们按照研究内容

---

① 详见邹晓玲《湘西古丈县"死客话"的归属》（2012：168—172）或本文第七章。
② 清光绪三十三年（1907）的《古丈坪厅志》说竹坪、上下高寨、筲箕田、火麻坪、姚家坪、磨刀岩、百犴坪、别州这八个寨子中，"除别州一寨用客话，余七寨皆用乡话"（援引自伍云姬、沈瑞清《湘西古丈瓦乡话调查报告》（2010：274））。

和侧重点的不同，把自20世纪以来，学者们对湘西的汉语方言语音研究归纳为以下几个方面。

1. 综合性的调查报告

（1）《湖南方言调查报告》（1974）

1935年秋，中央研究院历史语言研究所对湖南省75个县市的方言进行了调查，参加调查的有赵元任、丁声树、吴宗济、董同龢、杨时逢等人，调查结果由杨时逢先生整理成《湖南方言调查报告》，1974年在台湾出版。湘西的一市七县在该报告中都有涉及，具体的方言点有：永顺（前夕乡）、龙山（洗车河）、保靖（城内）、永绥（城内）、古丈（城内）、泸溪（城内）、乾城（城内——今吉首）、凤凰（城内）。报告涉及少量词汇内容，语音描写是重点。每个分地报告包括：发音人履历、声韵调表、声韵调描写、与古音比较、同音字表、音韵特点、会话和故事等。该调查报告为我们了解20世纪30年代湘西汉语方言的概况、分析湘西汉语方言语音的历时变化提供了重要的参考材料。

（2）《湖南省汉语方言普查总结报告》（1960）

1956年到1960年湖南省教育厅委托湖南师范学院中文系承担全省汉语方言普查工作，共调查了87个县市的方言。后由彭秀模、曾少达等整理，写成《湖南省汉语方言普查总结报告》，1960年9月印成石印本，供内部交流。该报告分三部分：工作概况、湖南省汉语方言概况、湖南方言分区概说。另附有未标音的"湖南方言词汇"。《报告》涉及今湘西地区的有永顺、龙山、保靖、永绥、古丈、泸溪、吉首、凤凰等8个点。

（3）《湖南汉语方音字汇》（1993）

20世纪90年代初由湖南省公安厅组织调查和编写。这部旨在反映方言语音的报告，体例编排科学，检索方便，在收字数量上（共收2962字）较以往的调查报告大有增加，但只收录了湖南省22个县市的方言材料，湘西只有吉首（城区）一个点被收录。

2. 方言志和地方志

（1）由湖南省地方志编撰委员会组织编写的《湖南省志·方言志》（2001）是一部大型的湖南方言综合调查报告，所收材料大部分为20世纪80年代末90年代初的实地调查，参与调查的也大多是方言学专业人士。全书130万字，对22个方言代表点的语音、词汇、语法进行了较为详细的描写。吉首属于其中的22个方言代表点之一。同时该方言志还收录了102个方言点的声调、84个单字、56条词语比较等对照材料，介绍了湖南方言的全貌。湘西的七县一市都包括在102个方言点之内。

（2）《湘西土家族苗族自治州志丛书——汉语方言志》（2000）是刘自

齐根据中国社会科学院语言研究所方言组的《方言调查词汇表》和语言文字研究所的《北方话基本词汇调查表》，对湘西十县市（包括桑植、大庸）的县城和若干乡镇做的汉语方言普查报告，包括语音、语汇、语法、本字考等章节，语音部分非常简单地概述了湘西方言声韵调情况，并与普通话语音进行了比较。此方言志对了解整个湘西的语言面貌有一定的帮助，但由于调查过于粗糙，其中的很多说法和表述值得进一步商榷。

（3）20世纪80年代到90年代，湖南省县志委员会组织编写了各县县志，绝大部分县志含有方言章节，如《泸溪县志》（1992）、《永顺县志》（1995）等。这些县志的方言章节，尽管有些不是专业人士所写，描写也流于简单，但对我们了解湘西各地的汉语方言的语音状况仍具有一定的参考价值。

湘西汉语方言语音的研究成果除见于一些综合性的调查报告和地方志、方言志外，还体现在如下三个方面。

1. 单点研究。单点研究专著，如：李启群《吉首方言研究》（2002）；伍云姬、沈瑞清《湘西古丈瓦乡话调查报告》（2010）。单点研究论文，代表性的如：张永家、侯自佳《关于"瓦乡人"的调查报告》（1984），两位作者以本土学者的身份对泸溪瓦乡人历史文化和语言进行了调查，得出瓦乡人是苗族的一支，而瓦乡话是苗语的一个方言的结论；王辅世《湖南泸溪瓦乡话语音》（1982）和《再论湖南泸溪瓦乡话是汉语方言》（1985）根据语音特征，认为湖南泸溪瓦乡话是一种汉语方言；李启群《永顺方言中的儿化》（1992）对永顺方言的儿化韵、儿化音节的调值作了介绍；李启群《湖南吉首方言同音字汇》（1996）介绍了吉首城区方言的声韵调及其特点，并列出了吉首方言同音字汇；李启群《湖南凤凰方言同音字汇》（2011）列出了凤凰方言详尽的同音字汇，并简单介绍了凤凰城区方言的声韵调及其特点；邹晓玲《湖南凤凰方言声调的演变》（2016）、邹晓玲《湖南凤凰方言古全浊声母今读类型和层次》（2016）从共时和历时角度对凤凰方言的声调和全浊声母进行了详尽的分析，并对凤凰方言的属性进行了讨论；伍云姬《湖南古丈瓦乡话的音韵初探》（2000）对瓦乡话的底层音韵，瓦乡话古全浊塞音塞擦音声母的演变进行了探讨；陈晖《湖南泸溪（梁家潭）乡话的声调》（2004）对梁家潭乡话的声调进行了介绍和分析；瞿建慧（2005、2007、2008）归纳了泸溪浦市话和白沙乡话的音系，并对白沙乡话的性质进行了讨论，认为白沙乡话是一种兼具湘语和西南官话特征的混合性湘语；庄初升、邹晓玲《湘西乡话中古知组读如端组的类型和性质》（2013），纠正了过往学界对湘西乡话知组读如端组的不严密定性，认为知组二、三等今读有别，而知组三等读如端组才是该群方言的本质特点，这与典型保留"古无舌上音"的大部分闽语不同，但与其他一些方言的今读类型相同或者相关；邹晓玲（2015）、瞿建慧（2016）对湘西乡话古全浊声母今读的类型和层次进行了讨论；曾春蓉《湖南泸溪浦市话中的嘎裂声》（2009）、邹晓玲《湘西汉语方言的假声和嘎裂声》（2014）对湘西汉语的特殊声调进行了分析；邹晓玲、段亚广《湘西古丈县"六保话"的训读现象》（2011）、邹晓玲《湘西古丈县"死客话"的归属》（2011）；邹晓玲《湘西古丈县"六保话"的性质》（2013）对自治州内的一些小土话进行了调查研究，讨论了包括方言系属在内的一些重要问题。有关的硕士学位论文如：印有家《湖南省泸溪县兴隆场方言语音研究》（2007）、田枫《保靖音系研究》（2011）、任晓军《湖南古丈（高寨）"六堡话"语音研究》（2011），这些论文对了解当地的方言都有很好的参考价值。

2. 综合研究。散见于综合研究专著的有：易亚新《湘西普通话实用教程》（1997）、鲍厚星《湘方言概要》（2006）、陈晖《湘方言语音研究》（2006）、杨蔚《湘西乡话语音研究》（2010）、瞿建慧《湘语辰溆片语音研究》（2010）；散见于学位论文的有硕士学位论文：李霞《西南官话语音研究》（2004）；博士学位论文：李蓝《西南官话内部声调与声母的异同》（1995）、钟奇《湘语的音韵特点》（2001）、周赛红《湘方言音韵比较研究》（2005）、彭建国《湘语音韵历史层次研究》（2006）、张进军《中古入声字在湖南方言中的演变研究》（2009）；见于或散见于单篇论文的有：刘自齐（2000）介绍了湘西汉语方言语言面貌，向亮（2009）讨论了自治州汉语方言的性质和归属，曹志耘（2007、2009）介绍了大湘西汉语方言基本情况和特殊语音现象，李启群（2002）介绍了湘西汉语方言演变趋势，瞿建慧（2009、2010）及杨蔚（2009、2010）揭示了湘语辰溆片和湘西乡话语音特点和语音演变规律，瞿建慧（2010、2011）讨论了湘西汉语方言的历史和古全浊声母的演变。

3. 语言接触和比较研究。主要见于或散见于湘西境内的汉语方言与民族语言，或者是汉语方言之间的接触和比较研究。此方面的研究成果很少，目前仅有：戴庆厦、杨再彪、余金枝《语言接触与语言演变——小陂流苗语为例》（2005），李启群《湘西汉语与土家语、苗语的相互影响》（2002），瞿建慧《泸溪乡话与泸溪湘语语音比较研究》（2011）。

自 20 世纪以来，学界对湘西汉语方言的研究，为我们积累了一些宝贵的材料，但总的来说，选点粗疏，研究成果少，研究的广度和力度不够均衡，在一些关键问题上，仍存在许多分歧。下面作一些简述。

1. 选点粗疏，研究的广度和力度不够均衡

以往的研究基本上限于一个县市就考察县城、城区一个点，这对于湘西这样由于特殊的地理历史原因造成的"十里不同音""隔山隔水就隔

音"的语言现状而言是非常欠缺的，难以全面反映湘西汉语方言错综复杂的面貌和特点。从共时平面看，过往研究多集中于州府吉首市、泸溪及州内乡话的语音方面，保靖、永顺、花垣等县的方言则鲜有研究者涉猎过，自治州内散布的一些小土话如"死客话""六保话"等也没有得到充分的关注；而且，不管是单点的研究还是综合研究，都做得很不够。单点性的研究如前所列举的一些论文，由于数量太少，所发掘的语言现象不多也不够深入。单点的方言语音研究，除吉首和古丈的乡话各有一部专门著作，保靖、泸溪县兴隆场、古丈"六保话"有硕士学位论文，吉首、泸溪、湘西乡话有零星几篇论文（这些论文多为前面著作中的一部分内容），其他各地均无专门方言语音的论文面世，因此我们无法确切了解这些地方的方言语音面貌，更无从了解散布于湘西境内的一些小土话的语音面貌，也无从判定其性质和归属。况且已有的论文，有些在质量上有待提高。综合研究方面，除了为教授普通话的需要，有个别学者对湘西的汉语方言做过简单调查外，有关湘西汉语方言音韵特征的综合考察、音韵的比较等研究尚是空白。另外，过往研究大多只注重某时某地单一方言静态的研究，忽视对方言（特别是过渡地带的方言）音韵特征历时演变的探讨和一些音变现象的解释。从历时发展上看，湘西汉语方言及方言语音的形成时代、形成过程和历史成因的探究较少涉及，因此方言全貌揭示得不够深入。

2. 分歧依然存在

湘西地理环境、移民历史、民族分布等的复杂性，导致本区域语言非常的驳杂。如果不进行深入而又全面的综合调查和比较研究，很多问题的解释难免出现偏颇、产生分歧。关于整个湘西境内汉语方言的性质和归属，学界看法五彩纷呈，主要表现在两个方面。

第一，湘语和西南官话的关系问题。

（1）湘语、西南官话两分。日本学者辻伸久《中国语学》（1979）以吉首、古丈、保靖、花垣、永顺、泸溪等地方言古全浊声母仍保留浊音，归为老湘型方言，余为西南官话。《中国语言地图集》（1987、1989）认为除永顺、凤凰、龙山为西南官话外，其他各地都属湘方言。鲍厚星、颜森《湖南方言的分区》（1986）将湘西的永绥（花垣）、乾城（吉首）、保靖、古丈、泸溪等地划归湘语吉溆片，把龙山、永顺、凤凰归为西南官话。侯精一《现代汉语方言概论》（2002），《湖南方言研究》丛书"代前言"（1998），陈晖、鲍厚星《湖南省的汉语方言（稿）》（2007）认为除泸溪为湘语外，其余点皆为西南官话。

（2）西南官话、混合语两分。《湖南方言调查报告》（1974）把花垣、永顺、保靖、古丈、凤凰、泸溪、乾城归为第五区，认为因靠近湖北、四川、贵州边界,所以很像西南官话,把龙山列为第三区,认为兼具湘语与西南官话色彩。

(3)都属西南官话。持这种观点的以周振鹤、游汝杰《湖南省方言区画及其历史背景》(1985),李蓝《湖南方言分区述评及再分区》(1994),《湖南省·方言志》(2001)为代表。另外,《湖南省·方言志》(2001)同时也提到,泸溪方言也具有湘方言的一些显著特征。

第二,乡话的性质、归属问题。

湘西乡话研究始于新中国成立初期,但关于乡话性质的讨论,至今并未停息。1956年,著名苗瑶语专家王辅世先生到当时的瓦乡人聚居区——湘西泸溪县红土溪进行语言调查,历时近两个星期,调查后他认为瓦乡话属于汉语的一种。随后其根据1956年的调查,先后发表了《湖南泸溪瓦乡话语音》(1982)、《再论湖南泸溪瓦乡话是汉语方言》(1985),明确指出瓦乡话是汉语的一种方言。鲍厚星、伍云姬《沅陵乡话记略》(1985)也认为沅陵乡话是汉语方言。而本土学者张永家、侯自佳《关于"瓦乡人"的调查报告》(1984)则主张瓦乡话是一种少数民族语言(苗语)。1985年国家民委委派中央民族学院的语言学专家石如金到沅陵、泸溪等地调查,历时两个月,他把瓦乡话与周边的土家语、苗语、瑶语、汉语进行了比较,最后得出瓦乡话是苗语的又一个方言的结论。[①]鲍厚星《沅陵乡话和沅陵客话》(1991)一文认为沅陵乡话和泸溪瓦乡话都属于同一种汉语方言,并将这种方言统称为"乡话"。瞿建慧《湖南泸溪(白沙)乡话的性质与归属》(2007)则主张将泸溪(白沙)乡话归为具有混合色彩的湘语。

3. 缺少对方言区域性特征的分析

在地域上相毗邻的语言或方言,不管是否有亲属关系,完全有可能出于语言的相互影响而形成某些共同的语言特征。李如龙(2001a:30)认为区域特征就是指"在一定区域之内多种方言共有的语言特征。区域特征可以是语音的,也可以是词汇的、语法的"。有关湘西汉语方言语音的研究成果,多单点研究,少有从湘西特定的语言环境去讨论汉语方言语音的区域性特征及其形成的原因。另外,结合相关历史文献,对湘西汉语方言地理格局的形成过程和原因的探讨尚属空白。

[①] 石如金在1985年6月所写的《"果熊"话语音调查报告》中介绍:这次在沅陵县进行果熊语调查,前后历时三十三天,共记录了五个县十四个乡十九份语言材料。"果熊话与湘西吉卫话比较,相同和有对应关系的占总词数的百分之二十五点八四(25.84%)。这个数字与东西两个方言比较数相差百分之二点四五(2.45%)。而与东部方言和滇东北次方言比较数相比却又高出百分之一点四四(1.44%)。据这种情况,我认为果熊话是苗语的又一个方言,其地位与东、中、西诸方言相平行。"

第四节　湘西汉语方言音韵研究的意义、思路和方法

一　研究意义

湘西既是双语地区又是双方言地区，汉语方言成分十分复杂，对湘西汉语方言音韵进行调查研究，归纳其区域特征，分析地理格局及格局的形成，最大的现实意义可以为历来争议不断的湘西汉语方言系属的确定提供重要依据，明确湘语的界定及湘语与西南官话的关系；有助于全面了解湘西汉语方言的音韵面貌，了解湘西汉语方言的现状和历史，了解湘西方言与周边方言之间的接触、融合等关系；可以帮助理解湘西地域文化的形成和发展。理论上，对既是双语区又是方言交界处的方言音韵进行研究，首先可以为同类型的方言（语言）研究、为汉语方言接触演变的研究提供具有类型学意义的个案实例，从而丰富语言（方言）接触理论；其次，对方言（语言）比较、历史行政区划的演变、移民的历史等研究都有着重要的参考价值。

二　研究思路

我们以湘西汉语方言音韵作为研究对象，从共时的角度对湘西的汉语方言音韵作翔实的描写和横向比较，从历时的角度探讨中古以来汉语音韵在湘西汉语方言中的发展演变，分析湘西汉语方言存在的区域特征，探讨湘西汉语方言的地理格局及其历史形成。具体研究思路如下。

1. 对湘西八县市汉语方言进行全面调查，包括乡话和小土话。通过传统的音韵、词汇、语法调查方法，结合现代的录音、录影等手段，采集研究所需要的基本语料。

2. 在方言基本语料采集的基础上，对湘西汉语方言的音韵特征进行细致、客观的描写，力求充分展现湘西汉语方言的音韵面貌。

3. 通过多角度、全方位的比较，归纳出湘西汉语方言的区域性特征，研究区域特征分布的规律（包括特征数量的多少、分布地带、分布方式等），探讨湘西汉语方言的内部分片及归属。

4. 通过方言音韵内部及与周边方言音韵结构系统的比较，考察方言之间的接触和融合的具体表现形式，探索音韵的接触演变规律和历史层次的叠加。

5. 通过比较与历史文献，探求湘西汉语方言现有的地理格局及格局形成、演变的原因。

三 研究方法

本论文属传统的方言学研究，基本方法是以田野调查为基础，综合运用描写语言学、历史比较语言学、语言地理学和社会语言学等学科的研究方法，具体包括：

1. 调查与描写。包括方言田野调查和文献资料调查，全面调查湘西汉语方言（包括乡话和小土话）的现状和历史；以实验音韵学、语言类型学等现代学科手段和方法记录描写湘西汉语方言的面貌和特点。

2. 比较与分析。从内部比较、外部比较、纵向比较、横向比较等多个角度进行湘西汉语方言的比较研究，总结归纳湘西汉语方言的区域性特征及分布规律；从共时的角度观察分析湘西汉语方言和周边方言之间错综复杂的关系；从历时的角度观察分析湘西汉语方言经历过的历史阶段及其在汉语史上的地位。

3. 地理语言学的方法。用地图软件绘制湘西汉语方言的地理分布图、语言特征图和地理方言系属图，从语言地理学角度直观展示湘西汉语方言的分布现状和音韵特征。

第五节 材料来源及发音合作人简介

湘西包括一市七县，汉语方言复杂多样。本文主要涉及西南官话、湘语、乡话、小土话等17个方言点的语音、词汇材料，凤凰县沱江镇的语音材料引自李启群《湖南凤凰方言同音字汇》（2011）、古丈县高峰乡话的材料引自伍云姬《湘西古丈县瓦乡话调查报告》（2010）、保靖县迁陵镇的语音材料主要引自田枫硕士学位论文《保靖音系研究》（2011），并略有修正。2012年4月底5月初，厦门大学李如龙教授及暨南大学伍巍教授一行来到湘西，前后十余天，笔者非常荣幸地跟随伍巍老师深入地调查了泸溪县岩头河乡话的语音和词汇，另外还初步调查了泸溪县洗溪镇"客话（系湘语）"的音系。其他12个方言点的材料均为笔者自2011年5月以来在导师庄初升教授的指导下实地调查所得。

关于方言代表点的选取，我们在参阅地方志、方言志及有关湘西方言论著的基础上，主要依据以下几个方面来确定。

1. 普查。2011年5月，我们召集了吉首大学的来自湘西各个县市的学生二十余人进行了座谈，在基本了解各县市的基本语言面貌后，初步确定方言代表点。

2. 咨询当地的语言学者。在吉首大学，有一批长期致力于当地民族语言和汉语方言研究的本土学者，他们对湘西的语言情况非常熟悉。我们在确定方言代表点时，曾向他们进行了详细的咨询。

3. 以行政区划为依据，参考各地的历史背景等因素，根据各方言、土语的分布面及差异的实际情形，并适当考虑地理区域的均衡问题。

综合以上方面，我们最后确定了 17 个方言代表点，其中乡话 2 个点，湘语 1 个点，小土话"死客话"和"六保话"各 1 个点。各方言点调查了单字音 2377 个、词汇 400 余条。方言代表点的分布情况参见图 1-4。

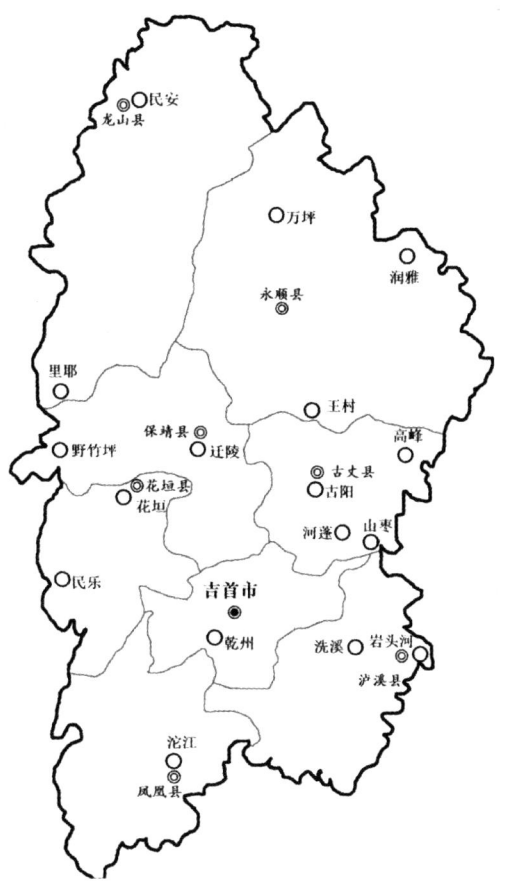

图 1-4　湘西汉语方言调查代表点

下面是各方言代表点的发音合作人名录，借此机会向他们深表谢意：

胡映红，女，1942 年生，古丈县古阳镇人，初中文化，小学退休教师；

田芝兰，女，1951 年生，古丈县古阳镇人，初中文化，退休工人；

苏清禄，男，1945 年生，古丈县河蓬乡苏家村苏家寨人，高小毕业，通晓死客话、兼通乡话、古丈官话、苗语，县轻工业局退休干部；

周奉安，男，1964年生，古丈县山枣乡人，高中毕业，县就业局书记；

杨朝安，男，1968年生，古丈县山枣乡人，中专毕业，县劳动局副局长；

彭良斌，男，1955年生，龙山县里耶乡长春村老寨组人，本科，大学教师；

张金菊，女，1948年生，龙山县民安镇人，中专毕业，小学退休教师；

龙永文，男，1959年生，泸溪县洗溪镇张家坪村人，小学文化，农民；

龙玉燕，女，1989年生，泸溪县洗溪镇张家坪村人，本科，学生；

张茂铁，男，1945年生，泸溪县白沙镇岩头河人，初中文化，退休养路工人；

彭南亚，男，1953年生，永顺县润雅乡润雅村人，中师，小学教师；

彭金定，女，1986年生，永顺县润雅乡润雅村人，本科，中学教师；

彭先成，男，1950年生，永顺县万坪镇人，本科，大学教师；

向乃国，男，1945年生，永顺县芙蓉镇盘溪村人，初中文化，小学退休教师；

覃　蜜，女，1991年生，永顺县永茂镇郎溪乡元宝村人，中专，文员；

石雯丽，女，1967年生，花垣县花垣镇人，研究生学位，大学教师；

吴茂兰，女，1933年生，花垣县花垣镇人，初中，小学退休教师；

吴奕全，男，1946年生，花垣县民乐镇人，中专毕业，大学退休教师；

秦齐昌，男，1951年生，保靖县野竹坪镇杰坳村人，中师，小学退休教师；

彭自奇，男，1946年生，保靖县水银乡人，小学，农民；

龙亚玲，女，1979年生，四川秀山县石堤区保安乡人，初中，个体户；

罗兴业，男，1947年生，吉首市乾州镇人，初中，退休工人。

第二章　湘西汉语方言代表点音系

第一节　湘西西北部方言代表点音系

一　龙山县民安镇方言音系

1. 声母（20个，包括零声母）

p	布步抱白	pʰ	怕炮盘旁	m	门梦母抹	f	符飞灰婚	v	闻危王汪
t	到道答达	tʰ	太汤同糖					l	男路连严
ts	增争蒸主	tsʰ	除潮初巢			s	丝诗书双	z	认软日让
tɕ	精京急结	tɕʰ	情桥唇谦			ɕ	线顺迅纯		
k	贵跪广怪	kʰ	开葵狂旷	ŋ	爱岸案硬	x	红寒汗火		
ø	鹅延元闰运如啊恶屋翁								

说明：（1）ts组与合口呼韵母相拼，成阻偏后，接近tʂ组，但没有构成对立，如"钻"与"砖"同音。（2）l与n是音位变体，以读l为常。（3）在阴平、上声、去声中，v的摩擦比较弱。

2. 韵母（35个）

ɿ	资纸知直日	i	衣地以击踢	u	布库哭木骨			
ʮ	书煮猪虚出							
a	爬茶化哑辣	ia	架甲嫁下亚	ua	耍抓垮刷刮			
e	蛇舌色北百	ie	野姐切协特	ue	国	ye	缺月血雪茄	
ʌ	咬脑高招造	iʌ	教鸟桥焦条					
o	歌过获夺昨	io	脚约确药雀					
ɤ	头路赌毒熟	iɤ	酒秋刘幼育					
ɚ	儿而二							
ai	爱太盖菜坏			uai	怪帅			
ei	背梅培被~子妹			uei	贵税费归锤			

		ĩ	新星心紧颖			yĩ	春营君勋闰
ã	男减岸山忙	iẽ	廉尖年严见	uã	软关官全权	yẽ	丸圆远院冤
ẽ	林认孙硬闻			uẽ	滚坤稳		
aŋ	仓党张章港	iaŋ	详枪良香讲	uaŋ	光广狂框床		
oŋ	翁同从蜂凤	ioŋ	穷胸用拥琼				

说明：（1）ɿ 是摩擦元音，有时摩擦非常明显。（2）y、iy 的主元音比标准的 y 舌位略微偏前。（3）e 与 ei 差别细微，但构成对立，如：拍 pʰe²² ≠ 赔 pʰei²²。（4）ai、uai 的实际音值是 æᵉ、uæᵉ，e 是后滑音。（5）鼻化韵的鼻化色彩明显。

3. 声调（4 个）

调类	调值	例　字
阴平	34	歌书虚烧三翁东胸灰
阳平	22	蛇日急白国月河流船
上声	53	姐丑保胆检竿母女软
去声	214	介坐妹怪帅第近运硬

说明：阳平的调值略降，但不是 21，一律记为 22。

二　龙山县里耶乡方言音系

1. 声母（20 个，包括零声母）

p	布悲宝八	pʰ	怕盘品拔	m	门米骂木	f	符飞灰黄		
t	到道点敌	tʰ	太同铁突	n	男路连烂				
ts	增争蒸主	tsʰ	粗除初巢			s	丝诗书舌	z	认闰软日
tɕ	精经鸡结	tɕʰ	桥枪勃确	ȵ	女年严聂	ɕ	线欣行雪		
k	贵跪根各	kʰ	开葵看考	ŋ	岸案安袄	x	红冯含活		
∅	围武延元月晚圆一								

说明：l 与 n 是音位变体，以读 n 为常。

2. 韵母（28 个）

ɿ	资支知直日	i	地虚举吸急	u	布路赌木出
a	爬花芽抹夹	ia	架假亚鸭	ua	化花挖垮刮
ɛ	蛇舌色北百				

续表

e	梅妹陪配美	ie	拈念野姐缺	ue	国
ʌ	到脑糟招吵	iʌ	桥焦条妖庙		
o	河过若夺各	io	约确药脚		
ɤ	头斗丑收	iɤ	秋九油牛育		
				ui	贵税费亏嘴
ɚ	而耳二				
ai	太盖解灾抬			uai	怪帅
		ĩ	心紧新云星		
ã	男减岸仓党	iẽ	廉年枪良剑	uã	软关官床光
ẽ	林门认根硬			uẽ	闻闰温村论
õ	翁同从虫红	iõ	穷胸融拥		

说明：（1）共有10个单元音韵母。（2）i是摩擦元音，有时摩擦非常明显。（3）ɤ、iɤ的主元音比标准的ɤ舌位略微偏前。（4）e 与 ɛ 差别细微，但构成对立，如：赔 $p^hе^{22}$ ≠ 拍 $p^hɛ^{22}$。（5）ai、uai 的实际音值是 æᵉ、uæᵉ，e 是后滑音。（6）鼻化韵的鼻化色彩明显。（7）没有儿化韵。

3. 声调（4个，见图2-1）

调类	调值	例　字
阴平	34	支虚烧三翁东胸灰
阳平	22	蛇白侄读月流红船
上声	54	丑保胆检竿母女软
去声	213	坐赵倍妹怪帅第运

说明：阳平的调值略降，但不是21，一律记为22。

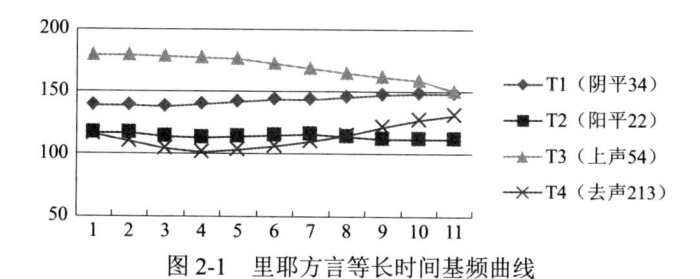

图2-1　里耶方言等长时间基频曲线

三　永顺县万坪镇方言音系

1. 声母（18个，包括零声母）

p	波步抱白	pʰ	怕炮盘旁	m	帽门梦马				
t	刀道答达	tʰ	太汤同糖	n	男路连严				
ts	增争蒸主	tsʰ	除潮初巢			s	丝诗书双	z	认软日让
tɕ	酒京急结	tɕʰ	情桥枪谦			ɕ	线心香虚		
k	贵跪广怪	kʰ	开葵狂旷	ŋ	鹅爱岸硬	x	红寒符飞		
∅	闻延元运弯完鸭玉								

说明：（1）ts组与合口呼韵母相拼，成阻偏后，但不是tʂ组，如"钻"与"砖"同音。（2）l与n是音位变体，以读n为常。

2. 韵母（28个）

ɿ	资纸知直日	i	衣地以虚须	u	书布库木出
a	爬茶牙辣夹	ia	架甲家下雅	ua	化刮耍抓刷
e	蛇舌色北百	ie	野姐切缺捷	ue	国
o	河过若夺角	io	脚约确药		
ɤ	头斗路赌锄	iɤ	酒秋刘幼白		
ɚ	儿而二尔				
ai	爱太盖菜解			uai	怪帅怀块
ei	背梅培被~子妹			uei	贵税费会回
au	刀脑搞招潮	iau	鸟桥焦条秒		
ã	男减仓张章	iæ̃	墙枪良香向	uã	软关光广狂
		iẽ	廉尖年严演		
ẽi	林认根硬寸	ĩ	心紧新星应		
oŋ	翁闻同门滚	ioŋ	穷胸用拥		

说明：（1）i是摩擦元音，包括i介音，有时摩擦非常明显。（2）a、ia、ua的主元音舌位明显偏后。（3）e（实际音值接近ɛ）与ei差别细微，但构成对立，如：墨me¹³≠妹mei¹³、国kue¹³≠贵kuei¹³。（4）ai、uai的实际音值是æe、uæe，e是后滑音。（5）au、iau的韵尾很松，而且较弱。（6）ã、uã的实际音值接近æ̃、uæ̃，而且所有鼻化韵有时带有轻微的前鼻音韵尾。

3. 声调（4个，见图2-2）

调类	调值	例　　字
阴平	34	歌书虚烧三翁胸灰
阳平	22	河蛇流红船来七八
上声	54	姐丑保胆检竿母烛
去声	13	介倍第急国刮日辣

说明：阳平的调值略降，但不是21，一律记为22。

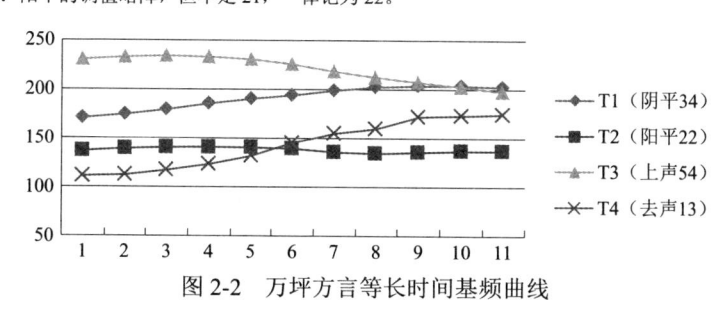

图2-2　万坪方言等长时间基频曲线

四　永顺县润雅乡方言音系

1. 声母（23个，包括零声母）

p	布别跑百	pʰ	怕盘偏薄	m	门米妈木	f	符湖分发		
t	到道短洞	tʰ	太桃踢铁					l	男路连年
ts	增醉邹杂	tsʰ	粗醋从拆			s	丝色事师		
tʃ	主争蒸竹	tʃʰ	除处潮泽			ʃ	诗书手蛇	ʒ	认若润日
tɕ	精经旧结	tɕʰ	去桥枪求			ɕ	线戏	ʑ	一以姨云
k	盖贵怪光	kʰ	开葵	ŋ	岸案矮岩	x	红肤饭飞		
∅	围武延元牙舞挖冤勇翁								

说明：（1）m与b是自由变体，以读m为常。（2）l与n是音位变体，以读l为常。（3）tʃ组是典型的舌叶音，唇形略撮，与ts组有对立，资 tsɿ34 ≠ 支 tʃɿ34，糟 tsʌɯ34 ≠ 招 tʃʌɯ34，色 sɛ22 ≠ 蛇 ʃɛ22。

2. 韵母（30个）

ɿ	资思师次死	i	地虚举趣集	u	布符五木竹
ɨ	支知直日祁				
a	爬沙榨捺夹	ia	架虾亚家夹	ua	化刮话蛙华
ɛ	蛇舌色北百				

续表

e	梅堆赔拔最	ie	野姐缺月欲	ue	国说
o	河过夺桌各	io	约药略却岳		
ɯ	头斗抽六足	iɯ	秋旧刘有白		
ɚ	而二耳				
ai	太盖开鞋阶			uai	怪帅或获坏
ʌɯ	到脑糟招罨	iʌɯ	桥焦少跃觉		
				ui	贵碎费飞汇
ãi	男减岸仓党	iẽ	廉年愿点天	uãi	软关官床光
		iaŋ	枪良样响阳		
ẽi	林门认根硬	ĩ	心紧云星荣	uẽi	温魂粉横困
oŋ	翁同从虫红	ioŋ	穷胸勇		

说明：（1）ɿ是摩擦元音，有时摩擦非常明显，其舌位比 ï 明显偏后，但又在 i 之前。（2）ɿ 舌位居央，只与 tʃ 组声母相拼，实际上是舌叶元音，严式国际音标要记为 ɿ̈，如：支 tʃɿ³⁴、直 tʃɿ²²、日 ʒɿ²²。[①]（3）ɯ、iɯ 的主元音唇形不是很展，略圆，但与 u 有对立。（4）e 与 ɛ（实际音值是 eɛ）差别细微，但构成对立，如：赔 pʰe²² ≠ 拍 pʰɛ²²。（5）ai、uai 的实际音值是 æe、uæe，e 是后滑音。（5）有的鼻化韵的鼻化色彩不太明显。（6）词汇中有儿化韵，发这类儿化韵时舌位没有动程，但有明显的卷舌色彩，与北京话的儿化韵不同。

3. 声调（4个，见图2-3）

调类	调值	例　字
阴平	34	知花靴间桑光东思
阳平	22	蛇刮直北欲林群圆
上声	53	耳雨斗讲短武祖此
去声	214	赐故介案话去线闰

说明：（1）阳平的调值略降，但不是21，一律记为22。（2）上声的实际调值有时是453，一律记为53。

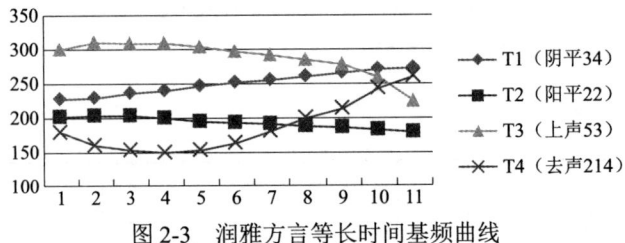

图2-3　润雅方言等长时间基频曲线

[①] 关于舌叶元音，可参阅麦耘（2016）。

五　保靖县野竹坪镇方言音系

1. 声母（21个，包括零声母）

p 报布步别	pʰ 怕瀑朴盘	m 妹门买木	f 划飞灰符	v 闻围危
t 到道地夺	tʰ 太听天同	n 怒路连李		
ts 字资知直	tsʰ 初仓尺从		s 丝诗师湿	z 日热弱肉
tɕ 精经见结	tɕʰ 秋丘气权	ȵ 你女年牛	ɕ 修休胸蓄	
k 贵跪锯间	kʰ 开看亏葵	ŋ 硬岸案爱	x 冯红逢羡	
ø 鱼屋雨啊亚挖跨药月恶昌云远				

说明：(1) v 的实际音值为摩擦比较轻微的 ʋ。(2) n、l 是自由变体，更倾向于读 n。

2. 韵母（32个）

	i 第地贴鱼一	u 故素木鹿出	y 虚雨举趣浴
a 爬花法辣夹	ia 架下亚压夹	ua 挖夸挂瓜刮	ya 跨
e 赔车蛇拍百	ie 野接桔铁缺	ue 国葵桂贵吕	ye 茄靴月血雪
o 河过落各郭	io 药约脚角确		
ɤ 知师字十植			
ɐ 教保咬桃烧	iɐ 表标条小昌		
ə 而饵儿二耳			
ai 盖介矮慨崽		uai 怪帅砖获	
ɤɯ 斗初丑州透	iɤɯ 流秋油酒球		
ã 胆间含党桑	iã 匠向养墙讲	uã 短关光床庄	yã 圆原捐卷
ẽ 根庚林灵新	iẽ 检连廉年	uẽ 棍滚昆论轮	
	ĩ 紧心新星琼		ỹ 云群熏赢泳
oŋ 红翁东风匁	ioŋ 穷胸永兄容		

说明：(1) 共有9个单元音韵母，ə 舌位略前，没有 ɿ 韵母。(2) i 带有摩擦，是一个摩擦元音。(3) y 的实际音值是较低较松的 ʏ，从开、齐、合、撮四呼的系统考虑，归纳为 y。(4) ã、uã、yã、iẽ 实际音值接近 æ̃、uæ̃、yæ̃、iæ̃。(5) y 与 i、ye 与 ie、yã 与 iẽ 发音人发音极不稳定，有时可以自由变读，如：雨 y⁵³/i⁵³、缺 tɕʰye²¹/tɕʰie²¹、权 tɕʰyã²¹/tɕʰiẽ²¹。(6) 鼻化韵的鼻化色彩非常明显。(7) ai、uai 的实际音值是 æᵉ、uæᵉ，e 是后滑音。(8) ɐ、iɐ 的实际音值是 ɐᵘ、iɐᵘ。

3. 声调（4个，见图2-4）

调类	调值	例　　字
阴平	44	梯高天风衣家跟通
阳平	21	同穷急局月结踢刮
上声	53	好古口五以顶懂软
去声	213	厚盖近共岸断晏欠

说明：去声调值有时接近212。

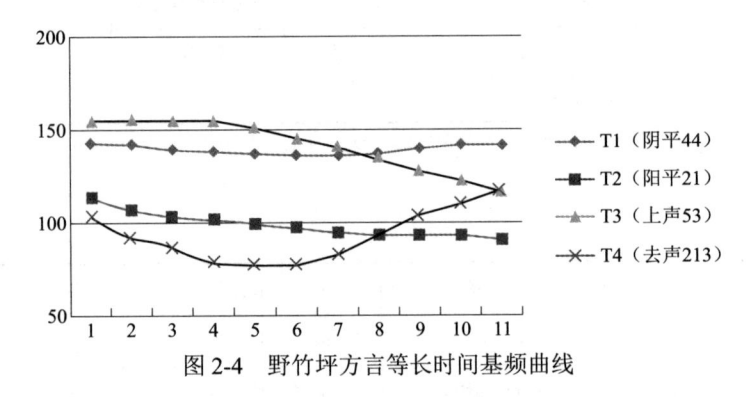

图2-4　野竹坪方言等长时间基频曲线

六　花垣县民乐镇方言音系

1. 声母（21个，包括零声母）

p	布步抱白	pʰ	怕拍盘排	m	门米买莫	f	符飞房灰	v	蛙瓦汪王
t	多赌到答	tʰ	贪太同踏	n	连脑农纳				
tʃ	资争蒸竹	tʃʰ	粗初造虫			ʃ	沙丝诗书	z	认闰日软
tɕ	精接经结	tɕʰ	且桥枪切	ȵ	女年严泥	ɕ	线小戏接		
k	拐贵跪国	kʰ	开葵狂旷	ŋ	鹅岸案硬	x	红海好合		
∅	鸭延元用								

说明：(1) v 的摩擦比较轻微，但齿唇明显有接触。(2) tʃ 的成阻部位偏前，但不是 ts 组。(3) 古泥、来母字逢洪音 l 与 n 自由变读，这里一律处理为 n；逢细音则有别，如：娘 ȵiaŋ²²≠良 niaŋ²²、年 ȵien²²≠连 nien²²。

2. 韵母（34个）

i	资支知直日	i	衣以地第壁	u	布路木出赌	y	虚举巨阅
a	妈怕爬夹	ia	家牙下压	ua	刮抓要刷		

续表

ɛ	排盖舌色北			uɛ	乖怪帅		
e	梅妹赔背肥	ie	猎野姐列	ue	国	ye	靴血雪月缺
o	河过若夺各	io	约确药狱				
ɯ	头斗狗走	iɯ	秋牛幼丢				
ɚ	儿而二						
au	到脑糟招	iau	桥焦条尿				
				ui	贵税费律		
ã	男减岸三安	iẽ	廉年盐验	uã	软关官砖	yẽ	选捐卷宽
ẽi	认根硬闻温	ĩ	心紧新星	uẽi	闰棍坤春寸	yĩ	云运晕荣泳
aŋ	仓党张章	iaŋ	墙香姜阳	uaŋ	光广旷狂矿		
oŋ	翁同从虫红	ioŋ	穷胸拥用				

说明：(1) 没有 ɿ 韵母，i 只与 ʧ 组相拼，可以视为一个舌叶元音。(2) i 是轻微的摩擦元音，摩擦不太明显。(3) ã、uã 的实际音值接近 æ̃、uæ̃。(4) ɯ、iɯ 的主元音比标准的 ɯ 舌位略微偏前。(5) ɛ 与 e 差别细微，但构成对立，如：拍 pʰɛ²² ≠ 赔 pʰe²²，ɛ 与 e 有时带有弱韵尾 i。(6) 鼻化韵的鼻化色彩不很明显，都带有轻微的鼻韵尾。(7) 还没有发现儿化韵。

3. 声调（4个，见图 2-5）

调类	调值	例　　字
阴平	34	诗通支虚烧三翁东
阳平	22	时同河蛇日急白月
上声	51	史桶丑保胆检竿母
去声	214	试痛介倍妹怪帅第

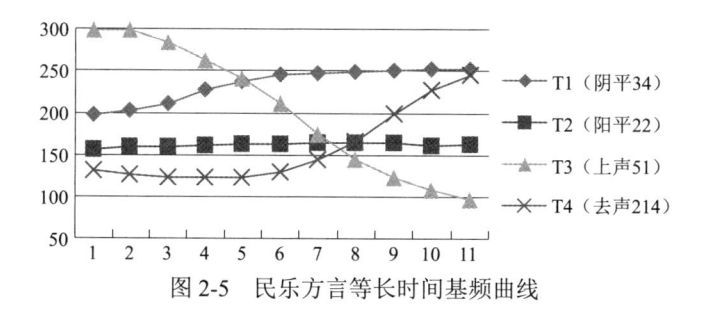

图 2-5　民乐方言等长时间基频曲线

第二节 湘西东南部方言代表点音系

一 凤凰县沱江镇方言音系①

1. 声母（20个，包括零声母）

p	边百半饱	pʰ	白跑偏菩	m	麦买门麻	f	风户纺法		
t	地短东得	tʰ	铁稻苔兔	n	男奶女年			l	吕连李辣
ts	灾织招壮	tsʰ	醋长坐闯			s	沙闪尝湿	z	肉如耳日
tɕ	借姜节竹	tɕʰ	趣桥丑千			ɕ	蛇舌心小		
k	干国嫁共	kʰ	去开糠空	ŋ	袄硬晏眼	x	黑怀活含		
∅	阿迁一五挖鸦阅云文王容								

说明：（1）k、kʰ、∅ 与 u 相拼时，带有明显的唇齿摩擦，实际音值为 kv、kvʰ、v。（2）tɕ、tɕʰ、ɕ 与 i、y 相拼时，嘴唇稍往前撮，略带有舌叶音色彩。

2. 韵母（34个）

ɿ	支词撕次屎	i	鼻米泥细急	u	不母富五木	y	雨举玉屈缺
a	爸洒瞎客尺	ia	爹滴踢姐夜	ua	瓦花化话刮	ya	瘸抓爪
ɛ	柏买才阶侄	iɛ	借写没别叶	uɛ	国快拐帅获	yɛ	决匣月雪缺
o	婆多左坐活	io	雀约药略脚				
ɚ	二而儿耳						
ei	杯肥锯百去			uei	堆退回雷鬼		
aɯ	宝刀爪桃好	iaɯ	表苗挑鸟要				
əɯ	剖浮兔狗熟	iəɯ	牛秋有育竹				
an	班盘胆渐眼	ian	边棉田沿垫	uan	短断乱软弯	yan	捐全选圆远
ən	本门粉灯人更	in	冰民顶净银	uən	吞春困荤问	yn	群军运云
aŋ	帮党方讲冷	iaŋ	枪良箱命叮	uaŋ	光床矿创网	
oŋ	东红通从肿	ioŋ	穷凶用共弓			

说明：（1）ɚ 是央元音 ə 略带卷舌。（2）i 在 p、t 组声母后较开，实际读音为 ɪ。（3）y 在 n 后，舌尖有上翘动作，实际音值为 ɥ。（4）韵尾 ɯ 较开，实际音值在 ɯ 和 ɣ 之间。

---

① 凤凰音系依据李启群《湖南凤凰方言同音字汇》（2011）整理而成。

3. 声调（4个）

调类	调值	例　字
阴平	55	知梯阴朱腮路弟骂得
阳平	21	时题银凡麻筑色夺敌
上声	42	使体引主在朵底反马
去声	35	替印住舵路弟递十麦

说明：去声实际调值接近335。

二　永顺县王村方言音系

1. 声母（25个，包括零声母）

p 步别爸本	pʰ 怕扑跑盼	b 盘盆旁平	m 门米面孟		
t 到打逗钓	tʰ 太挑土塌	d 同头桃屠	n 良兰李路		
ts 招祖主争	tsʰ 仓处村唱	dz 潮从除迟		s 税术纯师	z 日软若闰
tɕ 精焦叫结	tɕʰ 去枪确庆	dʑ 旗穷桥求	ȵ 女娘年尿	ɕ 休旋虚息	ʑ 姨摇尧幼
k 跪滚沟骨	kʰ 开捆旷客	g 葵狂	ŋ 袄硬岸呕	x 飞符胡费	
∅ 而言约物文枉握盐亚					

说明：（1）b、d、dz、dʑ、g、z 的带音性质明显，是比较典型的浊音（见图2-6）[①]，年轻人有清化趋势，并且 z 趋于消失。（2）n 和 l 是音位变体，更多的是读为 n。（3）tɕ 组与细音相拼、ts 组与合口呼韵相拼时，实际音值接近 tʃ 组。

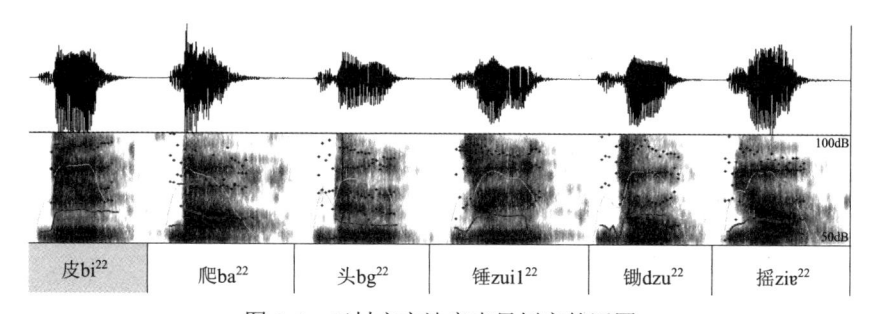

图2-6　王村方言浊音声母例字的语图

皮 bi²² 　爬 ba²² 　头 bɣ²² 　锤 zui1²² 　锄 dzu²² 　摇 ziɛ²²

[①] 浊音一般认为来自中古汉语，其语音性质在过去相当一段时间内被认为是常态带声 [b, d, g]。高本汉（1940/1995）曾认为中古浊音是浊送气，但一直没被接受。直到最近二十年，越来越多的学者，如 Cao & Maddieson（1992），黄晓山（1994），麦耘（1998），王福堂（2006），朱晓农（2010a），认为中古汉语的浊音其实是气声。这里的"浊"是音位性记音，其实际读法既有浊气声（浊声浊流），也有弛声（清声浊流），也不排除常态浊声。

2. 韵母（35个）

ɿ 资支知齿日	i 地以律戏鲫	u 粗锄厨符窟	y 虚女余雨掘
ɿ 培妹杯倍碑			
a 爬纳家夹架	ia 加假下甲架	ua 化瓜挖刮刷	
e 北百蛇色则	ie 夜姐铁劣得	ue 国	ye 写捐月雪恤
o 河过鸽活若			yo 约脚削药确
ɣ 斗丑收某售	iɣ 流秋舅欲畜		
ɐ 到曹桃烧早	iɐ 表标条耀觉		
ɚ 二而耳			
		ui 葵桂贵回腿	
ai 盖开彩财太		uai 怪歪帅拐	
ãi 三间含减咸	iẽ 廉线先延扁	uãi 短酸软船换	yẽ 元全远旋卷
ẽi 根增硬曾灯	ĩ 紧心新星竟	uẽi 温闻笋坟寸	yĩ 云群匀运军
aŋ 党桑讲唱长	iaŋ 良枪抢墙像	uaŋ 光床闯撞黄	
oŋ 红翁风凤桶	ioŋ 穷胸兄融		

说明：（1）共有11个单元音韵母，i 和 ɿ 有对立，如：皮 bi²² ≠ 培 bɿ²²。（2）i 为单元音时，带有轻微摩擦。（3）ai、uai 的实际音值为 æᵉ、uæᵉ，e 是后滑音。（4）ɣ 的舌位较为靠前，接近央元音。

3. 声调（4个）

调类	调值	例　字
阴平	45	多飘钟高山猪针光
阳平	22	存云力杨时桌扩约
上声	51	损板浅产秒喜水语
去声	214	灿汉漏就救厚赵跪

三　保靖县迁陵镇方言音系①

1. 声母（26个，包括零声母）

p 帮布步别	pʰ 跑怕瀑朴	b 朋盘皮坪	m 美门木买	f 花飞灰符	v 闻围危
t 徒到道地	tʰ 他太听天	d 头同桃条			l 脑怒路连
ts 站资知仓	tsʰ 处初仓尺	ʤ 锄曹虫从		s 少丝诗师	z 日热弱

---

① 保靖音系采用的是田枫的硕士学位论文《保靖音系研究》所归纳的音系，略有修正。

第二章 湘西汉语方言代表点音系　　33

续表

tɕ 假精经见	tɕʰ 巧秋丘气	dʑ 穷权群钱	nʑ 泥女年牛	ɕ 下修休胸
k 更贵跪间	kʰ 肯开看亏	g 葵狂魁	ŋ 我岸案爱	x 婚冯红逢
∅ 药而远				

说明：（1）b、d、dʑ、dʐ、g、z 的带音性质明显，是比较典型的浊音（见图 2-7）。（2）v 的实际音值为摩擦比较轻微的 ʋ。

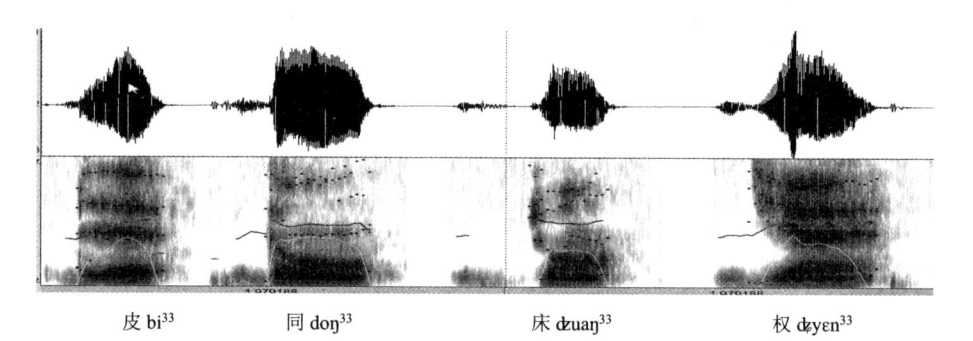

皮 bi³³　　同 doŋ³³　　床 dʐuan³³　　权 dʑyen³³

图 2-7　迁陵方言浊音声母例字的语图

2. 韵母（33 个）

ɿ 资支知	i 第地铁踢蛇	u 故木鹿绿出	y 虚缺月欲雨
ʅ 姐野以急接			
a 爬花夹牙法	ia 架下亚厦压	ua 刮挖夸挂瓜	
	ie 鳖蝶妾蝎		ye 茄雪靴约
ɔ 河过落各	iɔ 药约脚		
ɣ 斗丑收州透	iɣ 流秋油酒球		
ɐ 饱保桃烧考	iɐ 表标条小昌		
ɚ 耳而二饵儿			
		ui 国葵桂贵会	
ai 盖介矮概恳		uai 怪帅	
an 胆三竿间含	ien 检连廉年燕	uan 短酸官关船	yen 权圆玄原捐
en 根庚林邻灵	in 紧心新星	un 棍滚昆论轮	yin 云群熏寻赢
aŋ 党桑讲章	iaŋ 良匠向养墙	uaŋ 光床框皇庄	
oŋ 红翁东风匆	ioŋ 琼穹胸永兄		

说明：（1）y 的实际音值是较低较松的 ʏ，从开、齐、合、撮四呼的系统考虑，归纳为 y。（2）ɐ 的舌位略低，但不是央低元音 A。（3）in、yin 的韵尾接近 ȵ，而且比较弱。（4）ai、uai 的实际音值是 æᵉ、uæᵉ，e 是后滑音。

3. 声调（4个，见图2-8）

调类	调值	例　字
阴平	45	高天风衣山斤枪姑
阳平	22	穷人房时屋急局月
上声	51	古口五以比挤老少
去声	14	盖近共岸弟报认次

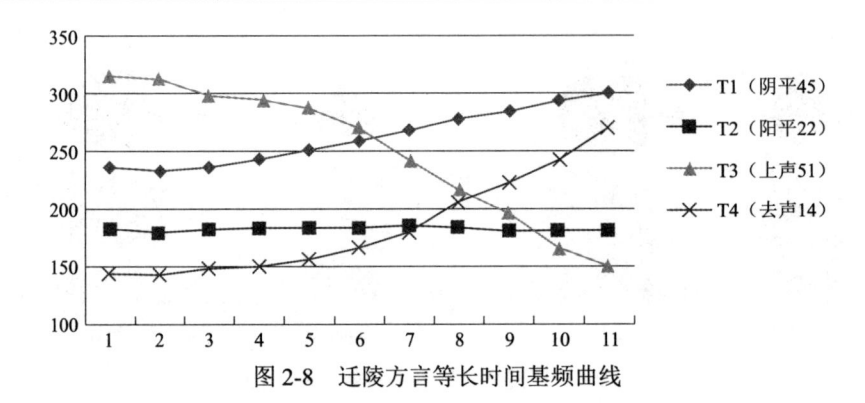

图2-8　迁陵方言等长时间基频曲线

四　花垣县花垣镇方言音系

1. 声母（25个）

p 步别柄薄	pʰ 怕披品辟	b 盘排皮旁	m 麻门木抹	f 飞灰胡费
t 弟到地敌	tʰ 太桶他踢	d 桃图头同		l 兰难怒林
ts 招祖增作	tsʰ 仓初穿	dz 潮除迟昨		s 书丝声税	z 认日软若
tɕ 经焦急结	tɕʰ 秋去枪	dʑ 旗全桥墙	ɲ 女娘年疑	ɕ 修旋虚线
k 贵观哥隔	kʰ 开看抗阔	g 葵狂奎	ŋ 袄硬案鹅	x 红冯化河
∅ 运元围五而言约摇危闻外

说明：（1）b、d、dz、dʑ、g、z带音性质非常明显（见图2-9）。（2）n和l自由变读，但倾向于读l，本文一律记为l，如：难 lã²²=兰 lã²²、怒 lu²¹⁴=路 lu²¹⁴。（3）与ʅ相拼，ts组的舌尖位置偏后。

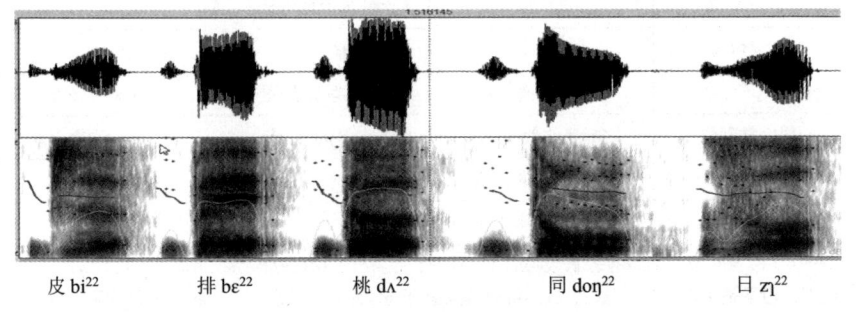

皮 bi²²　　排 bɛ²²　　桃 dʌ²²　　同 doŋ²²　　日 zʅ²²

图2-9　花垣方言浊音声母例字的语图

2. 韵母（33个）

ɿ 资知齿四日	i 地利泥列铁	u 母出符绿骨	
ʮ 须去女月缺			
ɨ 姐皮别衣结			
a 爬怕妈辣瞎	ia 加假夏虾甲	ua 化瓜刮话<u>瓜</u>	ya 抓爪跨
ɛ 盖开菜槐介		uɛ 怪帅拐	
e 培妹飞蛇色		ui 国危吕桂水	
ʌ 保到曹桃烧	iʌ 表标条晓<u>觉</u>		
o 河过喝各活			yo 约药确
ɤ 斗丑收头够	iɤ 流秋休舅酒		
ɚ 而二耳			
ã 贪三竿含减	iẽ 廉年线先选	uã 短酸官船	yẽ 元全权远旋
ẽ 根温增耕混	ĩ 紧心灵星禁	uẽ 春昆棍魂捆	ỹ 云群匀永迅
aŋ 党讲桑唱杭	iaŋ 良枪抢墙	uaŋ 光广狂框床	
oŋ 红翁东同	ioŋ 用穷胸		

说明：（1）i 为介音的零声母音节 i 带有摩擦，是一个摩擦元音。（2）ɨ 是一个非常明显的央的摩擦元音。（3）a、ua 的主元音舌位偏后。（4）ɛ 与 e 的区别较小，但是有对立，如：排 bɛ²²≠拍 pʰe²²。（5）ã、uã 的实际音值接近 æ̃、uæ̃，而且主元音有时略带前鼻音韵尾。

3. 声调（4个，见图2-10）

调类	调值	例　字
阴平	34	通诗猪高天沾
阳平	22	同时穷急舌月
上声	54	桶死古口五以
去声	213	痛试盖共岸近

说明：阳平略有下降，调值接近21。

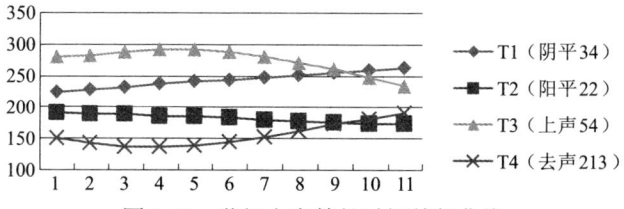

图2-10　花垣方言等长时间基频曲线

五 吉首市乾州镇方言音系

1. 声母（25个，包括零声母）

p 倍饱北百	pʰ 怕跑偏铺	b 盘皮爬盆	m 米门面木		f 飞费符胡
t 帝短东洞	tʰ 土他踢毒	d 徒桃头铜			l 怒连脑辣
ts 资直壮竹	tsʰ 仓初处醋	dz 茶曹床除		s 酸色师十	z 如日热绕
tɕ 节姐金巨	tɕʰ 恰趣秋确	dʑ 潮桥权穷	ȵ 年女阎娘	ɕ 心写学狭	
k 过国械隔	kʰ 开夸课客	g 葵狂呆	ŋ 袄挨案硬		x 河活灰含
∅ 阿亚衣雨远云野五二					

说明：（1）b、d、dz、dʑ、g的带音色彩比较明显，主要见于阳平调（见图2-11）。（2）n与l是自由变体，以读l为常，此处一律记为l。

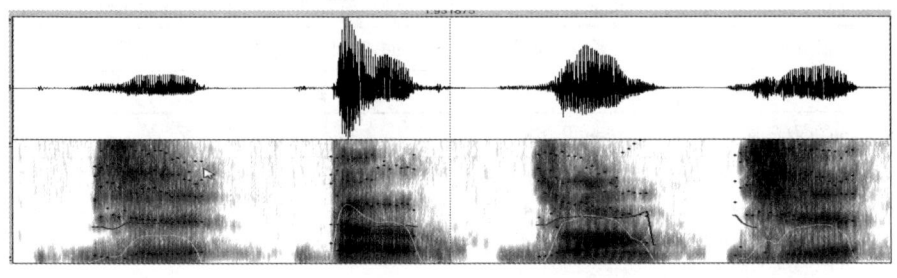

图2-11 乾州方言浊音声母例字的语图
皮 bi²¹　逃 dɑɯ²¹　床 dzuaŋ²¹　齐 dʑi²¹

2. 韵母（34个）

ɿ	资制字日湿	i	地闭米接铁	u	布母姑夫出	y	雨举屈浴
ɑ	靶拉打塔发	iɑ	加假夏辖	uɑ	化话夸刮	yɑ	抓爪跨
o	哥陀破各郭	io	确药学脚				
ɯ	都头丑扣后	iɯ	牛秋求久欲				
ɚ	二而耳儿						
ɑɯ	招糟桃咬交	iɑɯ	表庙孝摇要				
ɛi	开摆败才猜			uɛi	怪帅或歪		
ei	梅背舍白麦	iei	别揭借叶姐	uei	国队虽罪葵	yei	绝缺茄月雪
ẽi	斑拌饭三苋	iẽi	边面点钳严	uẽi	短团乱转万	yẽi	捐全掀远愿
ẽi	林陈门生很	ĩ	心银星另顶	uẽi	吞春村存滚	yĩ	群运云永

续表

| ɑŋ | 桑党放长巷 | iɑŋ | 枪良箱想巷 | uɑŋ | 光床网状 | | |
| oŋ | 东红通从虫 | ioŋ | 穷凶容浓 | | | | |

说明：（1）i 带有很强的磨擦色彩，是一个磨擦元音。（2）o、io 中的 o 唇形稍开，实际音值接近 ɔ。（3）韵尾 i 比较弱。（4）ẽi、iẽi、uẽi、yẽi、ẽi、ĩ、uẽi、ỹi 鼻化不是非常明显，有时带有微弱的-n 尾。

3. 声调（4个，见图 2-12）

调类	调值	例　字
阴平	44	支姑区巴低汤拉空
阳平	22	时爬爷茶穷唐擦杀
上声	52	死古取也把底悔躺
去声	213	四故夜坝弟会术射

说明：（1）阴平是一个略带上升的上升调，但不到 45。（2）阳平调尾略有下降，但不到 21。

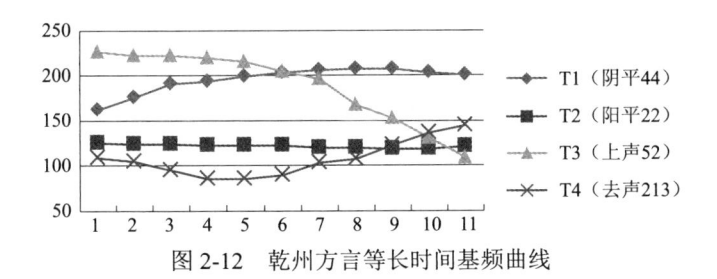

图 2-12　乾州方言等长时间基频曲线

六　古丈县古阳镇方言音系

1. 声母（26个，包括零声母）

p 步别布不	pʰ 怕朴勃趴	b 盘爬婆菩	m 门模妹脉	f 胡魂坟妇	v 危闻外围
t 到道冬舵	tʰ 太导套讨	d 同逃坛驮徒			l 兰难怒仰
ts 招祖主作	tsʰ 仓初春出	dz 潮除昨察		s 书丝税纯	z 认日绕若
tɕ 结经焦句	tɕʰ 秋去枪区	dʑ 旗全穷桥	ȵ 女娘严浓	ɕ 修旋虚线	
k 瓜介骨夹	kʰ 跨开苦克	g 葵狂	ŋ 硬案呕眼	x 红冯化飞	
ø 运元五而言约摇袄翁王禾夜亚雨					

说明：（1）b、d、dz、dʑ、g、z 的带音性质比较明显（见图 2-13）。（2）n 和 l 自由变读，但倾向于读 l，如：难 lã²²=兰 lã²²，怒 lu²¹⁴=路 lu²¹⁴。

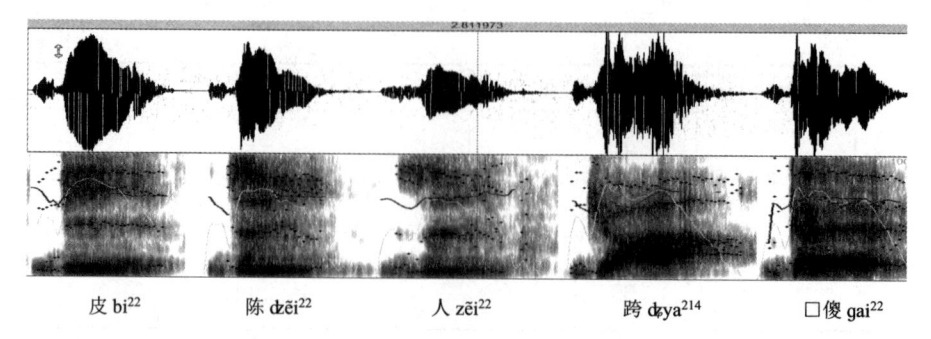

皮 bi²²   陈 dzēi²²   人 zēi²²   跨 dzya²¹⁴   □傻 gai²²

图 2-13 　古阳方言浊音声母例字的语图

2. 韵母（35 个）

ɿ 资知齿日	i 地以移衣币	u 母赌出符绿	y 去虚女雨欲
a 爬怕辣八瞎	ia 加假甲峡	ua 刮化瓜话	ya 跨□ya²¹⁴：扔
e 北百蛇舌色危	ie 野铁姐别踢	ue 国	ye 月缺雪靴
o 河过喝各活			yo 约药确略
ɤ 斗丑收头	iɤ 流秋休舅		
ɚ 二而耳尔			
ai 盖开菜界		uai 怪帅怀或	
ei 倍培妹飞		ui 吕葵桂贵水	
au 保到曹桃教	iau 表标条教		
ã 贪竿间减咸	iẽ 廉年线先延	uã 短酸官船乏	yẽ 元全权远旋
ẽi 根魂增硬灵	ĩ 紧心星杏信	uẽi 春昆棍	yĩ 云群运永讯
aŋ 党桑唱杭	iaŋ 讲良枪抢墙	uaŋ 光广狂框床	
oŋ 红翁东同	ioŋ 穷胸用永		

说明：（1）i 的零声母音节，有时候带摩擦，是一个摩擦元音。（2）ai、uai 的实际音值是 æᵉ、uæᵉ，e 是后滑音。（3）ã、uã 的实际音值接近 æ̃、uæ̃，而且主元音有时略带前鼻音韵尾。

3. 声调（4 个，见图 2-14）

调类	调值	例　字
阴平	44	猪高天花安生冰车
阳平	22	时穷宜恒瓢急舌月
上声	51	古口五以尔准闯捧
去声	214	盖共岸近画刺脚玉

说明：（1）阳平略降，但未到 21，一律记为 22。（2）去声实际调值为 324，此一律记为 214。

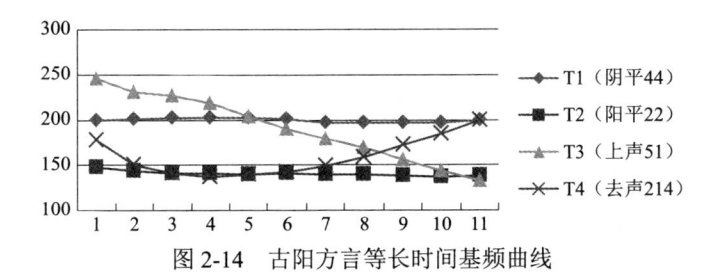

图 2-14　古阳方言等长时间基频曲线

七　古丈县高峰乡话音系①

1. 声母（28个，包括零声母）

p	布鞭壁	pʰ	破稗白	b	婆抱薄	m	蚂米尾	f	斧风皮	v	网有远
t	台铜猪	tʰ	拖兔侄	d	代洞沉					l	里大年
ts	纸针砖	tsʰ	初千贼	ʤ	塍淋融			s	晒笋生	z	油夜闰
tɕ	精坐竹	tɕʰ	轿蛆熟	dʑ	墙袖泅	ȵ	银浓肉	ɕ	四写心	ʑ	食药
k	姑甘角	kʰ	口犬虎	g	渠□笨	ŋ	牙硬额	x	灰喊瞎	ɣ	红旱五
∅	矮饮鹰										

说明：（1）n 与 l 是自由变体，本书统一记作 l。（2）ȵ 代表的音值是 ɕ 的同部位鼻音。（3）ʑ 在语流中有时弱化为半元音 j。（4）ɣ 发音部位较后，接近 ɦ。

2. 韵母（32个）

ɿ	翅豉正十	i	蓖飞履轻	u	大湖躲谷	y	鬼围锥嘴
		iɛ	犁多银篾			yɛ	军吹药月
a	芝雨口笔	ia	爹柱柳绿	ua	□瘦	ya	娘爹娘
ɑ	稗皮街八			uɑ	瓜岁坏骨		
o	马夜辣帕	io	靴写历脊				
ɤ	麸菜灰色						
ai	粉田浅跟			uai	春犬村船		
ei	碑每妹痱			uei	柜葵	yei	槌锤
au	风桃种壳	iau	苗朝虫削				
əu	芦喜牛急	iəu	又住鱼织				
		in	亮肠墙秋				
aŋ	等鼎塍讲	iaŋ	锵像粮鹰	uaŋ	光		

---

① 高峰乡话音系，摘自伍云姬、沈瑞清《湘西古丈瓦乡话调查报告》（2010：11-12）。

ɤŋ	半糖汗日				
oŋ	明担生坑				
ẽ	张长帐场	iẽ	娘雌性动物后缀□ 蜥蜴的第二个音节		

说明：（1）ɿ 代表的元音是舌尖前元音。（2）a 舌位较前，接近 æ。a 和 ɑ，ua 和 uɑ 有音位上的对立。（3）o 在 k 组声母（包括零声母）后接近 ᵘo。io 接近 ʸo。（4）ai 接近 ae，在语流中动程不明显，有时接近 ɛ。（5）uai 在 ts 组声母后介音 u 舌尖化，接近 ʮai。（6）au 的主元音较后，韵尾圆唇不明显，接近 aɯ。（7）ɤɯ 在语流中动程不明显，接近 ɯ。k 列声母后有些词（如：锯、渠）有 ɤ 的异读。（8）aŋ 的主元音偏后，接近 ɑŋ。（9）ɤŋ 读零声母的部分词（如：二、日）在语流中有时发成音节的鼻音 ŋ。（10）oŋ 舌位较低，接近 ɔŋ。（11）ẽ 的舌位高低很不稳定，有时候接近 ĩ，有时候接近 ɛ̃。

3. 声调（5个）

调类	调值	例 字
阴平	55	天开多猪甘清平毛聋麻鱼油次浊平伫白凿贼十全浊入
阳平	13	长平田台渠全浊平来梨盐羊园次浊平舌活食全浊入
上声	25	水手少口等清上老五买雨履次浊上是柱簟重件全浊上背蓓垫轿全浊去
去声	33	半笑去岁盖清去卖望漏嫩右次浊去病汗树地住全浊去抱淡罪全浊上
入声	41	百骨竹黑脚清入日额麦肉六次浊入

八 古丈县山枣乡"六保话"音系

1. 声母（28个，包括零声母）

p 布百排柄	pʰ 白泡泼帕	b 疲菩抱薄	m 门别米望	f 符飞斧平	v 闻合雨吴
t 台箸胆豆	tʰ 兔柱抽炭	d 徒盗铜洞	l 落脑虫桃		
ts 糟争折澡	tsʰ 醋初出取	dz 查竖船顺		s 生散师诗	z 漏来梨
tɕ 书举节竹	tɕʰ 趣香秤畜	dʑ 旗全舌痒	ȵ 女念耳鱼	ɕ 休虚洗手	ʑ 夜食热养
k 加急各旧	kʰ 开去犬坑	g 葵	ŋ 岩硬牙眼	x 花虾喊苋	ɣ 红汗旱号
∅ 愚矮衣摇					

说明：（1）b、d、dz、dʑ、g 的带音色彩比较明显，主要见于阳平调（见图2-15）。（2）l 的音位变体是 n，以读 l 为常。（3）dz 与 z、dʑ 与 ʑ 各有音位对立，如：竖 dzɿ²¹² ≠ 漏 zɿ²¹²。

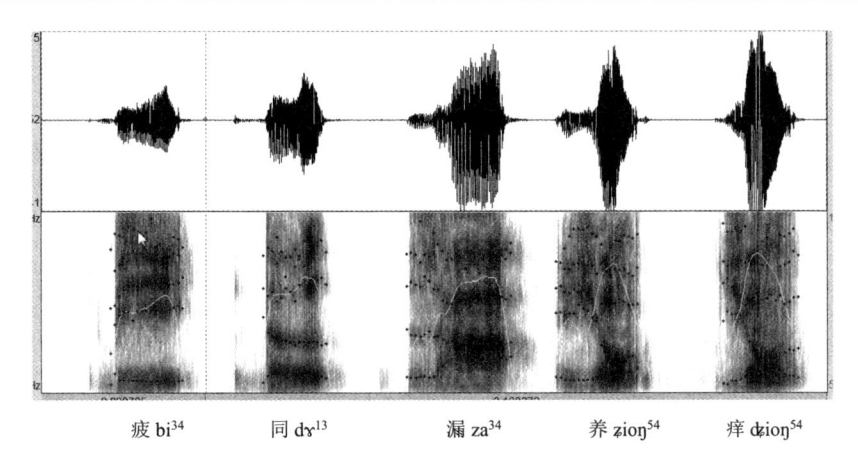

第二章 湘西汉语方言代表点音系   41

疲 bi³⁴   同 dɤ¹³   漏 za³⁴   养 zioŋ⁵⁴   痒 dzioŋ⁵⁴

图 2-15 山枣"六保话"浊音声母例字的语图

2. 韵母（28 个）

ɿ	诗十紫屎拾栋	i	闭疲接壁室房子	u	赌吹脚索吹	yi	愚飞徐蛆䖳蛇
a	使鸡岩石铁字	ia	柱收九泅抽	ua	花盖栽街刮	ya	□tɕʰya⁴²:树枝
ʌ	桃高脑罩角	iʌ	桥晓朝票苗				
o	架三辣舅腊					yo	写野夜约擦
ɤ	符讲东饮颠	iɤ	穷胸融易休				
		ie	心餍饱魂紧烟	ue	睏睡春转川裤	ye	云魂阴园冤
ai	天年粉坟骑			uai	船管犬怪选拳		
ei	妹粗跟急黑	iu	女耳书箸筷子食	ui	吕税跪槌怯怕		
ẽi	青清请星醒	ĩ	见正~月轻				
aŋ	争硬坑狼铛			uaŋ	弯湾		
oŋ	胆还伞床望	ioŋ	秧娘内伤想思				

说明：（1）一共 7 个单元音韵母，i 是摩擦元音，有时摩擦非常明显；yi 也可以处理为 y，但因为较罕见，保留其实际音值。（2）a、ia、ua、ya、aŋ、uaŋ 的主元音舌位均偏后。（3）ai 主元音的舌位略高略后，实际音值接近 ɐi。（4）ʌ、iʌ 有时带有轻微的韵尾-ɯ，ɤ、iɤ 主元音的舌位偏前，接近央元音。（5）鼻化韵很少，但与口音元音韵有对立，如：醒 sẽi⁵⁴≠死 sei⁵⁴。

3. 声调（5 个，见图 2-16）

调类	调值	例　　字
阴平	34	多渣胸乖衣罗麻埋
阳平	13	茄化松缝盛骑围移

上声	54	火绿纸是柜草宝味
去声	212	过架块避铺榨大市
入声	42	借搭插压急辣抹瞎

说明：上声是一个特高降调，调头略带假声。

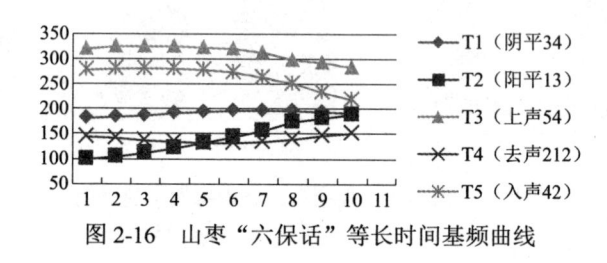

图 2-16　山枣"六保话"等长时间基频曲线

九　古丈县河蓬乡"死客话"音系

1. 声母（27个，包括零声母）

p 北百倍饱	pʰ 怕跑偏薄	b 皮爬盘盆	m 米门面木	f 飞符胡费	v 望袜玩
t 地短东洞	tʰ 兔铁踢毒	d 条桃头铜	n 吕连脑辣		
ts 资直招壮	tsʰ 仓初处醋	dz 茶曹床除		s 酸色师十	z 若如耳日
tɕ 节姐竹金	tɕʰ 趣秋确丑	dʑ 潮桥权穷	ȵ 年女阎娘	ɕ 蛇舌心船	ʑ 惹软闰肉
k 过国讲共	kʰ 去开糠空	g 葵狂	ŋ 袄安案硬	x 河活灰含	
ø 野二远云岳忆					

说明：（1）b、d、dz、dʑ、g 的带音色彩很明显，主要见于阳平调（图 2-17）。（2）n 与 l 是音位变体，以读 n 为常。

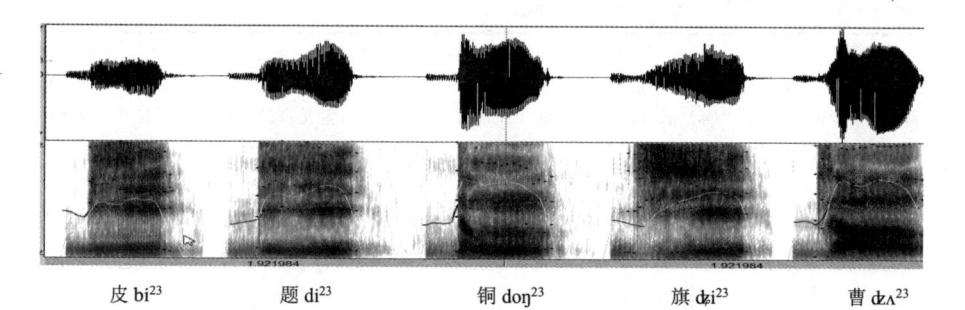

皮 bi²³　　题 di²³　　铜 doŋ²³　　旗 dʑi²³　　曹 dzʌ²³

图 2-17　河蓬"死客话"浊音声母例字的语图

2. 韵母（32个）

ɿ	资支次耳日	i	地闭移接铁	u	赌母苏主出	y	雨举屈句月
a	胆散三矮察	ia	佳加芽亚架	ua	花化话刮刷		
e	去半北客刻	ie	扇线先别舌	ue	国肝官酸说	ye	船软缺远串
ʌ	招糟桃薄炮	iʌ	潮烧晓药脚				
ə	二而						
o	架所鸭辣郭	io	姐车略确雀				
ɣ	河锣合粗落	iɣ	牛秋竹肉抽				
ai	开狗偷械百			uai	怀赚怪帅		
ei	杯倍妹梅			ui	吕灰桂雪骨		
		iɛ̃	廉延言检宴			yɛ̃	缘癣旋权
ẽi	林陈门生凌	ĩ	心认声蒸银	uẽi	吞春村困嫩	ỹi	群闰运云训
aŋ	贪蛋党讲寒	iaŋ	枪良箱娘 长~ 成~	uaŋ	观馆光床唤		
oŋ	东红通从中	ioŋ	穷虫凶重 轻~				

说明：（1）一共有10个单元音韵母，i 有时表现为摩擦元音，摩擦非常明显；y 的舌位偏前，有时类似 yi。（2）a、ia、ua、ya、aŋ、uaŋ 的主元音舌位均偏后。（3）o 的唇形不圆且较松，但与ɣ有对立，如：罗 lo²³ ≠ 箩 lɣ²³（前者是文读层，后者是白读层）。（4）ʌ、iʌ 有时带有轻微的韵尾-ɯ。（5）ai 主元音的舌位略高略后，韵尾很松，实际音值接近 ɐe。（6）iɣ 的实际音值是 iɯ。（7）ẽi、ĩ、uẽi、ỹi、iɛ̃、yɛ̃ 的鼻化不是很典型，有时带有微弱的-n 尾。

3. 声调（5个，见图2-18）

调类	调值	例 字
阴平	34	通诗猜招书精开高
阳平	23	铜财红云十日约节
上声	51	桶死好彩绕脑远软
阴去	213	痛四菜布怒白毒活
阳去	45	洞事寨大路认硬坐

说明：（1）阴平的调值有时接近44，而阳平的调值有时接近22；（2）阳去是一个特高升调。

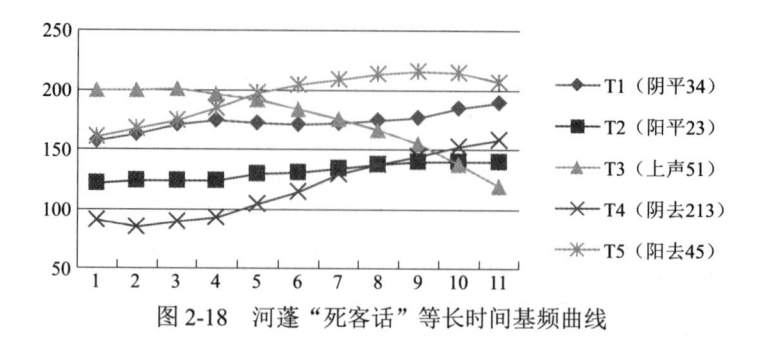

图 2-18　河蓬"死客话"等长时间基频曲线

十　泸溪县洗溪镇方言音系

1. 声母（31个，包括零声母）

p 北百别饱	pʰ 怕坡辅白	b 爬盆旁朋	m 米妹忙麦	f 飞符费福	v 武微问
t 到杜夺毒	tʰ 太土铁踢	d 条桃甜驼			l 吕连怒辣
ts 资煮精妖~姐	tsʰ 仓初取昨	dz 齐锄曹床		s 色削修虚	
tʃ 支招江境	tʃʰ 处昌腔直	dʒ 除虫城厨		ʃ 蛇烧学香	ʒ 揉日软耳
tɕ 焦贵精~明竹	tɕʰ 伸超枪溪	dʑ 权穷陈程	ȵ 年女严泥	ɕ 舌线现肖	ʑ 然染仍
k 国共讲骨	kʰ 开跪可窟	g 葵狂割	ŋ 案硬鹅爱	x 河胡红含	

Ø 午危而野远云横艾为舀

说明：（1）n 与 l 是音位变体。（2）浊音带音明显，只出现在古浊声母平声字（今读阳平）中（见图 2-19）。（3）x 发音部位靠后，接近 h。

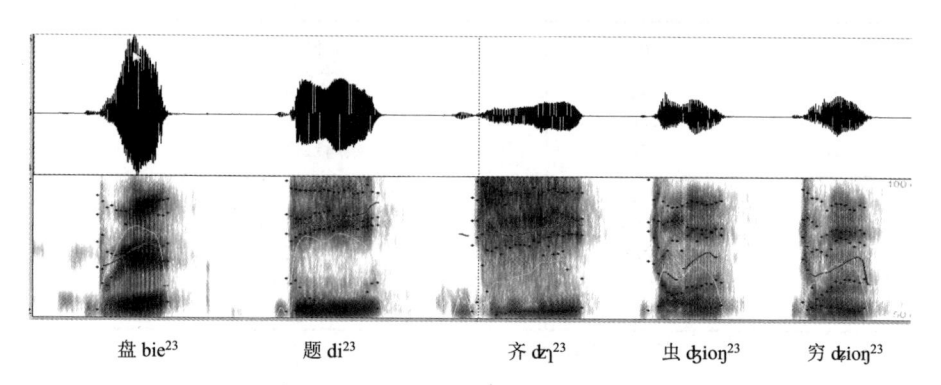

盘 bie²³　　题 di²³　　齐 dz̩²³　　虫 dʑioŋ²³　　穷 dʑioŋ²³

图 2-19　洗溪方言浊音声母例字的语图

2. 韵母（36个）

ɿ	资丝师是此	i	地接割踢叶	u	古主处书水	y	举贵雨雷缺
ʅ	支诗日耳侄						
a	难街间晒排	ia	雅鸦假贾姐	ua	花价刮散架		
e	客墨没	ie	扇线别甜舌	ue	碗旋国搬北	ye	圆船乱完阅
o	芽爬把辣夹					yo	茄写爷略约
ɯ	多鹅坐脱蛇	iɯ	流竹肉绿周				
ɚ	而二儿						
ai	太头介累勾			uai	帅怪歪		
ei	杯倍斗费百			uei	葵灰趣骨雪		
ou	饱桃招绕袄	iou	条焦潮桥药				
ã	党桑香母妈蚌	iã	枪良羊亮娘	uã	床光窗杠忘		
æ̃	竿含案展单	iæ̃	严年延帘廉	uæ̃	观罐冠关选	yæ̃	全权串玄湾
ẽi	根庚清坪妹	ĩ	京蒸瓶兵引	uẽi	魂横温闰运	yẽi	群勋军春
oŋ	冯红从翁东	ioŋ	穷胸凶				

说明：（1）i 有时为摩擦元音。（2）y 的舌位偏前，有时类似 yi。（3）ʅ 只与tʂ组声母相拼，实际上是一个舌叶元音。（4）o、ɯ 两韵有时带有介音，实际发音为 ʷo、ʷɯ。（5）ai、uai 中 a 的实际开口度略小，实际音值接近 æ。（6）oŋ、ioŋ 中的 o 唇形略展，实际音值接近 ɔ。

3. 声调（5个，见图2-20）

调类	调值	例 字
阴平	34	精开多摊间塌私衣
阳平	23	铜时财红云答落辣
上声	42	桶死彩绕脑远软哑
阴去	213	破四菜布活虫踏笔
阳去	45	受骂事大淡认硬怒

说明：（1）阳平略有降升，有时接近阴平调值。（2）年轻女性发音人的阴去是一个不连续的降升调，降、升之间有断开，是一个嘎裂声（creaky voice），男性发音人的阴去有时亦为嘎裂声。（3）阳去是一个特高升调，调尾略带假声。

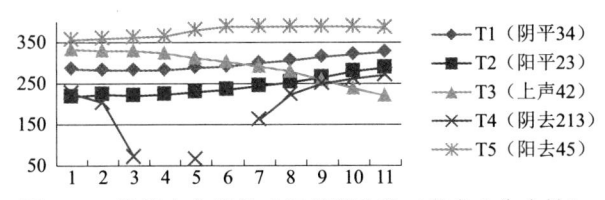

图 2-20 洗溪方言等长时间基频曲线（发音人为女性）

十一　泸溪县岩头河乡话音系①

1. 声母（28个，包括零声母）

p 百疤鼻柄	pʰ 白炮批帕	b 疲菩驼袍	m 尾米望饭	f 火飞放平	v 武袜文雨
t 台多猪豆	tʰ 拖土特直	d 徒铜沉唐	n 落大罗虫		
ts 树句志溇	tsʰ 贼嫂出取	dz 罪竖词痒		s 生沙诗色	z 夜梨羊野
tɕ 坐几桥鲫	tɕʰ 吹跪轿蒸	dʑ 旗移谢	ȵ 月尼鱼	ɕ 休写死手	ʑ 盐游
k 加急脚哥	kʰ 快去虎肯	g 葵渠	ŋ 牛饿牙眼	h 号虾唤荬	ɦ 何合黄学
∅ 瓦云日袄记矮衣要压碗秧围					

说明：（1）b、d、dʑ、dz、g 的带音色彩很明显，主要见于阳平调。（2）l 与 n 是音位变体，以读 n 为常。（3）"日"单念时为零声母 iʌŋ，在语流中为 ŋ̍。

2. 韵母（31个）

ɿ	此十紫屎	i	接米今飞粪	u	麦赌徒布古	y	脚屈力直猪过
a	色雨鸡海敢	ia	甲柱洒刘绿	ua	卦	ya	□tɕʰya⁴² : 树枝
ɛ	滴特来山尾文	iɛ	念	uɛ	怪孙蠢狗横		
e	尖纸踩沉身	ie	坐多米近簸			ye	虫捋锣搓龟耳
ɔ	角答搭客刷晚			uɔ	鹅对加挖合骨	yɔ	锄确写斜粘
ɯ	饿灯输朋急	iɯ	谢肉涩				
ei	土做陪坏黑			uei	桂堆灌县嫩		
ou	老澡桃包扫	iou	表庙桥朝交				
ʌɯ	龚忙落彭壳						
ɛ̃	□燎						
ẽi	梳根领镜	iẽ	劲	uẽ	行南柑撑		
ʌŋ	暗伞炭五糖	iʌŋ	亮浆长肠	uʌŋ	狂		

说明：（1）i 跟辅音相拼时，是摩擦元音，有时摩擦非常明显。（2）ɔ 唇形较闭，有时实际音值接近 o。（3）ɯ 往往带前滑音，实际音值为 ᵊɯ；ɯ、iɯ、ʌɯ 中 ɯ 舌位略低，且带圆唇成分，实际音值接近 ɵ、iɵ、ʌɵ。（4）uɔ、ye 在平声字中，u、y 略长，ɔ 位置稍高，e 微圆唇，实际音值为 u:ɵ、y:ɵ，u、y 长短无音位区别。（5）ɛ、iɛ、uɛ、ɛ̃ 带有弱韵尾 i。（6）ei 中的唇形稍开，实际音值近于 ɛi。（7）ou、ʌɯ、ɯ 是对立的三个音位，招 tsou³⁵≠钟 tsʌɯ³⁵≠书 tsɯ³⁵。（8）岩头河乡话中还存在一批韵，如：ã、ĩ、iæ̃、uæ̃、yæ̃、yẽi，这些韵借自泸溪"客话"，在此均不列入乡话音系当中。

---

① 岩头河乡话音系，根据暨南大学伍巍教授和笔者一起调查所得的材料整理而成，铜仁学院的印有家老师也参与了调查，在此对他们表示真挚的感谢！

3. 声调

调类	调值	例　字
阴平	35	多沙胸乖衣泸蒙直
阳平	24	河人场杂实绝白福
上声	53	九火补绿纸恶使柿
去声	213	大布侧鼻闸染沤熄
入声	43	六月拍百日出色肉

第三章 湘西汉语方言与中古音系的比较

本章以列表形式对中古汉语的音韵系统与湘西 17 个汉语方言点的声、韵、调系统进行比较，找出古今之间主要的语音对应关系，以便进一步揭示从中古音系到湘西汉语方言音系发展、演变的轨迹和规律，从而更好地了解湘西汉语方言的历史音韵特点。

中古音系统依据中国社会科学院语言研究所的《方言调查字表》（修订本），湘西汉语方言音系依据本书第二章。中古音类分声类、韵类和调类，下面分成三节分别列表进行比较。所有对照表表头的横栏都是中古音类，表左纵栏是 17 个方言点。

第一节 声母的比较

中古声类与湘西汉语方言声母的对应关系主要包括基本对应关系和条件对应关系，个别的特殊对应则不考虑在内，但一些字数较少但明显属于白读层口语音的也列举了出来。同一声类的不同读音用斜线"/"隔开，用斜线"/"隔开的两个或两个以上的今读音，它们之间的关系可能属于不同的性质，具体可参考本书第四章的相关分析。

表 3-1　中古声类与湘西汉语方言声母主要对应表（1）

地点＼声类	帮	滂	並	明	非	敷	奉	微
沱江凤凰	p	pʰ	p/pʰ	m	f	f	f	ø
乾州吉首	p	pʰ	p/b	m	f	f	f	ø
花垣花垣	p	pʰ	p/b	m	f/x	f/x	f/x	ø
民乐花垣	p	pʰ	p/pʰ	m	f/x	f/x	f/x	v/ø
古阳古丈	p	pʰ	p/b	m	f/x	f/x	f/x	v/ø
迁陵保靖	p	pʰ	p/b	m	f/x	f/x	f/x	v/ø
野竹坪保靖	p	pʰ	p/pʰ	mb	f/x	f/x	f/x	v/ø
王村永顺	p	pʰ	p/b	b	x	x	x	ø

声类 地点	帮	滂	并	明	非	敷	奉	微
润雅永顺	p	pʰ	p/pʰ	mᵇ	x	x	x	ø
万坪永顺	p	pʰ	p/pʰ	b	x	x	x	ø
里耶龙山	p	pʰ	p/pʰ	b	f/x	f/x	f/x	ø
民安龙山	p	pʰ	p/pʰ	m	f/x	f/x	f/x	v
洗溪泸溪	p	pʰ	p/b	b	f	f	f	v/ø
河蓬古丈	p	pʰ	p/b	m	f	f	f	v/ø
岩头河泸溪	p	pʰ	p/b/f	m	f	f	f/b/v	m/v
高峰古丈	p	pʰ	p/b/f	m	f	f	f/b/v	m/v/ø
山枣古丈	p	pʰ	p/b/f	m	f	f	f/b/v	m/v/ø

表3-1　中古声类与湘西汉语方言声母主要对应表（2）

声类 地点	端	透	定	泥	来	精	清	从
沱江凤凰	t	tʰ	t/tʰ	n	l	ts/tɕ	tsʰ/tɕʰ	ts/tsʰ/tɕ/tɕʰ
乾州吉首	t	tʰ	t/d	l/ɳ	l	ts/tɕ	tsʰ/tɕʰ	ts/dz/tɕ/dʑ
花垣花垣	t	tʰ	t/d	l/ɳ	l	ts/tɕ	tsʰ/tɕʰ	ts/dz/tɕ/dʑ
民乐花垣	t	tʰ	t/tʰ	n/ɳ	n	tʃ/tɕ	tʃʰ/tɕʰ	tʃ/tʃʰ/tɕ/tɕʰ
古阳古丈	t	tʰ	t/d	l/ɳ	n	ts/tɕ	tsʰ/tɕʰ	ts/dz/tɕ/dʑ
迁陵保靖	t	tʰ	t/d	l/ɳ	l	ts/tɕ	tsʰ/tɕʰ	ts/dz/tɕ/dʑ
野竹坪保靖	t	tʰ	t/tʰ	n/ɳ	n	ts/tɕ	tsʰ/tɕʰ	ts/tsʰ/tɕ/tɕʰ
王村永顺	t	tʰ	t/d	l/ɳ	n	ts/tɕ	tsʰ/tɕʰ	ts/dz/tɕ/dʑ
润雅永顺	t	tʰ	t/tʰ	l	l	ts/tɕ	tsʰ/tɕʰ	ts/tsʰ/tɕ/tɕʰ
万坪永顺	t	tʰ	t/tʰ	n/ɳ	n	ts/tɕ	tsʰ/tɕʰ	ts/tsʰ/tɕ/tɕʰ
里耶龙山	t	tʰ	t/tʰ	n/ɳ	n	ts/tɕ	tsʰ/tɕʰ	ts/tsʰ/tɕ/tɕʰ
民安龙山	t	tʰ	t/tʰ	l	l	ts/tɕ	tsʰ/tɕʰ	ts/tsh/tɕ/tɕh
洗溪泸溪	t	tʰ	t/d /tʰ	l/ɳ	l	ts/tɕ	tsʰ/tɕʰ	ts/dz/tɕ/dʑ
河蓬古丈	t	tʰ	t/d /tʰ	n/ɳ	n	ts/tɕ	tsʰ/tɕʰ	ts/dz/tɕ/dʑ
岩头河泸溪	t	tʰ	d/t/tʰ/l	l/ɳ	l/z/ʑ	ts/tɕ	tsʰ/tɕʰ	ts/tsʰ/dz/tɕ/dʑ
高峰古丈	t	tʰ	d/t/tʰ/l	l/ɳ	l/z/ʑ	ts/tɕ	tsʰ/tɕʰ	ts/tsʰ/dz/tɕ/dʑ
山枣古丈	t	tʰ	d/t/tʰ/l	l/ɳ	l/z/ʑ	ts/tɕ	tsʰ/tɕʰ	ts/tsʰ/dz/tɕ/dʑ

表 3-1　　中古声类与湘西汉语方言声母主要对应表（3）

声类 地点	心	邪	知	彻	澄	庄	初	崇
沱江凤凰	s/ɕ	ɕ/tɕʰ/s/tsʰ	ts	tsʰ	ts/tsʰ	ts	tsʰ	tsʰ/s/ts
乾州吉首	s/ɕ	ɕ/s/dʑ/dz	ts	tsʰ	ts/dz	ts	tsʰ	ts/dz/s
花垣花垣	s/ɕ	ɕ/s/dʑ/dz	ts	tsʰ	ts/dz/tsʰ	ts	tsʰ	ts/dz/s
民乐花垣	ʃ/ɕ	ɕ/tɕʰ/ʃ/tʃʰ	tʃ	tʃʰ	tʃ/tʃʰ	tʃ	tʃʰ	tʃ/tʃʰ/ʃ
古阳古丈	s/ɕ	ɕ/s/dʑ/dz	ts	tsʰ	ts/dz/tsʰ	ts	tsh	ts/dz/s
迁陵保靖	s/ɕ	ɕ/s/dʑ/dz	ts	tsʰ	ts/dz/tsʰ	ts	tsʰ	ts/dz/s
野竹坪保靖	s/ɕ	ɕ/tɕʰ/s/tsʰ	ts	tsʰ	ts/tsʰ	ts	tsʰ	tsʰ/s/ts
王村永顺	s/ɕ	ɕ/s/dʑ/dz	ts	tsʰ	ts/dz/tsʰ	ts	tsʰ	ts/dz/s
润雅永顺	s/ɕ	ɕ/tɕʰ/s/tsʰ	tʃ	tʃʰ/tsʰ	tʃ/tʃʰ/tsʰ	ts/tʃ	tsʰ/tʃʰ	tʃ/tʃʰ/ts/tsh/s/ʃ
万坪永顺	s/ɕ	ɕ/tɕʰ/s/tsʰ	ts	tsh/tɕʰ	ts/tsʰ	ts	tsʰ	tsʰ/s/ts
里耶龙山	s/ɕ	ɕ/tɕʰ/s/tsʰ	ts	tsʰ/tɕʰ	ts/tsʰ	ts	tsʰ	tsʰ/s/ts
民安龙山	s/ɕ	ɕ/tɕʰ/s/tsʰ	ts	tsʰ	ts/tsʰ	ts	tsʰ	tsʰ/s/ts
洗溪泸溪	s/ɕ/ʃ	s/dz/ʃ/ɕ	tʃ/ts/tɕ	tʃʰ/tsʰ/tɕʰ	ts/dʑ/dz/dz/tsʰ/tʃ/tʃʰ/tɕ/tɕʰ/t	ts	tsʰ/tɕʰ	ts/dz/s/ʃ/tʃ
河蓬古丈	s/ɕ	s/dz/ɕ/dʑ	ts/tɕ	tsʰ/tɕʰ	ts/tsʰ/dz/dʑ/tɕ/tɕʰ	ts	tsʰ	ts/dz/s
岩头河泸溪	s/ɕ/ts/tsʰ	ɕ/dʑ/dz/z/ts	t/ts/tʰ/d	tsʰ/t/ts/dz	ts/tsʰ/t/tʰ/dz/d/l	ts	tsh	ts/dz/s
高峰古丈	s/ɕ/ts/tsʰ	dz	t/ts/tɕ	tsʰ/tʰ/tɕʰ	ts/dz/dz/t/tʰ/d/l	ts	tsʰ	ts/dz/s/tsʰ
山枣古丈	s/ɕ/ts/tsʰ	ɕ/dz	t/ts/tɕ	tsʰ/tʰ/tɕʰ	ts/tsʰ/t/tʰ/dz/d/l	ts	tsʰ	s

表 3-1　　中古声类与湘西汉语方言声母主要对应表（4）

声类 地点	生	章	昌	船	书	禅	日	见
沱江凤凰	s	ts	tsʰ	s/tsʰ	s	s/tsʰ	z/∅/n	k/tɕ
乾州吉首	s	ts	tsʰ	s/dz	s	s/dz	z/∅	k/tɕ
花垣花垣	s	ts	tsʰ	s/dz	s	s/dz	z/∅	k/tɕ/ts
民乐花垣	ʃ	tʃ	tʃʰ	ʃ/tʃʰ	ʃ	ʃ/tʃʰ	z/∅	k/tɕ
古阳古丈	s	ts	tsʰ	s/dz	s	s/dz	z/∅	k/tɕ
迁陵保靖	s	ts	tsʰ	s/dz	s	s/dz	z/∅	k/tɕ

第三章　湘西汉语方言与中古音系的比较

续表

声类 地点	生	章	昌	船	书	禅	日	见
野竹坪保靖	s	ts	tsʰ	s/tsʰ	s	s/tsʰ	z/ø	k/tɕ
王村永顺	s	ts	tsʰ	s/dʑ/tsʰ	s	s/dʑ/tsʰ	z/ø	k/tɕ/ts
润雅永顺	ʃ/s	tʃ	tʃʰ/tsʰ	ʃ/tʃʰ	ʃ	ʃ/tʃʰ	ʒ/ø	k/tɕ
万坪永顺	s	ts	tsʰ/tɕʰ	s/tsʰ	s	s/tsʰ	z/ø	k/tɕ
里耶龙山	s	ts	tsʰ/tɕʰ	s/tsʰ	s	s/tsʰ	z/ø	k/tɕ
民安龙山	s	ts	tsʰ/tɕʰ	s/tsʰ/ɕ/tɕʰ	s	s/tsʰ	z/ø	k/tɕ/ts
洗溪泸溪	ʃ/s	ts/tʃ/tɕ	tʃʰ/tɕʰ/tsʰ	ʃ/ɕ/tʃ/ʑ	ʃ/ɕ/s/tɕʰ	ʃ/tʃʰ/ɕ/tɕʰ	ʒ/ø/z	k/tɕ/ts/tʃ/g
河蓬古丈	s	ts/tɕ	tsʰ/tɕʰ	s/ɕ/dʑ	s/ɕ	s/ɕ/dʑ/dʑ	z/ʑ/dʑ/ø/ɲ	k/tɕ/g
岩头河泸溪	s	ts/t/tɕ	tsʰ/tɕʰ	z/dʑ	s/ts/tɕ/ɕ	s/ts/dʑ/tsʰ/tɕʰ/d	z/dʑ/ɲ/ø/ŋ/ɦ	k/kʰ/tɕ/g
高峰古丈	s	ts/t/tɕ	tsʰ/tɕʰ	dʑ/z	s/ts/tɕ/ɕ	s/ts/dʑ/tsʰ/tɕʰ	z/dʑ/ŋ/ø	k/kʰ/tɕ
山枣古丈	s	ts/t/tɕ	tsʰ/tɕʰ	dʑ/ɕ/z	s/ɕ/tɕ/ts	s/tsʰ/dʑ/tɕ/tɕʰ	z/dʑ/ɲ/ø/l	k/kʰ/tɕ/ts/t

说明："臭"里耶、万坪为tɕʰ；"炊触"润雅为tsʰ；洗溪"乘"为tʃ，"唇"为tʃʰ。

表 3-1　中古声类与湘西汉语方言声母主要对应表（5）

声类 地点	溪	群	疑	晓	匣	影	云	以
沱江凤凰	kʰ/tɕʰ/x	tɕ/tɕʰ/k/kʰ	ŋ/n/ø	x/ɕ/f	x/ɕ/f/ø	ø/ŋ	ø/ɕ	ø
乾州吉首	kʰ/tɕʰ/x	tɕ/dʑ/k/g	ŋ/n/ø	x/ɕ/f	x/ɕ/f/ø	ø/ŋ	ø	ø
花垣花垣	kʰ/tɕʰ/tsʰ/f	tɕ/dʑ/ts/dʑ/k/g	ŋ/n/ø	x/ɕ/f/s	x/ɕ/f/ø	ø/ŋ	ø/ɕ	ø
民乐花垣	kʰ/tɕʰ/f	tɕ/dʑ/k/kʰ	ŋ/n/v/ø	x/ɕ/f	x/ɕ/f/v	ø/ŋ/v	ø/v/ɕ	ø
古阳古丈	kʰ/tɕʰ/x	tɕ/dʑ/k/g	ŋ/n/v//ø	x/ɕ/f	x/ɕ/f/ø	ø/ŋ/v	ø/v/ɕ	ø
迁陵保靖	kʰ/tɕʰ/x	tɕ/dʑ/k/ g/dʑ	ŋ/n/v/ ø	x/ɕ/f	x/ɕ/f/v	ø/ŋ/v	ø/ɕ	ø
野竹坪保靖	kʰ/tɕʰ/f	tɕ/tɕʰ/k/kʰ	ŋ/n/ŋ/ø	x/ɕ/f	x//f/ø	ø/ŋ	ø/v/ɕ	ø
王村永顺	kʰ/tɕʰ/x	tɕ/dʑ/ts/k/g	ŋ/n/ø	x/ɕ	x/ɕ/f/ø	ø/ŋ/z	ø/ɕ	ø/z
润雅永顺	kʰ/tɕʰ/x	tɕ/dʑ/k/kʰ	ŋ/l/ø	x/ɕ	x/f/ɕ/ø	ø/ŋ	ø	ø
万坪永顺	kʰ/tɕʰ/x	tɕ/tɕʰ/k/kʰ	ŋ/n/ø	x/ɕ	x/ɕ/f/ø	ø/ŋ	ø/ɕ	ø
里耶龙山	kʰ/tɕʰ/f	tɕ/tɕʰ/k/kʰ	ŋ/n/ø	ɕ/x/f	x/f/ɕ/ø	ø/ŋ	ø/ɕ	ø
民安龙山	kʰ/tɕʰ/tsʰ/f	tɕ/tɕʰ/k/kʰ/ts/tsʰ	ŋ/l/v/ø	ɕ/x/s/f	x/f/ɕ/ø	ø/ŋ/v	ø/v/ɕ	ø

声类地点	溪	群	疑	晓	匣	影	云	以
洗溪泸溪	kʰ/tɕʰ/tʃʰ/f	tɕ/tɕʰ/dʑ/k/kʰ/ts/g/tʃ	ŋ/n/ø	ɕ/x/s/ʃ	x/ʃ/ɕ/ø	ø/ŋ	ø/ɕ	ø
河蓬古丈	kʰ/tɕʰ/x	tɕ/tɕʰ/dʑ/k/kʰ/g	ŋ/n/ø	ɕ/x/f	x/f/ɕ/ø	ø/ŋ	ø/ɕ	ø/z
岩头河泸溪	kʰ/tɕʰ	tɕ/tɕʰ/dʑ/k/kʰ/g/d	ŋ/n/m/ts/fi/x/l/ø	x/f/kʰ/ts/ʃ	x/ɦ/f/ts/ŋ/tɕ/l/s/ø/z	ø	ø/v/z/dʑ/z/dz	ø/z/dʑ/s/z/dz
高峰古丈	kʰ/tɕʰ	tɕ/tɕʰ/dʑ/k/g	ŋ/ɣ/v/ø/ŋ	x/f/kʰ/ɣ/tɕʰ/ʃ	x/ɣ/v/ø/k/f	ø	ø/v/z/dʑ	ø/z/dʑ/ɕ
山枣古丈	kʰ/tɕʰ	tɕ/tɕʰ/dʑ/ts/tsʰ/k	ŋ/n/ɣ/v/ø	ɲ/kʰ/s/tɕʰ	x/f/v/ø/ɣ/m/tɕʰ	ø/z/ɣ	ø/v	ø/dʑ/z/ɕ

第二节 韵母的比较

表3-2中所选例字只是尽可能概括各方言点每个韵类的读音，有文白异读的，如果空间允许，一般两种读音都列了出来，有时用同一个例字显示文白读，如"家"，许多方言点文读为ia，白读为a，ia和a之间我们用顿号"、"隔开，表明这个韵存在两个读音"家a、ia"（顿号前面为白读，后面为文读）。少数字因为列表时在空间上不好安排，我们就只列出其白读音。一些尽管字数极少（有时仅在一个字的读音中有显示）但明显是白读层韵的字，我们也列举了出来，如"跨、抓"在某些方言点，文读为ua，白读为ya。中古韵类和湘西汉语方言韵母之间的对应关系比较复杂，详细情况可参考本书的第五章。

表3-2   中古韵类与湘西汉语方言韵母主要对应表（1）

韵类地点	果开一 多/锣/鹅	果开三 茄	果合一 婆/坐/火/膀	果合三 靴	假开二 疤/家/架	假开三 写/车/蛇/斜/下	假合二 瓜/花/跨
沱江凤凰	o	yɛ	o	yɛ	a/a、ia/a、ia	iɛ/a/a/ia/a	ua/ua/ya
乾州吉首	o	yei	o	yei	ɑ/a、iɑ/a、iɑ	ie/e/e/iɑ/a	ua/ua/ya
花垣花垣	o	ɿ	o	ɿ	a/a、ia/a	i/e/e/ia/a	ua/a/ya
民乐花垣	o	ye	o	y	a/ia/ia	ie/ɛ/ɛ/ie/ia	ua/ua/ya
古阳古丈	o	ye	o	ye	a/ia/ia	ie/e/e/ia	ua
迁陵保靖	ɔ	ye	ɔ	ye	a/a、ia/a	ɿ/i/i/ɿ/a	ua/a/ua

续表

韵类 地点	果开一 多/锣/鹅	果开三 茄	果合一 婆/坐/火/脶	果合三 靴	假开二 疤/家/架	假开三 写/车/蛇/斜/下	假合二 瓜/花/跨
野竹坪保靖	o	ye/ie	o	ye	a/a、ia/ ia	ie/e/ie/ia	ua/a/ya
王村永顺	o	ye	o	ye	a/a、ia/a、ia/	ie/e/ie/a	ua
润雅永顺	o	ie	o	ie	a/a、ia/ia	ie/e/ɛ/ie/ia	ua
万坪永顺	o	ie	o	ie	a/ia/ia	ie/e/e/ia/a	ua
里耶龙山	o	ie	o	ie	a/ia/ia	ie/ɛ/ɜ/ie/ia	ua/a/ua
民安龙山	o	ye	o	ye	a/a、ia/ia	ie/e/e/ie/a	ua/a/ua
洗溪泸溪	ɯ/ɯ/o	yo	o/ɯ/ɯ/o	yo	o/a、ia/ua、ia	yo/o/o/ie/a	ua/ua/a
河蓬古丈	ɤ/ɤ/o	ye	o/ɤ/ɤ/o	ye	a/o/o、ia	io/io/io/ie/o	ua
岩头河泸溪	ie/ye/ɯɔ	ye	-/ie/ɯɔ/ye	ɯɔ	ɯɔ	cɔ/ɯɔ/-/-/-	ɯɔ
高峰古丈	iɛ/u/u	yɛ	o/iɛ/a/u	io	o	io/o/-/-/o	ua
山枣古丈	i/u/-	yi	ie/ai/ua/u	o	o	yo/yo/-/-/o	ua/ua/o

表 3-2　中古韵类与湘西汉语方言韵母主要对应表（2）

韵类 地点	遇合一 补/土/肚	遇合三（鱼） 女/书	遇合三（虞） 初/锯	斧/娶	柱朱/瞿	蟹开一（咍） 戴/来/裁/栽	蟹开一（泰） 蔡/害
沱江凤凰	u/mɯ/mɯ	y/u	əɯ/ei	u/y	u/y	ɛ	ɛ
乾州吉首	u	y/u	u/ei	u/y	u/y	ɛi	ɛi
花垣花垣	u	ʮ/u	u/e	u/ʮ	u/ʮ	ɛ	ɛ
民乐花垣	u	y/u	u/e	u/y	u/ y	ɛ	ɛ
古阳古丈	u	y/u	u/ei	u/y	u/y	ai	ai
迁陵保靖	u	y/u	u/e	u/y	u/y	ai	ai
野竹坪保靖	u	i、y/u	ɤɯ、u/e	u/y	u/y	ai	ai
王村永顺	u	y/u	u/e	u/y	u/y	ai	ai
润雅永顺	u/ɯ/ɯ	i/u	ɯ/i	u/i	u/i	ai	ai
万坪永顺	u/ɤ/ɤ	i/u	ɤ/ai	u/i	u/i	ai	ai
里耶龙山	u	i/u	u/e	u/i	u/i	ai	ai
民安龙山	u/ɤ/ɤ	ʮ/ʮ	ɤ/ei	u/ʮ	u/ʮ	ai	ai
洗溪泸溪	u	y/u	ɯ/e	u/uei	u/y	a/ai/ai/a	a/ai
河蓬古丈	u	y/u	u/e	u/y	u/y	ai/ ai/ ai/ a	a/ai

韵类\地点	遇合一 补/土/肚	遇合三（鱼）女/书	遇合三（鱼）初/锯	遇合三（虞）斧/娶	遇合三（虞）柱朱/瞿	蟹开一（咍）戴/来/裁/栽	蟹开一（泰）蔡/害
岩头河 泸溪	u/ei/u	y/ɯ	ei/ɯ	u/a	ia/y/y	ei/ɛ/uɔ/ɯ	ei/uɔ
高峰 古丈	u/ɣ/u	ɯei	ɣ/ɯe	u/a	ia/iəɯ/əɯe	ɣ/ɣ/a/ɣ	
山枣 古丈	u/ei/u	iu	ei/ei	u/a	ia/iu/yi	ei/ai/ua/ei	ua

表 3-2　中古韵类与湘西汉语方言韵母主要对应表（3）

韵类\地点	蟹开二（皆佳夬）拜/埋/戒/解_开	蟹开三（祭）币/例/世	蟹开四 批/迷/底/齐	蟹合一（灰泰）赔/妹/对/灰/外	蟹合二（皆佳夬）怪/快	蟹合二 画/卦/话
沱江 凤凰	ɛ	i/i/ɿ	ei/i/i/i	ei/i/uei/uei/uɛ	uɛi	ua
乾州 吉首	ɛi	i/i/ɿ	e/i/i/i	ei/ei/uei/uei/uɛ	uɛi	ua
花垣 花垣	ɛ	ɨ/i/ɨ	e/i/i/i	e/e/ui/e/uɛ	uɛ	ua
民乐 花垣	ɛ	i/i/ɨ	e/i/i/i	e/e/ui/e/uɛ	uai	a/ua/a
古阳 古丈	ai	i/i/i	e/i/i/i	ei/ei/ui/ui/ai	uai	ua
迁陵 保靖	ai	ɿ/i/ɿ	ɿ/i/i/i	i/i/ui/ui/ai	uai	a/ua/a
野竹坪 保靖	ai	i/i/ɣ	e/i/i/i	e/e/ue/ue/ai	uai	a/ua/a
王村 永顺	ai	i/i/ɿ	ɿ/i/i/i	e/e/ui/ui/ai	ɿ/ɿ/ui/uai	ua
润雅 永顺	ai	i/i/ɿ	e/i/i/i	e/e/ui/e/uai	uai	ua
万坪 永顺	ai	i/ie/ɿ	e/i/i/i	ei/ei/uei/uei/uai	uai	ua
里耶 龙山	ai	i/i/ɿ	i	e/e/ui/ei/uai	ua/ uai	ua
民安 龙山	ai	ei/i/ɿ	e/i/i/i	ei/ei/uei/ei/uai	uai	a/ua/a
洗溪 泸溪	ai/a/ai/ai	i/i/ɨ	e/i/i/i	ei/ei/uei/uei/uai	uai	ua
河蓬 古丈	a/ a/ ai/ a、ai	i/i/ɿ	e/i/i/i	ei/ei/ue/ei/uai	uai	ua
岩头河 泸溪	uɔ/ei/uɔ/a	ei	ei/i/a/ie	uɔ/ei/uɔ/ei/-	uɛ	uɔ/uɔ/cu
高峰 古丈	a/ɣ/a/a	ɣ	i/-/a/iɛ	a/ei/ɣ/-/a	ua	a/ ua /ua
山枣 古丈	ua/ei/ai/a		i/-/a/i	ua/ei/ei/-/a	uai	ua/ua/a

表 3-2　　中古韵类与湘西汉语方言韵母主要对应表（4）

地点＼韵类	蟹合三（祭废）	蟹合四	止开三（支）				止开三（脂）		止开三（之）		止开三（微）
	岁	废/肺	桂/慧	碑/披	离/皮/骑	刺/是	鼻/梨/屎	李/起/棋	字/齿	几/衣	
沱江凤凰	uei	ei	ui/i	ei	i	ʅ	i/i/ʅ	i	ʅ	i	
乾州吉首	uei	ei	i	ei	i	ʅ	i/i/ʅ	i	ʅ	i	
花垣花垣	ui	e	ui/i	e	i/i/i	ʅ	i/i/ʅ	i/i	ʅ	ɨ	
民乐花垣	ui	e	ui	e	i	ɨ	i/i/i	i	ɨ	i	
古阳古丈	ui	ui	oe	ei	i	ʅ	i/i/ʅ	i	ʅ	i	
迁陵保靖	ui	i	ui	e	i/i/i	ʅ	i/i/ʅ	i	ʅ	i	
野竹坪保靖	ue	e	ua/ai	e	i	ʏ	i/i/ʏ	i	ʏ	i	
王村永顺	ui	ui	ui/	ɿ	i	ʅ	i/i/ʅ	i	ʅ	i	
润雅永顺	e	ui	ɔi	e	i	ʅ/ɨ	i/i/i	i	ʅ/ɨ	i	
万坪永顺	uei	uei	uai/ai	e	i	ʅ	i/i/ʅ	i	ʅ	i	
里耶龙山	ui	ei	ui	e	i	ʅ	i/i/ʅ	i	ʅ	i	
民安龙山	uei	ei	uɐi/ɿ	ei	i	ʅ	i/i/ʅ	i	ʅ	i	
洗溪泸溪	uei	ei	ei	ei	i	ʅ/ɨ	i/i/ʅ	i	ʅ/ɨ	i	
河蓬古丈	ui	ei	uæi	ei	i	ʅ	i/i/ʅ	i	ʅ	i	
岩头河泸溪	ɔ	ei/y	ui	ei/a	-/uɔ/ie	i/e	i/a/ʅ	i/ɯ/i	a/ʅ	i/ a 鸡	
高峰古丈	ua	ʏ/-	uɛiɜ/uɛi	ɿa/	-/a/iɛ	ʏ	i/a/ʅ	a/ʏ/i	a/ɿ	i	
山枣古丈	ua	ui/yi	u	ei	-/ua/ai	ʏ	i/a/ʅ	i/ʌ/i	a/ʌ	i	

表 3-2　　中古韵类与湘西汉语方言韵母主要对应表（5）

地点＼韵类	止合三（支）	止合三（脂）	止合三（微）	效开一	效开二	效开三	效开四
	嘴/跪/吹/为	醉/锤/水	泪/唯/遗/帅	飞	尾/鬼/慰	刀/高	包/咬	校	笑/朝	钓/尿
沱江凤凰	uei	uei	uei/uei/i/ɜu	ei	uei	au	ɯ	iau/ɯ	iau
乾州吉首	uei	uei	uei/uei/i/uɛi	ei	uei/uei/y	ɑu	ɑu/ɯ	iɑu	iɑu/ɑu	iɑu
花垣花垣	ui	ui	ui/ui/i/ɜu	e	ui	ʌ	ʌ	iʌ	iʌ/ʌ	iʌ
民乐花垣	ui	ui	i/ui/i/ɜu	e	ui/ui/ʅ	au	au	iau	au/ue	uei
古阳古丈	ui/ui/ui/i	ui	ui/i/uai	i/ui/i	au	au	iau	iau/au	iau
迁陵保靖	ui/ui/u/i	ui	ui/i/uai	i	i/ui/i	ɐ	ɐ	ɐi	ɐ/ɐi	ɐi
野竹坪保靖	ue/ue/ue/e	ue	ue/e/i/uai	e	ui/ui/y	ɐ	ɐ	ɐi	ɐ/ɐi	ɐi

续表

韵类＼地点	止合三（支）嘴/跪/吹/为	止合三（脂）醉/锤/水	止合三（微）泪/唯/遗/帅	止合三 飞	止合三 尾/鬼/畏	效开一 刀/高	效开二 包/咬	效开二 校	效开三 笑/朝	效开四 钓/尿
王村永顺	ui	ui	ui/ui/i/uai	ui	ui	ɐ	ɐ	ai	ɐ/ai	ai
润雅永顺	e/ui/ui	e/ui	e/ui/i/uai	ui	ui	ɯa	ɯa	uai	iɯa/uai	uai
万坪永顺	uei	uei	ei/uei/i/uai	uei	uei	au	au	uai	iau/au	uai
里耶龙山	ui	ui	ui/ui/i/uai	ui	ui	ʌ	ʌ	ʌi	ʌ/ʌi	ʌi
民安龙山	uei/uei/uei/ei	uei	ei/uei/i/uai	ei	uei/ei/ei	ʌ	ʌ	ʌi	ʌ/ʌi	ʌi
洗溪泸溪	uei	uei/uei/u	uei/uei/i/uai	ei	ei/y/uei	ɔu	ɔu	iɔu	iɔu	iɔu
河蓬古丈	ui/u/u/ui	ui/u/u	ui/ui/i/uai	ui	ui/y/y	ʌ	ʌ	ʌi	ʌ/ʌi	ʌi
岩头河泸溪	y/ye/y/-	y/y/u		y	ɛ/y/-	ɔu	ɔu/-		ɔui/uɔi	iɔi
高峰古丈	y/yɛ/y/y	-/yei/u		i	ai/y/-	au	ua/-	ua	au/iau	au
山枣古丈	a/u/ui/-	yi/ui/u		yi	ai/ui/-	ʌ	ʌ/yo		ʌ/iʌ	iʌ

表 3-2 中古韵类与湘西汉语方言韵母主要对应表（6）

韵类＼地点	流开一 母	流开一 钩/口	流开三（尤）富/浮	流开三（尤）柳/救	流开三（尤）瘦/收/寿	流开三（幽）彪/幼	咸开一（覃合）潭/蚕	咸开一 搭/合	咸开一（谈盍）担/淡/三
沱江凤凰	u	əɯ	u	mei	əɯ	ɯ/mai	an	a/o	an
乾州吉首	oŋ	ɯ	u	iɯ	ɯ	iɑɯ/ɯi	ẽi	ɑ/o	ẽi
花垣花垣	u	ɤ	u	iɤ	ɤ	iʌ/iɤ	ã	a/o	ã
民乐花垣	u	ɛɯ	u	iɯ	ɯ	iau/ɯi	ã	a/o	ã
古阳古丈	u	ɤ	u	iɤ	ɤ	iau/iɤ	ã	a/o	ã
迁陵保靖	u	ɤ	u	iɤ	ɤ	yi/ɐi	an	ɔ/o	an
野竹坪保靖	u	ɤɯ	u	imɤ	mɤ	iɐ/iɤɯ	ã	a/o	ã
王村永顺	u	ɤ	u	iɤ	ɤ	iɐ/ɤi	ãi	a/o	ãi
润雅永顺	u	ɯ	u	iɯ	ɯ	iɯ/uɯi	ãi	a/o	ãi
万坪永顺	u	ɤ	u	iɤ	ɤ	iau/iɤ	ã	a/o	ã
里耶龙山	u	ɤ	u	iɤ	ɤ	iʌ/iɤ	ã	a/o	ã
民安龙山	u	ɤ	u	iɤ	ɤ	iʌ/iɤ	ã	a/o	ã
洗溪泸溪	ã	ɯ/ai	u	iɯ	ɯ	sai/ɯɔi	pui/ɔi	a/æ	o/ɯ	æ/a/a
河蓬古丈	u	ɤ/ai	u/ɤ	iɤ	ɤ	sai/iɤ/ɤ	iʌ/ɤi	aŋ	a/o	a/aŋ/a

续表

韵类\地点	流开一 母	流开一 钩/口	流开三（尤）富/浮	流开三（尤）柳/救	流开三（尤）瘦/收/寿	流开三（幽）彪/幼	咸开一（覃合）潭/蚕	咸开一（谈盍）搭/合	咸开一（谈盍）担/淡/三
岩头河泸溪	u	a	u/ei	ia/a	ɯ/a/-		ʌŋ/ye	o/o	uɔ/ʌŋ/uɔ
高峰古丈	u	a	u	ia/əɯ	iɯɛ/a-		ʏŋ/-	o/-	oŋ/ʏŋ/o、ʏŋ
山枣古丈		ʌ/a	u/ei	-/ei	iu/ia/-			o/u	oŋ/oŋ/o

表 3-2 中古韵类与湘西汉语方言韵母主要对应表（7）

韵类\地点	咸开二 减/咸_淡	咸开二 插/杉	咸开二 鸭/压	咸开三 尖/盐	咸开三 验	咸开三 闪	咸开三 接	咸开三 折	咸开四 念/歉	咸开四 跌/贴
沱江凤凰	an	a	a	ian	ian	an	iɛ	ɛ	ian	iɛ
乾州吉首	ẽi	ɑ	iɑ/ɑ	iẽi	iẽi	ẽi	ie	ei	iẽi	i
花垣花垣	ã	a	a	iɛ̃	iɛ̃	ã	ie	e	iɛ̃	i
民乐花垣	ã	a	ia/ia	iɛ̃	iɛ̃	ã	ie	ɛ	iɛ̃	i/ie
古阳古丈	ã	a	ia/ia	iɛ̃	iɛ̃	ã	ie	e	iɛ̃	ie
迁陵保靖	an	a	ia/ia	iɛn	iɛn	an	ɪ	i	iɛn	-/i
野竹坪保靖	ã	a	ia/ia	iẽ	iẽ	ã	ie	e	iẽ	i
王村永顺	ãi	a	ia/ia	iẽ	iẽ	ãi	ie	e	iẽ	ie
润雅永顺	ãi	a	ia/ia	iẽ	iẽ	ãi	ie	ɛ	iẽ	ie
万坪永顺	ã	a	ia/ia	iẽ	iẽ	ã	ie	e	iẽ	ie
里耶龙山	ã	a	ia/ia	ie	iẽ	ã	ie	E	ie/iẽ	ie
民安龙山	ã	a	ia/ia	iẽ	iẽ	ã	ie	e	iẽ	ie
洗溪泸溪	æ/a	o	o	ie	iæ	æ	i	i	ie/iæ	i
河蓬古丈	aŋ/a	o	o/ia	ie	iẽ	aŋ	i	e	ie/iẽ	i/ie
岩头河泸溪	a/-	ɔu	y/o	e		ʌŋ	i	ei	iɛ/-	a/i
高峰古丈	a/o	u/o	ai		ai		iɛ			a/iɛ
山枣古丈	ua/o	u/o	ai		ie		i	i		a/-

表 3-2 中古韵类与湘西汉语方言韵母主要对应表（8）

韵类\地点	咸合三 凡	咸合三 法/乏	深开三 林/心/今	深开三 笠/急	深开三 针	深开三 十	山开一 蛋/餐/干	山开一 辣/擦	山开一 割
沱江凤凰	an	a	in	i	ən	ɿ	an	ua、o	
乾州吉首	ẽi	ɑ	ĩ	i	ẽi	ɿ	ẽi	ɑ	o

续表

韵类\地点	咸合三 凡	咸合三 法/乏	深开三 林/心/今	深开三 笠/急	深开三 针	深开三 十	山开一 蛋/餐/干	山开一 辣/擦	山开一 割
花垣花垣	ã	a	ĩ	i/ɿ	ẽ	ɿ	ã	a	o
民乐花垣	ã	a	i/ĩ/ɿ̃	i	ẽi	ɿ	ã	a	o
古阳古丈	uã	ua	ẽi/ĩ/ɿ̃	i	ẽi	ɿ	ã	a	o
迁陵保靖	an	a	en/in/in	i/ɿ	en	ɿ	an	a	ɔ
野竹坪保靖	ã	a/ã	ĩ	i	ẽ	ɣ	ã	a	o
王村永顺	uãi	ua	ẽi/ĩ/ɿ̃	i	ẽi	ɿ	ãi	a	o
润雅永顺	uãi	ua/a	ẽi/ĩ/ɿ̃	i	ẽi	ɿ	ãi	a	o
万坪永顺	uã	ua	ẽi/ĩ/ɿ̃	i	ẽi	ɿ	ã	a	o
里耶龙山	ã	a/ã	ẽ/ĩ/ɿ̃	i	ẽ	ɿ	ã	a	o
民安龙山	ã	a	ẽ/ĩ/ɿ̃	i	ẽ	ɿ	ã	a	o
洗溪泸溪	æ̃	o/ɔ	ĩ/ẽi/ɿ̃	i	ĩ	ɿ	æ̃/a/ue	o	i
河蓬古丈	aŋ	o	ẽi/ẽi/ɿ̃	i	ĩ	ɿ	aŋ/a/ue	o	e
岩头河泸溪	ɯ	uɔ/-	ie/ie/i	m	e	ɿ	ʌŋ/an/ʊŋ	u	ɯ
高峰古丈	-	-/iɛ/i	i/ɣ	ai	ɿ	-/-/ʊŋ	o	
山枣古丈	-	-/ie/i	-/ei	ie	ɿ	oŋ/ua/oŋ	o/yo	o

表 3-2　中古韵类与湘西汉语方言韵母主要对应表（9）

韵类\地点	山开二（山删） 山/办/苋	山开二（山删） 奸	山开二（山删） 八/杀/瞎	山开三（仙元） 变/便/箭/钱	山开三（仙元） 鲜	山开三（仙元） 薛	山开三（仙元） 列	山开三（仙元） 热	山开三（仙元） 战
沱江凤凰	an	ian	a	ian	yan	yɛ	iɛ	ɛ	an
乾州吉首	ẽi	iẽi	ɑ	iẽi	yẽi	ye	i	ei	ẽi
花垣花垣	ã	iẽ	a	iẽ	yẽ	ɿ	i	e	ã
民乐花垣	ã	ã	a	iẽ	yẽ	ye	ie	ɛ	ã
古阳古丈	ã	iẽ	a	iẽ	yẽ	y	ie	e	ã
迁陵保靖	an	iɛn	a	iɛn	y	i	i	an	
野竹坪保靖	ã	iẽ	a	iẽ	ye	y	ie	e	ã
王村永顺	ãi	iẽ	a	ẽ	yẽ	ye	ie	e	ãi
润雅永顺	ãi	iẽ	a	iẽ	iẽ	ie	ie	ɛ	ãi
万坪永顺	ã	ã	a	iẽ	iẽ	ie	ie	e	ã
里耶龙山	ã	iẽ	a	iẽ	iẽ	ie	ie	E	ã

续表

韵类\地点	山开二（山删）			山开三（仙元）					
	山/办/苋	奸	八/杀/瞎	变/便/箭/钱	鲜	薛	列	热	战
民安龙山	ã	iẽ	a	iẽ	yẽ	ye	ie	e	ã
洗溪泸溪	a /æ/a	iæ̃	o	ie/ie/iæ̃	yæ̃	ye	ie	ɿ	æ̃
河蓬古丈	a /aŋ/a	iẽ	o	ie/ie/iẽ	yẽ	ye	ie	i	aŋ
岩头河泸溪	ɛ/ʌŋ/ʌŋ		uɔ/ia/ɔ	ɛ/ie/-/ɛ	uæ̃	ye		ei	iʌŋ
高峰古丈	ai/-/ɤŋ		a/a/o	iɛ/iɛ/ai/ai				ɤ	
山枣古丈	ai/-/ai		ua/a/o	ie/ie/-/ai				i	

表3-2 中古韵类与湘西汉语方言韵母主要对应表（10）

韵类\地点	山开四		山合一			
	边/天/现/烟	铁/切	潘/盘	短/蒜	末/脱	括包~
沱江凤凰	ian	i、ie	an	uan	o/ o、ua	o、ua
乾州吉首	iẽi	i	ẽi	uẽi	o	uɑ
花垣花垣	iẽ	i/ɿ	ã	uã	o	ua
民乐花垣	iẽ	i	ã	uã	o	ua
古阳古丈	iẽ	ie	ã	uã	o	ua
迁陵保靖	iɛn	i/ɪ	an	uan	-/ɔ	ɔ、ua
野竹坪保靖	iẽ	ie	ã	uã	o	ua
王村永顺	iẽ	ie/ye	ãi	uãi	o	ua
润雅永顺	iẽ	ie	ãi	uãi	o	ua
万坪永顺	iẽ	ie	ã	uã	o	ua
里耶龙山	iẽ	ie	ã	uã	o	ua
民安龙山	iẽ	ie	ã	ã/uã	o	ua
洗溪泸溪	ie/ie/iæ̃/ie	i/ie	æ̃/ie	ye/ue	o/ɯ	ua
河蓬古丈	ie/ie/iẽ/ie	i/ie	aŋ/e	ue	o/ɤ	ua
岩头河泸溪	i/ɛ/-/ie	a/i	-/ʌŋ	ia/ʌŋ		
高峰古丈	i、iɛ/ai/-/ye	a/iɛ	-/ɤŋ	-/ɤŋ	-/u	
山枣古丈	ie/ai/-/ie	a/-	-/oŋ	ia/oŋ	-/u	

表 3-2　　　中古韵类与湘西汉语方言韵母主要对应表（11）

地点＼韵类	山合二（山删）			山合三（仙元）							
	关/闩	滑	挖/刷	翻/烦	恋	劣	砖	拳	雪/月/阅	袜	罚
沱江凤凰	uan	ua	ua	an	ian	iɛ	uan	yan	yɛ	ua	a
乾州吉首	uẽi	ua	ua	ẽi	iẽi	i	uẽi	yẽi	yei	ua	ɑ
花垣花垣	uã	a	a	ã	iẽ	i	uã	yẽ	ɿ	ua	a
民乐花垣	uã	a	uɑ	ã	iẽ	i	uã	yẽ	ye/yɛ/y	a	a
古阳古丈	uã	ua	ua	ã	iẽ	ie	uã	yẽ	ye	ua	ua
迁陵保靖	uan	a	a/ua	an	iɛn	i	uan	yɛn	y	a	a
野竹坪保靖	uã	a	a	ã	iẽ	ie	uã	yã	ye	ua	a
王村永顺	uãi	ua	ua	ãi	iẽ	ie	uãi	yẽ	ye	ua	ua
润雅永顺	uãi	uãi	ua	ãi	iẽ	ie	uãi	iẽ	ie	ua	ua
万坪永顺	uã	uã	ua	ã	iẽ	ie	uã	iẽ	ie	ua	uã
里耶龙山	uã	a	ua	ã	ie	iẽ	uã	iẽ	ie	uã	a
民安龙山	ã/uã	a	ua	ã	iẽ	ie	uã	uã	ye	ua	a
洗溪泸溪	uæ/ue	ua	ua	a/æ	iæ		yæ	ye	uei/y/ye	o	a
河蓬古丈	uaŋ/ue	ua	ua	a/aŋ	iẽ		ye	ye	ue/y/ye	o	a
岩头河泸溪	-/uɔ̃	uã	uɔ̃	o/ɔ	ɛ/-		uɛ	ye	y/y/-		ɔ
高峰古丈	-/oŋ	ua	ua	ai/an			uai	ye	yɛ/yɛ/-	a	
山枣古丈	-/oŋ	ua	ua	ai/-			ue	uai	ui/yi/-	o	

表 3-2　　　中古韵类与湘西汉语方言韵母主要对应表（12）

地点＼韵类	山合四	臻开一	臻开三（真殷）				臻合一			
	缺/血	县	跟/恩	鳞/新	真/人	笔/密/七	侄	盆/门	寸/滚	婚	骨
沱江凤凰	yɛ	ian	ən	in	ən	i	ɿ	ən	uən	uən	uei、u
乾州吉首	yei	iẽi	ẽi	ĩ	ẽi	i	ɿ	ẽi	uẽi	uẽi	u
花垣花垣	ɿ	iẽ	ẽ	ĩ	ẽ	ɨ	ɿ	ẽ	uẽ	ẽ	u
民乐花垣	ye	iẽ	ẽi	ĩ	ẽi	i	ɿ	ẽ	uẽi	ẽi	u
古阳古丈	ye	iẽ	ẽi	ẽi/ĩ	ẽi	i	ɿ	ẽ	uẽi	uẽi	u
迁陵保靖	y	en	en/in	en	ɪ/ɿ/i	ɿ	en	un	un	u	
野竹坪保靖	ye	iẽ	ẽ	ẽ/ẽ、	ẽ	i	ʅ	ẽ	uẽ	ẽ	u
王村永顺	ye/ie	iẽ	ẽi	ẽi/ĩ	ẽi	i	ɿ	ẽi	uẽi	uẽi	u

续表

韵类\地点	山合四 缺/血	臻开一 县	臻开一 跟/恩	臻开三（真殷） 鳞/新	臻开三 真/人	臻开三 笔/密/七	臻开三 侄	臻合一 盆/门	臻合一 寸/滚	臻合一 婚	臻合一 骨
润雅永顺	ie	iẽ	ẽi	ẽi/ĩ	ẽi	i	ɿ	ẽi	ẽi	uẽi	u
万坪永顺	ie	iẽ	ẽi	ẽi/ĩ	ẽi	i	ʅ	oŋ	oŋ	oŋ	u
里耶龙山	iẽ/ie	iẽ	ẽ	ẽ/ĩ	ẽ	i	ʅ	ẽ	uẽ	ẽ	u
民安龙山	ye	iẽ	ẽ	ẽ/ĩ	ẽ	i	ʅ	ẽ	ẽ/uẽ	ẽ	u
洗溪泸溪	ye/y	iæ̃	ẽi	ĩ/ẽi	i	i	ɿ	ie/ẽi	uæ̃/uẽi	uẽi	uei
河蓬古丈	ye/y	yẽ	ẽi	ẽi/ĩ	ĩ	i	ʅ	ẽi	uẽi	uẽi	ui、u
岩头河泸溪	y	uei	ɛ/ei	-/ie	e/ʌŋ	a/ei/i	ɛ	uei/uɛ	ɛu	uɔ
高峰古丈	y/yɛ		ai/	-/iɛ	ai/ʌŋ	a/ai/i		a/ai	uai	ua、u
山枣古丈	-/ui		ei/-	-/ai	ie/oŋ	a/i/i		ai/ei	ue/uai		ua

表 3-2　中古韵类与湘西汉语方言韵母主要对应表（13）

韵类\地点	臻合三（谆文） 笋/顺	臻合三 允/云	臻合三 分	臻合三 橘拜一	臻合三 出/佛	宕开一 忙/汤/糖	宕开一 薄/托一起/索	宕开三 娘	宕开三 床
沱江凤凰	uən	yn	ən	y	u	ɑŋ	o	iaŋ	uaŋ
乾州吉首	uẽi	yĩ	ẽi	y	u	ɑŋ	o	iaŋ	uɑŋ
花垣花垣	uẽ	yĩ	ẽ	ɿ	u	aŋ	o	iaŋ	uaŋ
民乐花垣	uẽi	yĩ	ẽi	y	u	aŋ	o	iaŋ	uaŋ
古阳古丈	uẽi	yĩ	ei、uẽi	y	u	aŋ	o	iaŋ	uaŋ
迁陵保靖	en/un	yin	en	y	u	aŋ	ɔ	iaŋ	uaŋ
野竹坪保靖	ẽ/uẽ	yĩ	ẽ	ie	u	ã	o	iã	uã
王村永顺	uẽi	yĩ	uẽi	i	u	aŋ	o	iaŋ	uaŋ
润雅永顺	ẽi/uẽi	ĩ	uẽi	i	u	ãi	o	iaŋ	uãi
万坪永顺	ẽi/oŋ	ĩ	oŋ	i	u	ã	o	iæ̃	uã
里耶龙山	-/uẽ	ĩ	ẽ	i	u	ã	o	iẽ	uã
民安龙山	ẽ/yĩ	yĩ	ẽi	ʅ	ʅ/u	aŋ	o	iaŋ	uaŋ
洗溪泸溪	uẽi	ioŋ/uẽi	ẽi	y	u	ã	o/o/ɯ	iã	uã
河蓬古丈	uẽi	yĩ	ẽi	ie、y	u	aŋ	ʌ/o/o	iaŋ	uaŋ
岩头河泸溪	uɛ/ũi	-/ye	ɛ	y	u	ɯ/ʌŋ/ʌŋ	ɯ/uɔ/y	iʌŋ	ʌŋ
高峰古丈	uai/yɛ	-/yɛ	ai		u/-	aŋ/ʌŋ/oŋ	u/y/u	ya、iẽ、iaŋ	ʌŋ
山枣古丈	uai/ue	-/yɛ	ai		u/-	ɤ/oŋ/oŋ	u/-/u	ioŋ	

表 3-2　　　　中古韵类与湘西汉语方言韵母主要对应表（14）

地点＼韵类	宕开三 张/肠	宕开三 约/药	宕开三 弱	宕合一 光/黄	宕合一 郭	宕合三 放	宕合三 筐/望	宕合三 缚	江开二 棒	江开二 双	江开二 讲/腔
沱江凤凰	aŋ	io	o	uaŋ	o	aŋ	uaŋ	o	aŋ	uaŋ	aŋ、iaŋ/iaŋ
乾州吉首	ɑŋ	io	o	uɑŋ	o	ɑŋ	uɑŋ	o	ɑŋ	uɑŋ	ɑŋ、iɑŋ/iɑŋ
花垣花垣	aŋ	yo	o	uaŋ	o	aŋ	uaŋ	u	aŋ	uaŋ	aŋ、iaŋ/iaŋ
民乐花垣	aŋ	io	o	uaŋ/aŋ	o	aŋ	uaŋ/aŋ	u	aŋ	uaŋ	iaŋ/iaŋ
古阳古丈	aŋ	yo	o	uaŋ	o	aŋ	uaŋ	u	aŋ	uaŋ	iaŋ/iaŋ
迁陵保靖	aŋ	io	o	uaŋ/aŋ	o	aŋ	uaŋ/aŋ	o	aŋ	uaŋ	aŋ/iaŋ
野竹坪保靖	ã	io	o	uã/ã	o	ã	iã、uã/ã	u	ã	uã	iã
王村永顺	aŋ	yo	o	uaŋ	o	uaŋ	uaŋ	o	aŋ	uaŋ	aŋ/iaŋ
润雅永顺	ãi	io	o	uãi	o	ãi	uãi	u	ãi	uãi	iaŋ
万坪永顺	ã	io	o	uã	o	ã	uã	u	ã	uã	iã
里耶龙山	ã	io	o	uã/ã	o	ã	uã/ã	o	ã	uã	iẽ
民安龙山	aŋ	io	o	uaŋ/aŋ	o	aŋ	uaŋ/aŋ	u	aŋ	uaŋ	iaŋ
洗溪泸溪	iã、ã/ã	yo/iou	o	uã	o	ã	uã/ã	o	ã	uã	ã
河蓬古丈	iaŋ、aŋ/iaŋ	io /iʌ	o	uaŋ	ɤ、o	aŋ	uaŋ/aŋ	o	aŋ	uaŋ	aŋ/iaŋ
岩头河泸溪	iʌŋ	y	-/ʌŋ	ʌŋ	-/ʌŋ	ʌŋ	ʌŋ	o	ʌŋ	ʌŋ	ɯ//iʌŋ
高峰古丈	ẽ/in	u/yɛ	-/ɤŋ	ɤŋ	-/ɤŋ	ɤŋ	ɤŋ	o	aŋ	ɤŋ	an/-
山枣古丈	ioŋ	u/ui	-/oŋ	oŋ	-/oŋ	oŋ	oŋ	o	aŋ	oŋ	ɤ/-

表 3-2　　　　中古韵类与湘西汉语方言韵母主要对应表（15）

地点＼韵类	江开二 壳/握	江开二 学	曾开一 朋	曾开一 等/层	曾开一 北/贼/黑	曾开一 特	曾开三 冰/鹰	曾开三 秤/胜	曾开三 直/织
沱江凤凰	o	io	oŋ	ən	ei/ɛ/ei、ɛ、ən	iɛ	in	ən	ʅ
乾州吉首	o	io	oŋ	ẽi	ei	i	ĩ	ẽi	ʅ
花垣花垣	o	yo	oŋ	ẽ	e	i	ĩ	ẽ	ʅ
民乐花垣	o	io	oŋ	ẽi	ɛ	i	ĩ	ẽi	ɿ
古阳古丈	o	yo	oŋ	ẽi	e	ie	ĩ	ẽi	ʅ
迁陵保靖	ɔ	io	oŋ	en	-/-/-	i	in	en	ʅ
野竹坪保靖	o	io	oŋ	ẽ	e	ie	ĩ	ẽ	ɤ
王村永顺	o	yo	oŋ	ẽi	e	ie	ĩ	ẽi	ʅ

续表

韵类\地点	江开二 壳/握	江开二 学	曾开一 朋	曾开一 等/层	曾开一 北/贼/黑	曾开一 特	曾开三 冰/鹰	曾开三 秤/胜	曾开三 直/织
润雅永顺	o	io	oŋ	ẽi	ɛ	ie	ĩ	ẽi	ɨ
万坪永顺	o	io	oŋ	ẽi	e	ie	ĩ	ẽi	ʅ
里耶龙山	o	io	õ	ẽ	E	E	ĩ	ẽ	ʅ
民安龙山	o	io	oŋ	ẽ	e	ie	ĩ	ẽ	ʅ
洗溪泸溪	ɯ/u	yo	oŋ	ẽi	e/ai/ai	ie	ĩ	ẽi	ɨ
河蓬古丈	ʌ/u	ʌ	oŋ	ẽi	e/ie/ai	ie	ĩ	ĩ/ẽi	ʅ
岩头河泸溪	ɔu/-	ou	ɯ	ɯ	ei	ɛ	ɯ/ẽi	y/ɯ	
高峰古丈	au/u	u、ɴe	au	an/aŋ	ɤ		in/iaŋ	aŋ/-	-/iɵɯ
山枣古丈	ʌ/-	u	ɤ	ɤ	-/-/ei		iɤ/-		iu

说明：高峰、山枣"学"可能是"悟"的训读。

表 3-2　中古韵类与湘西汉语方言韵母主要对应表（16）

韵类\地点	曾开三 力/熄	曾开三 色	曾合一 国/或	曾合三 弘	曾合三 域	梗开二（庚耕）盲	梗开二 打	梗开二 棚	梗开二 睁/生/硬	梗开二 拆/白/麦/拍	梗开二 百/摘/隔	梗开二 鹰
沱江凤凰	i	ɛ	uɛ	oŋ	y	aŋ	a	oŋ	ən/aŋ、ən/ən	a、ɛ	ei、ɛ	in
乾州吉首	i	ei	uei/uɛi	oŋ	y	ɑ	a	oŋ	ẽi	ei	ei	ĩ
花垣花垣	i/ɿ	e	ui/ɛ	oŋ	ʅ	aŋ	a	oŋ	ẽ	e	e	ĩ
民乐花垣	i	ɛ	ue/ɛ	oŋ	i	aŋ	a	oŋ	ẽi	ɛ	ɛ	ĩ
古阳古丈	i	e	ue/uai	oŋ	i	aŋ	a	oŋ	ẽi	e	e	ĩ
迁陵保靖	i/ɿ	i	ui/-	oŋ		aŋ	a	oŋ	en	i/-/i/i	i	in
野竹坪保靖	i	e	ue/uai	oŋ		ã	a	ẽ	e	e	e	ĩ
王村永顺	i	e	ue/uai	oŋ	i	aŋ	a	oŋ	ẽi	e	e	ĩ
润雅永顺	i	ɛ	ue/uai	oŋ	i	ãi	a	oŋ	ẽi	ɛ	ɛ	ĩ
万坪永顺	i	e	ue/uai	oŋ	i	ã	a	oŋ	ẽi	e	e/e/ai	ĩ
里耶龙山	i	E	ue/uai	õ	i	ã	a	õ	ẽ	E	E	ĩ
民安龙山	i	e	ue/ai	oŋ	ʅ	aŋ	a	oŋ	ẽ	e/e/ie/e	e	ĩ
洗溪泸溪	i	ie	ue/uai	oŋ	uai	ã	a	oŋ	ẽi	ai/ai/ai/e	ei/e/ei	ĩ
河蓬古丈	i	e	ue/ue	oŋ	y	aŋ	a	oŋ	ẽi	ai/ai/ai/e	ai	ĩ
岩头河泸溪	i	a	uɔ/ɛɯ	oŋ	iɛ		uɔ	ɯ	-/uɔ̃、ʌŋ/uɔ̃	a/uɔ/u/ou	ou/i/o	
高峰古丈	iɵɯ	ɤ		oŋ			au	-/oŋ、ɤŋ/oŋ	a/o/o/o	o/-/o		
山枣古丈	iɤ/ĩ					ua	ɤ	-/-/aŋ	a/o/o/o	o/i/-		

表 3-2　　中古韵类与湘西汉语方言韵母主要对应表（17）

地点＼韵类	梗开三（庚清）					梗开四		梗合二（耕庚）		
	明/请/命/姓	郑/声	颈	脊/益	尺/释	钉/星/瓶	踢/滴	矿	横_直	轰	获
沱江凤凰	in/iaŋ、in/in/in	ən/aŋ、ən	iaŋ、in	i	a、ɣ/ɪ	in	ia、i	uaŋ	ən	oŋ	ue
乾州吉首	ĩ	ẽi	iaŋ	i	ʅ	ĩ	i	uaŋ	uẽ	oŋ	uei
花垣花垣	ĩ	ẽ	iaŋ	ɨ	ʅ	ĩ	i	uaŋ	uẽ/ē	oŋ	ɛ
民乐花垣	ĩ	ẽi	iaŋ	i	i/	ĩ	i	uaŋ	ẽi	oŋ	o
古阳古丈	ĩ	ẽi	iaŋ	i	ʅ	ẽi/ĩ/ī	ie/i	uaŋ	ẽi	oŋ	uai
迁陵保靖	in	en	in	ɪ /-	ʅ	en/in/in	i	uaŋ	en	oŋ	ɔ
野竹坪保靖	ĩ	ẽ	iã、ĩ	i	ɣ	ẽ/ĩ/ī	i	uã	ẽ	oŋ	uai
王村永顺	ĩ	ẽi	iaŋ	i	ʅ	ẽi/ĩ/ī	i	uaŋ	uẽi	oŋ	o
润雅永顺	ĩ	ẽi	ĩ	i	ɨ	ẽi/ĩ/ī	i	uãi	uẽi	oŋ	uai
万坪永顺	ĩ	ẽi	ĩ	i	ʅ	ẽi/ĩ/ī	i	uã	oŋ	oŋ	uei
里耶龙山	ĩ	ẽ	ĩ	i	ʅ	ẽ/ĩ/ī	i	uã	ẽ	õ	uai
民安龙山	ĩ	ẽ	ĩ	i	ʅ	ẽ/ĩ/ī	i	uaŋ	ẽ	oŋ	o
洗溪泸溪	ẽi/ēi/ēi/æ	ẽi 正面、ĩ 正月/ẽi	ẽi	i	ɨ	ẽi/ēi/ĩ	i	uã	uẽi	oŋ	uai
河蓬古丈	ĩ/ẽi/ĩ/ẽi	ẽi/ĩ、ẽi	ĩ	i	ʅ	ẽi/ẽi/ĩ	i	uaŋ	uẽi	oŋ	ue
岩头河泸溪	ɯ/uɔ/ẽi/i	ẽi	ẽi	ie/-	u/-	uɔ/ẽi/i	i	uã			
高峰古丈	iɛ、i/oŋ/i/ie	ɪ/-		io、/-	o/-	oŋ/i/i	ie/i	uai/uən			
山枣古丈	-/aŋ/ẽi/ie	ĩ/-			yo/-	aŋ/ẽi/ʅ	i/-				

表 3-2　　中古韵类与湘西汉语方言韵母主要对应表（18）

地点＼韵类	梗合三（庚清）			梗合四	通合一（东冬）		通合三（东钟）		
	兄	永/营	役	萤	东/冬	读/谷	风/梦	穷	福/竹/绿/肉	局/玉/狱
沱江凤凰	ioŋ	yn	y	yn	oŋ	əɯ/u	oŋ	ioŋ	u/iəɯ、əɯ/me	y/y/iəɯ、me/i
乾州吉首	ioŋ	yĩ	y	ĩ	oŋ	u	oŋ	ioŋ	u	y/y/iɯ
花垣花垣	ioŋ	ioŋ、yĩ/yĩ	ɣ	yĩ	oŋ	u	oŋ	ioŋ	u	ɣ/ɣ/iɣ
民乐花垣	ioŋ	yĩ	i	ĩ	oŋ	u	oŋ	ioŋ	u	y/y/io
古阳古丈	ioŋ	ioŋ、yĩ/yĩ		ĩ	oŋ	u	oŋ	ioŋ	u	y/y/iɣ
迁陵保靖	ioŋ	ioŋ/in	ɪ	in	oŋ	u	oŋ	ioŋ	u/u/u/a	-/-/iɣ
野竹坪保靖	ioŋ	ĩ/yĩ	y	ĩ	oŋ	u	oŋ	ioŋ	u	y/y/iɣɯ
王村永顺	ioŋ	yĩ	y	ĩ	oŋ	u	oŋ	ioŋ	u	y/y/iɣ

续表

地点\韵类	梗合三（庚清）			梗合四	通合一（东冬）		通合三（东钟）		
	兄	永/营	役	萤	东/冬	读/谷	风/梦	穷	福/竹/绿/肉	局/玉/狱
润雅 永顺	ioŋ	ĩ	i	ĩ	oŋ	ɯ/u	oŋ	ioŋ	u/u/ɯ	i/i/io
万坪 永顺	ioŋ	ĩ	i	ĩ	oŋ	ɣ	oŋ	ioŋ	u/u/ɣ	i/i/io
里耶 龙山	iõ	ĩ	i	ĩ	õ	u	õ	iõ	u	i/i/iɣ
民安 龙山	ioŋ	yĩ	ɿ	yĩ	oŋ	ɣ/u	oŋ	ioŋ	u/ɣ/ɣ/ɣ	ɿ/ɿ/iɣ
洗溪 泸溪	ʃoŋ	yĩ	i	ĩ	oŋ	u	oŋ	ioŋ	u/iɯ/iɯ/ɯ	y/uei/ye
河蓬 古丈	ioŋ	yĩ	y	yĩ	oŋ	u	oŋ	ioŋ	u/iɣ/iɣ/iɣ	y/y/iɣ
岩头河 泸溪		-/yẽĩ		cɯ	ɯ	ɯ	ye	u/ɯ/ia/ia	ɯi
高峰 古丈					au	əɯ/u	au/aŋ	iau	u/iəɯ/ia/iəɯ	mei/iɣ/ia/iəɯ
山枣 古丈					ɣ	u	ɣ	iɣ	-/iɣ/ia/iu	

第三节　声调的比较

表 3-3 归纳了中古调类与湘西汉语方言声调的主要对应关系。中古调类主要以中古声母的清浊为条件进行分化。湘西汉语方言的 17 个方言点的声调都包括调类和调值（调值基本上只标第一次出现的），这有利于观察各个方言点之间的亲疏关系。

表 3-3　　中古调类与湘西汉语方言调类主要对应

地点\调类	平			上			去			入		
	清	次浊	全浊	清	次浊	全浊	清	次浊	全浊	清	次浊	全浊
沱江 凤凰	阴平 55	阳平 21		上声 42		去声 上声（白）阴平（白）①	去声 35 阴平（白）			阳平 阴平（白）②		阳平 去声（白）
乾州 吉首	阴平 44	阳平 22		上声 52			去声 213			阳平		
花垣 花垣	阴平 34	阳平 22		上声 54			去声 213			阳平③		
民乐 花垣	阴平 34	阳平 22		上声 51			去声 214			阳平		
古阳 古丈	阴平 44	阳平 22		上声 51			去声 214			阳平		
迁陵 保靖	阴平 45	阳平 22		上声 51			去声 14			阳平		
野竹坪 保靖	阴平 44	阳平 21		上声 53			去声 213			阳平		
王村 永顺	阴平 45	阳平 22		上声 51			去声 214			阳平		

续表

调类\地点	平 清	平 次浊	平 全浊	上 清	上 次浊	上 全浊	去 清	去 次浊	去 全浊	入 清	入 次浊	入 全浊
润雅永顺	阴平34	阳平22		上声53			去声214			阳平		
万坪永顺	阴平34	阳平22		上声54			去声13			去声	阳平 去声（白）	
里耶龙山	阴平34	阳平22		上声54			去声213			阳平		
民安龙山	阴平34	阳平22		上声53			去声214			阳平		
洗溪泸溪	阴平34	阳平23		上声42		阳去45 阴去	阴去213	阳去 阴去	阴去 阳平	阳平 阴去（白）④		
河蓬古丈	阴平34	阳平23		上声51		阴去文 阳去白	阴去文213 阳去白45		阳平 阴去（极少）	阳平 阴去（白）		
岩头河泸溪	阴平35	阳平24		上声53		去声213 上声	去声 上声		去声 上声	入声43	阴平阳平 去声入声	
高峰古丈	阴平55	阳平13		上声25		去声33 上声	去声 上声		去声 上声	入声41	各调都有，阴平较多	
山枣古丈	阴平34	阳平13		上声54		去声212 上声	去声 上声		去声 上声	入声42	阴平阳平 入声	

说明：① 全浊上有部分口语常用字文读去声，白读上声或阴平；古浊去声字有部分口语常用字文读去声，白读阴平。② 古入声大部分读阳平，小部分今读阴平或去声。部分口语常用字有文白异读，文读不论清浊均读阳平，白读清入字读阴平，浊入字多读去声。③ 还有少数几个字归阴平，如：掐 kʰa³⁴、汁 tsʅ³⁴、揭 tɕi³⁴、窟 kʰu³⁴、恤 sʅ³⁴。这些归阴平字的调类大部分跟普通话相同，应该是普通话影响的结果。④ 洗溪有少部分次浊入声字读浊去。

第四章 湘西汉语方言的声母

第一节 古全浊声母的今读类型及演变

"浊音清化"一直是方言学者和音韵学者关注的重点问题，是汉语语音史上最重要的语音变化之一，古全浊声母的今读类型也一直是汉语方言定性、分区的首要条件。所谓古全浊声母，汉语语言学上的定义一般指带音的塞音、塞擦音和擦音声母。但是，李荣（1983：81—91）、曹剑芬（1987：101—109）指出，清浊与带音不带音是属于不同范畴的概念，清浊是历史上声母的分类，是从音系学（phonology）的角度来说的，属于音系学范畴的一对区别性特征；带音与否是实际发音的值，是从语音学角度说的，是现代语音学（phonetics）里的一对特征，两者应该分开使用。我们比较赞同两位学者的观点。本书关于湘西汉语方言声母清浊问题的讨论是从音系学的角度进行的。

《切韵》音系的全浊声母"並（奉）、定、澄、从、邪、船、禅、崇、群、匣"在现代汉语方言中大都已经清化。关于浊音清化的类型和规律，杨秀芳（1989：41—73）概括如下：

（1）全部清化。塞音塞擦音的平声送气、仄声不送气——官话方言。

（2）全部清化。塞音塞擦音的部分，平仄皆送气——客赣语。

（3）全部清化。塞音塞擦音的部分，平仄皆不送气——新湘语[①]。

（4）全部清化。塞音塞擦音的部分，多数不送气，少数送气，无条件可循——闽语、徽州方言。

（5）全部清化。塞音塞擦音的部分，平上送、去入不送气——粤方言[②]。

（6）单字音"清音浊流"，连读后字弱读时带音——吴语。

（7）部分读带音，部分清化——老湘语。

[①] 随着调查的深入，近年来人们对于以长沙话为代表的新湘语的浊音清化规律有了更全面的认识，"平仄皆不送气"的结论应重新修正，详见鲍厚星、陈晖《湘语的分区（稿）》(《方言》2005年第3期)。

[②] 这种"平上送、去入不送气"的方言也只是限于广州话一类的粤方言。粤方言中有一律不送气的，如勾漏片；有一律送气的，如吴川，还有其他类型。

许宝华（1991：275—283）总结的类型、规律与杨秀芳基本一致，只是许宝华对吴语所代表的方言类型的阐述是"全部保留浊音"。根据我们对吴语的进一步认识，显然，杨秀芳的"清音浊流"更准确。庄初升（2004：118—119）曾指出：在保留浊音声母的现代吴方言和湘方言中，浊音的浊度在各地并不完全相同。就吴方言来看，南部温州一带的浊音是"浊音浊流"，发音时带有不很强的浊气流；北部苏州、上海一带的浊音则是"清音浊流"，实际音质与真正的浊音有差别。曹剑芬（1982）通过实验证明了常阴沙话古全浊声母的今读既不是"半清半浊"或"先清后浊"，也不是"清音浊流"，而是具有两套不同的音值。一套是完全不带音的清音，另一套是完全带音的浊音。两套音值出现的环境不同，前者出现在单念或作为连读的上字，后者出现在非重读的连读的下字。

实际上，上面所归纳的7种类型是仅就某类方言整体而言，具体到某个方言点，会有不同的变体，如万波（2009：72）将赣语古全浊塞音、塞擦音声母的今读归纳为五类：1. 与相应的次清声母合流读送气清音。大部分赣语都属于这种类型。2. 与相应的次清声母合流读送气浊音。如昌靖片的修水、平江（南江）、都昌土塘以及大通片的通城等方言。3. 与相应的次清声母合流读不送气浊音。如大通片的蒲圻、临湘、岳阳以及昌靖片的都昌、湖口、星子、德安等方言。4. 与相应的全清和次清声母分立，读不送气浊音。如昌靖片的武宁方言。5. 与相应的全清声母合流读不送气清音。如大通片的通山方言，昌靖片的武宁泉口方言。事实上，汉语方言中浊音清化的类型很多。据庄初升（2004：108—109），中古全浊声母字在粤北土话中也已全部清化，清化后读塞音、塞擦音有如下五种类型：1. 不论平仄一般都读送气，如曲江县南部和东北部、韶关市老城区及郊区、仁化县西南部的土话，以及南雄市乌迳话和仁化县长江话；2. 不论平仄一般都读不送气，有南雄市的城关雄州话；3. 逢平声读不送气，逢仄声读送气，有南雄市百顺话；4. 並、定、奉（今读重唇）母今读不送气，澄母（今读塞擦音）和其余全浊声母一般都读送气，如乐昌市北部以及连州市、连南瑶族自治县的土话；5. 並、定、澄（今读塞音）常用上声字读送气，澄母（今读塞擦音）和其余全浊声母也一般都读送气，其余的多不送气，如曲江县西北部、乳源县以及乐昌市南部的土话。

湘西汉语方言浊音清化的类型和规律与上面总结的基本一致，但因湘西地理上的特殊性及语言的复杂性，一些具体方言点会因为语言间的接触和影响而呈现出一些特殊的类型。下文拟从湘西汉语方言古全浊声母今读的类型和演变等方面进行讨论。

第四章 湘西汉语方言的声母

一 古全浊声母今读的类型

《切韵》音系的全浊声母字在湘西汉语方言中有全部清化和部分保留浊音两大类型（全部清化的方言点主要位于湘西的北部、东部及西部的边缘地带，这些地区都紧靠广大的西南官话区；保留浊音的方言点都是湘西的中心地区或南部靠近湘语区的地带），每一种大类型下又可分为几种小类型，具体如下：

1. 类型一：全部清化，清化后平声送气，仄声白读送气，文读不送气

这种类型的特点是古全浊声母全部清化，清化后今读塞音、塞擦音时以声调和文白读为条件，平声送气，仄声白读送气，文读不送气。文读层与大多数官话"平送仄不送"的类型一致，白读层与客赣方言"无论平仄一律送气"的类型相一致。在湘西汉语各方言点中，仅凤凰沱江属于这种类型，如（双竖线"‖"前面为各声母平声字，后面为仄声字，斜线"/"前面是白读音，"/"后面是文读音，有两个白读音的，中间用"、"隔开）：

并母：船₋tsʰuan、婆₋pʰo‖白 pʰaʔ/₋pɛ、病 pʰiaŋ/₋piŋʔ、别 pʰiɛʔ/₋piɛʔ、雹 pʰauʔ/₋pʰu、背～诵 pʰei/peiʔ、傍 pʰaŋ/paŋʔ、抱 pʰau/pauʔ、伴 ˀpʰan/panʔ

定母：桃₋tʰau‖淡 tʰan/tanʔ、大 ˀtʰa/taʔ、弟地 tʰi/tiʔ、断 ˀtʰuan/tuanʔ、动 ˀtʰoŋ/toŋʔ、稻道 ˀtʰau/tauʔ

从母：裁₋tsʰɛ‖坐 ˀtsʰo/tsoʔ、尽 ˀtɕʰin/tɕinʔ、就 ˀtɕʰiəu/tɕiəuʔ、匠 ₋tɕʰiaŋ、tɕʰiaŋʔ/tɕiaŋʔ

澄母：茶₋tsʰa‖重轻～ ˀtsʰoŋ/tsoŋʔ、柱 ˀtsʰu/tsuʔ、丈 ˀtsʰaŋ/tsaŋʔ

崇母：锄₋tsʰəu‖寨 ˀtsʰɛ/tsɛʔ

群母：穷₋tɕʰioŋ‖跪 ˀkʰuei/kueiʔ、旧 ˀtɕʰiəu/tɕiəuʔ、近 ˀtɕʰin/tɕinʔ

邪母：祠₋tsʰɹ̩‖像 ₋tɕʰiaŋ、ɕiaŋ/ɕiaŋʔ

禅母：城₋tsʰən‖

其他一些没有文白对立的仄声送气的例字，如：

上声：强勉～ˀtɕʰiaŋ、撞 ˀtsʰuan、造 tsʰauʔ

去声：饲嗣 tsʰɹ̩ʔ、佩 pʰeiʔ、避 pʰiʔ、叛 pʰanʔ、售 ˀtsʰəu、挺艇 ˀtʰin

入声：拔 pʰaʔ、瀑 pʰuʔ、秩 tsʰɹ̩ʔ（₋tsʰɹ̩ 又读）、择 tsʰaʔ/₋ʒɛ、轴 tsʰəuʔ、掘 tɕʰyʔ、捷 tɕʰiɛʔ、凿 tsʰoʔ、族 tsʰəuʔ、突 tʰəuʔ、特 tʰiɛʔ

从以上列举的仄声送气的例字来看，有文白读的都是当地的口语常用字，白读送气显然要比文读不送气古老，我们据此可以推测，凤凰沱江方言本来是不论平仄都一律送气的类型，但是后来由于受湘语和西南官话的影响，才变成平送仄不送型，而且这种变化还在进行当中。我们的这种设想不管是从方言语音本身的历史演变来看，还是从移民历史和语言接触都

能得到很好的解释。曹志耘（2007：45—46）在总结湘西汉语方言古浊塞音、塞擦音的今读时说凤凰方言是不论平仄都读送气清音，这里他所说的凤凰方言乃是离县城不远的官庄乡官庄村方言。曹志耘也同时提到凤凰县城（沱江镇）的方言是平声为送气清音，仄声为不送气清音，这与我们所了解的情况不合，可能是他忽略了文白异读或者没有对县城方言做过调查，而只是依据历史语料所作出的判断。原来，在《湖南方言调查报告》中，沱江古全浊声母今读塞音、塞擦音时是平送仄不送型。然而，凤凰沱江方言白读层仄声读清送气音是毫无疑问的，《湖南方言的分区》（1986：275）曾提到过凤凰"古全浊声母今读塞音、塞擦音时为，平声送，仄声文不送，白送"。向亮（2011：103）曾经指出，凤凰方言"古全浊上声今没完全归入去声，仍有一部分读上声，多为送气清音，只有少数读不送气清音，这是凤凰方言异于其他湘西西南官话的特点。例如：动 tʻoŋ｜坐 tsʻo｜重 tsʻoŋ~量｜近 tɕʻin｜跪 kʻuei｜抱 po"。"古全浊入声字今一律读阳平，送气与不送气的情况基本与普通话一致，例如：杂 tsa｜蝶 ti｜及 tɕ｜泊 pʻɛ｜突 tʻəɯ｜特 tʻiɛ。澄母与从母字例外，普通话今读不送气清音，凤凰话读送气清音。例如：泽 tsʻɤ｜族逐 tsʻɯ。"向亮为凤凰本地人，所以其关于凤凰仄声读送气清音的结论是比较可信的，但向亮同样没有注意到凤凰仄声送气的文白异读层，而且他指出凤凰古全浊塞音、塞擦音今读去声都为不送气清音，这是不准确的。贺福凌（2009：14）曾对凤凰县汉语方言与苗语做过调查和比较，他调查的汉语方言也基本限于县城沱江，他的结论是"凤凰古全浊声母全部清化，变成相应的塞音、塞擦音和擦音，塞音、塞擦音的基本趋向是无论平仄，今读为送气清音"。同时他也提到，有一些例外现象，主要是仄声字，读为不送气清音，并说这些字音极可能是受西南官话影响而后起的。

其实全浊声母不论平仄一律送气型方言在全国并不罕见，特别普遍的是客赣系方言，其他见诸报道的有"豫西南、晋南和关中方言（贺巍，1985，侯精一、温端政，1993，孙立新，1997），江淮地区的通泰方言（鲁国尧，1988），皖南地区的绩溪、歙县、祁门、婺源（县城）等地的徽语（平田昌司，1998）"（庄初升，2004：110），粤北东北部的乌迳、长江和中南部的白沙、周田、上窑、腊石、石陂和石塘8个方言点的土话（庄初升，2004），湖南境内的有：湘西南高村（麻阳县）、泸阳、新路河（以上中方县）、洗马、沙湾（以上洪江市）5个方言点的汉语方言（胡萍，2007：65），湖南岳阳、隆回等地的湘语（陈晖，2010：75）。湘语娄邵片湘乡市的毛田、棋梓、壶天、翻江、金薮等乡镇，这些地区的古全浊声母字今逢塞音、塞擦音与次清声母合流读为送气浊音。湘语娄邵片的娄底市以及与娄底市毗邻的湘乡市、双峰县的少部分乡村、新化县的新派读音，辰溆片的溆浦县低庄、岗东、龙潭等乡镇的方言，这些地区的古全浊声母字无论舒入都读送气清音，与次清合流。（罗昕如，2011：38—39）其他还有溆浦县的两江（瞿建慧，2010：44）。陈晖、鲍厚星（2007：255）也提到："近几年来的调查资料显示，位于湘中腹地的一些湘方言点，也存在古全浊声母今逢塞音塞擦音时无论平仄多读送气音的现象，最典型的便是一直被人们看作湘语娄邵片代表点之一的娄星区，其古全浊声母无论平仄都读送气清音；娄邵片中的新化方言老派古全浊声母舒声字读送气浊音，入声字读送气清音，新派无论舒入都读送气清音。位于湘西南的一些点，例如中方、麻阳、芷江的罗旧以东地区连接怀化市区的地域以及今洪江市与洞口及绥宁北部接壤的湾溪、冼马、沙湾、熟坪等部分乡镇，溆浦县的龙潭等地，古全浊声母无论平仄都读送气清音，这些方言点大多数呈碎片状或散点状分布……"湘西南的高村、泸阳、新路河、冼马、沙湾等几个方言点在胡萍的《湘西南汉语方言语音研究》中，属于麻泸片，胡萍（2007：196）在书中表述："……到这里，我们似乎可以给麻泸片下一个'赣语'的判断了，因为无论是从语音特征还是从历史人文背景来看，我们都可以找到它与赣方言的密切联系。"但由于考虑到当地人的"土人感"以及这些点同时带有的某些西南官话的特征，"如果着眼于方言的历史来源，我们可以称它为'带有西南官话色彩的赣语'，如果着眼于方言的共时表现和演变趋势，也可称它为'带有赣语底层的西南官话'……"以上论述表明湘西南这些方言点古全浊声母字今读不论平仄都一律送气与赣语性质相同。而其他全浊送气的方言点，要么本身就是赣方言分布地区，要么与赣语区相邻。在历史上，这些方言点都曾接受过大批江西移民，其方言本身都带有浓厚的赣语色彩。有关这些地点方言赣语色彩的来源及联系，我们还会在后文讨论，此不赘述。

沱江方言白读层全浊上读上声或阴平，全浊去读阴平，这个特点与客赣系某些方言也非常类似。沱江紧靠麻阳县，我们认为，沱江方言白读送气的来源与湘西南送气型方言一样，可能与江西移民有关，而且与洞绥片、耒资片赣语有着共同的源头。

2. 类型二：全部清化，清化后平声送气，仄声大部分不送气，少部分送气

这种类型的特点是古全浊声母全部清化，清化后今读塞音、塞擦音时送气与否以声调为条件。与重庆秀山、湖北来凤以及本省张家界市交界的龙山西南部的里耶、龙山北部的民安、永顺北部的万坪、保靖西部的野竹坪、永顺东部的润雅、花垣偏东南部的民乐等6个方言点属于这种类

型。如:

	婆並	桃定	裁从	茶澄	鉏崇	穷群	祠邪	城禅
民乐花垣	ˬpʰo	ˬtʰau	ˬtsʰai	ˬtsʰa	ˬtsʰu	ˬtɕʰioŋ	ˬtsʰi	ˬtʃʰẽ
野竹坪保靖	ˬpʰo	ˬtʰɐ	ˬtsʰai	ˬtsʰa	ˬtsʰu	ˬtɕʰioŋ	ˬtsʰʮ	ˬtsʰẽ
润雅永顺	ˬpʰo	ˬtʰʌɯ	ˬtsʰai	ˬtsʰa	ˬtsʰɯ	ˬtɕʰioŋ	ˬtsʰɿ	ˬtʃʰẽi
万坪永顺	ˬpʰo	ˬtʰau	ˬtsʰai	ˬtsʰa	ˬtsʰʮ	ˬtɕʰioŋ	ˬtsʰɿ	ˬtsʰẽi
里耶龙山	ˬpʰo	ˬtʰʌ	ˬtsʰai	ˬtsʰa	ˬtsʰu	ˬtɕʰioŋ	ˬtsʰɿ	ˬtsʰẽ
民安龙山	ˬpʰo	ˬtʰʌ	ˬtsʰai	ˬtsʰa	ˬtsʰʮ	ˬtɕʰioŋ	ˬtsʰɿ	ˬtsʰẽ

	步並	蛋定	坐从	住澄	舅群	病並	肚定	棒並
民乐花垣	puˀ	tãˀ	tʃoˀ	tʃuˀ	tɕiuˀ	piˀ	ˎtu	paŋˀ
野竹坪保靖	puˀ	tãˀ	tsoˀ	tsuˀ	tɕiʮuˀ	piˀ	ˎtu	pãˀ
润雅永顺	puˀ	tãiˀ	tsoˀ	tʃuˀ	tɕiuˀ	piˀ	ˎtɯ	pãiˀ
万坪永顺	puˀ	tãˀ	tsoˀ	tsuˀ		piˀ	ˎtʮ	pãˀ
里耶龙山	puˀ	tãˀ	tsoˀ	tsuˀ	tɕiʮˀ	piˀ	ˎtu	pãˀ
民安龙山	puˀ	tãˀ	tsoˀ	tsʮˀ	tɕiʮˀ	piˀ	ˎtʮ	paŋˀ

	白並	毒定	昨从	侄澄	闸崇	共群	读定	杂从
民乐花垣	ˬpɛ	ˬtu	ˬtʃo	ˬtʃi	ˬtʃa	koŋˀ	ˬtu	ˬtʃa
野竹坪保靖	ˬpɛ	ˬtu	ˬtso	ˬtsʮ	ˬia	koŋˀ	ˬtu	ˬtsa
润雅永顺	ˬpɛ	ˬtɯ	ˬtso	ˬtʃi	ˬtʃa	koŋˀ	ˬtɯ	ˬtsa
万坪永顺	pɛˀ	ˬtʮ	ˬtso	ˬtsɿ	tsaˀ	koŋˀ	ˬtʮ	ˬtsa
里耶龙山	ˬpɛ	ˬtu	ˬtso	ˬtsɿ	ˬtsa	ˬkõ	ˬtu	ˬtsa
民安龙山	ˬpɛ	ˬtʮ	ˬtso	ˬtsɿ	ˬtsa	koŋˀ	ˬtʮ	ˬtsa

以上列举的都是平声送气、仄声不送气的例子,实际上这几个方言点的仄声字都有少部分读送气音的,如:

	上声	去声	入声
民乐花垣	群:强勉~ˀtɕʰiaŋ 定:荡tʰaŋˀ 挺艇tʰĩˀ 从:皂tsʰauˀ 造tʃʰauˀ 邪:像tɕʰiaŋˀ 奉:辅pʰu	群:柜kʰuiˀ 並:傍ˬpʰaŋ 定:盗ˬtʰau 澄:撞ˀtʃʰuaŋ 从:匠tɕʰiaŋˀ 禅:售tsʰʮˀ	並:雹pʰauˀ 瀑ˬpʰu 澄:择泽ˬtsʰɛ 逐ˬtʃʰu 定:跌tʰi 突ˬtʰu 群:掘tɕʰʮ 从:族tʃʰu

第四章 湘西汉语方言的声母

续表

	上声	去声	入声
野竹坪 保靖	群：强勉~ ₌tɕʰiã 定：挺艇 ₌tʰē 从：造 tsʰeˀ	并：傍 ₌pʰā 定：盗 tʰeˀ 从：匠 tɕʰiā 禅：售 tsʰɣɯ 邪：饲 tsʰɣ/ ₌sɣ 澄：撞 tsʰuā˞	并：拔 ₌pʰa 雹 pʰeˀ 瀑勃 ₌pʰu 澄：择泽 ₌tsʰe 轴 ₌tsʰɣɯ 定：跌 ₌tʰi 特 ₌tʰie 突 ₌tʰu 群：掘 ₌tɕʰy 从：凿 ₌tsʰo 捷 ₌tɕʰie 族 ₌tsʰu
润雅 永顺	群：强勉~ ₌tɕʰiaŋ 定：挺 ₌tʰēi 艇 ₌tʰēi 从：造 tsʰʌɯˀ	并：傍 ₌pʰāi 定：弹子~ ₌tʰāi 群：倦 tɕʰiē 禅：售 tsʰɣɯ 邪：饲嗣 tsʰŋ 崇：助 tsʰɯ	并：雹 pʰʌɯˀ 瀑 ₌pʰu 澄：泽 ₌tsʰe 秩 tsʰŋˀ 定：突 ₌tʰɯ 从：族 ₌tsʰu
万坪 永顺	群：巨拒距 tɕʰiˀ 臼舅 tɕʰiɣˀ 强勉~ ₌tɕʰiæ 定：荡 tʰāˀ 挺艇 ₌tʰēi 从：造 tsʰauˀ	群：具惧 tɕʰiˀ 柜 kʰueiˀ 轿 tɕʰiauˀ 并：稗 pʰaiˀ 傍 ₌pʰā 定：盗 tʰauˀ 弹子~ ₌tʰā 定 tʰēiˀ 从：匠 tɕʰiæˀ 禅：售 tsʰɣ 邪：饲嗣 tsʰŋ 崇：助 tsʰɣˀ	并：拔 ₌pʰa 雹 pʰauˀ 瀑 pʰoˀ 澄：秩 tsʰŋˀ 择泽 ₌tsʰe 逐 ₌tsʰɣ 轴 ₌tsʰɣ 定：叠碟 ₌tʰie 跌碟特 ₌tʰie 突 ₌tʰu 从：捷 ₌tɕʰieˀ 凿 tsʰoˀ 族 ₌tsʰɣ
里耶 龙山	群：技妓 tɕʰiˀ 定：挺艇 ₌tʰē 从：造 tsʰʌˀ 践 tɕʰiē̌ˀ 邪：像象 tɕʰiē̌ˀ	群：具惧 tɕʰiˀ 并：稗 pʰai 傍 ₌pʰā 定：定 tʰēˀ 洞 tʰoˀ 从：匠贱 tɕʰiēˀ 禅：售 tsʰɣ	并：拔 ₌pʰa 瀑勃 ₌pʰu 澄：秩 tsʰŋˀ 择泽 ₌tsʰE 轴 ₌tsʰɣ 定：叠碟牒 ₌tʰie 从：捷 ₌tɕʰie 凿 tsʰoˀ 族 ₌tsʰu
民安 龙山	群：强勉~ ₌tɕʰiaŋ 定：挺 ₌tʰē 艇 ₌tʰī 从：造 tsʰʌˀ 邪：像 tɕʰiaŋˀ/ ɕiaŋˀ	并：傍 ₌pʰaŋ 群：倦 tɕʰuāˀ 定：定 tʰēˀ 邪：饲嗣 tsʰŋ 崇：助 tsʰɣˀ	并：拔 ₌pʰa 瀑 pʰu 澄：秩 tsʰŋˀ 择泽 ₌tsʰe 著 ₌tsʰo 轴 ₌tsʰɣ 定：突 ₌tʰɣ 从：凿 ₌tsʰo 族 ₌tsʰɣ

以上例字，"强"是多音字，而且与"挺艇瀑特突"一样，在普通话中也是读清送气音声母；另外，"强挺艇"在声调上也与普通话调类一致，这些字读送气音有可能是方言语音自身的演变，也很可能是受普通话的影响。"辅"里耶读为 pʰ，而且是上声调，可能是误读为"浦"而来。另外，据刘勋宁（2003：1—9），"撞族造"是误读，中原地区的许多方言里，不论是口语还是书面语，都读送气清音，福州话的旧文读"造"也是送气的。在湘语邵阳方言中，"撞族造"有送气和不送气两种读法，并且两种读法之间

可以自由变读。"傍饲嗣弹"都是非口语字，在各点中都读阳平，其送气读法可能也是因为误读，其中"傍"可能因误读为"旁"而来，"饲嗣"可能因误读为"祠词"而来。据《汉语方音字汇》（2003：60），"饲"在双峰也读阳平，在武汉（旧读）读阳平且送气，如：双峰"饲"₂tsʅ、武汉"饲"₂ts'ʅ，都属于误读的性质。"弹"在中古有两个读音，其中的一个读音是浊声母平声，润雅、万坪"弹"只有送气阳平调一个读音，本为浊去的"弹子~"乃是错读为浊平的"弹"而来。另外，"售"在古音中只有浊去一读，但据《汉语方音字汇》（2003：211），温州、长沙、梅县、厦门、潮州、福州等地均读阳平调，其中梅县和潮州读阳平调且送气，如：梅县"售"₂ts'u、潮州"售"₂ts'iu，温州"售"字有阳平"₂dzieu"和阳去"jieiᵌ"两读，以上材料表明"售"的读音很可能另有来源。所以，湘西这些方言点"售"读送气阳平调也是这个道理。如果去掉上述这些字，古全浊仄声清化后读送气音的就更少了，特别是上声字，除了民乐、万坪、里耶外，几乎都是不送气音了。其他仄声送气的例字各点是入声多于去声，去声多于上声，这些读送气字有口语常用字，也有非口语常用字。整体上看，类型二很有可能是由上面类型一的白读层演变而来。

3. 类型三：平声保留不送气浊音，仄声一般清化，清化后去声基本不送气，上声、入声部分送气，部分不送气

这种类型主要分布于湘西中部及东南部的吉首市区乾州、花垣北部花垣镇、古丈县城古阳镇、保靖县城迁陵镇、永顺中南部的王村，以及泸溪县洗溪镇和古丈河蓬乡 7 个方言点。说这些方言点仄声一般清化，是因为某些点有少数仄声字还保留浊音，如古丈河蓬"死客话"：荡浊上定 daŋᵌ、聚浊上从 dzyᵌ、肚浊上定 duᵌ、苎浊上澄 dzuᵌ、轿浊去群 dziʌˀ。其他全浊字今读情况如下：

	婆並	桃定	裁从	茶澄	锄崇	穷群	祠邪	城禅
乾州吉首	₂bo	₂dɑɯ	₂dzei	₂dʑa	₂dzu	₂dʑioŋ	₂dzʅ	₂dʑẽi
花垣花垣	₂bo	₂dʌ	₂dzɛ	₂dʑa	₂dzu	₂dʑioŋ	₂dzʅ	₂dzẽ
迁陵保靖	₂bo	₂dæ	₂dzai	₂dʑa	₂dzu	₂dʑioŋ	₂dzʅ	₂dzen
古阳古丈	₂bo	₂dɑu	₂dzai	₂dʑa	₂dzu	₂dʑioŋ	₂dzʅ	₂dʑẽi
王村永顺	₂bo	₂dæ	₂dzai	₂dʑa	₂dzu	₂dʑioŋ	₂dzʅ	₂dzẽ
洗溪泸溪	₂bo	₂dɔ	₂dzɛ	₂dʑa	₂dzu	₂dʑioŋ	₂dzʅ	₂tʃʰẽ
河蓬古丈	₂bo	₂dʌ	₂dza	₂dʑa	₂dzu	₂dʑioŋ	₂dzʅ	₂dʑẽi/zẽi

第四章 湘西汉语方言的声母

	步並	蛋定	坐从	住澄	舅群	病並	肚定	棒並
乾州吉首	pu⁼	tẽi⁼	tso⁼	tsu⁼	tɕiɯ⁼	pĩ⁼	⁼tu	paŋ⁼
花垣花垣	pu⁼	tã⁼	tso⁼	tsu⁼	tɕiɤ⁼	pĩ⁼	⁼tu	paŋ⁼
迁陵保靖	pu⁼	tan⁼	tsɔ⁼	tsu⁼	tɕiɤ⁼	pin⁼	⁼tu	paŋ⁼
古阳古丈	pu⁼	tã⁼	tso⁼	tsu⁼	tɕiɤ⁼	pĩ⁼	⁼tu	paŋ⁼
王村永顺	pu⁼	tãi⁼	tso⁼	tsu⁼	tɕiɤ⁼	pĩ⁼	⁼tu	paŋ⁼
洗溪泸溪	pu⁼	⁼tæ	tsɯ⁼	tʃu⁼	tɕiɯ⁼	pẽi⁼	⁼tu	⁼pã
河蓬古丈	pu⁼	taŋ⁼	tsɤ⁼	tsɤ⁼	tɕiɤ⁼	pẽi⁼	⁼tu	paŋ⁼

	白並	毒定	昨从	侄澄	闸崇	共群	读定
乾州吉首	₅pei	₅tu	₅dzo	₅tsʅ	₅tsɑ	tɕioŋ⁼/koŋ⁼	₅tu
花垣花垣	₅pe	₅tu	₅dzo	₅tsʅ	₅tsa	tɕioŋ⁼/koŋ⁼	₅tu
迁陵保靖		₅tu	₅dzɔ	₅tsʅ	tsa⁼	koŋ⁼	₅tu
古阳古丈	₅pe	₅tu	₅dzo	₅tsʅ	₅tsa	koŋ⁼	₅tu
王村永顺	₅pe	₅tu	₅tso	₅tsʅ	tsa⁼	koŋ⁼	₅tu
洗溪泸溪	pʰai⁼	tu⁼	tso⁼	tʃʅ⁼	₅tsa	koŋ⁴²	tʰu⁼
河蓬古丈	pʰai⁼	tʰu⁼	₅tso	tsʰʅ⁼	tso⁼	koŋ⁼	tʰu⁼/tu⁼

以上 7 个方言点，都具有一套比较完整的浊音声母系统，表现为古浊声母平声字今读塞音、塞擦音时仍保留浊音，带音相当明显，而且不送气，上声、去声字今读塞音、塞擦音时一般清化为不送气音，入声字今读塞音、塞擦音时部分清化为送气音。以上所举例字，除洗溪和河蓬入声有几个清送气字外，其他都是平声送气、仄声不送气的例字，但这几个点都存在上声、入声部分读送气音的例字。如：

	上声	去声	入声
乾州吉首	群：强勉~⁼tɕʰiaŋ 定：挺艇⁼tʰĩ 澄：撞⁼tsʰuaŋ 从：造⁼tsʰɑu⁼		並：别₅pʰie/₅pie 勃₅pʰu 瀑₅pʰu 澄：秩₅tsʰʅ 择泽₅tsʰe 轴₅tsʰɯ 定：特₅tʰi 突₅tʰu 从：捷截₅tɕʰie 族₅tsʰu 群：掘₅tɕʰy
花垣花垣	群：强勉~⁼tɕʰiaŋ 定：挺艇⁼tʰĩ 澄：撞⁼tsʰuaŋ 从：造⁼tsʰʌ⁼		並：雹₅pʰʌ 勃₅pʰu 澄：秩₅tsʰʅ 轴₅tsʰu 定：特₅tʰi 突₅tʰu 从：捷₅tɕʰi 族₅tsʰu

续表

	上声	去声	入声
迁陵 保靖	定：挺艇 t‿ʰen 邪：像象 tɕʰiã²/ɕiã²		并：拔₋pʰa/₋pa 雹 pʰɐ²瀑₋pʰu 澄：择泽₋tsʰi 定：特₋tʰi 从：捷₋tɕʰɪ
古阳 古丈	群：强勉~ ˀtɕʰiaŋ 定：挺 tʰĩ 从：造 tsʰau² 澄：肇 tsʰau² 奉：辅 pʰu	定：盗 tʰau² 定 tʰẽi²	并：勃瀑₋pʰu 澄：秩₋tsʰι 择泽₋tsʰe 轴₋tsʰɣ 定：特₋tʰie 突₋tʰu 群：掘₋tɕʰy 从：截₋tɕʰie 族₋tsʰu
王村 永顺	群：强勉~ ˀtɕʰiaŋ 定：挺艇 tʰẽi 从：造 tsʰɐ² 澄：肇 tsʰɐ² 撞 tsʰuaŋ² 奉：辅 pʰu 邪：像象 tɕʰiaŋ²/tɕiaŋ²/ɕiaŋ²	定：盗 tʰɐ² 禅：侍 tsʰι²	并：拔₋ba/₋pʰa 雹 pʰɐ²瀑₋pʰu 澄：秩 tsʰη² 择泽₋tsʰe 著₋tsʰo 定：跌特₋tsʰie 突₋tʰu 从：凿 tsʰo 族₋tsʰu
洗溪 泸溪	群：俭 ˀtɕʰie 定：荡 tʰã 挺艇 tʰĩ 诞 tʰæ 从：聚 tsʰuei² 造 tsʰou² 澄：撞 tsʰuaŋ² 奉：辅 pʰuŋ		并：白 pʰai² 雹薄 pʰɔu²瀑 pʰu² 澄：秩 tʃʰiʔ 择泽₋tsʰei 定：读独 tʰu² 叠跌₋tʰi 特₋tʰie 突₋tʰu 从：贼 tsʰai² 凿 tsʰo² 族 tsʰɯ²
河蓬 古丈	群：强勉~ ˀtɕʰiaŋ 跪 ˀkʰu 俭 ˀtɕʰie 定：挺艇 tʰẽi 从：造 tsʰʌ² 澄：撞 tsʰuaŋ²	禅：侍 tsʰη²	并：白 pʰai² 拔₋pʰo 雹薄 pʰʌ 澄：任秩 tsʰη² 择泽₋ai 泽₋tsʰe 轴₋tɕʰiɣ 定：特₋tʰie 读 tʰu²/tu² 毒 tʰu² 从：凿₋tsʰo 捷₋tɕʰi 杂 tsʰo²族₋tsʰu

  从上表中我们发现，这几个方言点入声读送气音的例字比较多，而且基本上都是口语常用字。同前文类型二一样，如果我们把"强挺艇造辅撞特瀑突族"等字剔除掉，则这几个点的仄声字中，基本上只剩下入声有部分字读送气清音。特别耐人寻味的是，在几个相邻的方言点（古阳、河蓬、王村）中，都有几个浊声母去声字今读送气清音，其中"盗"字在当地口语中特别常用。①从仄声送气来看，很容易让人得出第三种类型是从第一种类型白读层演化而来，第一种类型白读层比第三种类型古老的结论。但是，第一种类型白读层是古全浊全部清化，而第三种类型平声都还保留比较完

---

① 湘西人称"贼、小偷"等为"强盗"，称家里失窃为"家里遭强盗了"。湘西地方偏僻，经济比较落后，过去治安不好，家里遭贼是常有的事，故"盗"字在湘西是口语常用字。

整的浊音系统，似乎第三种类型比第一种类型白读层更古老。看来问题不是那么简单。

4. 类型四：不论平仄，部分保留不送气浊音，部分清化为送气音，部分清化为不送气音

位于湘西东南部的泸溪县岩头河乡、古丈县高峰乡、古丈县山枣乡"六保话"等方言点属于这种类型，如：

	抬並	桃定	裁从	长（~短）澄	锤槌澄	穷群	船船	排並	球群
岩头河泸溪	₅cu	₅lou	₅dzu	₅diaŋ	₅ty	₅tɕye	₅dzuɛ	₅pu	₅dʑia
高峰古丈	₅ta	₅lau/₅tau	₅dzɤ	₅dē	₅tyei	₅tɕiau	₅dzuai	₅ba	₅dʑia
山枣古丈	₅tua	₅lʌ	₅tsei	₅dioŋ	₅tui	₅tɕiɤ	₅dzuai	₅pa	₅tɕia

	肚定	柱澄	竖禅	罪从	是从	跪群	抱並	舅群	丈澄	棒並	近群
岩头河泸溪	ᶜtu	ᶜtʰia	dzaᵓ	ᶜdzu	ᶜtse	ᶜtɕʰy	ᶜbou	kuɔᵓ	ᶜtʰioŋ	pʌŋᵓ	ᶜtɕʰie
高峰古丈	ᶜtəu	ᶜtʰia	dzaᵓ	ᶜdzua	ᶜtsʰɤ	ᶜtɕʰy	bau	kəu	ᶜtʰɤŋ	paŋ	ᶜtɕʰiɛ
山枣古丈	ᶜtu	ᶜtʰia	dzaᵓ	ᶜdzua	ᶜtɕʰi	ᶜtsʰui	bʌ	ko	ᶜtʰioŋ	paŋᵓ	ᶜtɕʰie

	字从	垫定	蛋定	住澄	箸澄	病並	鼻並	旧群	树禅	淡定	队並
岩头河泸溪	dzaᵓ	tʰɛᵓ	kʌŋᵓ	tyᵓ	₅tʰa³⁵	fuɔᵓ	piᵓ	kuᵓ	tsaᵓ	dʌŋᵓ	tuɔᵓ
高峰古丈	dzaᵓ	tʰai		tiəuᵓ	tiəuᵓ	foŋ	₅pi	kuᵓ	tsaᵓ	dɤŋᵓ	tuaᵓ
山枣古丈	dzaᵓ	tʰaiᵓ	koŋᵓ	tsai	tiu	faŋ	₅bi	kuᵓ	tɕiaᵓ	doŋᵓ	tuaᵓ

	白並	毒定	侄澄	薄並	跌定	十禅	读定	舌船
岩头河泸溪	₅pʰuo	tuᵓ	₅tʰi	buᵓ	daᵓ	₅tsʰl	luᵓ	
高峰古丈	₅pʰo	₅tʰi	buᵓ	ta	₅tsʰl	ləuᵓ	₅dʑɤ	
山枣古丈	₅pʰo	₅tu	₅tʰi	₅bu	daᵓ	₅tsʰl	₅lu	₅dʑi

从上表中可看出，湘西乡话和"六保话"无论平仄，都部分地保留不送气浊音，部分清化。其中，平声保留浊音和清化的字数比例差不多，仄声清化的比例高些，大部分仄声字已清化。清化后是否送气没有很强的规律可循，如从声调上看，古平声大都清化为不送气音，而且读不送气音的都是今阳平字，古上声清化为送气音的多于不送气音，古去声清化为不送气音的要多于送气音，古入声大部分清化为送气音，而且，读送气音的基

本上都是今阴平字，少部分清化为不送气音。

《中国语言地图集》B11图的文字说明和《湖南省志·方言志》(2001：1342)说乡话古全浊声母今读塞音、塞擦音时，平声为不送气浊音，仄声多数为送气音。曹志耘（2007：44）认为乡话全浊声母大部分字读浊音，少数字清化（各调都有，入声字最多，平声字最少），并同意伍云姬（2000）指出的高调（如古丈乡话阴平[55]、上声[25]、入声[41]）送气，低调（阳平[13]、去声[33]）不送气。伍云姬、沈瑞清（2010：14）说："从中古调类的角度看，在已经清化的例子中，全浊平声大部分变不送气清音，全浊上声和入声则更多变送气清音。""从今调类的角度可以看出，阴平和上声调的声母绝大部分已经清化为送气清音，阳平和去声调则或保留浊声母，或变成不送气清音。"郑焱霞（2010：57）指出南山乡话古全浊声母有三个语音层次：第一层次是浊声；第二层次是弛声（"漏气"），后来演变为清送气音；第三层次是普通清声，是"漏气"的特征消失的结果。

从古全浊声母的今读来看，乡话和"六保话"正处于急剧演变和多层次叠置状态。

二　古全浊声母的演变

1. 古全浊声母演变的主要方式

湘西古全浊声母的演变主要有以下几种方式。

（1）保留浊音。上面所举的类型三（古全浊塞音、塞擦音声母平声字基本上仍读浊音）及类型四（古全浊塞音、塞擦音声母不论平仄，都保留部分不送气浊音）都完整地保留一套浊音系统，例字详见上文。

（2）清化。清化又表现为两种方式：一种是古全浊擦音声母邪、禅、匣清化为清擦音；一种是古全浊塞音、塞擦音的清化，根据清化后是否送气，又可以细分成几种类型。

关于古全浊塞音、塞擦音清化的类型已见前文古全浊声母今读类型的分析，而古全浊擦音声母清化为清擦音的情况见表4-1。

表4-1　　　　　　古全浊擦音声母清化为清擦音的情况

	徐邪	袖邪	松邪	树禅	是禅	十禅	滑匣	湖匣	河匣
沱江凤凰	₅ɕy	ɕiɯuˀ	₅soŋ	₅su/suˀ	sʅˀ	₅sʅ	₅ua/uaˀ/₅xua	₅fu	₅xo
乾州吉首	₅ɕy	ɕiuˀ	₅soŋ	suˀ	sʅˀ	₅sʅ	₅xua	₅fu	₅xo
花垣花垣	₅ɕɥ	ɕiɣˀ	₅soŋ	suˀ	sʅˀ	₅sʅ	₅fa	₅fu	₅xo
民乐花垣	₅ɕy	ɕiɯˀ	₅ʃoŋ	ʃuˀ	ʃiˀ	₅ʃi	₅fa	₅fu	₅xo

续表

	徐邪	袖邪	松邪	树禅	是禅	十禅	滑匣	湖匣	河匣
古阳古丈	₅ɕy	ɕiy³	₅soŋ	su³	sʅ³	₅sʅ	₅xua	₅fu	₅xo
迁陵保靖	₅ɕy	ɕiy³	₅soŋ	su³	sʅ³	₅sʅ	₅fa	₅fu	₅xɔ
野竹坪保靖	₅ɕy	ɕiɣɯ³	₅soŋ	su³	sʅ³	₅sʅ	₅fa	₅fu	₅xo
王村永顺	₅ɕy	ɕiy³	₅soŋ	su³	sʅ³	₅sʅ	₅xua	₅xu	₅xo
润雅永顺	₅ɕi	ɕiɯ³	₅soŋ	ʃu³	ʃi³	₅ʃi	kuãi³	₅xu	₅xo
万坪永顺	₅ɕi	ɕiy³	₅soŋ	su³	sʅ³	₅sʅ	₅xuã	₅xu	₅xo
里耶龙山	₅ɕi	ɕiy³	₅sõ	su³	sʅ³	₅sʅ	₅fa	₅fu	₅xo
民安龙山	₅sʅ	ɕiy³	₅soŋ	sʅ³	sʅ³	₅sʅ	₅fa	₅fu	₅xo
洗溪泸溪	₅suei	siɯ³	₅dʑioŋ	ʃu²	ʃi²	ʃi²	xua²	₅xu	₅xo
河蓬古丈	₅ɕy	ɕiy³	₅soŋ	su³	sʅ³	₅sʅ	₅xua	₅fu	₅xɣ
岩头河泸溪	₅ɕy	dʐy³	₅dʐye	tsa³	₅tse	₅tsʰʅ	kuã³	ɦiu	ɦuŋ³
高峰古丈	ɕiəɯ³	meiʐ³		tsa³	tsʰɣ³	₅tsʰʅ	₅ua	₅vu	₅vu
山枣古丈	₅ɕyi		₅dʑiɣ	tɕia³	tɕʰi³	₅tsʰʅ	₅ua	₅fu	₅kʰa

表4-1所列古全浊擦音声母邪、禅、匣母字，乡话两个方言点及"六保话"读音最为复杂，有保留浊音的，有清化为送气音的，有清化为不送气音的，有读零声母的。其他各个方言点，除邪母"松"在洗溪保留浊音读法，匣母合口字"滑"在沱江白读零声母，文读擦音x，"滑"在润雅读塞音k外（"滑"为入声字，在润雅、万坪、岩头河等地读成鼻化韵。关于入声字读鼻化韵的问题，详见第五章韵母的有关分析），所有的古邪、禅、匣母字都一般清化为擦音（匣母字在各方言点中还有其他读法，详见下文）。

（3）脱落。主要指一部分古匣母字今读零声母，如：

表4-2　　　　　　　　古匣母字今读

	禾	壶	回	完	丸	滑	黄	横~直
沱江凤凰	₅o	₅fu	₅uei/₅xuei	₅uan	₅yan	ua/ua³/₅xua	₅uaŋ/₅xuaŋ	₅xuən
乾州吉首	₅xo	₅fu	₅uei/₅xue	₅uẽ	₅yẽ	₅xua	₅uaŋ/₅xuŋ	₅xuẽ
花垣花垣	₅o	₅fu	₅ui	₅uã	₅yẽ	₅fa	₅uaŋ	₅uẽ/xẽ
民乐花垣	₅xo	₅fu	₅fe	₅vã	₅vã	₅fa	₅faŋ	₅fẽi
古阳古丈	₅o	₅fu	₅xui	₅uã	₅yẽ	₅xua	₅xuaŋ	₅fẽi
迁陵保靖	₅xɔ	₅fu	₅xui	₅van		₅fa	₅faŋ	₅xen
野竹坪保靖	₅o	₅fu	₅fe	₅fã	₅fã	₅fa	₅fã	₅fẽ
王村永顺	₅o	₅xu	₅xui	₅uãi	₅yẽ	₅xua	₅xuaŋ	₅xuẽi

续表

	禾	壶	回	完	丸	滑	黄	横~直
润雅永顺	₅xo	₅xu	₅xui	₅uãi	₅uãi	kuãi²	₅xuãi	₅xuẽi
万坪永顺	₅o	₅xu	₅xuei	₅uã	₅iẽ	₅xuã	₅xuã	₅xoŋ
里耶龙山	₅xo	₅fu	₅fui	₅uã	₅iẽ	₅fa	₅fã	₅fẽ
民安龙山	₅o	₅fu	₅fei	₅vã	₅yẽ	₅fa	₅faŋ	₅fẽ
洗溪泸溪	₅o	₅xu	₅y	₅ye	₅ye	xua²	₅xuã	₅uẽi
河蓬古丈	₅o	₅fu	₅fei	₅yẽ/₅uan	₅yẽ	₅xua	₅uaŋ	₅uẽi
岩头河泸溪	₅ɦɯ	₅ɦu				₅kuã	₅ɦɤʋ	₅uɛ
高峰古丈	₅ɤʋ/₅u	₅vu				ua	₅ɤʋ	₅uai/₅uen
山枣古丈		₅vu	₅ɣoŋ			ua²	₅ɣoŋ	

  上面所举的例字，都是匣母合口一、二等字（主要是一等字），而且除"滑"外，都是平声字，这些字读零声母的现象在各地表现不一，其中，沱江、乾州、花垣、洗溪、河蓬等地比较多，岩头河、高峰、山枣等地的乡话读音最为驳杂，其他各地匣母合口字读零声母只是个别残存，凡是有文白异读的，白读都为零声母。在此，我们顺便讨论一下古匣母字在湘西汉语方言的今读及演变。

  除零声母外，匣母合口字在湘西各方言点还有 ɣ、ɦ、x、f、v 等各种读音。此外，"滑"在润雅和岩头河的声母为 k，这些不同的读法代表了不同的历史层次。

  匣母在《切韵》时代已成为独立的一个声母，关于《切韵》匣母的拟音，学界有 ɣ 和 ɦ 两种，但多拟作 ɣ，我们同意后一种拟法。庄初升（2004：164）曾指出："中古以后，合口字（主要是一等和二等）之前的匣母朝唇化和弱化两个方向演变，一是由 ɣ 变为 ɦ（至今吴方言还保留该读法），进而清化为 h，然后经过 ɸ 的阶段唇化为 f……；二是 ɣ 由于弱化而进一步脱落，遂演变成零声母。"湘西方言匣母合口字今读零声母也正是这种历史音变的结果，只不过是由"ɣ 变为 ɦ，进而清化为 x，再唇化为 f"的过程。

  庄初升（2004：164—165）同时指出："匣母合口字今读 v 声母，其基本性质与今读零声母完全一致。换一句话说，v 和 j 都是零声母进一步演变的结果。从零声母合口呼发展到 v 声母也经历了一个唇化的过程，这个过程是与上述 h 声母合口字的唇化平行的。"我们同意这种观点。因此，匣母合口字在湘西汉语方言中的演变可用下图表示：

第四章　湘西汉语方言的声母

$$（匣）*ɣ \begin{matrix} \nearrow ɦ \to x(\text{-}u) \to \phi(\text{-}u\text{-}) \to f \\ \searrow \emptyset（弱化、脱落）\to v（零声母合口呼的唇化）\end{matrix}$$

湘西汉语方言匣母字没有读 ϕ 的类型，也许是由 x（-u）直接唇化为 f，没有经 ϕ（-u-）这个阶段，而 *ɣ→ɦ→x（-u）→f，这种演变过程见于全国许多方言，这里无须再讨论①。需要注意的是古匣母今读零声母的现象，因为如果我们假定匣母读零声母是 *ɣ→ɦ→x（-u）→$\emptyset$ 这样一个音变过程，则有些语音现象不好解释。如"黄皇"是宕摄合口一等匣母，在河蓬、花垣等地读 $\emptyset$，但同韵的晓母字"慌荒"，在河蓬读 xuaŋ^{34}，在花垣读 faŋ^{34}。即如果匣母在清化前就与晓母合并，则无法解释同等条件下匣母读零声母而晓母为什么不读零声母的现象。实际上，在湘西各汉语方言中，还没发现晓母字读零声母的类型。因此，我们可以肯定，湘西汉语方言匣母读零声母是在清化之前，即还没清化就先弱化、脱落了。也就是说，*ɣ→ɦ→x（-u）→f 和 *ɣ→$\emptyset$→v 是古匣母字在湘西两种独立演变的类型，前者很可能是受官话的影响而发生的演变，后者则是方言自身的独立变化。

至于润雅和岩头河"滑"的声母为 k，我们认为应该是上古音的残存。"滑"为山摄合口一等字，山摄合口一等字在润雅的韵母都为 uai，在岩头河，除"滑"为 ua 韵外，还有一个"活"读成 ɔu 韵的，ɔu 应是 ua 韵母高化的结果，"滑"的韵母、声调都符合润雅、岩头河方言的语音对应规律，所以声母为 k 应是"滑"本字的读音。为了解释"滑"的声母为 k 的问题，我们结合匣母开口字的读音一起来考察。匣母开口字在湘西有 k、kʰ、dʑ、tɕ、ɕ、$\emptyset$、ɣ、ɦ、x、v 等多种读法，如：匣母读 k 声母的除合口字"滑"外，还有"械、蟹、解胡买切、系、舰"等匣母开口字，"械、蟹、解"都是蟹摄开口二等字，"械"除在高峰和山枣发音人读不出外，在其他所有方言点都读声母 k；"蟹"除在乡话点发音人无法读出外，其他各点都读声母 k 或 x，只是声母读 k 的方言点，声调都为阳平，不符合各点声调演变的规律，有可能是"夹"的训读；"解"在所有方言点都读声母 k（同见母"解佳买切"的读音②），"系"是蟹摄开口四等字，在高峰乡话中读成 ˀka 或 ka；"舰"为咸摄开口二等字，在王村、万坪、里耶都读 k 声母。另外，"河"在山枣声母为 kʰ（见表 4-1"河₁kʰa"）；"咸"在岩头河读 dʑ 声母，在山枣读 tɕ 声母，其他各地读 x；读 ɕ、x 的例字很多，此不再例举；读 $\emptyset$、ɣ、ɦ、v 声母的匣

---

① 庄初升（2016）认为东南方言古晓组合口字的早期形式是唇化软腭音，经过 hv（hw）、fiv（fiw）的阶段变成了 f，可以参阅。

② 南方方言"解"基本上都读 k，不排除匣母的"解"，其读音也来自见母的佳买切。

母开口字,主要见于乡话和"六保话",它们的演变历程同匣母合口字。关于匣母字今读 k、kʰ、dʑ、tɕ、ɕ 声母,在湖南方言中多有体现。李康澄(2010:106)根据已公开发表的一些湘语材料,梳理出古匣母字的读音,如下(为全文统一,送气符号一律改为"ʰ"):

地点	音类	地点	音类
城步	k、f、x、ɣ、z、v、ø	益阳	tɕ、dʑ、k、g、ɕ、h、ɦ、ø
邵阳	k、g、x、ɣ、z、v、ø	桃江(高桥)	k、tɕ、x、f、ɕ、ø
娄底	tɕ、k、kʰ、x、ɕ、ɣ、z、ø	湘潭	k、ɸ、h、ɕ、ɦ、ø
双峰	k、g、x、ɣ、z、ø	祁阳	k、ɣ、z、v
新华	x、ɕ、ɣ、z、ø	衡山	k、x、f、ɕ、ø
涟源	k、x、ʂ、ø	溆浦	k、h、f、ɕ、ø
湘乡(翻江)	kʰ、tʰ	泸溪(浦市)	f、x、ɕ、ø
长沙	tɕ、k、kʰ、x、ɕ、f、ø	绥宁(河口)	k、kʰ、h、f、v、ø

匣母在上古的读音,学界多拟作为 *g。李康澄(2010)认为,古匣母字今读舌根塞音 g、k、kʰ、tʰ 和舌面前音 dʑ、tɕ,是古音的残留。匣母的上古音 * g 经过清化和腭化的阶段,其腭化的过程经过了一个 ɖ/ɖʰ 或者 ȶ/ȶʰ 的阶段,其演变过程如下:

$$* g \to g \to k/kʰ \to (ȶ)/ȶʰ \to tɕ/(tɕʰ)$$
$$\searrow (ɖ) \to dʑ$$

李康澄(2010)同时认为,匣母读 ɣ 也是一种存古的层次,反映了匣母中古音的语音情况,是由浊塞音 g 的擦化而来,而匣母字今读 ɕ 声母,则是近代以来音值的演变,是匣母 *ɣ 经过清音化变为 x/h,然后 x 和 h 进入腭化过程,变为 ɕ。舌面擦音 ɕ 一般只能接细音 i 或 y,其具体演变过程如下:

$$* g \to *ɣ \to ɣ/ɦ \to x/h \to ɕ/\_\_i$$

我们基本同意以上的观点,只是根据湘西汉语方言古匣母字今读的实际情况,以上公式要稍作修改,具体应为:

$$* g \to g \to k/kʰ \to (c/cʰ) \to tɕ \quad * g \to *ɣ \to ɦ \to x \to ɕ/\_\_i$$
$$\searrow (ɟ) \to dʑ$$

这样,匣母在湘西从上古至今的演变历程可作如下表示:

$$\text{(匣)} * g \to *ɣ \to ɦ \to x \nearrow \begin{matrix} ɕ/\_\_i \\ (-u) \to f \end{matrix}$$
$$\searrow ø \to v$$
$$\searrow g \to k/kʰ \to (c/cʰ) \to tɕ$$
$$\searrow (ɟ) \to dʑ$$

2. 古全浊声母今读类型的历史层次

从前文的论述中我们了解到，湘西汉语方言的全浊声母字今读有保留浊音、清化送气、清化不送气三个明显不同的历史层次。浊音一般只在部分方言点的平声中保留，仄声基本上已全部清化，乡话是无论平仄，都保留部分浊音。很显然，保留浊音是其最古老的层次，而送气清音和不送气清音谁先谁后，则要深入考察。特别是凤凰沱江方言的"无论平仄，白读层全部送气"及乡话和"六保话""全浊字无论平仄，部分保留浊音，部分清化为送气，部分不送气"无规律可循的方言，更应引起我们特别的关注。

李如龙（1985：139—149）曾指出："《广韵》系统的全浊声母并定澄从崇群等在现代闽方言读清的塞音、塞擦音，其中多数字不送气，少数字送气。这种不送气和送气之分，并不以《广韵》的韵类或调类为条件，这是其他方言所少见的情况，成为闽方言语音的重要特点之一。"关于闽方言全浊声母今读送气与否不规则现象，曾"成为汉语方言学中的一个热点问题，引起不少讨论，蒲立本（Pulleyblank，1973）、罗杰瑞（Norman，Jerry，1973、1982、1986）、余霭芹（Hashimoto，O-Y.，1976）、平田昌司（1982）、李如龙师（1985）等都曾对这种特殊清化现象的性质提出各自不同的看法。他们的观点可以归纳为两类：一类认为这种现象是超出《切韵》系统的上古汉语或原始闽语语音特点的反映；另一类意见认为这种现象是由不同语言层次迭置所形成。"（万波，2009：78）李如龙（1985：139—149）赞成层次说，并在对闽语进行了深入的考察后得出：读送气清音的是较古老的层次，反映了广韵以前上古音的特点，读不送气清音的是较新的层次。其证据有四。第一，在同一音韵地位上，如果有送气、不送气的对立，读送气音的总是历史悠久的常用字，读不送气的虽然也有古老的常用字，但有更多的一般用字。第二，同一个字如果以送气和不送气区分文白读，往往是白读送气，文读不送气。第三，方言字音如果还反映其他声韵母演变中的不同历史层次的话，读送气音的字总是与老的声韵特征相联系。第四，一些有音无字的方言词，考出来的本字如属古全浊声母字也常常读送气音。无疑，在所有关于闽语古全浊声母不规则分化现象的讨论的文章中，李如龙（1985）是最具说明力的。文章不仅注意运用量化分析方法从正面论证，而且注意反例的说明，思路独特，分析细密。

我们借用李如龙（1985）考察闽语全浊声母的方法，来探讨一下湘西汉语方言全浊声母清化送气与否的历史层次问题。湘西汉语方言中古全浊平声字有保留浊音和清化两种类型，清化的都读为送气音。关于平声字清化读送气音是一种比较古老的现象还是受官话影响后新产生的语音层次，我们暂且不管它，留待后文讨论。在此主要关注仄声字清化后送气与否的层次问题。

　　首先我们来看看类型一，即古全浊声母全部清化，清化后今读塞音、塞擦音时平声送气，仄声白读送气，文读不送气。也就是说，沱江方言古全浊声母今读有文白异读两个层次，白读层是无论平仄，一律送气，文读层是平送仄不送。在此我们根据以下几点推测沱江方言全浊声母仄声清化后读送气音是早于不送气音的。

　　第一，读送气清音的大都是一些当地的口语常用字，如："杷耙沓盗病雹背抱淡大地弟断动稻道坐尽就匠重柱挂近中跪旧近像白别饲嗣佩避叛售挺艇拔瀑秩轴掘捷凿族突特"等。

　　第二，同一个字如果以送气和不送气区分文白读，往往是白读送气，文读不送气，如（斜线"/"前面是白读音，其后面是文读音，有两个白读音的，中间用"、"隔开）：白 $pʰa^²/_˪pɛ$，病$_˪pʰiaŋ/piŋ^²$，别$_˪pʰiɛ/_˪piɛ$，雹 $pʰaɯ^²/_˪pʰu$，背~诵$pʰei/pei^²$，傍$_˪pʰaŋ/paŋ^²$，抱$ʰpʰaɯ/paɯ^²$，伴$ʰpʰan/pan^²$，淡$ʰtʰan/tan^²$，大$_˪tʰa/ta^²$，弟地$_˪tʰi/ti^²$，断$ʰtʰuan/tuan^²$，动$ʰtʰoŋ/toŋ^²$，稻道$_˪tʰaɯ/taɯ^²$，坐$ʰtsʰo/tso^²$，尽$_˪tɕʰin/tɕin^²$，就$_˪tɕʰiəɯ/tɕiəɯ^²$，匠$_˪tɕʰiaŋ、tɕʰiaŋ^²/tɕiaŋ^²$，重轻~$ʰtsʰoŋ/tsoŋ^²$，柱$ʰtsʰu/tsu^²$，丈$ʰtsʰaŋ/tsaŋ^²$，寨$_˪tsʰɛ/tsɛ^²$，跪$ʰkʰuei/kuei^²$，旧$ʰtɕʰiəɯ/tɕiəɯ^²$，近$ʰtɕʰin/tɕin^²$，像$_˪tɕʰiaŋ、ɕiaŋ/ɕiaŋ^²$。

　　第三，沱江方言古全浊上声字白读上声或阴平，文读去声；古全浊去声字白读阴平，文读去声；古全浊入声字白读去声，文读阳平，与送气相关联的是沱江声调分化的白读层，不送气音则往往是文读层①，如（"/"左边为白读，右边为文读）：坐$ʰtsʰo/tso^²$，柱$ʰtsʰu/tsu^²$，竖$ʰsu/su^²$，跪$ʰkʰuei/kuei^²$，抱$ʰpʰaɯ/paɯ^²$，近$_˪tɕʰin/tɕin^²$，重轻~$ʰtsʰoŋ/tsoŋ^²$，旧$_˪tɕʰiəɯ/tɕiəɯ^²$，动$ʰtʰoŋ/toŋ^²$，淡$ʰtʰan/tan^²$，肚腹~$_˪təɯ$，弟$_˪tʰi/ti^²$，伴$ʰpʰan/pan^²$，尽$_˪tɕʰin/tɕin^²$，大大小$_˪tʰa/tʰa^²$，寨$_˪tsʰɛ/tsɛ^²$，地$_˪tʰi/ti^²$，忌$_˪tɕʰi/tɕi^²$，就$_˪tɕʰiəɯ/tɕiəɯ^²$，背~诵$pʰei/pei^²$，傍$_˪pʰaŋ/paŋ^²$，匠$_˪tɕʰiaŋ, tɕʰiaŋ^²/tɕiaŋ^²$，病$_˪piaŋ/piŋ^²$，命$_˪pʰiaŋ/min^²$，共$_˪tɕʰioŋ/koŋ^²$，白 $pʰa^²/_˪pɛ$，雹 $pʰaɯ^²/_˪pʰu$。

　　以上三点，已足以证明沱江方言仄声清化后读送气音是比较早的层次，而读不送气音是比较晚近的层次。但我们知道，沱江处于湘语与西南官话的交界地带，而湘语和西南官话，古全浊声母都不具有"无论平仄，都清化成送气音"的特征。那么，沱江古全浊声母白读层的"无论平仄都清化成送气音"的源头是什么？它又是什么时候形成的呢？

---

　　① 沱江方言全浊入声白读为去声的一定是送气音，但读阳平的也有很多为送气音，说明沱江方言全浊入正处于变化过程之中（当然有些送气音是受普通话的影响），如：雹 $pʰaɯ^²/_˪pʰu$、拔$_˪pʰa$、瀑$_˪pʰu$、秩$tsʰɿ^²$（$_˪tsʰɿ$又读）、择$tsʰa^²/_˪tsʰɛ$、掘$_˪tɕʰy$、捷$_˪tɕʰiɛ$、凿 $tsʰo^²$、族$_˪tsʰəɯ$、突$_˪tʰəɯ$、特$_˪tʰiɛ$。

第四章 湘西汉语方言的声母

众所周知，客赣系方言古全浊塞音、塞擦音声母今读大都是送气清音，联系到我们后面第六章声调部分将要谈到的沱江方言古全浊上声和去声字的白读层与客赣系某些方言相一致，我们可以推测沱江方言与客赣系方言有渊源关系。这可以从移民历史上找到依据。

在前文我们讨论古全浊声母今读类型中提到，豫西南、晋南和关中、江淮地区、皖南地区、粤北东北部和中南部、湖南境内的岳阳、隆回、麻阳、中方、洪江市、娄底、双峰、新化、溆浦等地都存在"古全浊声母今读塞音、塞擦音时，无论平仄都一律送气"的现象。李如龙、辛世彪（1999）通过纵向的考察，得出晋南关中方言的"全浊送气"方音特点和唐宋西北方音有继承关系，并通过横向的考察，认为晋南关中方言和现代的江淮（通泰）方言、客赣系方言的"全浊送气"是一脉相承的。

万波（2009：42—59）指出：江西境内早期通行的语言为吴（越）、楚语。但北方汉语从秦代进入江西，经过近五百年的不断扩展及与当地的楚语和吴越语的融合，便形成了汉语南方方言之一的赣语。根据历史人口统计学数据和移民史料，赣语在三国时代就已基本形成。赣语在后来的发展过程中，又多次受到北方移民南迁的影响。第一次南迁发生于东晋时期，但据葛剑雄等（1993：149）研究，江西因距中原已远，移民到达较少，仅北部地区接受了万余户移民，所以这次移民浪潮对江西地区影响并不大。此后直到隋统一，赣语基本上处于一个相对稳定的发展时期，赣语里体现早期南方方言特点的"鱼虞有别"便是这一时期的特点。随后唐天宝十四年（755）爆发了安史之乱，形成了北人南迁的第二次高潮，大量北方移民迁入江西，对赣语产生了巨大的影响，赣语和客家话里古全浊塞音、塞擦音与同部位次清声母合流由此时的移民带来。唐末五代，特别是宋元之交的第三次北人南迁高潮，对赣语的发展演变又带来了前所未有的巨大影响，一些北方方言的语言特征如"知三章和知二庄分立"由此期北方移民带来。与此同时，"江西作为长江流域的人口输出中心的地位日益突出"（葛剑雄等，1993：617），赣语也就因移民而向江西境外拓展。

江西向湖南移民自唐末五代开始，宋元递增，明代达到高潮。明代洪武年间（1368—1399）江西的大规模移民，湖南为最主要目的地。通过这次移民，"形成了湖南境内的赣语洞绥片、耒资片，原本江西境内的吉莲片延伸到湖南境内称吉茶片，原本江西境内的宜萍片也延伸到湖南境内称宜浏片。在鄂东南和湘西北形成了赣语大通片，在皖西南形成了赣语怀岳片"（万波，2009：67）。谭其骧《湖南人由来考》（1987）中提到，"五代以前，湖南人多来自北方，五代以后，湖南人多来自东方。南宋以前，移民之祖籍单纯，几尽是江西人"。如新化县，宋代迁入的27族全部来自江西。《泸溪县志》（1993：529—530）根据族谱和调查，共统计了24个姓氏来源，其中有14个来自江西，迁入的年代宋、元、明、清都有。湖南境内的赣语正是由于北宋至明代大量江西移民迁入而形成的。周振鹤、游汝杰（1986：270）在论及有关情形时指出，"五代以后江西北部中部开发程度已经很高，遂转而向湖南输出移民。两宋时期江西移民已形成浪潮，赣语影响已深入湖南腹地，至明代移民浪潮大盛，赣语片于是最后形成"。由此可见，湖南境内的赣语"全浊送气"也是秦晋方言承传下来的。但前面提到的湖南境内的其他方言点，在当今学界已明确断定为湘语点，为什么也具有"全浊送气"特点呢？实际上，前面提到的湘语"全浊送气"方言点，在区域上是相连成片的，岳阳靠近鄂东南赣语区，在历次大规模的江西移民背景之下，其底层方言也应该是赣语。而"全浊送气"的隆回、麻阳、中方、洪江市、娄底、双峰、新化、溆浦等湘语点，部分处于湘中，大部分处于湘西南，早期这些地区荒凉偏僻，经济极其落后，有些地区本来就无人居住，这样在出发地和时间段相对集中的江西移民大规模西迁的条件下，随着移民而来的赣语成了这些地区的权威方言，这种权威方言在无人居住区或人烟稀少区就成了当地方言的底层，在本有人群生活的地方也对当地的方言产生了巨大的冲击，甚至起到了覆盖原方言的作用。久而久之，这些方言点都具有了赣语所特有的"全浊送气"特征。只不过在湘语的重重包围之中，这些方言点后来又产生了大量湘语的特征。

湘西位于湘西南和湘西北的中间地带，也不可避免地接受了大量的江西移民，下面第六章我们在讨论湘西声调格局形成原因时及第八章讨论湘西汉语方言地理格局的形成时还会提到，此不赘述。因此，湘西汉语方言也应该带有赣语的某些特征，或者干脆说某些方言点其底层方言就是赣语。凤凰与麻阳毗邻，其"全浊送气"无疑也是赣语带来的，而且，赣语在进入凤凰之前，其全浊已与次清合流了。也就是说，凤凰沱江的"全浊送气"源自赣语。沱江方言的"全浊送气"形成时代为江西移民大规模向湖南西迁之时。至于沱江方言的文读层"平送仄不送"应是受强势方言官话的影响而产生的晚近的层次。沱江为凤凰的县城，在经济上比凤凰其他地区要发达，所以其接受官话的影响要大一些，从而形成其全浊声母字文白异读叠置的今读特点。在凤凰县城外的其他一些地区，"全浊送气"仍是当地方言的主要特征，据曹志耘（2007）调查，凤凰官庄乡全浊字今读塞音、塞擦音时"无论平仄，一律送气"。

我们再来看看湘西汉语方言全浊声母今读的第二种类型，即全部清化，清化后平声送气，仄声大部分不送气、少部分送气的类型。从这一类型各方言点仄声送气的例字看，我们有理由推测其全浊声母清化后的早期形式应是"不论平仄全部送气"型，也就是说它是从第一种类型的白读层演化而来的。或者可以说类型二的方言点，其方言底层很可能也是赣语，或者较早时期赣语曾是这里的强势方言。只是这些方言点位于湘西的西部和西北部，与它们交接的是贵州、重庆、湖北及本省张家界市等典型的西南官话区，在强劲的西南官话"平送仄不送"的影响下，其仄声送气字逐渐变为不送气，平声仍保留送气清音的特点。如果我们假定类型二方言点的早期强势方言是湘语，我们无法解释：第一，类型二周边的湘语全浊平声都是保留浊音的，而类型二方言点的全浊平已清化。即使湖南境内的湘语全浊平也有清化的，但清化的方言点与类型二的方言点距离较远，地理上并不相邻，而且湘语平声清化后基本上是不送气的，但类型二的全浊平今读都是送气清音。陈晖（2006：47）对湘语浊声母的今读类型进行研究后指出："总之，湘方言中，古全浊声母舒声字清化后一般读不送气音，这一点湘方言各地一致性很高，只有极少数地方例外；入声字清化后送气与否主要有三种情况：一是绝大多数字读送气音，这种情况地域最广，主要分布在娄邵片、辰溆片及衡州片的衡山一带；一是部分字送气部分字不送气，主要分布在长益片；一是不送气占绝对优势，主要分布在衡州片的衡阳一带，另外，永州片一些点也属于这一情况。"第二，退一步说，承认类型二方言点早期强势方言是湘语，其全浊字最初也是按照周边湘语的清化规律清化的（平声保留浊音，仄声清化，其中入声部分送气），只是后来受到官话的影响，全浊平变为清送气了，但我们仍然无法解释浊上、浊去部分字在类型二方言点中清化为送气音的原因。第三，也可以说类型二的方言点"全浊送气"是受沱江方言的影响，但那么一大片的湘语竟然会被凤凰沱江一个小方言区的赣语所同化而变成"全浊送气"，这是不太符合常理的。所以，类型二方言点早期的强势方言一定不是湘语。同样，如果假定类型二方言点早期强势方言或底层方言是西南官话，我们也无法解释其仄声送气的原因。从整体上看，虽然类型二方言点浊音清化后读为送气音的字数比较少，但都是当地方言口语中固有的常用字，各点之间也存在着明显的一致性，这应该是早期语音特点的残存。我们也可以由此推测，类型二方言点中古全浊音声母今读送气音比今读不送气音要来得早。

接着我们来看看湘西汉语方言古全浊声母今读的第三种类型，即平声保留浊音，仄声清化，其中去声基本上不送气，上声、入声大部分不送气，少部分送气。上声清化为送气音的只有"强挺艇撞造肇辅跪聚诞俭像"等字，这些字我们在前面大都已作分析："强"是多音字，在普通话中主要读送气音，"挺艇"在普通话中也是读清送气音的，"跪"有溪母上声的异读，其送气音今读应该是来自溪母 k^h，"辅"如前所述，读送气音可能是误读"浦"

而来,"撞造"也是误读,"强挺艇撞造辅跪"在大部分湘语区如老湘语邵阳方言中都是读清送气的,或者有浊音和清送气两读。剩下的"肇聚"也可能是误读,"聚"误读为"取",至于"诞俭像"都不是口语字,很难说是方言本身的读音。另外,古阳、王村古浊声母去声口语字"盗"读送气可能是受周边方言(如上文所提到的类型二,"盗"字在这种类型中基本上都是读送气清音)的影响,剩下的去声读送气清音的"侍定"在口语中不常用,可能也不是方言的固有读音。如果排除上声、去声读送气的这些字,那么类型三仄声送气只剩下部分入声了,而入声清化为送气音在湘语里非常普遍。如果仅从全浊清化的规律来看,类型三的方言点是跟湘语一致的,跟类型一、二没有直接的渊源关系。

汉语浊声母消变始于晚唐五代[①],到14世纪的《中原音韵》,全浊声母已经消失。湖南地区关于全浊清化的记载最早见于明代郴州人袁子让的《字学元元》(明代1603年),但正如彭建国(2010:87)所分析的,袁氏所记载的方言"去声不分阴阳"跟多数湘语不一致而跟官话一致,并且,郴州在现代属于官话区,所以袁氏的记载不足以作为湘语全浊清化的证据。

清代新化人邹汉勋在其《五均论·上》"十论无浊音上去入"中云:"次清全浊之字在平声为一阴一阳,在上去入元无分别。此字舍利、守温二僧求《切韵》字纽之说,不得其解,而又杂以梵法及俗音,遂生此重复偏枯之弊。"接着在"十八论字母去其复亦合于二十声"中云:"则匣并晓见溪并群疑皆喉也,而匣可谓之深喉,见溪疑可谓之浅喉;端透并定来并泥影并喻皆舌也,端透来可谓之舌头,影可谓之舌腹,照并知穿并彻澄床审并娘日禅精清并从心并邪皆齿音也,照穿审可谓之正齿,精清心可谓之齿头,邦滂并並明,非夫并奉微皆唇音也,而帮滂明可谓之合唇,非夫并奉微可谓之开唇。"从邹氏的论述中可以得知,当时平声的浊音还保持着,上去入与次清合流,其送气情况和现代新化方言一致。这里让人感到奇怪的是,如果邹氏记载属实的话,则当时的新化方言的属性很难确定,如果当时记载的是湘语,应该是平声保留浊音,仄声清化,清化后只有入声送气,上去声是不送气的;如果当时记载的是随江西移民而来的赣语,根据前文的论述,赣语全浊与次清合流是唐安史之乱后由北方移民带来,而江西向湖南移民开始于唐末五代,即赣语在进入新化前,全浊应该早已与次清合流,不可能还存在平声保留浊音的情况。

湘西汉语方言反映浊音清化的记载见于乾隆年间《泸溪县志》:"呼白

[①] 参见蒋冀骋《近代汉语音韵研究》(1997:9)。

曰派""呼斗曰袋"[①]，可见当时浊入字已读同次清，浊去字已读同全清，这与现代泸溪方言是一致的。泸溪方言属于湘语辰溆片，瞿建慧（2010：74）根据古全浊入声字声母的文白异读层推测，湘语辰溆片古全浊入声字派入阴去的字今读送气清音层是固有层，而派入阳平的字今读不送气清音的是外来层，是受官话方言的影响所致。

上述类型三的浊音清化类型与辰溆片基本一致。类型三方言点都位于湘西的中部和东南部，与辰溆片湘语相邻，其中洗溪还处于湘语辰溆片境内。另外，从类型三入声读送气音的例字来看，读送气音的一般是口语中较常用的字，而且各点辖字比较一致，如：拔雹薄瀑秩择泽逐轴叠碟跌牒特突捷凿杂族白读毒侄；读不送气音的一般是非口语常用字。而且，同一个字如果以送气和不送气区分文白读，往往是白读送气，文读不送气，如河蓬"读 t^hu^2/tu^2"，迁陵"拔 $_cp^ha/_cpa$"。还有，全浊上、全浊去在声调归派上与官话是一致的，多为不送气音，反之，多为送气清音。具体可参见第六章声调的有关部分。由此可见，类型三方言点从浊音清化规律来看，应属于湘语，平声保留浊音是其最古老的层次，而入声字清化后读送气音是类型三方言较早的层次，读不送气音的是受官话影响后所产生的比较晚近的层次。

最后我们来分析湘西古全浊字今读的第四种类型——乡话和山枣的"六保话"，即无论平仄，部分保留浊音，部分清化为送气音，部分清化为不送气音。乡话跟闽语一样，在古全浊清化上似无规律可寻。这与乡话历史来源及其所处语言环境有关，在第一章中我们曾对乡话有过简单介绍，这里复述如下。

关于瓦乡人的语言，历代文献有所记述。清嘉庆（1796—1820）时，溆浦严如煜《苗防备览》云："沅陵清水塘、拱胜坪一带与永顺、乾州接界……苗佬猩齸杂处，无一字可识，偕其同队，作乡语，唔伊之声往往偕是。"乾隆二十年（1755）顾奎光修、李溥纂《泸溪县志》，书中作了如是记载："五方之风土不同，言语亦异。同一楚语，而群之音异于乡。沅泸相隔不远，其乡谈谜语，语曲聱牙，令人不可晓。泸人亦有能言之者，兹不鳌载。泸音浊而促，不审字义，不辨平仄，或因古语或本土音，转而之为谬，失其本意，其所从来久矣。"1907年董鸿勋所修《古丈坪厅志》里提到古丈居民按来源分别被称为民籍、客籍、苗籍、章籍和地籍。这些居民使用的语言分别被称为客话（即西南官话）、土客话、小客乡话（即瓦乡话）、苗语、章语（又称仡佬语）以及土话（即土家族语言）。《古丈坪厅志》在"卷九、

[①] 转引自周赛红《湘方言音韵比较研究》（2005：177）。

十一客族姓编"中还指出："客族姓者，民之介乎民姓土姓之间，其时代大抵后土籍、先民籍，而与章、苗相习久，而自成风气言语、自成一种乡音，谓之小客乡语。"

乡话处于西南官话与湘语的过渡地带，又处于苗族和土家族聚居之地，历史上经历了多次的移民迁徙运动。频繁的语言、方言接触，造就了它们层次斑驳、离散性强的特点，也导致乡话成为一种萎缩型的濒危方言。特别是周边具有绝对优势地位的"客话"（西南官话），其对乡话的影响非常显著。

正因为乡话的复杂性、独特性，湘西乡话研究从新中国成立初期开始以来，关于其性质的讨论，一直没有停息过。有认为是苗语的（张永家、侯自佳，1984；石如金，1985），有主张为汉语方言的（王辅世，1982，1985；鲍厚星、伍云姬，1983，1985；鲍厚星，1991），还有认为是具有混合色彩的湘语的（瞿建慧，2007）。我们在这里主要讨论乡话古全浊字清化的层次问题，关于乡话性质的讨论留待下面的章节。

学者们关于乡话古全浊声母的今读的研究有共同点也有分歧。分歧主要在于两个层次性的问题：古全浊声母字今读浊音的层次性；清化后读送气音和不送气音的层次性。前文已说明，古全浊声母字在乡话中无论平仄，都部分地保留浊音，部分清化。其中平声保留浊音和清化的字数比例差不多，仄声清化的比例高些；清化后是否送气没有很强的规律可循，如从声调上看，古平声大都清化为不送气音，而且读不送气音的都是今阳平字；古上声清化为送气音的多于不送气音；古去声清化为不送气音的要多于送气音；古入声大部分清化为送气音，少部分清化为不送气音，而且读送气音的基本上都是今阴平字。据此，我们可以排一个演变顺序：乡话古全浊声母清化从仄声字开始（这与湘语相同）；仄声字中，入声、上声最先清化，其次是去声，平声最后清化。庄初升（2007）认为古全浊声母在粤湘桂三省区土话平话中是古上声、入声较早清化，古平声、去声较迟清化。伍云姬（2010）、杨蔚（2010）、郑焱霞（2010）等认为乡话古全浊音今读浊音都是古音的保留。由于在周边"客话"[①]里，古全浊仄声字均已清化，所以乡话仄声字今读浊音不会是受客话影响的结果，自应是古音的保留。但平声需要再分析。赵日新、李姣雷（2014）指出乡话古全浊平声字今读浊音有两个层次，并认为口语常用字今读浊音是早的层次，不常用字读浊音（包括常用字与不送气清音白读相对的浊音文读）是晚的层次。不过实际上，各地乡话都没有成套的文白异读，发音人能用乡话的音读出来的字，基本

---

① "客话"是当地对非乡话的其他汉语方言的称呼，包括辰溆片湘语和一种兼有西南官话和湘语性质的混合型方言。古全浊音在这两种"客话"中都是平声基本保持浊声、仄声基本清化。

上都是口语常用字，所以从这个角度讨论全浊音的层次问题有些难。[①]我们认为古全浊平声字在乡话今读浊音的两个层次应该从声调看，即今读阳平的是古音的保留，少数今读阴平或去声的是从周边客话借过来的外来层。我们的理由是：第一，今读阳平与古声调对应。从下文可以看到，古浊平字清化为不送气音、今读阳平者属于自变型，是一个旁证；第二，沅陵清水坪乡话古浊平今读浊声的字，赵日新、李姣雷（2014）认为属于古音保留的，如"簸 bɐ²¹² ｜ 缝~衣服 bʌɯ²¹² ｜ 成 ʥɑŋ²¹² ｜ 潭 dəŋ²¹²"等，都读阳平调；而他们认为受客话影响的字（包括不常用字和文读层），如"瓶酒~biẽ³³ ｜ 持 ʥɿ³³ ｜ 才 ʥɛe³³ ｜ 酬 ʥɤɯ³³ ｜ 琵 bi³³"等，都念去声[33]调。沅陵湘语的阳平调值正是[33]（杨时逢，1974），这让人会想到这些字音很可能是按照音值借贷的方式连声母带声调从湘语借来的。在"六保话"中，古浊平今读浊声而非阳平的只有一个读阴平的"滕"字。"六保话"阴平是[34]，而古丈的湘语阳平是[23]，相当接近，我们推测"滕"之所以读阴平，是因为这个字音借自湘语。

郑焱霞（2010：57）、杨蔚（2010：49）认为湘西乡话中古全浊字清化读不送气音是较晚近的现象。我们认为平声字跟仄声字应该分开来观察。我们推测古浊平声字清化为不送气音要早于送气音。因为乡话周边客话的古浊平声字，要么保留浊音，要么今读送气清音，若乡话古全浊平声字清化后先往送气的方向跑，则无法解释大量不送气清音的存在。我们认为，乡话古全浊平声字清化为不送气音是乡话自身语音的演变，属于自变型，是较早的层次；而今读清送气音的只是少数今不读阳平调的字，它们可能是受客话的影响，属于他变型，是较晚的层次。古全浊仄声字则相反，我们估计清化为送气音应该早于不送气音。由于客话全浊仄声清化后不送气，假如乡话全浊仄声字清化为不送气音是早期读音，那么，处于客话重重包围之中的乡话中清化了的仄声字读不送气音应远多于读送气音，而事实上，除去声字外，是送气音多于不送气音。据郑焱霞（2010：55）指出，南山乡话古全浊音在仄声中读清化送气音居多。郑焱霞、鲍厚星（2009）对湘桂边界南山蕨枝坪乡话古全浊仄声今读音情况的统计是："保留浊音的字数约占22.4%，清化为送气声母的约占46.6%，读不送气清声母的约为33%。"我们判断，乡话中古全浊仄声字清化为送气音是较早层次的语音演变，而清化为不送气音是受周边强势方言影响而出现得较晚近的层次。[②]不过，乡

---

① 在赵日新、李姣雷的同音字汇中，古浊平字白读不送气清音、文读浊音的也只有"池陈瓶强"4个字。

② 杨蔚（2010）提出的论据有些可以商榷。例如"跪"字古有群母、溪母两读，不适宜作观察对象；"着"字的知母音读今 t，澄母音今读 tʰ，这一材料也无从回答送气与否的时间先后问题。有些古全浊上声字，今读送气与上声搭配，不送气跟去声搭配，后者应是晚起的。不过，语音演变的单位是音位而不是音节，音节成分的搭配关系对层次先后的证明力还是有一定局限。

话中有些古全浊仄声字今读送气音也不排除是受强势方言的影响的结果，不一定是较早层次的语音演变。如"挺艇"等可能是受普通话影响；在湘语邵阳方言中，"撞族造"有送气和不送气两种读法，它们之间可以自由变读。

基于以上的讨论，我们认为，乡话古全浊声母在清化过程中具有不同的速度和次序，其中平声今读阳平调的浊音和仄声字今读浊音应是中古音的保留，属于较早的语音层次；浊音清化是稍晚些的层次，而且仄声先清化，清化后今读塞音塞擦音时送气者早于不送气者；平声最后清化，且清化后今读塞音塞擦音时不送气者早于送气者。乡话古全浊声母字清化速度和次序的不同导致今读的类型错综复杂，再加上不同时期不同族群的迁徙往来，多种方言的接触碰撞，乡话古全浊声母的今读呈现出急剧演变和多层次叠置的状态。

综上所述，从整体上看，湘西汉语方言的古全浊声母字今读有保留浊音、清化送气、清化不送气三个明显不同的历史层次。三个历史层次中保留浊音是其最古老的层次。除乡话外，湘西汉语方言古全浊仄声字清化后读为送气音的字数比较少，但都是当地方言口语中固有的常用字，各点之间也存在着明显的一致性，这应该是早期语音特点的残存，乡话及山枣"六保话"仄声是送气音比不送气音多，这些都证明了湘西汉语方言古全浊仄声字清化为送气音比不送气音要来得早。当然，我们也要注意，这里的送气音有可能不是一个层次的，有些送气音是方言早先的语音演变而来的，一些送气音可能是受强势方言的影响新发生的演变，如"挺艇"等，或是误读如"撞造"等。古平声字在乡话及山枣"六保话"中，不送气早于送气，在其他平声已全部清化了的汉语方言中，因为今读都是送气清音，故无从也没必要分析它们的历史层次。但为什么同为全浊字，在湘西却有如此不同的分化呢？《切韵》音系的浊塞音、浊塞擦音从音质的性质来看到底是送气的还是不送气的呢？

众所周知，《切韵》系统有三套塞音塞擦音：全清、次清和全浊，分别读不送气清音、送气清音和浊音（高本汉，1940/1948；李荣，1956）。发展到现代各大方言，全浊声母都演变为不同形式的"二向对立"格局，只有一些吴语和老湘语全浊声母仍读浊音，保持"三向对立"格局。关于《切韵》音系的浊塞音、浊塞擦音送气与否的问题，在音韵学史上学者们对其讨论颇多，结果也莫衷一是，如认为是送气音的有高本汉、罗常培、王力、董同龢等，认为是不送气音的有陆志韦、李方桂、李荣、施向东、尉迟治平、伍巍等。两种对立观点的立论依据大多是汉语音韵文献、梵汉对音材料及现代汉语方言读音等。但是，这两种对立的观点都无法从音理上完美地解释何以某种性质的浊音在不同的方言中能演变成很不相同的今读类型。

彭建国（2010：85—88）的见解让人耳目一新，他认为"送气不送气发声（phonation）的范畴，与喉部状态有关"，在浊声母中，送气"存在的方式是隐性的。在一些方言中，这种隐性的特征可能没有被激活，因此声母是不送气的，而在另一些方言中，这种隐性特征一旦被激活，它就由隐性特征转变为显性特征，使声母送气"。他认为隐性的送气特征是否被激活可能与言语社团的社会心理及浊声、气声以及送气在发声上的相关性等因素相关。

但是，上述观点仍然无法解释在同一方言、同一言语社团甚至同一个发音人在同一时间段中全浊声母今读的不同类型，特别是古全浊声母字今读送气与否不规则的方言，如：瓦乡话、闽语。

关于《切韵》浊塞音、塞擦音送气与否的问题，鉴于前人和时人多有讨论，且结论莫衷一是，说明这是一个比较复杂的还需要进一步得到更多方言实例验证的问题，我们在此不再赘述。

综上所述，湘西汉语方言古全浊声母今读及演变可用图4-1表示：

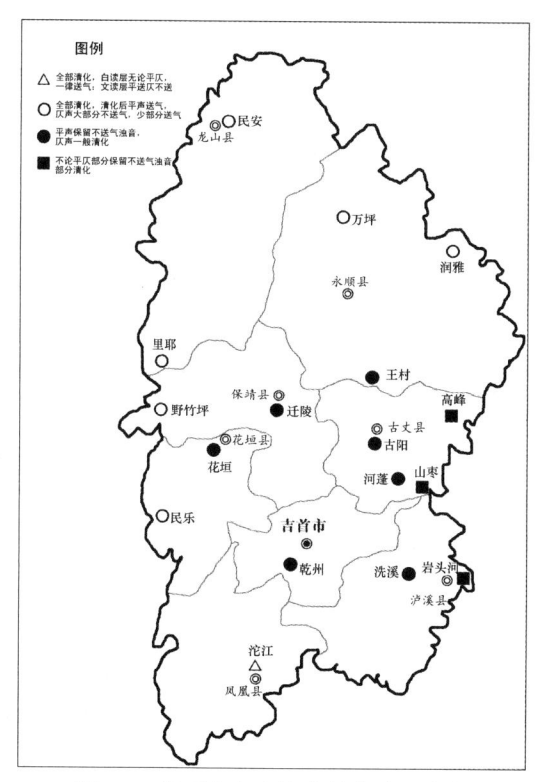

图4-1　湘西方言全浊声母今读及演变

第二节 古次浊声母的今读类型及演变

一 古泥母与来母今读的分混

湘西汉语方言中古泥、来两母今读有不混型、半混型、全混型三种类型。

1. 不混型

不混型即不论今韵母洪细，泥母都读 n，来母都读 l，如凤凰方言：男₋nan≠蓝₋lan、脑ʰnaɯ≠老₋laɯ/ʰlaɯ、泥₋ni≠犁₋li、年₋nian≠连₋lian、嫩 nuən²≠论 luən²/₋luən。

凤凰泥母只有通摄合口一等字读为 l，与来母混，如：农脓=笼₋loŋ；来母只有宕摄开口一等读 n，混入泥组，如：狼廊郎₋naŋ=囊₋naŋ。根据向亮（2011）、贺福凌（2009）对凤凰沱江镇的记音材料，该方言泥母与来母也是完全分开的。两人来母都记为 l，泥母洪音记为 n，但泥母细音向亮记为 ȵ，贺福凌记为 ȵ 和 ŋ。

2. 洪混细分

吉首乾州、花垣、古丈古阳、保靖迁陵、泸溪洗溪等方言，古泥母洪音读 l，与来母相混；细音读 ȵ，与来母有别；花垣民乐、保靖野竹坪、永顺王村、龙山里耶、古丈河蓬"死客话"泥母洪音为 n，与来母 n 相混；细音读 ȵ，与来母有别。如下：

例字 地点	男—蓝	脑—老	泥—犁	年—连	嫩—论
乾州吉首	₋lẽ	ʰlɯ	₋ȵi	₋li	₋ȵiẽ	₋liẽ	luẽ²
花垣花垣	₋lã	ʰlʌ	₋ȵi	₋li	₋ȵiẽ	₋liẽ	luẽ²
古阳古丈	₋lã	ʰlau	₋ȵi	₋li	₋ȵiẽ	₋liẽ	luẽi²
迁陵保靖	₋lan	ʰlʌ	₋ȵi	₋li	₋ȵien	₋lien	len²	lun²
洗溪泸溪	₋lã	ʰlɔu	₋ȵi	₋li	₋ȵie	₋lie/₋liæ	luẽi²	luẽi²
民乐花垣	₋nã	ʰnau	₋ȵi	₋ni	₋ȵiẽ	₋niẽ	nẽi²
野竹坪保靖	₋nã	ʰnʌ	₋ȵi	₋ni	₋ȵie	₋nie	nẽ²	nuẽ²
王村永顺	₋nãi	ʰnʌ	₋ȵi	₋ni	₋ȵiẽ	₋niẽ	nuẽi²
里耶龙山	₋nã	ʰnʌ	₋ȵi	₋ni	₋ȵiẽ	₋niẽ	nẽ²	nuẽ²
河蓬古丈	₋naŋ	ʰnʌ	₋ȵi	₋ni	₋ȵie	₋nie	nuẽi²	nuẽi²/nuẽi¹

这些方言点中，古泥、来两母在洪音前相混，n 和 l 是自由变体，只是

倾向性不同。泥母在细音前读 ȵ，与来母相区分。"浓"在乾州、花垣、民乐、野竹坪等多个方言点有文白异读，白读为细音前 ȵ，文读与相应的来母字相混。

3. 不论洪细，有分有混

乡话及山枣"六保话"不分洪细，古泥、来母今读不同程度地相混，如：

	难泥栏来	蓝来	脑泥	老来	尿泥	亮来	梨来	犁来
岩头河泸溪	ˬnʌŋ	ˬluõ	ˀnou	ˀucu	ȵiou˯	liʌŋ˯	ˬza	ˬlie
高峰古丈	ˬlʌŋ	ˬloŋ	ˀlau	ˀlau	liau˯	liŋ˯	ˬza	ˬȵie
山枣古丈	ˬnoŋ	ˬloŋ	ˀlʌ	ˀlʌ	ȵiʌ˯	lioŋ˯	ˬza	

	你泥	李来	里来	女泥	锣来	娘泥	绿来	年泥
岩头河泸溪	zi˯	ˀli	dʑi˯	ˀny	ˬlye	ˬȵiʌŋ	ˀlia	ˬɛ
高峰古丈	ˀȵi	ˀdʑa	la˯	ˀȵiɯ	ˬlu	ˬȵya/ˬȵie/ˬȵian	ˀlia	ˬlai
山枣古丈	ˀȵi	ˀli	dʑi˯	ˀȵiu	ˬlu	ˬȵioŋ	ˀlia	ˬlai

乡话发音人能用乡话音读出来的单字普遍较少，所以很难找到比较的字对，但从我们上面所举的例子大致可以看出，岩头河和山枣的泥、来母读音多为 ȵ/l，高峰的多为 ȵ/l。岩头河和山枣的泥、来母不论洪细有分有混，而高峰乡话泥母洪音全部混入来母，细音则有分有混。

4. 完全相混

古泥母不分洪细都为 l，与来母完全相混。这种类型主要分布在永顺润雅、永顺万坪、龙山民安 3 个方言点中，如：

地点＼例字	男—蓝	脑—老	泥—犁	年—连	嫩—论
润雅永顺	ˬlai	ˀlʌɯ	ˬli	ˬliẽ	lẽi˯
万坪永顺	ˬnã	ˀnau	ˬni	ˬȵiẽ ˬȵiẽ	nẽi˯
民安龙山	ˬlã	ˀlʌ	ˬli	ˬliẽ	lẽ˯

上面的 5 对字在 3 个方言点中的今读基本上完全相混，只有极少数是区分的。万坪泥母遇洪音时为 n，遇细音大部分仍读 n，只有极少数读为 ȵ，读为 ȵ 的与来母 n 能区别开来。

它们从不混到相混应该是比较晚近的音变现象，如《湖南方言调查报告》中，吉首乾州泥母读 n/ȵ，与来母 l 相区别，但短短几十年后，古泥、来母在乾州就只逢细音才有区别了。同样的情况在其他各地的汉语方言中也有体现，如庄初升（2004：136）指出："老派广州话和福州话是泥、来母今读有别，可是，近些年来，广州、福州的一些年轻人已表现出了泥、来母今读不分的倾向。"总体来看，湘西汉语方言中古泥、来母大都属于半混型（有分有混型），而分合的条件主要是韵母的洪细，泥、来母读音上表现出洪混细分、洪细有别的差异，拼洪音类韵母比拼细音类韵母相混的概率大，合流的总体表现是泥母鼻音特征消失向来母合并；拼细音类韵母显得比较稳定，相混的概率比拼洪音类韵母小。这种情况的出现，可能是由韵母元音舌位的高低前后、开口度大小不同造成的。但随着语音的进一步发展，湘西的泥来母很可能会演变成完全相混型，其演变过程为：

泥来基本两分（凤凰沱江） ⟶ 洪混细分（乾州、民乐等大部分方言点）
⟶ 不论洪细，有分有混（乡话） ⟶ 洪音全混，极个别细音区分（永顺万坪） ⟶ 不论洪细全混（永顺润雅、龙山民安）

这里特别需要指出的是，《湖南方言调查报告》中凤凰沱江的泥、来母是不分的，洪音读 n，细音读 nʲ，报告中只提到极少数来母读 l，与泥母相区分。但是，根据近几年几位学者所发表的调查材料及我们的实地调查，沱江方言的古泥、来母今读是严格区分的，没有相混的情况。如果《湖南方言调查报告》的记音没有问题的话，则这种由混到分的语音逆变现象很难解释。

二 古影疑母的今读以及与泥来母的分混

因为古影母与疑母关系密切，所以在讨论疑母的读音时，我们把属于清声母的影母与疑母放在一起讨论。

表 4-3　　　　　　　　湘西汉语古影疑母的今读

	疑母					影母			
	开			合		开			合
	一	二	三、四	一、二	三	一	二	三、四	
沱江凤凰	ŋ	ŋ/ø	n/ø	ø	ø	ŋ	ŋ/ø	ø	ø
乾州吉首	ŋ	ŋ/ø	n/ø	ø	ø	ŋ	ŋ/ø	ø	ø
花垣花垣	ŋ	ŋ/ø	n/ø	ø	ø	ŋ	ŋ/ø	ø	ø
民乐花垣	ŋ	ŋ/ø	n/ø	ø/v	ø	ŋ	ŋ/ø	ø	ø/v
古阳古丈	ŋ	ŋ/ø	n/ø	ø/v	ø	ŋ	ŋ/ø	ø	ø/v
迁陵保靖	ŋ	ŋ/ø	n/ø	ø/v	ø	ŋ	ŋ/ø	ø	ø/v
野竹坪保靖	ŋ/ø	ŋ/ø	n/ø	ø	ø	ŋ	ŋ/ø	ø	ø

续表

	疑母				影母			
	开			合	开			合
	一	二	三、四	一、二	三	一	二	三、四
王村永顺	ŋ	ŋ/Ø	n/Ø/ʑ	Ø	Ø/ʑ	ŋ	ŋ/Ø	Ø/ʑ	Ø	Ø
润雅永顺	ŋ/Ø	ŋ/Ø	l/Ø	Ø	Ø	ŋ	ŋ/Ø	Ø	Ø	Ø
万坪永顺	ŋ	ŋ/Ø	n/Ø	Ø	Ø	ŋ	ŋ/Ø	Ø	Ø	Ø
里耶龙山	ŋ	ŋ	n/Ø	Ø	Ø	ŋ	ŋ/Ø	Ø	Ø	Ø
民安龙山	ŋ/Ø	ŋ/Ø	l/Ø	Ø/v	Ø	ŋ	ŋ/Ø	Ø	Ø	Ø/v
洗溪泸溪	ŋ/Ø	ŋ/Ø	n/Ø	Ø/v	Ø	ŋ	ŋ/Ø	Ø	Ø	Ø
河蓬古丈	ŋ	ŋ/Ø	n/Ø	Ø/v	Ø	ŋ	ŋ/Ø	Ø	Ø	Ø
岩头河泸溪	m/g/ŋ/ɦ	ŋ	ŋ/n/ts/l	Ø/ɦ/x	ȵ	Ø	Ø	Ø	Ø	Ø
高峰古丈	ŋ/v/Ø/ɣ	ŋ	ŋ/ȵ	Ø/ŋ	ȵ	Ø	Ø	Ø	Ø	Ø
山枣古丈	ŋ	ŋ	ŋ/Ø/ȵ	Ø/v/ɣ	Ø/ȵ	Ø/ʑ	Ø	Ø	Ø	Ø

从表 4-3 大致可以看出，在湘西各方言点中，除乡话外，古疑、影二母开口一、二等，合口基本合流。疑母开口三、四等与影母开口三、四等保持分立：疑母开口三、四等多读 ŋ 声母，而影母开口三、四等都读 Ø。乡话及山枣"六保话"中古疑、影二母今读仍基本完整地保持分立状态。

但在具体各点中，情况有所不同：除乡话及山枣"六保话"外，影、疑母开口一等基本上都读 ŋ 声母，开口二等疑母有少数字读为零声母，其他基本都为 ŋ 声母，影母开口二等读如零声母的字要多一些，洗溪、山枣"死客话"绝大部分读为零声母，只有极个别字如"挨"读为 ŋ 声母，润雅也是零声母多于 ŋ 声母。古疑、影两母开口二等都存在大量的文白异读，一般情况下，文读为零声母，白读为 ŋ 声母。值得注意的是，在乡话及山枣"六保话"中，疑母开口二等字全部读成 ŋ 声母，影母开口二等字全部读成零声母。疑母细音字部分读成零声母，部分读成泥母的细音，与泥母相混。如乾州、花垣、民乐等地，其中泥、来母完全不分或基本不分的方言，则疑母细音部分字与泥、来母混在一起。

三 古日母的今读与演变

中古日母字在湘西的汉语方言中读音复杂，有 Ø、z、ʑ、ʐ、dʑ、ʒ、ȵ、ŋ、ɦ、l 等 10 种音值，具体见表 4-4：

表 4-4　　　　　　　　　湘西汉语古日母的今读

	二	耳	惹	饶	染	任	热	人	日	让	仍	肉
沱江凤凰	ɚ⁼/ɚ³	⁼ɚ	⁼za	ˏzau	⁼zan	zən³	ᶻɛ	ˏnɛ	⁼ni/ˏʐɿ	ˏzaŋ/zaŋ³	ˏzən³	zu³/ˏzu
乾州吉首	ɚ³	⁼ɚ	⁼ze	ˏzau	⁼zẽ	zẽ³	ˏze	zẽ³	⁼ʐɿ	zaŋ³	ˏzẽ³	ˏzu
花垣花垣	ɚ³	⁼ɚ	⁼ze	ˏzʌ	⁼zã	zẽ³	ˏze	zẽ³	⁼ʐɿ	zaŋ³	ˏzẽ	ˏzu
民乐花垣	ɚ³	⁼ɚ	⁼ze	ˏzau	⁼zã	zẽ³	ˏze	zẽi³	zi³	zaŋ³	zẽi³	ˏzu
古阳古丈	ɚ³	⁼ɚ	⁼ze	ˏzau	⁼zã	zẽ³	ˏze	zẽi³	⁼ʐɿ	zaŋ³	zẽi³	ˏu
迁陵保靖	ɚ³	⁼ɚ	⁼zi	ˏzɛ	⁼zan	zen³	zi³³	ˏzen	⁼ʐɿ	zaŋ³	zen³	ˏka
野竹坪保靖	ə³	⁼ə	⁼ze	⁼zã	zẽ³	ˏze	zẽ³	⁼zʏ	zã³	ˏzẽ³		
王村永顺	ɚ³	⁼ɚ	⁼ze	ˏzɛ	⁼zãi	zẽ³	ˏze	zẽi³	⁼ʐɿ	zaŋ³	zẽi³	ˏzu
润雅永顺	ɚ³	⁼ɚ	⁼ʒɛ	ˏʒɯ	⁼ʒãi	ʒẽ³	ˏʒɛ	ʒẽi³	⁼ʒɿ	ʒãi³	ʒẽi³	ˏʒu
万坪永顺	ɚ³	⁼ɚ	⁼ze	ˏzau	⁼zã	zẽ³	ˏze	zẽi³	⁼ʐɿ	zã³	zẽi³	zu³
里耶龙山	ɚ³	⁼ɚ	ˏio	ˏzʌ	⁼zã	zẽ³	ᶻɛ	zẽ³	⁼ʐɿ	zã³	zẽ³	ˏzu
民安龙山	ɚ³	⁼ɚ	⁼ze	ˏzɛ	⁼zã	zẽ³	ˏze	zẽ³	⁼ʐɿ	zaŋ³	zẽ³	⁼zʏ
洗溪泸溪	ɚ³	⁼ʒɨ	⁼ʒɨ	ˏdʑɯ	⁼zie	ʒẽi³	ʒi³	ˏʒẽi	ʒi³	ʒã³	zẽi³	ʒɯ³
河蓬古丈	ɚ³	⁼ʐɿ	⁼zio	ˏdʑʌ	ˏȵie	zẽi³	ʒi³	ˏʐɿ	⁼ʐɿ	ˏziaŋ³	ˏzẽi³	ziʏ³
岩头河泸溪	ŋ³	ˏȵye	zu⁼/dzu³	ˏzou	ȵi³		ʥei³	ˏɦiʏ	iʌŋ³	ʑɯ³		ȵiɯ³
高峰古丈	ɤŋ³	⁼ȵiaŋ	⁼zo	ʥʌ³	⁼ɤŋ	ɤŋ³	ȵin³					ȵieɯ³
山枣古丈		⁼ȵiu	⁼zyo		ʥi³	ˏyoŋ	ioŋ³	lioŋ³				ȵiu³

如表 4-4 所示，湘西汉语方言中古止摄日母字一般读零声母，与普通话相同，但洗溪止摄字文读为零声母，白读为ʒ，如：儿ɚ³文/ʒɨ⁼白，河蓬"死客话"、乡话止摄字还有z、ȵ、ŋ等读音。止摄日母字的演变历程比较简单，大致应为：ȵ→ŋ→ʒ→z→∅。其他韵摄的日母字今读声母比较复杂，可分为以下几类：零声母∅，浊擦音 z、ʒ、ʐ、ɦ，浊塞擦音 ʥ、dʑ，鼻音 ȵ、ŋ，边音 l。我们重点讨论止摄以外日母字今读的历史层次[①]。

关于中古日母音值的构拟，学者们主要有两种观点：一种以高本汉（1940/2003：340）为代表，拟音为*ȵʑ，赞同者有陆志韦（1947：19）、李方桂（1980：7）、邵荣芬（2008：115）等；一种以李荣（1956：125）为代表，拟音为*ȵ，赞同者有董同龢（1989：154）、黄典诚（1993：97）、潘

[①] 值得注意的是，"肉"在阡陵声母为"k"，比较独特。其实"肉"白读为 ka 在湘西比较普遍，胡萍（2007：98）也指出，在"湘西南许多地方如泸阳称肉为 ka³"。至于 k 的历史来源及性质，我们尚无法弄清，只得暂时存疑。

悟云（2000：52）等。王力《汉语史稿》（1958）把日母字也拟作*nʑ，在《汉语语音史》（1985）中则改拟为*n。从以上可见古日母字音值构拟的难度，无怪乎高本汉（1940/2003：338）说："拟测古代汉语的声母系统，日母是最危险的暗礁之一。"现代汉语方言中，日母字的读音也相当复杂，层次繁多，下面我们来分析古日母字在湘西汉语方言中不同历史层次的演变关系。

1. ȵ、ɳ 的历史层次

古日母字今读 ȵ 声母的方言点分布在湘西的河蓬、岩头河、山枣三个方言点，河蓬"死客话"只是个别日母字读 ȵ 声母，岩头河、山枣稍多些。ȵ 是湘西汉语方言日母字今读最早的读音层次，代表的是《切韵》时代的层次。

湘西古日母字今读 ɳ 声母的方言仅见于古丈县的高峰乡话。伍云姬、沈瑞清（2010：11）在有关高峰乡话声母的说明中指出："ɳ 代表的音值是 [ɕ] 的同部位鼻音。"可见该声母记录为 ȵ 较为合适，其性质已如上述。因为音系中并没有卷舌塞擦音、擦音，所以从音系学的角度来看根本不存在孤零零的一个卷舌音 ɳ。

2. n 的历史层次

古日母字今读 n 声母仅发现于凤凰沱江方言"日"字的白读层，这应该是一种古音（不是近现代层次的）的残存。沱江方言泥母字今读为 n，当古日母字读 n 时，就与泥母字发生了合流。章炳麟曾以谐声偏旁、声训、异文等方面作为证据，提出"古音娘日二纽归泥说"，认为上古没有娘日两母。尽管章炳麟的这种说法没有得到学界的一致公认，但不可否认的是，这表明了古日母和古泥母关系密切，在发音特点上非常接近，它们发生合流也是自然而然的事。至于它们合流的年代即日母字演化成读 n 声母的年代，因为我们目前还未找到可资证明的文献材料，现在还无法确定。

3. 零声母的历史层次

湘西汉语方言止摄日母字除洗溪、河蓬"死客话"、乡话和山枣"六保话"外，一般都读零声母，与普通话相同。止摄以外的日母字也有读零声母现象的，但止摄字读零声母与非止摄字读零声母现象是属于不同的性质，它们不在同一层次上。刘泽民（2005：108）就指出："（日母）读 ∅ 的非止摄字和止摄字不在同一层次上，止摄字是现代层次，非止摄字是近代以前的层次"。我们赞同这种观点，并认为日母的零声母读音来自 ȵ 声母的脱落。我们把湘西日母字读零声母的例字全部排列如下：

民安龙山：如入ȵy、儒ȵy、闰 yĩ	河蓬古丈：茸ᵢioŋ
古阳古丈：肉ᵢu	岩头河泸溪：日 iʌŋ
里耶龙山：惹ᵢio	高峰古丈：人ʑʌŋ、日ʑŋ
迁陵保靖：茸ᵢioŋ	山枣古丈：人ʑoŋ、日ioŋ

　　从以上例字可以看出，读零声母的日母字大都是细音字，这进一步证明，其零声母的来源很有可能为 ȵ 弱化后声母脱落所致。但是，相关方言点中为什么来自泥母细音的 ȵ 不脱落呢？我们认为这可能与湘西泥母根据韵母的洪细而分化为 n、ȵ 两种读法的时间比较晚，而日母 ȵ 弱化后导致声母脱落的时间比较早有关。据张双庆、庄初升《一百多年来新界客家方言音系的演变》（2003：448），直到 1884 年的《圣经书节择要》所记录的新界客家方言中古泥、来母不论洪、细都基本有别，如：内 nui≠类 lui、粘 nyam≠廉 lyam、怒 nu≠路 lu；而今天的新界客家话泥、来母在洪音前基本不分，在细音前则还有别，泥母读 ŋg 或者 g（混入疑母），来母读 l。其中泥母的演变经历了下面这样一种历程：

　　　　　↗n（逢细音）→ȵ→ⁿg → g（混入疑母）
　　泥母
　　　　　↘l（逢洪音）

可见，香港新界的客家方言中古泥母字逢细音时由 n 变为 ȵ 乃是近百多年内才发生的音变。

　　湘西的相关汉语方言点泥母的演变可能也经历了这样一种历程，但日母细音字却先于泥母细音字演变为 ȵ，并在泥母细音字演变成 ȵ 之前进一步弱化而导致声母脱落，而湘西泥母细音字在演变成 ȵ 之后，则没有进一步发生弱化，从而导致了湘西汉语相关方言点一部分日母细音字读零声母而泥母细音字仍停留在读 ȵ 的局面。

　　4. l 的历史层次

　　日母字读 l 声母，仅在山枣个别字中存在，显然是发生"ȵ→n"音变后再发生泥母、来母合并的结果。

　　5. ʒ、z、ʥ、ʤ 的历史层次

　　读 ʒ 声母的日母字存在于润雅、洗溪方言中，读 z、ʥ、ʤ 声母的日母字存在于洗溪、河蓬"死客话"、乡话和山枣"六保话"中。我们认为，古日母字读 ʒ、z、ʥ、ʤ 的读法应来自齐齿呼零声母 i 介音的进一步擦化。项梦冰（2006：85）指出现代方言日母浊口音（包括浊塞音、浊擦音、半元音）的读法源自晚期音变，其经历了零声母的擦化过程，其音变历程是：ȵ→ɵj→ʑ/ʒ/z/z̥→ʥ/ʤ。这种说法很有道理，ȵ 弱化脱落为零声母后，由 i 介音的擦音化而演变为 z/ʒ 是很自然的事情，而 z 是 ʒ 的进一步演变。但问题是，这些方言点的影母、云母、以母字都有读零声母现象，虽然岩头河、高峰、山枣三个方言点，云母、以母同时也有读擦音和塞擦音的现象，可以看作与日母字一样，是零声母的进一步擦化的结果，但同样在这三个方言点中，高峰、岩头河今读零声母的影母字却没有发生进一步的擦化（山枣"六保话"影母字有浊口音读法），并且，润雅、洗溪、河蓬等方言点今读零声母的所有影母、云母、以母字都没有发生进一步擦化的迹象，这在逻辑上似乎有点讲不通。我们的解释是，影组字在湘西汉语方言中的演变有两种方式：一种是影喻合并，都经历一个半元音 j 的阶段，但音值跟日母弱化后的半元音不同，"日母和影母的实际对立情形已不得而知（摩擦程度不同？部位不同？或兼而有之？），只能用音位化的办法去区分它们，如 j_1 和 j_2 的对立"，（项梦冰，2006：88）所以当日母字进一步擦化而成为浊口音时，影组字的演变有两个方向，一个是影组字并不参与介音的擦化演变，而是由半元音变成零声母并维持在零声母阶段，湘西除乡话和"六保话"外的方言都是这种类型；一个是因为 j_1 和 j_2 区别细微，影组字和日母字一起发生擦化，如山枣"六保话"。影组与日母一起演变成浊口音的现象在客家话中比较普遍，如大埔客家话[①]。

然日 $zɛn^2$ = 烟影 $zɛn^1$ 润日 = 韵云 zun^5 扰日 = 舀以 zau^3 冗日 = 勇以 zun^3

影组字的另一种演变方式是影喻分立，影母脱落喉塞音ʔ后，并没有进一步的高化、擦化，从而停留在零声母阶段，而喻母跟弱化后的日母字一起发生擦化演变形成浊口音，如高峰、岩头河两个乡话点就属于这种类型。

6. z 的历史层次

读 z 声母是湘西汉语方言古日母字擦化后进一步发展或受官话影响后产生的最晚近的层次。这些方言点主要分布在与广大西南官话区相连的湘西中部、西部和北部，自治州东南部日母字读 z 声母的比较少。

最后，岩头河的"人"声母为 ɦ，[②] ɦ 可能是从 g→dʑ 弱化而来，也可能来自半元音 j，关于 ɦ 的来源和层次，我们现在还无法弄清楚，只好存疑。综上所述，日母字在湘西汉语方言中的演变历程可图示如下：

```
       ↗ n→l    dʑ→dʑ
   n̠ → ∅ → ∅j → z → ʒ → z
       ↘ ȵ → ʒ → z → ∅（止摄）
```

[①] 材料来自项梦冰《客家话古日母字的今读》（2006：88）。根据万波、庄初升《粤东某些客家方言中古知三章组声母今读的音值问题》（2014），大埔客家话中该声母的实际音值是 ʒ。

[②] 次浊读阴平符合岩头乡话的语音规律，韵母因可供比较的字少，不能确定是否符合该方言语音演变规律，但从"日"字读 iʌŋ，以及"人"在高峰、山枣"六保话"中的读音来看，可以初步确定岩头河的"人"应该不是训读。

第三节 古精知庄章组声母的今读类型及演变

一 古精知庄章组声母的今读类型

湘西汉语方言古精知庄章组声母今读总体上可归纳为合流型和二分型两大类型。合流型主要可划分出合流为 ts 组和合流为 tʃ 组两种类型。二分型可划分为：精庄知二与知三章两分（洗溪、河蓬）、精庄三（除宕摄止摄）和知（除止合三梗开二入）章庄二（除蟹开梗开入）两分（润雅）、精庄章知二与知三两分（乡话、"六保话"）三种类型，各类型会因精知庄章具体音值的不同而呈现出相应的内部差异。

湘西汉语多数方言精组字今洪音读 ts 组，细音读 tɕ 组。分尖团的方言如"洗溪"，精组细音有时也读 ts 组。民乐方言不分尖团，精组字一般是今洪音读 tʃ 组（只有"错苏素暂三"几个字读 ts 组），今细音读 tɕ 组。就精组分读 ts/tʃ、tɕ 两组声母的方言来说，哪些精组字读 ts 组，哪些精组字读 tɕ 组，各方言也不一致，所以我们在归类的时候，只考虑今洪音读 ts 组的字（基本上为精组一等字），但我们在举例时，也举了两个精组细音字，目的是让人们对湘西汉语方言精组字有更全面的了解。

为清楚起见，我们先看看精知庄章组声母开合口字在湘西的总体读音情况，表述时，为了简便：ts 代表 ts、dz、tsʰ、s、z，tʃ 代表 tʃ、tʃʰ、dʒ、ʃ、ʒ，tɕ 代表 tɕ、tɕʰ、dʑ、ɕ、z，t 代表 t、tʰ、d、l。精组逢细音读 tɕ 组和一些知庄章读 tɕ 组的都没有列出来。

表 4-5 古精知庄章组声母的今读

	精		庄		知二		知三		章	
	开	合	开	合	开	合	开	合	开	合
沱江凤凰	ts	ts	ts	ts	ts	ts	ts	ts	ts	ts
乾州吉首	ts	ts	ts	ts	ts	ts	ts	ts	ts	ts
花垣花垣	ts	ts	ts	ts	ts	ts	ts	ts	ts	ts
民乐花垣	tʃ	tʃ	tʃ	tʃ	tʃ	tʃ	tʃ	tʃ	tʃ	tʃ
古阳古丈	ts	ts	ts	ts	ts	ts	ts	ts	ts	ts
迁陵保靖	ts	ts	ts	ts	ts	ts	ts	ts	ts	ts
野竹坪保靖	ts	ts	ts	ts	ts	ts	ts	ts	ts	ts
王村永顺	ts	ts	ts	ts	ts	ts	ts	ts	ts	ts

续表

	精		庄		知二	知三		章	
	开	合	开	合		开	合	开	合
润雅永顺	ts	ts/tʃ	ts/tʃ	ts/tʃ	ts/tʃ	tʃ/ts①	tʃ	tʃ	tʃ
万坪永顺	ts	ts	ts	ts	ts	ts	ts	ts	ts
里耶龙山	ts	ts	ts	ts	ts	ts	ts	ts	ts
民安龙山	ts	ts	ts	ts	ts	ts	ts	ts	ts
洗溪泸溪	ts	ts	ts	ts	ts	tʃ/ts	tʃ/ts	tʃ/ts	tʃ/ts②
河蓬古丈	ts	ts	ts	ts	ts	ts	ts	ts	ts
岩头河泸溪	ts	ts	ts	ts	ts	t	t	ts	ts
高峰古丈	ts	ts	ts	ts	ts	t	t	ts	ts
山枣古丈	ts	ts	ts	ts	ts	t	t	ts	ts

表 4-5 反映了除润雅外，湘西汉语方言古精知庄章组声母的演变基本与开合口无关，在接下来的分类中，我们可以不予考虑。

1. 古精知庄章合流型

湘西的绝大多数方言点，如沱江、乾州、花垣、民乐、古阳"客话"、迁陵、野竹坪、王村、万坪、里耶、民安等 11 个方言点，精知庄章今读合流，其中花垣县的民乐镇都读成舌叶音 tʃ、tʃʰ、ʃ，其他 10 个点读成舌尖音 ts、tsʰ、s、z、dz，如：

	草清	租精	写心	钱从	捉庄	邹庄	窗初	初初	床崇
民乐花垣	ˋtʃʰau	ˈtʃu	ˈɕie	ˌtʃʰiẽ	ˈtʃo	ˈtʃɯ	ˋtʃʰuaŋ	ˋtʃʰu	ˌtʃʰuaŋ
沱江凤凰	ˋtsʰɯ	ˈtsɯ	ˈɕiɜ	ˌtɕʰian	ˈtso/ˈtso	ˈtsɯ	ˋtsʰuaŋ	ˋtsʰɯ	ˌtsʰuaŋ/ˌtsʰaŋ
乾州吉首	ˋtsʰau	ˈtsu	ˈɕie	ˌdʑie	ˈtso	ˈtsu	ˋtsʰuaŋ	ˋtsʰu	ˌdʑuaŋ
花垣花垣	ˋtsʰʌ	ˈtsu	ˈɕi	ˌdʑiẽ	ˈtso	ˈtsʏ	ˋtsʰuaŋ	ˋtsʰu	ˌdʑuaŋ
古阳古丈	ˋtsʰau	ˈtsu	ˈɕie	ˌdʑiẽ	ˈtso	ˈtsʏ	ˋtsʰuaŋ	ˋtsʰu	ˌdʑuaŋ
迁陵保靖	ˋʐʰɜ	ˈtsu	ˈɿ	ˌdʑien	ˈtso	ˈtsʏ	ˋtsʰuaŋ	ˋtsʰu	ˌdʑuaŋ
野竹坪永顺	ˋtsʰɜ	ˈtsu	ˈɕie	ˌtɕʰiẽ	ˈtsu	ˈtsɯ	ˋtsʰuã	ˋtsʰu/ˋtsʰɯ	ˌtsʰuã
王村永顺	ˋʐʰɜ	ˈtsu	ˈɕye	ˌdʑiẽ	ˈtso	ˈtsʏ⁴⁵	ˋtsʰuaŋ	ˋtsʰu	ˌdʑuaŋ

---

① 读 ts 组的仅限于止摄三等字。
② 洗溪客话知三章组读 ts 组的辖字非常少。合口字一共是 5 个，分别是：知合三——槌 dzuˀ、筑 ˈtsu、逐 tsoˀ；章合三——诸 ˈtsu、煮 ˈtsu。

续表

	草清	租精	写心	钱从	捉庄	邹庄	窗初	初初	床崇
万坪永顺	ˏtsʰau	ˏtsʏ	ˀɕie	ˏtɕʰiē	ˏtso	ˏtsʏ	ˏtsʰua	ˏtsʰɤ	ˏtsʰuã
里耶龙山	ˏtsʰʌ	ˏtsu	ˀɕie	ˏtɕʰiē	ˏtso	ˏtsʏ	ˏtsʰua	ˏtsʰu	ˏtsʰua
民安龙山	ˏtsʰʌ	ˏtsʏ	ˀɕie	ˏtɕʰiē	ˏtso	ˏtsʏ	ˏtsʰuaŋ	ˏtsʰʏ	ˏtsʰuaŋ

	锄崇	沙生	桌知二	罩知二	拆彻二	橙澄二	茶澄二	猪知三	张知三
民乐花垣	ˏtʃʰu	ˏʃa	ˏtʃo	tʃauˀ	ˏtʃʰɛ	ˏtʃʰēi	ˏtʃʰa	ˏtʃu	ˏtʃaŋ
沱江凤凰	ˏtsʰɯ	ˏsa	ˏtso/ˏtso	tsauˀ	ˏtsʰa/ˏtsʰɛ	ˏtsʰən	ˏtsʰa	ˏtsu	ˏtsaŋ
乾州吉首	ˏdʐu	ˏsa	ˏtso	tsɯˀ	ˏtsʰe	ˏdʐẽ	ˏdʐa	ˏtsu	ˏtsaŋ
花垣花垣	ˏdʐu	ˏsa	ˏtso	tsʌˀ	ˏtsʰe	ˏdʐẽ	ˏdʐa	ˏtsu	ˏtsaŋ
古阳古丈	ˏdʐu	ˏsa	ˏtsau	tsauˀ	ˏtsʰe	ˏdʐẽi	ˏdʐa	ˏtsu	ˏtsaŋ
迁陵保靖	ˏdʐu	ˏsa	ˏtsɔ	tsɐˀ	ˏtsʰi	ˏdʐen	ˏdʐa	ˏtsu	ˏtsaŋ
野竹坪永顺	ˏtsʰu	ˏsa	ˏtso	tsɐˀ	ˏtsʰe	ˏtsʰēi	ˏtsʰa	ˏtsu	ˏtsã
王村永顺	ˏdʐu	ˏsa	ˏtso	tsɐ²¹³	ˏtsʰe	ˏdʐēi	ˏdʐa	ˏtsu	ˏtsaŋ
万坪永顺	ˏtsʰɤ	ˏsa	tsoˀ	tsauˀ	tsʰeˀ	ˏtsʰēi	ˏtsʰa	ˏtsu	ˏtsã
里耶龙山	ˏtsʰu	ˏsa	ˏtso	tsʌˀ	ˏtsʰE	ˏtsʰē	ˏtsʰa	ˏtsu	ˏtsã
民安龙山	ˏtsʰʏ	ˏsa	ˏtso	tsʌˀ	ˏtsʰe	ˏtsʰē	ˏtsʰa	ˏtsʮ	ˏtsaŋ

	侄澄三	超彻三	赵澄三	船船	照章	春昌	书书	十禅	水书
民乐花垣	ˏtʃi	ˏtʃʰau	tʃauˀ	ˏtʃʰuã	tʃauˀ	ˏtʃʰuēi	ˏʃu	ˏʃi	ˀʃui
沱江凤凰	ˏtsɿ	ˏtsʰɑɯ	tsɑɯˀ	ˏtsʰuan	tsɑɯˀ	ˏtsʰuən	ˏsu	ˏsɿ	ˀsuei
乾州吉首	ˏtsɿ	ˏtsʰɑɯ	tsɑɯˀ	ˏdʐuẽ	tsɑɯˀ	ˏtsʰuē	ˏsu	ˏsɿ	ˀsue
花垣花垣	ˏtsɿ	ˏtsʰʌ	tsʌˀ	ˏdʐuẽ	tsʌˀ	ˏtsʰuē	ˏsu	ˏsɿ	ˀsui
古阳古丈	ˏtsɿ	ˏtsʰau	tsauˀ	ˏdʐuã	tsauˀ	ˏtsʰueĩ	ˏsu	ˏsɿ	ˀsui
迁陵保靖	ˏtsɿ³³	ˏʂe	tsɐˀ	ˏdʐuan	tsɐˀ	ˏtsʰun	ˏsu	ˏsɿ	ˀsui
野竹坪永顺	ˏtsʏ	ˏʂe	tsɐˀ	ˏtsʰuã	tsɐˀ	ˏtsʰuē	ˏsu	ˏsʏ	ˀsue
王村永顺	ˏtsɿ	ˏʂɐ	tsɐˀ	ˏdʐuãi	tsɐˀ	ˏtsʰuēi	ˏsu⁴⁵	ˏsɿ	ˀsui
万坪永顺	tsɿˀ	ˏtsʰau	tsauˀ	ˏtsʰuã	tsauˀ	ˏtsʰoŋ	ˏsu	ˏsɿ	ˀsuei
里耶龙山	ˏtsɿ	ˏtsʰʌ	tsʌˀ	ˏtsʰuã	tsʌˀ	ˏtsʰuē	ˏsu	ˏsɿ	ˀsui
民安龙山	ˏtsɿ	ˏtsʰʌ	tsʌˀ	ˏtsʰuã	tsʌˀ	ˏtɕʰyĩ	ˏsʮ	ˏsɿ	ˀsuei

以上各点，精组在今细音前读 tɕ 组声母，精组洪音与知庄章组合流，这种类型又可以分成两种小类型。

民乐型：精知庄章合流读 tʃ 组，这种类型在全国各地方言中不多见，主要是精组洪音字声母不受后面所带韵母的限制，全部读 tʃ 组的方言很少见。据我们目前所掌握的资料，仅有粤北的周田、北乡、皈塘、三溪是精组不论洪细都读为 tʃ 组（庄初升，2004：82—83）。湘西南高村和文昌阁（胡萍，2007：67）、祁阳（彭建国，2008：101）精组读 tʃ-、tʃʰ-、ʃ-，韵母为-ʅ。上饶客家方言"古精组字也有今读 tʃ 组声母的，如：锁 ʃo⁵³、蕉 tʃiau¹¹ 弓~：香蕉、寻 tʃʰim⁵⁵ 找、疾 tʃʰit⁵⁵ 疼、索 ʃok²¹ 绳子"①，声母后面所接的元音都是 o 或 i。另外，昌黎（熊正辉，1990：4）有精组字今读 u 韵母的时候读 tʂ 组。西南官话中，精庄知章今合流读 tʂ 组，"此类型主要集中分布在湖北钟祥地区（西北乡除外）（赵元任，1939）。此外，竹山（竹山县地方志编委员会，2002）、荆门、当阳（赵元任，1948）等地也属于此类型"②。精组读 tʃ 组应是从 tʂ 组演化而来。

沱江型：精知庄章合流读 ts 组。这是湘西汉语方言最主要的类型。

2. 古精庄知二与知三章两分型

精庄知二与知三章两分型见于客、赣、湘、吴等多数方言，但在具体音值上有差别。根据具体音值的不同，湘西汉语方言这种类型也分为两种类型。

洗溪型：古精知二庄组声母今读 ts 组，古知三章组声母逢洪音读 tʃ 组，逢细音读 tɕ 组。这种类型非常罕见，tʃ 其实也是 tɕi-丢失 i 介音（知三章都是三等，原来都有 i 介音）变来的，即：tɕi->tʃ（tɕ、tʃ 是不同的演变阶段，但同存于共时平面中）；与此类型类似的有湘语株州方言，据彭建国（2008：98）：株州方言精（洪音）庄知二今读 ts 组，知三章洪音读 tʂ 组，细音读 tɕ 组。另外，辰溆片湘语（瞿建慧，2010：86—87）部分方言点也与这种类型相近。

河蓬型：古精知二庄组声母今读 ts 组，古知三章组声母逢洪音读 ts 组（tʃ 进一步变来的，即：前者 tʃ>后者 ts），逢细音依旧读 tɕ 组。这种类型又可以称为半混型或半分型，粤北的始兴（据庄初升调查），赣南的赣县、大余、宁都（据李如龙、张双庆主编，1992）等地的客家话也属于这种类型。③这种类型的方言处于往合流型转变的过程中，类似的还有长沙方言，长沙方言古精庄知章基本合流，"知三、章组只在少数韵摄中读 tɕ 类，区别于知

---

① 详见万波、庄初升《客家方言古知庄章精组声母的今读类型及历史层次》（第九届客家方言学术研讨会论文，2010）。

② 四川城口话和安县话在 20 世纪 40 年代亦为精知庄章组合流为 tʂ 组的类型，但二者分别于 20 世纪 50 年代末和 90 年代初变读为 ts 组，与成都话属同类型（详情参看本文"合流为 ts 组的层次演变"）。牟成刚.西南官话语音研究[D].中山大学博士学位论文，2012.

③ 详见万波、庄初升《客家方言古知庄章精组声母的今读类型及历史层次》（第九届客家方言学术研讨会论文，2010）。

二精庄组的 ts 类读法，如'煮章拄知三≠祖精阻庄'"①。洗溪、河蓬方言古精知庄章声母今读情况如下：

	草清	租精	写心	钱从	捉庄	邹庄	窗初	初初	床崇
洗溪泸溪	ˬtsʰou	ˬtsɯ	ˉsyo	ˬʥie	tsu˃	ˬtsɯ	ˬtsʰuã	ˬtsʰɯ	ˬdzuã
河蓬古丈	ˬtsʰʌ	ˬtsu	ˉɕio	ˬʥie	tsɤ˃	ˬtsɤ	ˬtsʰuẽ	ˬtsʰu	ˬdzuaŋ

	锄崇	沙生	桌知二	罩知二	拆彻二	橙澄二	茶澄二	猪知三	张知三
洗溪泸溪	ˬʥɯ	ˉso	ˬtsɯ	tsou˃	ˬtsʰai	ˬʥẽi	ˬʥo	ˉtʃu	ˬʨiã/ˬtsaŋ
河蓬古丈	ˬʥu	ˉso	ˬsɤ	tsʌ˃	ˬtsʰai	ˬʥẽi	ˬʥo	ˉtsu	ˬʨiaŋ/tsaŋ

	侄澄三	超彻三	赵澄三	船船	照章	春昌	书书	十禅	水书
洗溪泸溪	tʃi˃	tɕʰuɕi˃	tɕiou˃	ˬɕye	tɕiɕi˃	tɕʰyĩ	ˉʃu	ʃi˃	ˉʃu
河蓬古丈	tsʰɿ˃	tɕʰiʌ/tsʰʌ̲	tsʌ˃	ˬɕye	tɕiʌ˃/tsʌ˃	ˬtsʰuẽi	ˉsu	sɿ˃	ˉsu

洗溪的 tʃ、tɕ 两组声母和河蓬的 ts、tɕ 两组声母都是互补分布的，tʃ/ts 组只与洪音相拼，tɕ 组只与细音相拼。就音位归纳而言，完全可以把它们归并为一组。因此，从历时的角度来看，我们把这两个点归为知二庄精组与知三章组今读两分型的方言。洗溪方言知三章组有读 ts 组的，辖字非常少。合口字一共是 5 个，分别是：知合三——槌 dzu˃、筑ˉtsu、逐 tso˃；章合三——诸ˉtsu、煮ˉtsu，可以看作是例外。这些例外字也说明了洗溪型方言正在向河蓬型方言演变。

3. 古精庄三（除宕摄、止摄）和知（除止摄合口、梗开二入）章庄二（除蟹摄开口、梗开二入）两分型

永顺润雅方言属于这种类型。润雅方言精组庄组三等（除宕摄、止摄）今一般读 ts 组，其余均读 tʃ 组；其他知（除止摄合口、梗开二入）章庄二（除蟹摄开口、梗开二入）今一般读 tʃ 组，其他均读 ts 组。这种类型有点类似于熊正辉（1990）所说的南京型（即古庄组三等除了止摄合口和宕摄今读 tʂ 类，其余均读 ts 类；其他知庄章组除了梗摄二等今读 ts 类，其他均读 tʂ 类），但又不是典型的南京型，可以说是南京型的变体，下面对两者的异同关系作一下比较：

知组二等南京型读 tʂ 组，但梗摄读 ts 组；润雅方言知组二等只有梗摄开口入声读 ts 组，其他都读 tʃ 组。知组三等南京型读 tʂ 组，润雅方言止摄合口读 ts 组，其他均读 tʃ 组。庄组二等南京型读 tʂ 组，但梗摄读 ts 组；润

---

① 详见万波《赣语古知庄章精组声母的今读类型与历史层次》（2010：323）。

雅方言蟹摄开口（差₌tʃʰai、柴₌tʃʰai 除外）、梗摄开口入声读 ts 组，其他都读 tʃ 组。庄组三等南京型除了宕摄和止摄合口读 tʂ 组，其他都读 ts 组；润雅方言宕摄和止摄读 tʃ 组，其他都读 ts 组。章组南京型都读 tʂ 组，润雅方言也都读 tʃ 组。以下为润雅知庄章部分韵摄例字：

知组读 ts 组例字，止合三：追₌tse、槌锤₌tsʰui；梗开二入：拆泽₌tsʰɛ、择摘₌tsɛ。

庄组二等读 ts 组例字，蟹摄开口：斋₌tsai、豺₌tsʰai、债寨 tsaiˀ、筛₌sai、洒˙sa、晒 saiˀ；梗开二入：窄责₌tsɛ、策册₌tsʰɛ。

庄组三等读 tʃ 组例字，止摄如：柿ʃɿˀ、使史 ʃɿ(以上止开三)、帅止合三 ʃuaiˀ；宕摄如：庄装₌tʃuãi、壮状 tʃuãiˀ、疮₌tʃʰuãi、闯 tʃʰuãiˀ、创 tʃʰuãiˀ、床₌tʃʰuãi、霜₌ʃuãi、爽˙ʃuãi。

润雅精知庄章总体读法如下：

	草清	租精	写心	钱从	捉庄二	邹庄三	窗初二	初初三	寨崇二
润雅永顺	₌tsʰɯɯ	₌tsu	˙ɕie	₌tɕʰiẽ	₌tʃo	₌tsɯ	₌tʃʰuãi	₌tsʰɯ	tsaiˀ
	床崇三	沙生二	桌知二	罩知二	拆彻二	橙澄二	茶澄二	猪知三	张知三
	₌tʃʰuãi	₌ʃa	₌tʃo	tʃʌmˀ	₌tsʰɛ	₌tʃʰei	₌tʃʰa	₌tʃu	₌tʃãi
	侄澄三	超彻三	赵澄三	船船	照章	春昌	书书	十禅	水书
	₌tʃɿ	₌tʃʰɯɯ	tʃʌmˀ	₌tʃʰuãi	tʃʌmˀ	₌tʃʰuei	₌ʃu	₌ʃi	˙ʃui

南京型是西南官话二分型中的典型类型，分布范围广，内部一致性强。

4. 古精庄章知二与知三两分型

湘西山枣乡的"六保话"、高峰乡话、岩头河乡话精庄章组、知组二等字读 ts 组（逢洪音）或 tɕ 组（逢细音），知组三等白读层读如 t 组，如：

	草清	做精	写心	钱从	捉庄	瘦生	插初	初初	床崇
岩头河泸溪	₌tsʰuɔ	tseiˀ	˙ɕiɔ	₌tsɛ	₌tso	suˀ	₌tsʰuɔ	₌tsʰei	₌tsʌŋ
高峰古丈	₌tsʰau	₌tsɤ	˙ɕio	₌dʑai	₌tsua	ɕiəɯˀ	₌tsʰa	₌tsʰɤ	₌dʑŋ
山枣古丈	₌tsʰʌ	tseiˀ	˙ɕyo	₌tsai		ɕiuˀ	₌tsʰua	₌tsʰei	
	爪庄	沙生	桌知二	罩知二	拆彻二	橙澄二	茶澄二	猪知三	张知三
岩头河泸溪	˙tsou	₌suɔ		tsouˀ	₌tsʰa	₌dɛi	₌tsʰuɛ/₌tsʰuɛ	˙ty	₌tiʌŋ
高峰古丈	˙tsau	₌so		tsauˀ	₌tsʰa			˙mɛu	₌tẽ
山枣古丈	˙tsʌ	₌so		tsʌˀ	₌tsʰa		₌tsʰuai	˙tiu	₌tioŋ

续表

	侄澄三	蓄彻三	柱澄三	船船	照章	春昌	书书	十禅	水书
岩头河泸溪	ˬtʰi	tsɯˬ	ˀtʰia	₅ʑuɛ	tsou³	ˬtsʰuɛ	mˬ³	ˬtsʰʅ	ˤtsu
高峰古丈	ˬtʰi	tɕʰiəɯˬ	ˀtʰia	₅ʑuai	tsau³	ˬtsʰuai	mei³/ɕiəɯ³	ˬtsʰʅ	ˤtsu
山枣古丈	ˬtʰi	tɕʰiuˬ	ˤtʰia	₅ʑuaɪ³	tɕiɪ³	ˬtsʰue	ˬtɕiu	ˬtsʰʅ	ˤtsu

在高峰、山枣"六保话"中,"桌知二"也读为端组,其实这是"台"的训读,关于这个问题,我们后文将集中讨论,此不赘述。这 3 个方言点,知组三等读 t 组而庄章组不读 t 组,说明这是一种很古老的现象,是"古无舌上音"的反映,同闽语和一部分赣方言(庄初升,2007)。江西临川话(赣语)和一些湘方言是知三章组都读 t 组,这是一种后起的现象,应该是中古以后语音演变的结果。详见后文的讨论。

湘西古精知庄章组声母今读类型如图 4-2 所示。

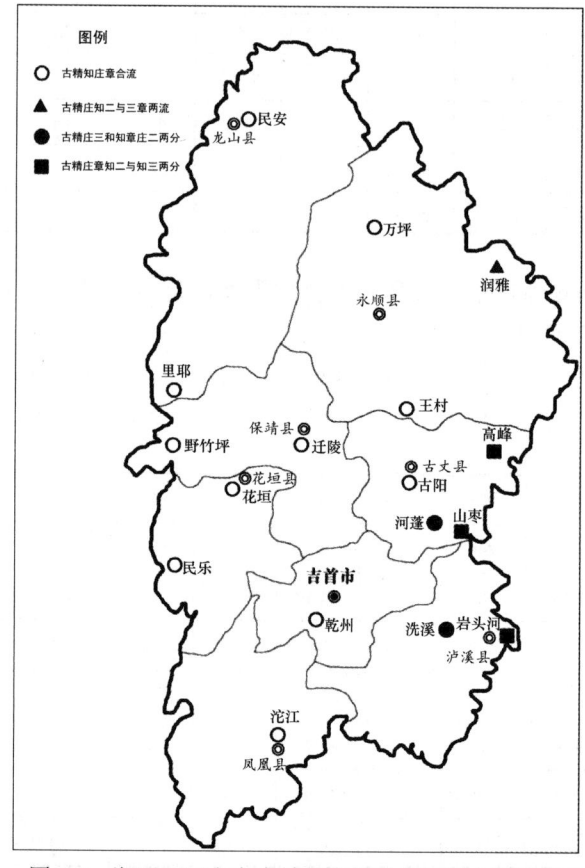

图 4-2 湘西汉语方言古精知庄章组声母的今读类型

二 古精知庄章组声母的演变

以上所举中古精知庄章四组声母的今读类型，大致反映了精知庄章声母在湘西汉语方言中的古今演变趋势。从所举的今读类型来看，湘西汉语方言古精庄知章组声母的今读多为合流型，且基本上都合流为读 ts 组声母，这种类型遍布湘西的北部和中部。其次是两分型，两分型方言点主要位于湘西的南部，情况比较复杂。从共时的语言状态看，精知庄章声母合流是湘西汉语方言语音发展的大趋势，即使是少数还保留两分型的方言，也已显现"合"的趋势。下面我们具体讨论中古精知庄章组声母在湘西汉语方言语音中的演变过程。

1. 古精组今读的层次

中古精组声母在现代湘西汉语方言中的读音，可以分成以下几类。

（1）洪音读 ts 组，细音部分读 ts 组，部分读 tɕ 组。属于这种类型的有：洗溪、河蓬、岩头河、高峰、山枣。上述各点的见组字今逢细音都有读 tɕ 组的现象，所以这些方言点属于尖团音部分相区分的方言。

（2）洪音读 tʃ 组，细音读 tɕ 组。属于这一类型的只有民乐，民乐属于不分尖团的方言。

（3）洪音读 ts 组，细音读 tɕ 组。属于这种类型的有：沱江、乾州、花垣、古阳"客话"、迁陵、野竹坪、王村、万坪、里耶、民安等 10 个方言点。这些方言点属于不分尖团音的方言。

上古精组拟音为 ts，这是没有异议的，汉语方言中尖团音相混是比较晚的现象，后来三、四等的精组声母由于 -i- 介音的原因使得舌尖音腭化，即：*ts->tɕ-/__-i-。这种音变产生的时间当不会太早。据王力《汉语语音史》，精组到明清时期还读 ts、tsʰ、s，它的齐撮字转变为 tɕ、tɕʰ、ɕ 是从清代末期开始的。麦耘（2000）指出，在表现 18 世纪末北京音的《正音撮要》中，古见晓组细音字（团音）已是舌面音，而古精组细音字（尖音）中的齐齿呼字尚未变舌面音，撮口呼字则多数已变，并与团音撮口呼混同。这显示了尖团音在合并过程中的半分半合状态。所以上面精组的第一种类型代表着精组细音正在向 tɕ 组转变，属于较早期的格局，第三种类型表示精组细音向 tɕ 组转变已经完成，属于比较晚的格局，至于精组的第二种读音类型，可能是精知庄章完全合流后最晚起的现象。

2. 古知庄章今读的层次

知组大约是唐天宝年间从端组分化出来的（王力，1985：111）。"根据周法高（1948）考证，直到唐初贞观年间（627—649），代表长安音系统的玄应《一切经音义》多用端组切知组，表明知组（舌上音）还没有从端组

（舌头音）中分化出来，而齿头音精组、正齿音庄组和章组都分而不混"（庄初升，2007：20）。如上所述，湘西汉语方言中的乡话方言点知组三等的常用字读如端组，我们认为这正是"古无舌上音"的遗迹，它反映了舌音声母最古老的历史层次。

《切韵》音系中，精知庄章四组声母俱全，各家对其音值的拟定，比较一致的是精组拟为[ts]（前文已有交代），章组拟为[tɕ]。至于知组和庄组，各家拟音多有分歧，陆志韦（1947）和王力（1985）分别拟为[ṭ]和[tʃ]，我们采用此拟音。中古以后，精知庄章四组声母开始合流，因为地域的差异性，不同方言精知庄章声母合流的结果也呈现出不同的差异性。

庄章在《切韵》音系中是有别的，而晚唐时期的《守温韵学残卷》所列三十字母，其中明确列出"知彻澄日是舌上音，精清从是齿头音，审穿禅照是正齿音"。从正齿音只有一组的这一情况出发，一般认为这是庄章合流的反映。大约创于唐末属于等韵图系统的"三十六字母"只有照组，不分庄章组。周祖谟（1993：320）认为"正齿音在《切韵》里二、三等有别，但在唐代北方有的方言相混，读同一类，即读为 ts、tsʰ、dz、s"。实际上，从唐守温三十字母系统开始反映的庄章合流，应该是庄二与庄三的真正合流，是庄三丢失-i-介音而与庄二在声母、韵母上的完全合流，而庄章合流只是在声母上的合流，韵母因为章组带有-i-介音而未与庄组完全合流。如《切韵》中，庄组既在二等韵中出现，又在三等韵中出现，章组只出现于三等韵，这说明庄二、庄三、章还是分立的。等韵图把庄组字和章组字分列在二等和三等的位置，说明庄二、庄三已经完全合流，但庄章没有完全合流。另据王洪君（2007：9）"唐末三十六字母、宋代《皇极经世声音唱和图》等都把庄章两组合并为照组，应该是庄三庄二已无介音区别的彻底合流；而章三、庄在字音上并未合流，章三有 j 介音而庄没有，这就为以后它们的再分化提供了基础。稍后的重要变化是知组根据介音的不同发生了分化和合流重组：知二入庄、知三入章；知二入的没有 j 介音的庄，知三入的是有 j 介音的章；重组形成了知二庄、知三章两分对立的格局。元代《中原音韵》《蒙古字韵》等韵书都是这一格局的韵书"。

知二庄和知三章的分立格局，一般认为是在元代就已经形成了。陆志韦（1988：8）曾经指出，除了支思韵跟齐微韵的分别之外，"中古的知彻澄三等，不论开合，在《中原音韵》好像都跟照、穿、禅（床）三等混合了，都作 tɕ。知、彻、澄二等混入照、穿、床二等，ṭ 跟 tʃ 都变为 tʂ"。冯蒸（1994：24—32）通过宋影本《尔雅音图》一书的音注资料，全面考察它所反映的宋初知庄章三组声母分混的情况，并与元周德清《中原音韵》进行比较，得出相同的结论："不管是《中原》还是《尔雅音图》音注，知二/庄组为一类，知三/章组为一类是知、庄、章三组声母合流的主要表现……""知二、庄组合为一类之后，很容易与精组相混，这可能与音韵条件有关：精组恰好与知二处于互补，因为精组没有二等；精组与庄组本来就关系密切，因为一般认为庄组来自上古的精组，分久必合，合久必分。"（庄初升，2004：154）类型二洗溪、河蓬两个方言点精庄知二与知三章今读两分的类型，正属于上述历史层次，而类型一民乐和沱江等11个合流型方言点是两分型的进一步发展，其演变情形可用下图表示（虚箭头表示同时期的另一种演变）：

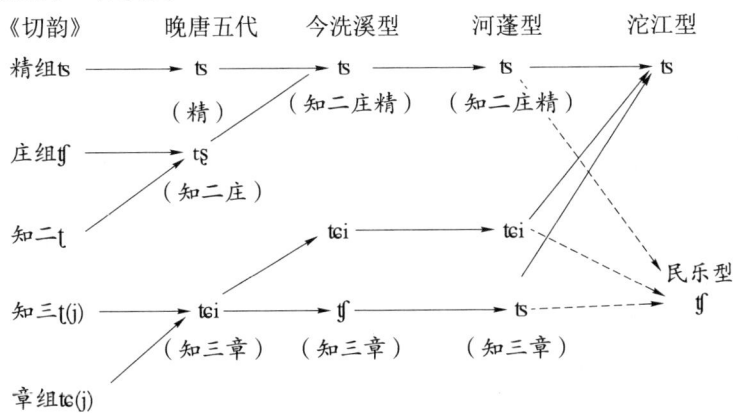

```
《切韵》       晚唐五代    今洗溪型      河蓬型       沱江型
精组ts  ———→  ts  ———→  ts  ———→  ts  ———→  ts
                       （精）      （知二庄精）  （知二庄精）
庄组tʃ  ———→  tʂ
                       （知二庄）
知二t   ————————————→  tɕi  ———→  tɕi
                                                        民乐型
知三t(j) ———→  tɕi  ———→  tʃ  ———→  ts  ⇢
                       （知三章）   （知三章）   （知三章）   tʃ
章组tɕ(j)
```

第三种类型润雅方言精知庄章的演变，即精庄三（除宕摄、止摄）和知（除止摄合口、梗开二入）章庄二（除蟹摄开口、梗开二入）两分型，应该是与前面分析的第二种类型并行发展的：类型二不是类型三的前身，因为类型二中，精组洪音已和知二庄完全同音，已失去了再分化出来的条件。同样，类型三也不可能是类型二的前身，因为在类型三中，知章庄二的合流，不仅是声母合为了一套，而且韵母也都没有了-i-介音，在许多摄中已是声母、韵母都相同的同音字，没有了分化的条件。而且，类型三中，知组三等止摄合口是跟精组合流的，不可能再变为知组二等与精组合流，而原已合流的知组三等止摄又从精组中分出来。

如前所述，类型三润雅方言属于南京型的变体，南京型在西南官话中表现最为普遍和典型。润雅方言点正好处于湘西的东部边缘，与它相邻的是属于西南官话区的张家界市。润雅方言精知庄章的演变是典型的南京型受润雅周边方言的影响后而发生的变异。至于南京型的演变过程，已有许多学者做过分析和研究，我们在此不再重复。学者们比较一致的意见是：南京型的早期类型应该是精组与知庄章两分型，然后在此基础上受到其他类型的影响（比如北方方言一般是受昌徐型的影响）。它的形成时代应该不会太早，大概是明清时期。

第四种类型：精庄章知二与知三两分型。这种类型从表面上看，似乎是从类型二精庄知二和知三章演化而来，而实际上，精庄知章在这两种类型中经历了不同的历史层次。下面是精庄章知二与知三两分型演变图示：

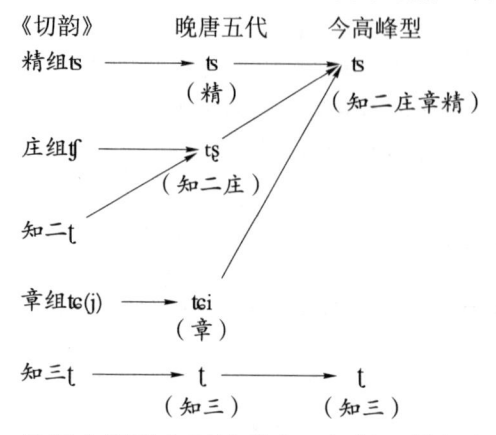

```
《切韵》        晚唐五代      今高峰型
精组ts ─────────→ ts ─────→ ts
                 （精）       （知二庄章精）

庄组tʃ ─────────→ tʂ
                 （知二庄）

知二t ─────────↗

章组tɕ(j) ──────→ tɕi
                 （章）

知三t ──────────→ t ────────→ t
                 （知三）      （知三）
```

从以上图示中可以看出，知组三等保留了比较古老的特征，而其他各组都经历了不同历史层次的变化。其实，知组三等是保留了上古音读法，因为我们都知道，知组是唐代时从端组分化出来的，它在上古都是读为 t 组的。关于知组三等读为 t 组的性质，详见下文的论述。

三　乡话古知组读如端组的类型和性质

通常认为乡话中保留了不少现代方言中不常见的上古音特点，如"知组读如端组""鱼虞分立""支脂之三分"等，而知组读如端组一般被认为是"古无舌上音"的反映，就如今天的闽方言一样。我们现在学界调查研究的基础上，进一步讨论湘西乡话中古知组读如端组的类型和性质。

鲍厚星、伍云姬（1985：56）曾指出，沅陵乡话"知彻澄三母的字一般读为 t、tʻ、d，反映了'古无舌上音'这个特征"。我们检索鲍厚星、伍云姬（1985）的沅陵麻溪铺乡话的同音字汇，归纳出知组读如端组的字一共有 39 个，如：尘灰~₌ti、池₌di、迟₌li、锤槌₌dy、爹₌tia、绸₌tia、抽˳tʰia、柱˳tʰia、驰˳tʰua、桌₌do、橡陈~米₌die、赚dueº、沉澄₌dæ、转turº、朝~代重~叠₌diaɔ、虫₌liaɔ、蛛猪株₌tiəɯ、驻住 tiəɯº、直值˳tʰei、厨₌diəɯ、张₌tioŋ、长生~涨₌tioŋ、丈˳tʰioŋ、长~短场₌dioŋ、肠₌lioŋ、摘 tiʔ₌、侄 tʰiʔ₌、筑戳 tiaʔ₌。这39 个字中，知组三等字 35 个[①]，二等字只有"桌赚摘戳"4 个。另据鲍厚星、伍云姬（1985）的同音字汇，其他的知组二等字在沅陵麻溪铺乡话中都不读如端组，如：茶 tsʰuæ₌、罩 tsauº、桩₌tsoŋ、撞˳tsʰoŋ、啄₌tsʰua、拆 tsʰaʔ₌、

[①] "澄"《广韵》直庚切，又直凌切，兼二等和三等，这里姑且视为三等字。下同。

撑 ₌tsʰɔ̃。根据语音对应规律，"茶"读 ʿtsʰuæ 属于训读现象，不是本字。

杨蔚（1999：86—87）指出沅陵乡话中"古知彻澄三母的字在三等韵（不论开合）前，一般读为舌尖塞音 t、tʻ、d、l"，列举的字例包括下列 34 个：爹₌tia、猪₌tiəu、蛛₌tiəu、知蜘₌uei、朝₌tiaɔ、转 tueᵒ、张₌tioŋ、长ˊtioŋ、帐账 tioŋᵒ、中₌tio、筑 tiaʔ₌、抽₌tʰia、厨₌diəu、柱ˊtʰia、住 diəuᵒ、槌锤₌dy、朝~代₌diaɔ、绸₌tia、沉ˊdæ、橡₌die、陈₌die、尘₌ti、侄 tʰiʔ₌、长场₌dioŋ、肠₌lioŋ、丈₌tʰioŋ、直₌tʰiəu、虫₌liaɔ、重~复₌diaɔ、重₌tʰiaɔ。检索杨蔚（1999）的同音字汇，知组三等字读如端组的还有：池₌di/₌die、迟₌li、捶₌dy、驰₌tʰua、砧₌tɛ、澄ˊdæ、株₌tiəu、驻 tiəuᵒ、值₌tʰiəu、涨ˊtioŋ、胀 dioŋᵒ，而知组二等字读如端组的则只有"桌₌to""赚 dueᵒ""摘 tiʔ₌""戳 tiaʔ₌"4 字。

伍云姬（2000：354）认为古丈乡话"知组和端组的词母为 t、tʰ、d，很少有例外"，并列举了古丈高峰乡话的字例 29 个：爹₌tia、猪₌tiəu、株₌ta、蛛₌tiəu、蜘₌tiəu、朝₌tiau、张₌ten、涨ˊten、账 tienᵒ、胀 tienᵒ、摘 tiɛ₌、住 tiəuᵒ、戳 tia₌、箸 tiəuᵒ、著 tu₌、重~量₌tʰiau、驰₌tʰua、抽₌tʰia、拄ˊtʰia、侄 tʰi₌、丈₌tʰen、直₌tʰiəu、澄ˊdai、沉ˊdai、槌₌duei、锤₌duei、陈₌die、长~短₌den、场₌den。这 29 个字中，知组三等字 27 个，二等字只有"摘戳"2 个。伍云姬、沈瑞清（2010：5）进一步指出："瓦乡话里保留了不少现代一般方言所没有保留的中古甚至是上古时期的一些音韵特点，如：知组声母读同端组声母……。"根据伍云姬、沈瑞清（2010），其他的知组二等字在古丈高峰乡话中并非读如端组，如：罩 tsauᵒ、站 tsanᵒ、啄₌tsʰua、拆 tsʰa₌。

杨蔚（2004：34）阐述了湘西乡话知组读如端组的特点，她说："湘西乡话的情形与闽语相似，首先知组无论二等、三等多读如端组，而且都是常用口语字，虽然二等字不多。"杨蔚（2010：53）进一步修改了上述的说法，认为"湘西乡话知组声母无论二等三等一般读如端组，少数读 ts、tsʻ、s"，并以沅陵县的麻溪铺、深溪口、清水坪、渭溪、棋坪、丑溪口，古丈县的高峰，泸溪县的八什坪、白沙，辰溪县的船溪和溆浦县的木溪等 11 个方言点的"爹、猪、箸、蛛、株、厨、柱、住、池、驰、迟、锤、槌、朝、抽、绸、赚、转、陈、尘、侄、张、长生~、涨、帐、账、胀、仗、长~短、场、丈一~、桌、戳、直、值、澄、摘、中当~、虫、重轻~、重~叠"等 41 个字的读音作为例证。这 41 个字中，知组三等字 37 个，二等字也是只有"桌赚摘戳"这 4 个。

此外，曹志耘（2007：44）在总结乡话语音特点的时候也说"知组字一般读 t 组声母"。杨蔚、詹伯慧（2009：47）在谈到湘西乡话分片的依据时，认为乡话完全一致的音韵特点有"知组读如端组"。还有，郑焱霞的博士学位论文《湘桂边界南山乡话研究》（2010）以城步县南山乡话作为调查研究对象，她明确认为："知组声母不论二等三等大多读如端组，这是'古无舌上音'在南山乡话中的保留。"（郑焱霞，2010：35）

从上面罗列的各个方言点的字音材料来看，湘西乡话中读如端组的绝大部分是三等字，二等字只集中在"桌赚摘戳"这4个字中。其他的二等字，特别是口语中常用的"茶、搽、罩、站、桩、啄、撞、浊、撑、掌椅子掌儿、拆、择、宅"等，并没有读如端组的表现。我们认为湘西乡话中"桌赚摘戳"这4个二等字的音读值得怀疑，下面分别讨论。

桌 "桌"沅陵麻溪铺读₌do，阳平浊声母，与"台抬"同音，显然来自古浊平字，而不可能来自古知母的入声字，当是"台"字的训读。其他方言点读₌to、₌ta或₌tua，浊音声母已经清化，但声调读阳平。原来，湘西乡话把桌子称为"台"①，与粤语和吴语相同（粤语区一般写为俗字"枱"）。台，《广韵》平声咍韵徒哀切："土高四方曰'台'。"原指用土筑成四方形的高而平的建筑物，后来进一步引申为像台一样的家具，如梳妆台。

摘 "摘"沅陵麻溪铺读 ti₀ʔ，其他方言点读 ti₀或 tiɛ₀，都与锡韵的"踢"同韵，并且都以 i 为主要元音或介音，我们认为不可能来自二等麦韵的陟革切，而只可能来自四等锡韵的都历切。庄初升、万波（2017）论证了"摘"字的读音诸如苏州 tiɿʔ、崇明 tiəʔ、温州 tei、杭州 tiəʔ、厦门 tiaʔ、潮州 tiaʔ、海口 ʔdia、福州 tieʔ、建瓯 tia、邵武 tia，与表示"捏住猛然一拽"的武汉₌ti、丹阳 tiʔ、南昌 tiaʔ，表示"用拇指尖和另一指尖使劲捏或截断"的宁波 tiɿʔ、温州 tei 音合义通，都不可能来自二等麦韵的陟革切，而只可能来自四等锡韵的都历切。庄初升、万波（2017）还根据"商"的谐声关系，进一步推断中古时期"摘"字可能还有锡韵端母都历切的异读，只是《广韵》漏收了而已。其实，在《广韵》《集韵》中，"摘"除了读麦韵知母的陟革切，另外还读锡韵透母的他历切，而他历切与都历切之别只在于声母的送气与否。当然，我们不能贸然说上述各方言点"摘"字的读音来自他历切。总之，沅陵乡话"摘"读 tiʔ，这个"摘"不可能是通常所认识的二等字。

赚 根据杨蔚（2010），"赚"沅陵麻溪铺读 duɛº，其他方言点还有读 tuɛº、tyɛº、tueiº或 dyº的。以沅陵麻溪铺为例，根据杨蔚（1999）的同音字表，读 uɛ 韵的古咸、豏、陷韵字唯有"赚"一个字，"陷"读 ɣæº，"蘸"读 ₌ta（声母、声调不合语音对应规律，应该是训读），"杉"读 ₌so（显然是"沙"

---

① "饭台"就是饭桌，可参见伍云姬（2007：53）"饭台[moŋ⁵⁵ta¹³]"条。另外，据伍云姬、沈瑞清（2010：216），古丈乡话桌子叫"台[ta¹³]"，方桌叫"方台[fvŋ⁵⁵ta¹³]"，饭桌叫"（食）饭台[(ziɤɯ¹³)moŋ⁵⁵ta¹³]"。

的训读，许多汉语方言把杉树称为"沙树"），因此韵母 uɛ 是否与"赚"的古音陷韵仁陷切相合，无从求证。根据瞿建慧（2008），泸溪白沙乡话的"赚"读 ʦuæ˧，声母并不读如端组，而韵母与"端~午、缎、棺、贯、惯、管、馆、湾"相同，我们从其合口呼的今读推断其从官话中折合过来的可能性较大。另外，伍云姬、沈瑞清（2010）的字表并没有收录"赚"的读音，与"赚"音韵地位相同的"站车~"则读 ʦan˧。综上所述，杨蔚（2010）的 duɛ˧、tuɛ˧、tyɛ˧、tuei˧、dy˧ 作为"赚"的读音值得怀疑，估计它们另有来源。我们知道，"赚"是"賺"的俗字。賺，《广韵》陷韵佇陷切："重买。"《说文》中尚未出现，《说文新附·贝部》："重买也，错也。从贝，廉声。""赚"字《集韵》才出现，其读音是陷韵直陷切，其本意是贱买贵卖。如果认为中古才出现的"赚"字读 duɛ˧ 等是保留"古无舌上音"的特点，显然不合逻辑。实际上，即便是在保留"古无舌上音"的闽方言中"赚"字也不读如端组，如：厦门 ʦuan、潮州 ʦuaŋ、福州 ʦuaŋ˧。

戳　"戳"本写作"鐯"，在《说文》中都尚未出现。"鐯"字在《广韵》中有两读，一是觉韵敕角切："授也，刺也。"二是觉韵直角切："筑也，舂也。""戳"字沅陵麻溪铺读 tiaʔ˨，声母 t、韵母 iaʔ 都与觉韵敕角切或直角切不合，这从杨蔚（1999）的同音字表可以清楚地看出来，因此我们认为其读音另有来源。值得注意的是，伍云姬、沈瑞清（2010：166）特意用星号"*"提示古丈高峰乡"戳"读 tiaʔ˨ 是否本字有待进一步研究。因为沅陵麻溪铺乡话中"筑"也读 tiaʔ˨，而读 iaʔ 韵的屋韵字还有"六绿 liaʔ˨"可以作为旁证，而且语义相通，上述本字应该就是"筑"。"筑"本写作"築"。伍巍（2006）指出，"築"在古汉语中的基本义是"捣"，此后相继引申出"建造"（修建）、"填塞"、"撞击"、"扎"、"捅刺"、"斩斫"、"击打"等义项。这些引申义项今天大多已不见于普通话，但一直却沿用于现代汉语方言，有的还是现代汉语方言的常用义项。

如上所述，排除掉"桌赚摘戳"这 4 个二等字，湘西乡话中读如端组的实际上只有知组三等字。总之，知组二、三等今读有别，而知组三等读如端组才是湘西乡话的本质特点。我们调查的岩头河乡话和山枣"六保话"，也表现为知组三等读如端组的特点，如：

岩头河乡话（29 个）：猪 ₅ty、张 ₅tiʌŋ、侄 ₅tʰi、柱 ₅tʰia、箸 ₅tʰa、株 ₅ta、住 ty˧、朝 ₅tiou、锤锤 ₅ty、沉 ₅de、转 ty˧、张 ₅tiʌŋ、长长大涨 ₅tiʌŋ、帐账账目 tiʌŋ˧、胀鼓胀 ₅diʌŋ、着着衣 tɯ˨、长长短场 ₅diʌŋ、肠 ₅liʌŋ、丈 tʰioŋ˧、仗打仗 tiʌŋ˧、直 ₅tʰy、中当中 ₅tye、中打中 ₅tʰye、筑 tia˨、重轻重 ₅tʰye。

山枣"六保话"(31个):爹₌tia、迟₌li、锤₌tui、霍雷₌tui①、槌₌tui、抽₌tʰia、柱₌tʰia、转 tueᵒ、朝今~₌tiʌ、重~叠₌diɤ、重~量₌tʰiɤ、虫₌liɤ、中当~₌tiɤ、猪₌tiu、株₌ta、箸筷子 tiuᵒ、著~衣₌tu、着睡~₌tʰu、直₌tʰiu、张₌tioŋ、长生~涨₌tioŋ、丈一~ᶜtʰioŋ、杖 tioŋᵒ、长~短场₌dioŋ、胀账帐 tioŋᵒ、肠₌lioŋ、侄₌tʰi。

张琨《汉语方言中的几种音韵现象》(1992)认为湘西沅陵、泸溪的乡话在知、彻、澄母的读音上和现代闽语方言以及浙南、江西的吴语方言相似,湘西乡话中保存着知组声母的特殊读音并不意味着就是闽语方言,这是因为在早期知组声母读塞音的方言一定分布很广。其实不尽然。上述分析表明湘西乡话中古知组的今读类型与大部分的闽语明显不同,因为除闽中方言外的大部分闽语中古知组的白读层不论二、三等都读如端组,下面以几个代表性的方言点为例[除海口据陈鸿迈(1996)外,其他方言点均据北大中文系语言学教研室(2003);字音的右边加"文"者为文读,加"白"者为白读]:

	茶	罩	桌	撞	迟	绸	转~变	张	重~量
厦门	₌ta 文 ₌te 白	tauᵒ 文 taᵒ 白	tok₌ 文 toʔ₌ 白	toŋᵒ 文 tŋ² 白	₌ti	₌tiu	ᶜtsuan 文 ᶜtŋ 白	₌tioŋ 文 ₌tiũ 白	tioŋ² 文 taŋ² 白
潮州	₌te	ᶜtsau 文 taᵒ 白	toʔ₌	ᶜtsuaŋ	₌tsʰi	₌tiu	ᶜtsueŋ 文 ᶜtuŋ 白	₌tsiaŋ 文 ₌tĩẽ 白	ᶜtoŋ 文 ᶜtaŋ 白
海口	₌ʔdɛ	ʔdaᵒ	ʔdo₌		₌ʔdi	₌ʔdiu	ʔduiᶜ	ʔdio₌	ʔdaŋᶜ
福州	₌ta	tauᵒ	toʔ₌	tauŋᶜ	₌ti	₌tieu	ᶜtuoŋ	ᶜtuoŋ 文 ᶜtʰuoŋ 白	tøyŋᶜ 文 tœyŋᵒ 白
建瓯	taᵒ	tsau³	to₌	ᶜtoŋ	ᶜti	tiuᵒ	ᶜtyŋ	₌tioŋ	toŋᶜ

上表"茶罩桌撞"是二等字,"迟绸转~变张重~量"是三等字,除了建瓯"罩"读 tsauᵒ 和少数的文读音(海口"撞"的字音阙如),其他的都读如端组,这才是典型的保留"古无舌上音"的类型。另外,关于闽中方言中古知组读如端组的类型和性质,我们将另文讨论。至于浙南、江西的吴语(连福建的浦城话在内统称"南部吴语"),曹志耘(2002:45)认为"不同程度地保留知组声母读 t 组(所谓舌头舌上不分)的古老语音特点",实际情形到底如何,我们认为需要进一步讨论。

通过上面的分析,我们可以明确地断定湘西乡话都属于知组二、三等今读有别,而知组三等读如端组的类型。属于这种类型的方言还有莲花、吉安、安仁、邵武等地的赣语(参阅万波、张双庆,2006;庄初升,2007)

---

① 霍,《广雅·释天》:"雷也。"《广韵》脂韵陟佳切:"雷也,出《韩诗》。"

以及粤北土话、湘南土话和桂北平话（庄初升，2004）以及闽中方言（庄初升、万波，2012）。湘语邵阳（白仓）方言，也有少数知组三等字读如端组，如：张装（饭）₌tiɔ①、长~大涨°ciɔ、胀°ciɔ、竹 tiɤ、砧₌tiæ/₌tĩ、蚕虫子咬人ciɔ、爹₌tia，可能属于上述类型的残存，值得注意。

　　古知组二、三等今读有别，而知组三等读如端组的类型与闽语有所不同，虽然也属于存古的性质，但另有原因。庄初升（2007：20—21）指出："我们知道，中古知组的二、三等分别由上古舌头音端组的二、三等演变而来，知组声母在二等韵前与在三等韵前音韵条件是不同的，所以历史音变的路向就有可能不同。根据李方桂（1980），二等韵的介音为 *-r-，三等韵的介音为 *-j-。郑张尚芳（1987）和许宝华、潘悟云（1994）也都证明了二等在上古带 *-r- 介音。正因为舌头音 *t 的二等也带了 *-r- 介音，*-r- 介音具有卷舌化的作用，所以我们推测在早期的赣语中，中古的知组二等就已经卷舌化为 *ṭ，即：端二 *tr>知二 *ṭ；知三则因为还保留上古舌尖塞音的音值而与端组继续合为一体，这就是我们认为今天莲花方言、安仁方言、邵武方言以及粤北土话、湘南土话、桂北平话等知二、知三有别，而且知三读如端组乃是属于存古性质的原因。"这段话同样适用于分析上述湘西乡话，此处不再赘述。

　　古知组二、三等今读有别，而知组三等读如端组的类型在今天的汉语方言中尽管并不常见，但是历史层次比较古老，具有重要的类型学意义，非常值得重视。在汉语方言中，古知组二、三等今读有别，而知组三等并不读如端组的类型更为常见②，如官话中的"昌徐型"，古知二庄组开口、章组止摄开口与精组合并，今读 ts 类，知三章组（章组止摄开口除外）及知二庄组合口今读 tʂ 类，因为学界多有讨论（参阅熊正辉，1990；王洪君，2007 等），这里不再赘述；南方方言中，古知三、章组与知二、精、庄组今读有别的类型具有广泛的分布，如吴语、徽语、湘语、赣语、客家的一些方言点（参阅蒋希文，1992；平田昌司主编，1998；张双庆、万波，2002）。总之，古知组声母在二等韵前与在三等韵所拼合的介音不同，使得它们有可能朝着不同的方向发展演变。上述包括湘西乡话在内的各类方言都属于古知组二、三等今读有别的类型，只是它们在发展演变过程中体现了不同的历史层次而已。

---

① 关于"装（饭）"读 [₌ti-] 本字为"张"，可参阅庄初升（2007）。

② 有些赣语方言中知三、章组一并读如端组的类型另当别论，详情可参阅庄初升（2007）、万波（2009）。湘西乡话中没有发现古知三、章组一并读如端组的类型，详情可参阅杨蔚（2010）。古章组字在泸溪八什坪乡话中的读音比较特殊，逢今细音读 tɕ、tɕʰ、dʑ、ɕ、z，逢洪音读 tʂ、tʂʰ、ʂ，如：针₌tɕiei、春₌tɕʰyai、顺 zyaiᵒ、扇 ɕieiᵒ、上₌tɕʰiẽ、正~月₌tʂɿ、出 tʂʰuᵒ、水°tʂu、声₌ʂɿ，与古精、庄组今读 ts、tsʰ、dz、s、z 有别。

第四节　古见组的今读及尖团音的分混

在第三节"古精知庄章组声母的今读类型及演变"中，我们已大概了解了湘西汉语方言中古精组字的读音情况，下面我们来着重看看古见组字（主要是见、溪、群三母）的读音类型，并对湘西汉语方言中尖团分合的情况做一个大致的分析。

一　古见组二等字的今读

湘西方言与普通话一样，见组一等字及合口二等字的韵母今读洪音，声母都没有腭化。在普通话语音中，二等见系开口字大多数读细音，但湘西见系开口二等字普遍地读洪音，具体情况见表4-6（斜线左边为白读，右边为文读。见组一等字及合口二等字的例字从略）：

表 4-6　　　　　　　　古见组二等字的今读

	家假	牙假	界蟹	鞋蟹	教效	掐咸	眼山	讲江	硬梗
沱江凤凰	₋ka/₋tɕia	₋ŋa/₋ia	kɛˀ	₋xɛ	tɕiauˀ	₋kʰa	ˀnan/ˀian	₋tɕiaŋ/ˀkaŋ	ŋən
乾州吉首	₋ka/₋tɕia	₋ŋa/₋ia	keiˀ	₋xɛ	tɕiauˀ/tɕiauˀ	₋kʰa/₋kʰa	ˀŋẽ/ˀiẽ	ˀkaŋ/₋tɕiaŋ	ŋẽˀ
花垣花垣	₋ka/₋tɕia	₋ŋa	kɛˀ	₋xɛ	kʌˀ/tɕiʌˀ	₋kʰa	ˀŋã	ˀkaŋ/₋tɕiaŋ	ŋẽˀ
民乐花垣	₋tɕia	₋ia	kɛˀ	₋xɛ	tɕiauˀ	₋kʰa	ˀŋa/ˀiẽ	ˀtɕiaŋ	ŋeiˀ
古阳古丈	₋ka/₋tɕia	₋ŋa	kaiˀ	₋xai	kauˀ/tɕiauˀ	₋kʰa/₋tɕʰia	ˀŋã	ˀtɕiaŋ	ŋeiˀ
迁陵保靖	₋ka/₋tɕia	₋ŋa	kaiˀ	₋xai	kɐˀ/tɕiɐˀ	₋kʰa	ˀŋan	ˀkaŋ	ŋeŋˀ
野竹坪保靖	₋ka/₋tɕia	₋ia	kaiˀ	₋xai	kɐˀ/tɕiɐˀ	₋kʰa/₋tɕʰia	ˀŋã/ˀiẽ	ˀtɕiã	ŋẽˀ
王村永顺	₋ka/₋tɕia	₋ŋa/₋ia	kaiˀ	₋xai	kɐˀ/tɕiɐˀ	₋kʰa/	ˀŋai	ˀkaŋ	ŋeiˀ
润雅永顺	₋ka/₋tɕia	₋ia	kaiˀ	₋xai	tɕiʌuˀ	₋kʰa	ˀŋai/ˀiẽ	ˀtɕiaŋ	ŋeiˀ
万坪永顺	₋tɕia	₋ŋa	kaiˀ	₋xai	kauˀ/tɕiauˀ	₋kʰa/₋tɕʰia	ˀŋa	ˀtɕiã	ŋeiˀ
里耶龙山	₋tɕia	₋ŋa	kaiˀ	₋xai	tɕiʌˀ	₋tɕʰia	ˀiẽ	ˀtɕiẽ	ŋẽˀ
民安龙山	₋ka/₋tɕia	₋ŋa	kaiˀ	₋xai	tɕiʌˀ	₋kʰa	ˀŋã	ˀtɕiaŋ	ŋẽˀ
洗溪泸溪	₋ka/₋tɕia	₋ŋo	kaˀ	₋xa	koˀ/uɕoˀ	₋kʰo	ˀŋa	ˀka	ŋeiˀ
河蓬古丈	₋ko	₋ia	kaiˀ	₋xa	tɕiʌˀ	₋tɕʰia	ˀŋa	ˀkaŋ	ŋẽˀ
岩头河泸溪	₋kuɔ	₋ŋuɔ	kuɔˀ		₋kɔu	₋dʑia	ˀŋɛ	ˀkɯ	ŋuɔˀ
高峰古丈	₋ko	₋ŋo	kaˀ			₋kʰoˀ	ˀŋai²⁵	ˀkan	ŋoŋˀ
山枣古丈		₋ŋo	kuaˀ			₋kʰoˀ	ˀŋai	ˀkɤ	ŋaŋˀ

从表 4-6 可以看出，古见系开口二等字在湘西主要读洪音，部分方言点部分字存在文白异读，文读受普通话的影响读细音，白读仍读洪音。另外，个别方言点某些字文读层甚至覆盖了白读层的读音。见系开口二等字读洪音在湘语、吴语、闽语、粤语等南方方言中比较常见，在西南官话中也多有发现。王力（2004：146）指出"湖北、湖南、广西、四川、云南、贵州等处的官话区有一个共同的特点，就是蟹摄开口二等见系字仍念 k、kʰ、x，例如'街'kai、'鞋'xai"。据牟成刚（2012：54），"西南官话见晓组开口二等字的今读基本可以分为两种类型。一种是基本不腭化的存古类型，方言点较少，如柳州、富宁等就属于这种类型；另一种是除蟹摄、梗摄外，文读腭化，白读不腭化，这种类型的方言点较多，从分布区域上看，湖南、黔东南最多，湖北、陕南次之，云、贵、川较少。从韵摄分布的总体情况来看，相对来说，见晓组开口二等效摄、江摄、假摄文白异读少些，咸山摄较多，梗摄、蟹摄总体上看可算为基本不腭化的类型"。湘西汉语方言中古见系二等字不受韵摄的限制普遍地读为不腭化的声母 k、kʰ、ŋ、x，特别是岩头河、高峰、山枣三个方言点，跟柳州、富宁一样，存古性质表现得相当完整。实际上，古见系二等字不受韵摄限制今读不腭化是包括湘西在内的整个大湘西地区汉语方言有别于其他地区方言的一大音韵特色，如在与湘西相连成片的湘西南也同样存在这一现象（例字音来自胡萍，2007：88，下加横线的为白读音）：

	家	牙	解	眼	江	硬	咸
靖州	ˌka	ˌŋa	ˀkai	ˀŋan	ˌkaŋ	ŋənˀ	ˌxan
泸阳	ˌka	ˌŋa	ˀke	ˀŋan	ˌkaŋ	ŋənˀ	ˌxan
黔城	ˌka	ˌŋa	ˀkai	ˀŋan	ˌkaŋ	ənˀ	ˌxan

二 古见组三、四等字的今读

湘西汉语古见组三、四等字基本上已经腭化（止合三、宕合三、通合三部分字、蟹合四仍读舌根音），读舌面音 tɕ 组，只有乡话及"六保话"部分字还保留舌根音的读法。一些特字如"锯、去"等在各方言点读 k、kʰ 和洗溪"颈"读 ˀkēi、凤凰沱江方言"肩"白读 ˌkan，都是一种古音残存现象。古见组三、四等字中，花垣镇、龙山县民安镇、泸溪县洗溪镇有部分字逢 ʯ、ɿ 韵读 ts 组，以及洗溪镇部分开口字读 tʃ 组，应是舌面音进一步舌尖化的结果，其演变过程为 k（-i-/-y-）→tɕ（-i-/-y-）→ts（ɿ/ʯ）/tʃ-。汉语方言中古见组三、四等字读音情况见表 4-7。

表 4-7　　　　　　　　古见组三、四等字的今读

	京见三	脚见三	气溪三	瞿群三	牛疑三	鸡见四	肩见四	缺溪四
沱江凤凰	₋tɕin	ˊtɕio/ ˬtɕio	ˬtɕʰiˀ	ˬtɕʰy	ˬȵiɤɯ	₋tɕi	₋kan/₋tɕian	ˬtɕʰye
乾州吉首	₋tɕĩ	tɕioˀ	ˬtɕʰiˀ	ˬdʑy	ˬȵiɯ	₋tɕi	₋tɕiẽ	ˬtɕʰyei
花垣花垣	₋tɕĩ	ˬtɕyo	ˬtɕʰiˀ	ˬdʑy	ˬȵiɣ	₋tɕi	₋tɕiẽ	ˬtsʅ
民乐花垣	₋tɕĩ	ˬtɕio	ˬtɕʰiˀ	ˬtɕʰy	ˬȵiɯ	₋tɕi	₋tɕiẽ	ˬtɕʰye
古阳古丈	₋tɕĩ	ˬtɕyoˀ	ˬtɕʰiˀ	ˬdʑy	ˬȵiɣ	₋tɕi	₋tɕiẽ	ˬtɕʰye
迁陵保靖	₋tɕĩ	ˬtɕiɔ	ˬtɕʰiˀ	ˬdʑy	ˬȵiɣ	₋tɕi	₋tɕien[45]	ˬtɕʰy
野竹坪保靖	₋tɕĩ	ˬtɕio	ˬtɕʰiˀ	ˬtɕʰy	ȵiɤɯˬ	₋tɕi	tɕye44	ˬtɕʰye
王村永顺	₋tɕĩ	ˬtɕyo	ˬtɕʰiˀ	ˬdʑy	ˬȵiɣ	₋tɕi	₋tɕiẽ	ˬtɕʰye
润雅永顺	₋tɕĩ	ˬtɕio	ˬtɕʰiˀ	ˬtɕʰi	ˬliɯ	₋tɕi	₋tɕiẽ	ˬtɕʰie
万坪永顺	₋tɕĩ	tɕioˀ	ˬtɕʰiˀ	ˬtɕʰi	ˬȵiɣ	₋tɕi	₋tɕiẽ	ˬtɕʰieˀ
里耶龙山	₋tɕĩ	ˬtɕio	ˬtɕʰiˀ		ˬȵiɣ		₋tɕiẽ	ˬtɕʰiẽ
民安龙山	₋tɕĩ	ˬtɕio	ˬtɕʰiˀ	ˬtsʰʅ	ˬliɣ	₋tɕi	₋tɕiẽ	ˬtɕʰye
洗溪泸溪	₋tʃei	ˬtsyo	ˬtɕʰiˀ	ˬdʑy	ˬȵiɯ	₋tɕi	₋tɕie	ˬtɕʰyeˀ
河蓬古丈	₋tɕĩ	ˬtɕiʌ	ˬtɕʰiˀ	ˬdʑy	ˬȵiɣ	₋tɕi	₋tɕie	ˬtɕʰye
岩头河泸溪	₋tɕie	kyˀ	ˬtɕʰiˀ	ˬdʑy	ˬŋɯ	₋ka	₋tɕie	ˬtɕʰyˀ
高峰古丈		kuˀ	ˬtɕʰiˀ	ˬgəɯ	ˬmeɯ	₋ka	₋tɕie	ˬtɕʰyˀ
山枣古丈		kuˀ	ˬtɕʰiˀ	ˬdʑyi	ˬŋei	₋ka	₋tɕie	

见系声母的腭化一般被认为是一种比较晚近的历史音变现象，据庄初升（2004：159）：

从兰茂《韵略易通》中的《早梅诗》所反映的声母系统来看，一直到了明代，官话中见系字还没有腭化。

王力（1985）认为：

清代后期有二十三个声母，是增加了[tɕ, tɕʻ, ɕ]。这三个新声母并不是原来表示照系的[tɕ, tɕʻ, ɕ]，而是从见系[k, kʻ, x]分化出来的。见系开合口字仍读[k, kʻ, x]，齐撮口字则变为[tɕ, tɕʻ, ɕ]。

从湘西汉语古见系字今读情况来看，其腭化也是比较晚近才开始的，而且湘西汉语方言中古见系三、四等字的腭化要早于二等字。

三　尖团音的分混

湘西绝大多数方言尖团音混而不分，但少数方言点还体现着尖团有别

的痕迹。部分保留尖团有别的方言点为沱江、洗溪、河蓬、岩头河、高峰、山枣，其他方言点尖团合流，尖音全部读为团音。具体情形见表4-8（只列出了部分方言代表点）：

表4-8　　　　　　　　　　尖团音分混情况

	酒一九	尖一肩	精一京	浆一姜	墙一强
沱江凤凰	ˀtɕiɯ	₌tɕian—₌kan/₌tɕian	₌tɕin	₌tɕian	₅tɕʰian
乾州吉首	ˀtɕiɯ	₌tɕiẽ	₌tɕĩ	₌tɕian	₅dʑian
民安龙山	ˀtɕiy	₌tɕiẽ	₌tɕĩ	₌tɕian	₅tɕʰian
洗溪泸溪	ˀtsiɯ—ˀtɕiɯ	₌tɕie	₌tɕĩ—₌tʃẽi	₌tsiæ̃—₌tʃã	₅dʑiã—₅dʑiã
河蓬古丈	ˀtɕiy	₌tɕie	₌tɕĩ	₌tɕianʔ—₌tɕian	₅dʑian
岩头河泸溪	ˀtɕia	₌tse—₌tɕie		₌tɕiʌŋ—／	₌tɕiʌŋ—₅dʑiʌŋ
高峰古丈	ˀtɕia	₌tsai—₌tɕie			₅dʑin—／
山枣古丈	ˀtɕia	₌tsai—₌tɕie		₌tɕioŋ—／	／—₌tɕioŋ

	箱一香	青一轻	姓一形	就一救
沱江凤凰	₌ɕiaŋ	₌tɕʰin	ɕinʔ—₌ɕin	tɕʰiəɯ²/tɕiəɯʔ—tɕiəɯʔ
乾州吉首	₌ɕiaŋ	₌tɕʰĩ	ɕĩʔ—₌ɕĩ	tɕiɯʔ
民安龙山	₌ɕiaŋ	₌tɕʰĩ	ɕĩʔ—₌ɕĩ	tɕiyʔ
洗溪泸溪	₌siã—₌ʃã	₌tsʰẽi—₌tʃẽi	sæ̃ʔ—₌ʃẽi	tsiɯʔ—tsiɯʔ
河蓬古丈	₌ɕiaŋ	₌tɕʰĩ	sẽiʔ—₌ɕĩ	tɕiyʔ—tɕiyʔ
岩头河泸溪	₌tɕʰiʌŋ—₌ɕiʌŋ	₌tsʰẽi—₌kʰẽi	ɕiʔ—₅ɕẽi	—kɯʔ
高峰古丈	₌tɕʰin 动/₌ɕin 名—	₌tɕʰi		ˀtɕiəɯ—kəɯʔ
山枣古丈	₌tɕʰioŋ—₌ɕioŋ	₌tsʰẽi—₌tɕʰĩ		—keiʔ

结合前面古见组三、四等字的今读情况及表4-8，可以看出，没有一个方言点完整保留尖团有别，只有少数方言点部分保留尖团有别，个别方言点残存尖团有别（如沱江）。几个部分保留（或残存）尖团有别的方言点，其尖团有别的类型是不同的。有舌面音与舌根音的对立，如沱江、岩头河、高峰、山枣；有舌尖音与舌面音的对立，如洗溪、河蓬、岩头河、高峰、山枣；有舌尖音与舌叶音的对立，如洗溪。其中，岩头河、高峰、山枣三个点尖团有别对应最为复杂，显示了乡话及"六保话"精见组演变呈多层次共存状态。所有尖团保留有别的方言点，尖团音都已开始出现合流趋势，或者尖团合流已是主流，而尖团有别只是个别的残存。

第五节　古非晓组的今读类型及演变

一　古非晓组声母的今读类型

湘西汉语方言中非、晓组均有混同现象，但程度不一：有些是自由变读；有些是有条件的混读；也有区分很清楚，偶有混同现象的（土家语、苗语音系中没有唇齿清擦音声母 f），见表 4-9。

表 4-9　　　　　　　　　　古非晓组声母的今读

	非	敷	奉	晓	匣
沱江凤凰	f	f	f	x/ɕ/f	x/ɕ/f/ø
乾州吉首	f	f	f	x/ɕ/f	x/ɕ/f/ø
花垣花垣	f/x	f/x	f/x	x/ɕ/f/s	x/ɕ/f/ø
民乐花垣	f/x	f/x	f/x	x/ɕ/f	x/ɕ/f/v
古阳古丈	f/x	f/x	f/x	x/ɕ/f	x/ɕ/f/ø
迁陵保靖	f/x	f/x	f/x	x/ɕ/f	x/ɕ/f/v
野竹坪保靖	f/x	f/x	f/x	x/ɕ/f	x/ɕ/f/ø
王村永顺	x	x	x	x/ɕ	x/ɕ/ø
润雅永顺	x	x	x	x/ɕ	x/f/ɕ/ø
万坪永顺	x	x	x	x/ɕ	x/ɕ/ø
里耶龙山	f/x	f/x	f/x	ɕ/x/f	x/f/ɕ/ø
民安龙山	f/x	f/x	f/x	ɕ/x/s/f	x/f/ɕ/ø
洗溪泸溪	f	f	f	ɕ/x/s/ʃ	x/ʃ/ɕ/ø
河蓬古丈	f	f	f	ɕ/x/f	x/f/ɕ/ø
岩头河泸溪	f	f	f/b/v	x/f/kʰ/ ts/tɕʰ	x/fi/f/ts/ŋ/tɕ/l/s/ø/z
高峰古丈	f	f	f/b/v	x/f/kʰ/ɣ/tɕ/tɕʰ	x/ɣ/v/ø/k/f/
山枣古丈	f	f	f/b/v	x/kʰ/s/tɕʰ	x/f/v/ø/ɣ/m/tɕ/k

从表 4-9 可以很清楚地看出，湘西汉语方言中非、晓组有以下几种读音类型：

1. 非、晓组分立

洗溪"客话"，如：

	飞非≠灰晓		斧非≠虎晓		复奉非≠壶匣		废非肺敷≠会匣		烦奉≠还匣		方非≠慌晓	
洗溪泸溪	₋fei	₋xuei	ˬfu	ˬxu	₋fu	₋xu	fei⁼	xuei⁼	₋fæ̃	₋ve	₋fã	₋xuã

2. 非、晓组基本分立

个别晓、匣母字无条件混入非组。这种类型主要见于湘西乡话和古丈河蓬"死客话"。如：

	虾晓	火晓	花晓	活匣	胡壶匣	湖匣	斧非	飞非	肥奉	浮奉	蜂敷	缝奉
岩头河泸溪	₋cux	ˬcux	₋cux	₋cux	₋fiu	ˬfu	ˬfy	₋fy	₋fei	₋fu	₋uy	₋bɯ
高峰古丈	₋xo	ˬfa	₋xua	ˬxu	₋vu	₋fu	ˬfi	₋fi	₋fu	₋fau	₋bau	
山枣古丈	₋xo	ˬxua	₋fu	₋vu	ˬfu	ˬfyi	₋fyi	₋fei	₋fɤ	₋bɤ		
河蓬古丈	₋xo	ˬxɤ	₋xua	fyˀ	₋fu	ˬfu	ˬfui	₋fui	₋fɤ	₋foŋ	₋foŋ	

3. 晓组部分字混入非组

非、敷、奉母跟晓、匣母今读只在今 u 韵前相混，其他皆分。这类方言主要分布在沱江、乾州。如：

	斧非=虎晓	复奉非≠壶匣	飞非≠灰晓		废非肺敷≠会匣		饭奉≠换匣		方非≠慌晓	
沱江凤凰	ˬfu	₋fu	₋fei	₋xuei	fei⁼	xuei⁼	₋fan	xuan/xuan	₋faŋ	₋xuaŋ
乾州吉首	ˬfu	₋fu	₋fei	₋xuei	fei⁼	xuei⁼	fẽi⁼	xuẽi⁼	₋fɑŋ	₋xuaŋ

4. 非、晓组互混

这是湘西汉语方言中非、晓组最普遍的读音类型，这种类型是非、敷、奉母的通摄（今读 oŋ 或 õ 韵）字读 x 声母，混入晓组，而晓、匣母合口的大部分字今读 f 声母，混入非组。主要分布在花垣、民乐、古阳"客话"、迁陵、野竹坪、里耶、民安 7 个方言点。如：

	慌晓=方非	虎晓户匣=父妇奉斧非	婚晓=分非	风非丰敷蜂敷	红匣冯奉缝奉	凤奉奉奉
花垣花垣	₋faŋ	fuˀ	₋fẽ	₋xoŋ	₋xoŋ	xoŋˀ
民乐花垣	₋faŋ	fuˀ	₋fẽ	₋xoŋ	₋xoŋ	xoŋˀ
古阳古丈	₋faŋ	fuˀ	₋fẽ	₋xoŋ	₋xoŋ	xoŋˀ
迁陵保靖	₋faŋ	fuˀ	₋fen	₋xoŋ	₋xoŋ	xoŋˀ
野竹坪保靖	₋faŋ	fuˀ	₋fẽ	₋xoŋ	₋xoŋ	xoŋˀ

	慌晓=方非	虎晓户匣=父妇奉斧非	婚晓=分非	风非丰敷蜂敷	红匣冯奉缝奉	凤奉奉奉
里耶龙山	₋fã	fu²	₋fẽ	₋xõ	₋xõ	xõ²
民安龙山	₋faŋ	fu²	₋fẽ	₋xoŋ	₋xoŋ	xoŋ²

5. 非组混入晓组

永顺的王村、润雅、万坪 3 个方言点非、敷、奉三母全部读如晓、匣母，如：

	飞非=灰晓	斧非=虎晓	复奉非=壶匣	废非肺敷=会匣	烦奉=还匣	方非=慌晓
王村永顺	₋xui	ᶜxu	₋xu	xui²	₋xuãi	₋xuaŋ
润雅永顺	₋xui	ᶜxu	₋xu	xui²	₋xuãi	₋xuãi
万坪永顺	₋xuei	ᶜxu	xu²	xuei²	₋xuã	₋xuã

润雅遇摄合口一等匣母部分字如"胡湖户护"、遇摄合口匣母三等字、遇摄合口三等奉母字，以及个别山摄合口三等字如"发"和通摄合口三等字如"覆伏服"读 f、x 是自由变读，但倾向于读 f。

二 古非晓组声母的演变

何大安（2004：122）以云南、四川、湖南、湖北"四大方言调查报告"的材料为依据，对中国西南地区的非、晓组相混情况进行细致全面的考察，在此基础上把非、晓组相混分为4种基本类型和2种补充类型，如下：

RA： X ⟨ f/__u
         x

RB： X ⟨ x/__o, oŋ
         f

RC： F＞xu

RD： X＞f

RA-1： F ⟨ x/__uv
          f

RB-1： F ⟨ x/__oŋ
          f

R 代表规律，A、B、C、D 代表类型，A-1、B-1 分别属于 A、B 的补充类型。">"的左边，X 代表古晓组合口一、二等字，F 代表古非组字。">"的右边，是现代方言中的音类：x 代表舌根擦音，包括 x、h 两个音位，f 代表唇齿擦音，包括 f、ɸ、v 几个音位。

类型 A 的晓组字在今 u 韵母前都读 f，其他韵母前读 x。上面所说的沱江、乾州，即第三种类型"晓组部分字混入非组"属于这种情况。

类型 B 的晓组字在今韵母 o、oŋ 前读 x，其他韵母前读 f。上面所说的第四种类型"非、晓组互混"属于这种情况，只不过晓组字只在通摄字前读 x，其演变方式应为：

RB：　　X ⎯⎯ x/__õ, oŋ
　　　　　　⎯⎯ f

类型 C 是所有非组字读如晓组。上面所说的第五种类型"非组混入晓组"属于这种情况。

类型 D 是所有晓组字读如非组，类型 A-1 是非组字在今合口呼韵母前读 x 声母，其他韵母前读 f 声母。这两种类型在湘西汉语方言中尚未发现。

类型 B-1 是非组字在韵母 oŋ 前读 x 声母，其他韵母前读 f。上面所说的第四种类型"非、晓组互混"属于这种情况，只不过非组字只在通摄字前读 x，其演变方式应为：

RB-1：F ⎯⎯ x/__õ, oŋ
　　　　　⎯⎯ f

这六种类型中的 A、B、D 是往 F 变，即 X＞F，只是程度不同。C、A-1、B-1 是往 X 变，即 F＞X，也只是程度不同。X＞F 和 F＞X 在湘西的演变如下图：

X ⎯⎯⎯⎯⎯⎯⎯⎯⎯⎯⎯⎯⎯⎯⎯⎯⎯⎯⎯⎯⎯⎯⎯⎯⎯⎯⎯⎯⎯ F

RA（类型 3 "晓组部分字混入非组"：沱江、乾州）＞RB（类型 4 "非、晓组互混"：花垣、民乐、古阳、迁陵、野竹坪、里耶、民安）

X ⎯⎯ f/__u　　　　　　　X ⎯⎯ x/__õ, oŋ
　　⎯⎯ X　　　　　　　　　　⎯⎯ f

F ⎯⎯⎯⎯⎯⎯⎯⎯⎯⎯⎯⎯⎯⎯⎯⎯⎯⎯⎯⎯⎯⎯⎯⎯⎯⎯⎯⎯⎯ X

RB-1（类型 4 "非、晓组互混"：花垣、民乐、古阳、迁陵、野竹坪等地）＞RC（类型 5 "非组混入晓组"：万坪、王村、润雅）

F ⎯⎯ x/__õ, oŋ　　　　　　　　　　F＞xu
　　⎯⎯ f

有趣的是，花垣、民乐、古阳、迁陵、野竹坪、里耶、民安等地，既有 RB 的演变，也有 RB-1 的演变，这正说明处于多方言多语言环境中，湘西汉语方言呈现出复杂性。上文所说的类型 2 "非、晓组基本分立，个别晓、匣母字无条件混入非组"（乡话和"死客话"）也是 X>F，只是其比较混乱，找不到规律。

X>F 和 F>X 是两种逆向演变类型，关于 X>F 这一演变方向，在音理上比较好解释，它涉及唇化音变。即晓组合口字因介音 u（或元音 u）是双唇元音，双唇作用会使得晓匣母发生唇化而与非组合流。当然，晓母与匣母唇化的次序是不同的，关于这个问题我们在讨论匣母字读零声母的现象时已有讨论，此不重复。其演化过程可图示为：

晓母合口字：x（h） —————→ x（h） ——u介音——→ f

匣母合口字：ɣ ——弱化——→ ∅ —————→ ∅（白读）

（由北方官话借入）x（h） ——u介音——→ f

但上文所说的类型 2"非、晓组基本分立，个别晓、匣母字无条件混入非组"（乡话和"死客话"），同样也是 X>F，却无法完全用唇化来解释。至于 F>X 这一演变方向则更难以做出合理的解释。

第五章 湘西汉语方言的韵母

第一节 古阴声韵

传统音韵学根据韵尾的不同把汉语韵母分为三类：无韵尾的韵和以元音收尾的韵合为一类，叫做"阴声韵"；以鼻音收尾的韵，如-n、-m、-ŋ，叫做"阳声韵"；以塞音-p、-t、-k 收尾的韵叫做"入声韵"（唐作藩1991）。我们这里讨论的阴声韵指中古"果假遇蟹止效流"七摄。重点讨论果假摄的今读及其演变、鱼虞韵的分合、支微入鱼、蟹效摄一二等韵及效流摄韵的分合等问题。

一 果假摄的今读类型与演变

中古十六摄中，果摄只有一、三等，假摄只有二、三等，果摄的一等和假摄的二等正好形成互补关系，所以把果假摄放在一起讨论，目的是让我们更能看清它们读音的关系及演变路线。下面先分析果假摄在湘西汉语方言中的今读类型及演变，然后探讨果假摄的演变关系。

1. 果摄的今读类型与演变

湘西大部分方言点果摄字的演变比较简单，但乡话点比较复杂。在此，我们结合前面第三章的部分内容，再举一些具体例字来看看湘西果摄字的今读。

表 5-1　　　　　　　湘西汉语方言果摄韵的今读

	果开一						果合一			果开三	果合三	
	多	锣	左	我	大	个	婆	坐	过	茄	瘸	靴
沱江凤凰	₋to	₋lo	ꞌtso	ꞌŋo	tʰa³/ta³	ko³	₋pʰo	ꞌtsʰo/tso³	ko³	₋tɕʰye	₋tɕʰye	₋ɕyɛ/₋ɕye
乾州吉首	₋to	₋lo	ꞌtso	ꞌŋo	ta³	ko³	₋bo	tso³	ko³	₋dʑyei	₋dʑyei	₋ɕyei
花垣花垣	₋to	₋lo	ꞌtso	ꞌŋo	ta³	ko²¹⁴	₋bo	tso³	ko³	₋dʑy		₋ɕy
民乐花垣	₋to	₋no	ꞌtʃo	ꞌŋo	ta³	ko³	₋pʰo	tʃo³	ko³	₋tɕʰye	₋tɕʰye	₋ɕy
古阳古丈	₋to	₋lo	ꞌtso	ꞌŋo	ta³	ko³	₋bo	tso³	ko³	₋dʑye	₋dʑye	₋ɕye

续表

	果开一						果合一		果开三	果合三	
	多	锣	左	我	大	个	婆	坐	过	茄	瘸	靴
迁陵保靖	₅tɔ	₅lɔ	ˀtsɔ	ˀŋɔ	taˀ	kɔˀ	₅bo	tsoˀ	koˀ	₅tɕʰye		₅ɕye
野竹坪保靖	₅to	₅no	ˀtso	ˀŋo	taˀ	koˀ	₅pʰo	tsoˀ	koˀ	₅tɕʰye/₅tɕʰie		₅ɕye
王村永顺	₅to	₅no	ˀtso	ˀŋo	taˀ	koˀ	₅bo	tsoˀ	koˀ	₅dʑye	₅tɕʰye	₅ɕye
润雅永顺	₅to	₅lo	ˀtso	ˀŋo	taˀ	koˀ	₅pʰo	tsoˀ	koˀ	₅tɕʰie		₅ɕie
万坪永顺	₅to	₅lo	ˀtso	ˀŋo	taˀ	koˀ	₅pʰo	tsoˀ	koˀ	₅tɕʰie		₅ɕie
里耶龙山	₅to	₅lo	ˀtso	ˀŋo	taˀ	koˀ	₅pʰo	tsoˀ	koˀ	₅tɕʰie	₅tɕʰie	
民安龙山	₅to	₅lo	ˀtso	ˀŋo	taˀ	koˀ	₅pʰo	tsoˀ	koˀ	₅tɕʰye		₅ɕye
洗溪泸溪	₅tɯ	₅lɯ	ˀtso	ˀŋɯ⁴²	taˀ/tuˀ	kɯˀ	₅bo	tsɯˀ	kɯˀ	₅dʑyo		₅ɕyo
河蓬古丈	₅tʏ	₅nʏ	ˀtso	ˀŋʏ	tʌˀ	koˀ	₅bo	tsʏˀ	kʏˀ	₅dʑye		₅ɕye
岩头河泸溪	₅tie	₅lye		ˀguɔ	lyˀ	kɯˀ		tɕieˀ	kyˀ	₅dʑye		
高峰古丈	₅tiɛ	₅lu	tsoˀ	ˀu	luˀ/₅lu	kəɯˀ	₅bo	tɕiɛˀ	kuˀ	₅dʑyɛ		₅ɕio
山枣古丈	₅ti	₅lu	ˀtso	ˀŋu	luˀ		₅tsai	kuˀ		₅dʑyi		

果摄三等只有戈韵,《字表》中只收录有开口的"茄"和合口的"瘸靴"等少数字,其中湘西汉语方言常用的有"茄靴"二字,"瘸"在多数方言点读为"跻"（阴平调）的字音,属于训读现象。湘西汉语方言果摄三等字韵母主要元音大都为 e,有些方言点主元音不一样,如沱江为 ɛ,花垣为 ɥ,洗溪为 o,高峰为 ɛ 和 o,山枣为 i。其实从音位角度看,沱江的 ɛ 应是 e 的变体,因为沱江没有 e 韵,有 ei、uei 韵,但主元音为 ɛ 的韵与主元音为 e 的韵并没有构成对立,所以 e、ɛ 应属于同一个音位。因为果摄三等辖字很少且对应比较简单,所以下面我们着重讨论果摄一等字。

从前面第三章"湘西汉语方言与中古音系的比较"及表 5-1 中可以看出,湘西汉语方言果摄一等开合口字今读基本合流,具体有以下几种类型,如表 5-2 所示。

表 5-2　　　　　　湘西汉语方言果摄一等字今读类型

类型	分布的方言点
o	沱江、乾州、花垣、古阳、野竹坪、王村、润雅、万坪、里耶、民安
ɔ	迁陵
o、ɯ	洗溪
o、ʏ	河蓬
ie、ye、uɔ、y、ɯ	岩头河
o、u、iɛ、a、əɯ	高峰（"火"在高峰读音为ˀfa）
u、i、ai、ei、a、ua	山枣（"火"读为ˀxua,另外：河 kʰaˀ、饿 ŋeiˀ、破 pʰeiˀ）

表 5-2 反映了果摄一等字在湘西汉语方言中今读一般为 o 韵。从音位角度看，迁陵读 ɔ 韵应该与 o 是属于同一个音位，因为迁陵没有 o 这个音位。也就是说，迁陵的 ɔ 记作 o 也是可以的，只是记音宽严的问题，并没音位的差别。湘西果摄有极少数字如"他大哪那"等在除岩头河、高峰、山枣等乡话点外，今仍统一地读 a（乾州方言点读ɑ、河蓬读 ʌ，可看成是 a 的不同变体。洗溪"大"有两读，作"大小"义解时读 tu²，作人称代词或在词语如"大家"中读 ta²，"大家"洗溪说成 ta²sŋ 大势）。

陈立中（2005：23）指出：

中古果摄字除了个别字来自上古微部*-əi 外，绝大多数字都来自上古的歌部*-ai。果摄字在上古时应该是带有-i 韵尾的……到中古时，果摄字韵尾已经脱落，主要元音由舌面前低元音 a 逐渐后化成了舌面后低元音 ɑ。查汉越语、日语吴音和汉音、高丽音歌韵读 a，藏文和梵文唐音对译也是 a（高本汉，1940：547—548；罗常培，1933：35；张清常，1963）。中古果摄字拟音的主要元音是*ɑ，中古以后，果摄字的主要元音逐渐高化，近代时主要元音念成了半低的*ɔ；到了现代北京话中果摄字的主要元音念舌面后半高元音 o。可见北京话里果摄字主要元音经历了*-ai/-əi→*ₐ→*ɑ→*ɔ→o。

湘西汉语果摄字"他大哪那"等在除岩头河、高峰、山枣，今仍统一地读 a 外，其他的还有，"火"在高峰读音为 ˢfa，在山枣的读音为 ˢxua，山枣还有一个字"河"，音 ₖkʰa。这些字读 a 韵到底是保留了中古音还是受普通话的影响而后起的现象？

首先来看"火"字，"火"在高峰和山枣的读音与假摄合口二等合并。高峰的 a 是 ua 的介音受声母 f 影响而脱落所致，即 fua→fa，也有可能是上古的 ai 脱落韵尾 i 演变而来。"火"是口语常用字，这应该是高峰、山枣果摄字早期读音形式。至于"他"在各地念成舌面低元音 a，王力《汉语史稿》（1980/2004）的解释是："'他'字在中古念 ₜtʰɑ，由于某种原因，没有跟着同韵字由 ɑ→o；等到汉语没有 ɑ、a 分别的时候，它和 a 合流了。"

再来看看"大"字的读音。"大"在《广韵》中有笴韵唐佐切和泰韵徒（唐）盖切两个读音。岩头河、高峰、山枣读笴韵唐佐切。"大"明显读笴韵唐佐切的这 3 个方言点，其今读主元音为 y、u。洗溪可能读笴韵唐佐切，也可能读泰韵徒（唐）盖切，因为洗溪方言"我"虽然在单读时为"ŋo"，但在"我们"一词中读"ŋa"，与"大"同韵而与泰韵不同，同时，洗溪也有部分泰韵字如"戴苔抬袋栽菜裁蔡"等字，其主元音均为 a。河蓬"死客话""大"的读音应该来自泰韵徒（唐）盖切，因为河蓬"死客话"没有其他笴韵读 a 的字，而泰韵字中主元音有读 a 的现象，如"菜财裁蔡"等字主元音都为 a，所以其韵母为 ʌ（a 的变体）不宜看作中古音的保留，但河蓬

"死客话""大夫"的"大蟹摄泰韵"读 tɔ²，那么"大"的另一个读音 tʌ²应来自哿韵唐佐切，其主元音读 ʌ 应是中古音残留。其他 11 个方言点，看不出是读哿韵唐佐切还是读泰韵徒（唐）盖切，因为"大"在这些点的韵母既不同于果摄哿韵字，也不同于蟹摄泰韵字。

"哪那"在湘西的读音，多数方言点主元音也为 a。润雅方言"哪/那个"中的"哪那"主元音为"e"，应是 a 的高化，即 a>e，但"哪/那里"中的"哪那"主元音为 a，应该与其他读 a 韵的方言点一样，可能是果摄元音高化的残留，也可能是受官话的影响。

湘西汉语方言果摄一等字除了少数字还保留读低元音 a 外，还有其他多种读法，这多种读法之间是否像北京话一样也经历了一个后高化的演变历程呢？观察表 5-1、表 5-2，结合上文所述，我们可以归纳出湘西汉语方言果摄字的演变一共有三种模式。

（1）*a→*ɑ→ɔ→o，这种后高化模式包括除洗溪、河蓬、岩头河、高峰、山枣之外所有 12 个方言点，这些方言点果摄字只有两读，极少数读 a/ɑ，其余都读 o/ɔ。

（2）a→ɤ→ɯ，这种后高化模式见于洗溪和河蓬，这两个点也有读 o 的果摄字，但读 ɤ、ɯ 是大部分字，读 o 的是少部分非口语常用字，如"舵罗左窝禾蛾俄河荷贺玻波播坡婆魔磨惰螺果科课卧禾（湘西人称'禾'为'谷子'）"，所以读 o 很可能是来自官话的影响。并且，从有些字的文白异读也可以看出（如"祸"在河蓬文读为 xo²，白读为 xɤ²），读 o 是来自异方言的影响，不是方言自身的演变。这两个方言点果摄字白读层三种读音形式 a（读a的是极少数几个）、ɤ、ɯ，代表着方言自身演变的三个不同的历史层次。文读层 o 是受异方言影响而产生的最近的层次。

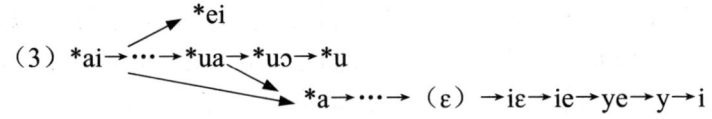

（3）*ai→⋯→*ua→*uɔ→*u
　　　↗ *ei
　　　↘ *a→⋯→（ɛ）→iɛ→ie→ye→y→i

属于这种类型的有岩头河、高峰、山枣几个乡话点，这几个点果摄字有 5—6 个不同的读音。

我们认为，山枣的 ai 韵应该是上古音的残存，ai 高化后变成 ei，ai>ei 这个变化应该相当早，是中古以前的音变。*ua→*uɔ→*u 估计也是一种比较早的音变，uɔ 是 ua 的高化，u 是 uɔ 合音的结果。正如彭建国（2010：134—135）在分析湘语果摄字的读音层次时指出，"湘语中某些方言点读 u 韵的字是一些与人们日常生活息息相关的常用字，众所周知，常用字在音变中往往是滞后的"。湘西果摄字读 uɔ 韵的点，只有岩头河，读 u 韵的点，只有高峰和山枣，这 3 个点的果摄字大部分主元音都是 uɔ、u，而且我们发现，与湘语的部分点果摄字读 u 韵只出现于戈韵不同，岩头河、高峰、山枣的 ɯɔ、u 韵同时出现于哥戈韵字中，与吴语、湘南土话、桂北土话、粤北土话相同。至于它们的具体演变年代，有待考察。岩头河果摄字读 ɯ 韵、高峰读 əɯ（ɯ 的裂化）韵应该是从周边的湘语借过来的读音，是一种比较晚近出现的读音，因为岩头河位于泸溪县，高峰乡与泸溪县毗邻，而泸溪县湘语的果摄字大部分读 ɯ 韵，如我们调查的洗溪方言就是这种情况。调查中我们还发现，岩头河、高峰读 ɯ 韵的只有一个字"个"，而且这个字在岩头河有两读 kɯ²/ˏcuɔ，从声韵调上看，ˏcuɔ 应该是方言自身的读音，而 kɯ² 的读音与周边的"客话（湘语）"一致，这进一步证明岩头河果摄字读 ɯ 韵、高峰读 əɯ 韵不是方言自身语音的演变。*a→⋯→iɛ→ie→ye→y→i 演变链条中的 a，可能是 ua 介音受声母 f 影响脱落所致，即 fua→fa，也有可能是上古的 ai 脱落韵尾 i 演变而来。iɛ 是 a 的高化，ie 是 iɛ 的高化，ye 是 ie 的高化，y 是 ye 的合音，i 是 y 的展唇化。

2. 假摄的今读类型与演变

从第三章"湘西汉语方言与中古音系的比较"中可以看出，湘西麻韵二等字主元音一般是 a，洗溪是 a/o，岩头河是 ɔ，高峰、山枣麻韵开合口有别，开口主元音是 o，合口是 a。麻韵三等字主元音在湘西大部分方言点与二等主元音有别，但沱江是文读层有别，白读层仍保留读为 a 一类韵母。洗溪、河蓬麻韵开口二三等字有分有合，岩头河、高峰、山枣麻韵开口二三等字仍未分化。下面，我们再举一些具体的例字（"/"左边为白读音，其右边为文读音）：

表 5-3　　　　　　　　湘西汉语方言假摄韵的今读

	假开二			假开三			假合二	
	疤帮	茶知	家见	写精	车知	夜见	瓜见	花晓
沱江凤凰	ˏpa	ˏtsʰa	ˏka/ˏtɕia	ˈɕiɛ	ˏtsʰa/ˏtsʰɛ	ia²/iɛ²	ˏkua	ˏxua
乾州吉首	ˏpa	ˏdza	ˏka/ˏtɕia	ˈɕiei	ˏtsʰei	iei²	ˏkuɑ	ˏxuɑ
花垣花垣	ˏpa	ˏdza	ˏka/ˏtɕia	ˈɕi	ˏtsʰe	i²	ˏkua	ˏfa
民乐花垣	ˏpa	ˏtʃʰa	ˏtɕia	ˈɕie	ˏtʃʰɛ	ie²	ˏkua	ˏfa
古阳古丈	ˏpa	ˏdza	ˏka/ˏtɕia	ˈɕie	ˏtsʰe	ie²	ˏkua	ˏxua
迁陵保靖	ˏpa	ˏdza	ˏka/ˏtɕia	ˈɕɿ	ˏtsʰi	ɿ²	ˏkua	ˏfa
野竹坪保靖	ˏpa	ˏtsʰa	ˏka/ˏtɕia	ˈɕie	ˏtsʰe	ie²	ˏkua	ˏfa
王村永顺	ˏpa	ˏdza	ˏka/ˏtɕia	ˈɕye	ˏtsʰe	ie²	ˏkua	ˏxua
润雅永顺	ˏpa	ˏtʃʰa	ˏka/ˏtɕia	ˈɕie	ˏtʃʰe	ie²	ˏkua	ˏxua
万坪永顺	ˏpa	ˏtsʰa	ˏtɕia	ˈɕie	ˏtsʰe	ie²	ˏkua	ˏxua

续表

	假开二			假开三			假合二	
	疤帮	茶知	家见	写精	车知	夜见	瓜见	花晓
里耶龙山	₌pa	₅tsʰa	₌tɕia	ˤɕie	₌tsʰE	ieˀ	₌kua	₌fa
民安龙山	₌pa	₅tsʰa	₌ka/₌tɕia	ˤɕie	₌tsʰe	ieˀ	₌kua	₌fa
洗溪泸溪	₌pa	₅dzo	₌ka/₌tɕia	ˤsyo	₌tʃʰo	yoˀ	₌kua	₌xua
河蓬古丈	₌pa	₅dzo	₌ko	ˤɕio	₌tɕʰio	ioˀ	₌kua	₌xua
岩头河泸溪	₌puɔ	₅tsʰuɛ/₅tsʰuɛ	₌kuɔ	ˤɕio	₌tsʰuo	zuˀ	₌kuɔ	₌xuɔ
高峰古丈	poˀ		₌ko	ˤɕio25	₌tsʰo	zoˀ	₌kua	₌xua
山枣古丈	₌po	ˤtsʰuai		ˤɕyo	₌tsʰyo	zyoˀ	₌kua	₌xua

从表 5-3 可以看出，湘西汉语方言假摄合口字今读基本上都为 ua 韵，也有部分方言点部分字今读 a 韵的，那是受唇齿音 f 声母的影响，岩头河乡话今读 uɔ 韵。除洗溪、河蓬及乡话以外，假摄开口二、三等字的主元音一般有别，并且开口二等字的白读层基本上都是单元音，岩头河乡话二等字今读与其合口二等字合流为 uɔ 韵，少数方言点的见系字带有介音 i，一般属于文读音，是受外方言的影响所致。另外，"坐"在山枣的韵母为 uai，因为只有一个字读这个韵，所以不知道是古音的残存还是另有来源。由于中古假摄字一部分是来自上古鱼部，一部分来自上古歌部，还有少数字来自上古的铎部。前面我们说过，歌部在上古都是带有韵尾-i 的，所以"坐"在山枣的读音很可能是上古音的残留，而岩头河"坐"的韵母为 uɛ，则是 uai 高化后脱落韵尾而来，或者是先脱落韵尾然后高化的结果，即 uai＞uɛ。歌部脱落韵尾后，其主要元音为 a，上古鱼部和铎部的主要元音也是 a，因此，从中古到近代直到现代，假摄主要元音基本上保持在舌面低元音 a 的位置，而三等韵字因受介音的拉动，近代高化为舌面前元音 ɛ，在北京话中某些字又因舌尖后元音的拉动而演变成舌面后半高元音 ɤ。北京话假摄字古今音对照情况如下（例字及读音都来自陈立中（2005：24））。

	马开二	茶开二	哑开二	借开三	遮开三	蛇开三	瓜合二	花合二
上古音	*ˤmea	*₅dea	*ˤea	*₌tsiaˀ	*₌tia	*₅diai	*₌koa	—
中古音	*ˤma	*₅da	*ˤa	*₌tsiˀ	*₌tɕĭa	*₅dʑĭa	*₌kwa	*₌hwa
近代音	*ˤmua	*₅tsʰa	—	*₌tsie	*₌tʂiɛ	*₅siɛ	*₌kua	*₌hua
现代音	ˤma	₅tsʰa	ˤia	tsieˀ	₌tʂɤ	₅sɤ	*₌kua	₌xua

湘西大部分方言点假摄二等字的读音保留在 a 的位置上，但岩头河高化成 ɔ，高峰和山枣高化成 o，洗溪和河蓬是部分字高化成 o。

假摄三等字因为受介音的影响，同北京话一样，也发生了不同程度的高化。但沱江白读层假摄三等字仍固守着 a 的位置不变，文读层则同北京话一样，高化成 ε。洗溪、河蓬"死客话"三等字主元音部分高化为 e，部分高化为 o，岩头河、高峰、山枣三个乡话方言点同其二等字完全合流。这些假摄字高化成 ɔ 或 o 的方言点，因其高化，使得假摄字与果摄字有相混的危险，为了避免这种局面，就推动果摄字的元音进一步高化。详见果摄字的演变。

总而言之，湘西汉语麻韵开口二、三等字具体读音类型有以下三种。

第一种：未分化型。沱江的白读层、岩头河、高峰、山枣等 4 个方言点属于这种类型。沱江麻韵开口二、三等字白读层主元音保持《切韵》音系中 a 的读法，其他三个点属于乡话，其主元音为 ɔ 或 o。

第二种：部分分化型。洗溪、河蓬麻韵开口二等字的主元音是 a、o，三等字主元音是 o、e，属于部分分化型。

第三种：分化型。沱江的文读层，我们调查过的湘西其他各方言点都属于这个类型。麻韵二等主元音 a 保持不变，麻韵三等的主元音为 ε、e、ɿ、ɩ、E 等。

《切韵》音系中，麻韵的主元音都为 a，后来有了分化。湘西大部分汉语方言是属于分化型的，官话一般也是分为两韵的，但在中国东南部的一些方言里，如湘语（部分）、客赣语、闽语、粤北土话等，仍有相当多的方言点与《切韵》音系一致，没有发生分化，或者是正在分化中，属于部分分化型。王力（1980：152）指出：麻韵分化为 aε 时代很早，远在 12 世纪以前，这种分化已经完成。《中原音韵》假摄麻韵二等立为家麻（a/ia/ua）韵，三等归为车遮（ie）韵（包括有果摄戈韵三等字），《洪武正韵》分归麻（a/ia/ua）韵和遮韵，《韵略易通》分归家麻（a/ua）和遮蛇（iε）韵。

值得一提的是，湘西假摄开口二等韵见系字普遍存在文白异读现象，其中白读为洪音（多数点为 a），文读为细音 ia，乡话点没有文白异读，都读为洪音。具体情形见表 5-4。

表 5-4　　　　　　　假摄开口二等韵见系字的文白异读

	家见	加见	架见	嫁见	牙疑	芽疑	哑影
沱江凤凰	₋ka/₋tɕia	₋ka/₋tɕia	ka⁼/tɕia⁼	ka⁼/tɕia⁼	₋ŋa/₋ia	₋ŋa	⁼ŋa
乾州吉首	₋ka/₋tɕia	₋tɕia	kuɑ⁼/tɕia⁼	kuɑ⁼/tɕia⁼	₋ŋa/₋ia	₋ŋa/₋ia	⁼ŋa/⁼ia
花垣花垣	₋ka/₋tɕia	₋ka/₋tɕia	ka⁼/tɕia⁼	ka⁼/tɕia⁼	₋ŋa	₋ŋa	⁼ŋa

续表

	家见	加见	架见	嫁见	牙疑	芽疑	哑影
民乐花垣	₋tɕia	₋tɕia	tɕiaᵊ	tɕiaᵊ	₋ia	₋ia	ᶜŋa
古阳古丈	₋ka/₋tɕia	₋tɕia	tɕiaᵊ	kaᵊ/tɕiaᵊ	₋ŋa	₋ŋa	ᶜŋa
迁陵保靖	₋ka/₋tɕia	₋tɕia	kaᵊ/tɕiaᵊ	kaᵊ/tɕiaᵊ	₋ŋa	₋ŋa	ᶜŋa
野竹坪保靖	₋ka/₋tɕia	₋tɕia	tɕiaᵊ	tɕiaᵊ	₋ia	₋ŋa/₋ia	ᶜŋa
王村永顺	₋ka/₋tɕia	₋ka/₋tɕia	kaᵊ/tɕiaᵊ	kaᵊ/tɕiaᵊ	₋ŋa/₋ia	₋ŋa/₋ia	ᶜŋa
润雅永顺	₋ka/₋tɕia	₋tɕia	tɕiaᵊ	tɕiaᵊ	₋ia	₋ŋ	ᶜŋa
万坪永顺	₋tɕia	₋tɕia	tɕiaᵊ	tɕiaᵊ	₋ŋ	₋ŋ	ᶜŋa
里耶龙山	₋tɕia	₋tɕia	tɕiaᵊ	tɕiaᵊ	₋ŋ	₋ŋ	ᶜŋa
民安龙山	₋ka/₋tɕia	₋tɕia	tɕiaᵊ	tɕiaᵊ	₋ŋ	₋ŋa/₋ia	ᶜŋa
洗溪泸溪	₋ka/₋tɕia	₋tɕia	kuaᵊ/tɕiaᵊ	kɯᵊ	₋ŋɔ	₋ŋɔ	ᶜɔ
河蓬古丈	₋ko	₋tɕia	koᵊ/tɕiaᵊ	kɤᵊ	₋ia	₋ia	ᶜɔ
岩头河泸溪	₋kuɔ	₋kuɔ	koᵊ	koᵊ	₋ŋuɔ	₋ŋuɔ	ᶜuɔ
高峰古丈	₋ko		koᵊ	koᵊ	₋ŋɔ	₋ŋɔ	ᶜɔ
山枣古丈		₋ko	koᵊ	koᵊ	₋ŋɔ	₋ŋɔ	ᶜɔ

表5-4反映了湘西汉语麻韵二等见系字的文白异读不仅表现在声母上，而且表现在韵母上。韵母方面，有 i 介音读 ia 韵的为文读，无 i 介音的为白读（多读 a 韵）。湘西汉语的这种文白异读同时在声母、韵母上得到体现的还有蟹开二如"戒界解阶街鞋"等字、效开二如"教咬"等字的今读。其他还有咸开二、山开二、江开二、梗开二等，可以说，凡是开口二等都存在这种现象。按照古今语音对应规律，开口二等字北京话大部分读开口呼，但是逢见组则腭化为 tɕ，相应地也就有了 i 介音。

从麻韵见系二等字今读中，也可以看出湘西汉语麻韵高化的基本层次，其中白读为 a 韵的是中古音的保留，河蓬的 ɤ、洗溪的 ɯ、3 个乡话点的 uɔ、o 是 a 的不同层次的高化，而文读层中的主元音 a 是最新产生的层次。据李新魁（1983：87—89），"元代以前，二等字的韵母一般并不存在[i]介音，但是到了元代，二等字中的见组声母字普遍长生了[i]介音……这个二等字[i]介音之普遍存在，构成了元代汉语韵母系统中的一大特色"。

3.（蟹）假果（遇）摄高化链

从上面的分析中，我们知道湘西汉语方言果、假两摄字都存在不同程度的元音高化现象，但不同方言元音高化的进程不完全一致。果摄字在《切韵》音系里大家都较为一致地构拟为*ɑ。果摄一等韵主要元音的高化是假摄韵母的音变推动的。彭建国（2010：133）认为"从链变的角度看，这是一条推链式音变，麻韵二等字是'起变元'，果摄元音是'应变元'"。彭建国（2010：133）同时指出"自从汪荣宝《歌戈鱼虞模古读考》问世后，果摄字在唐宋以上读 ɑ 已成常识。唐宋以降，汉语各大方言果摄字元音大都经历了 ɑ>o 的后高化历史音变……而麻韵二等字由于有二等-r-介音的存在，则一直保持主元音为 a 不变"。湘西汉语果摄字大都经历了 ɑ>o 的后高化历史音变，而麻韵大都保持主元音 a 不变。但湘西乡话的麻韵开口二、三等字的主元音也加入了 a>o 的音变潮流。岩头河是 a>ɔ，高峰、山枣是 a>o。另外，洗溪、河蓬麻韵开口二等知系和见系字以及麻韵开口三等字也加入了 a>o 这一历史性音变。这些方言点，因麻韵也加入了 a>o 音变，这就迫使果摄字的主元音进一步高化。

因为各方言点语音自身演变的进程不同，受其他方言的影响也不一致，就是同一个方言，各个阶段的演变也会发生重合、交叉现象，从而造成湘西汉语方言果摄一等与假摄的主要元音匹配类型比较复杂的局面，主要有以下几种。

（1）o（果）—a（假）方言点为：除洗溪、河蓬、岩头河、高峰、山枣之外所有 12 个方言点。

（2）ɯ/o（果）—o/a（假）方言点为：洗溪。

（3）ɤ/o（果）—o/a（假）方言点为：河蓬。

（4）ie/ye/uɔ（果）—ɔ（假）方言点为：岩头河。

（5）iε/u/a（果）—o（假）方言点为：高峰。

（6）i/yi/ai/ei/ua/u（果）—o（假）方言点为：山枣。

我们知道，果摄主元音的高化是因为假摄元音高化的推动，那么，假摄主元音的高化，其动力来自哪里呢？果摄在假摄的推动下，发生了元音高化，会不会引起其他韵摄元音的变化呢？一般认为，假摄主元音的高化是因为蟹摄韵尾脱失，主要元音演变成 a，这就使得原来主元音为 a 的假摄高化成别的元音，以区别于蟹摄。而果摄主元音高化了，如果与遇摄主元音 u/y 发生了冲突，就会引发遇摄元音的进一步高化，这就是通常所说的元音的高顶出位。

湘西汉语的果摄字大部分方言点高化为 o，洗溪为 o/ɯ，河蓬为 o/ɤ，这些方言点的果摄主元音高化后并没有与遇摄的元音发生冲突，所以没有引起遇摄元音的进一步演变，即使有演变也与果摄无关。但岩头河、高峰、山枣等乡话方言点果摄部分字主元音的高化危及了遇摄主元音，这就推动了遇摄主元音的裂化，岩头河、山枣一部分遇摄合口一等字韵母裂化为 ei，高峰则一部分字裂化为 əɯ。这几个乡话点都有蟹摄韵母脱落韵尾引起假摄元音进一步高化的现象，湘西乡话形成了一条"蟹＞假＞果＞遇摄字"链条式音变。洗溪、河蓬"死客话"也有蟹摄韵母脱落韵尾引起假摄元音进一步高化的现象，它们形成了一条"蟹＞假＞果摄字"链条式音变。为了更清楚地反映湘西汉语方言三条不同的链条式音变，我们把湘西蟹、假、果、遇四摄的元音变化情况列表如下（假摄元音没有高化的，即只有果假摄字形成链条音变的我们选取两个代表点，音标下画单横线的为白读，双横线的为文读）：

表 5-5　　　　湘西汉语蟹、假、果、遇四摄的元音

	蟹开一二	假开二		果开合一		遇合一	
		见系	其他	帮组	其他	帮组	其他
沱江	ɛ	a、ia	a	o		u	əɯ
王村	ai	a、ia	a	o		u	
洗溪	ai/a	a、ia、ua	o	o/ɯ		u	
河蓬	ai/a	o、ia	a	ɤ/o		u	
岩头河	ei/a /ɛ/ɯ/ɔɯ	uɔ	ɔɯ	ie/uɔ/ye		u	ei/u
高峰	a/ɤ	o		u	o/ie/a/ɤ	u	ɤ/ɯe
山枣	ei/ai/ua/a	o		u/ei	ei/ai/ua/u/i	u	ei/u

高峰果摄一等读 o 韵的只有"何"一个字。沱江、乾州、花垣、民乐等地蟹摄主元音高化为 ɛ，应该是先高化再丢失韵尾，不然，这些点的蟹摄字要么会推动假摄主元音的高化，要么会随着假摄字一起变化而导致一部分见系字的文读音变成 ia。但是，这几个方言点假摄字主元音保留读舌面低元音的状态未变，而蟹摄字也没有读 ia 的现象。

二　鱼虞韵的分合

湘西汉语方言鱼虞韵的今读关系比较简单，合流是大势所趋，但它们在不同的方言中又表现出一定的内部差异性，具体如表 5-6 所示（内容引自本文第三章）：

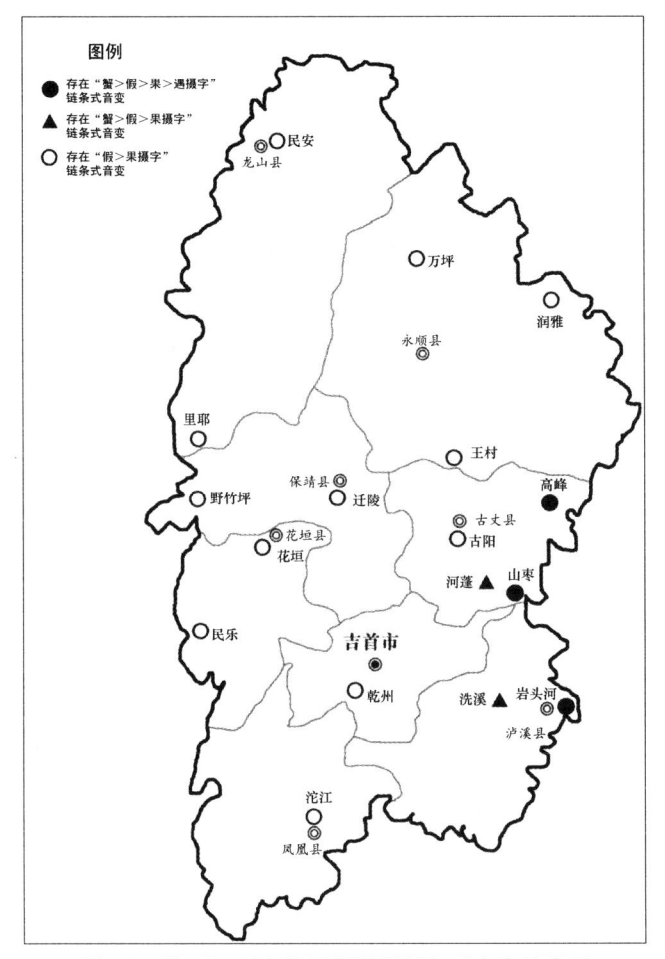

第五章　湘西汉语方言的韵母　　137

图 5-1　湘西汉语方言蟹假果遇摄主元音今读类型

表 5-6　　　　　　　　　　湘西汉语古鱼虞韵的今读

	遇合三（鱼）		遇合三（虞）	
	女/书	初/锯	斧/娶	柱朱/瞿
沱江凤凰	y/u	ɔɯ/ei	u/y	u/y
乾州吉首	y/u	u/ei	u/y	u/y
花垣花垣	ʮ/u	u/e	u/ʮ	u/ʮ
民乐花垣	y/u	u/y	u/y	u/y
古阳古丈	y/u	u/ei	u/y	u/y
迁陵保靖	y/u	u/y	u/y	u/y
野竹坪保靖	i、y/u	yɯ、u/e	u/y	u/y

续表

	遇合三（鱼）		遇合三（虞)	
	女/书	初/锯	斧/娶	柱朱/瞿
王村永顺	y/u	u/e	u/y	u/y
润雅永顺	i/u	ɯ/i	u/i	u/i
万坪永顺	i/u	ɤ/ai	u/i	u/i
里耶龙山	i/u	u/e	u/i	u/i
民安龙山	ɿ/ʮ	ɤ/ei	u/ʮ	ɿ/ʮ
洗溪泸溪	y/u	ɯ/ei	u/uei	u/y
河蓬古丈	y/u	u/e	u/y	u/y
岩头河泸溪	y/ɯ	ei/ɯ	u/a	ia/y/y
高峰古丈	iəɯ	ɤ/ɯ	u/a	ɯ/iəɯ/əɯ
山枣古丈	iu	ei/ei	u/a	ia/iu/yi

"锯"作为特字，彭建国《湘语音韵层次研究》（2010）已有详细的论述，我们表示赞同。湘西汉语中，"去"也是一个特字。这两个特字一般保留了比较古老的读音，从而与虞韵相区别。

从表 5-6 可以看出，湘西汉语鱼虞韵既有相混层，也有区分层。区分是比较古老的层次，相混则是方言发展演变后新产生的层次。岩头河、高峰、山枣等方言点中鱼虞韵的分立是比较明显的。关于乡话中鱼虞之别，已有多位学者提到或作过讨论，如蒋希文（1991），伍云姬（2000、2010），杨蔚、詹伯慧（2009），杨蔚（2010）等。杨蔚（2010）讨论的湘西乡话不限于湘西，主要指的是沅陵乡话，并指出：湘西乡话有鱼虞分立的层面保留，也有鱼虞相混的层面存在。鱼韵字和虞韵字都有两套演变。

我们考察湘西的乡话和"六保话"发现，湘西乡话和"六保话"的鱼虞今读之别有几个不同的层面，既可能有上古层面的保留，也有中古层面的保留。在湘西乡话和"六保话"中，鱼韵中有 ɯ、ei、ɤ 韵的今读而虞韵没有，虞韵则有 a、ia、u、yi 韵的今读而鱼韵没有。汪荣宝早在 1932 年就指出，魏晋以上，凡鱼虞模应拟音为 a，而乡话和"六保话"的虞韵底层恰好是 a。这无疑为上古鱼虞模的拟音提供了很好的参考。

其实，自从 1923 年汪荣宝发表《歌戈鱼虞模古读考》一文引发的"鱼""虞"音值的辩论开始，直到今天，这一讨论仍然不时出现在中、日和西方的汉语语言学者的论著之中。关于鱼虞韵古代音值的构拟、汉语史上的分合、鱼虞两韵的今读及历史层次，不同学者如汪荣宝（1923）、王力

(1956/2000)、高本汉（2003）、罗常培（1931）、周祖谟（1942）、周法高（1948）、董同龢（1959）、张琨（1985）、丁邦新（1995）、平山久雄（1995）、梅祖麟（2001）、潘悟云（1983/2002）、秋谷裕幸（2002）、陈忠敏（2003）等观点各异，但都认为：在上古时代，鱼虞泾渭分明，中古时候，开始趋同合流，现代汉语方言，大部分已合流，只在闽语、吴语、赣语和部分粤语、湘语、客家话及一些土话中还存在鱼虞分立现象（徽语和一些江淮官话也有分立现象），而不管是分是合，都具层次性。下面简要论述。

1. 韵图及《切韵》中的鱼虞韵

鱼、模、虞三韵都是由上古鱼部发展而来。向熹先生（1993：177）指出：上古鱼部的分化，汉代已经开始，一、三等元音逐渐高化，二、四等"麻家华瓜耶车奢"等字转入歌部（ai）……这些字六朝以后成为《切韵》中的麻韵。也就是说，上古鱼部四等俱全，鱼部一等除了特例"个"（箇個），《广韵》开合都入模韵。①二等开合都属于麻韵，韵腹读音不变。开口三等鱼韵（特例：壻属于霁韵），合口三等虞韵。开口四等麻韵②。

从以上所述可知，在古音的鱼部里，鱼韵字和虞韵字都是三等字，它们除了韵母主要元音有别外，还有开口和合口的区别。在南宋郑樵的《七音略》中，鱼韵属内转第十一图，它是一张独图，标的是"重中重"③。在《韵镜》中，鱼韵也是独图，标的是"内转第十一开"。《七音略》《韵镜》都是早期的韵图，它们都标出鱼韵是开口。早期的韵图体例，开口与合口必不同图。如果一个韵只有一呼，那便是独图。如果一个韵既有开口，又有合口，那便分两图。鱼韵只有开口，所以是独图。紧接着鱼韵第十一独图，就是模、虞两韵的合图，第十二图。《七音略》在这个图后面标"轻中轻"，由此可知中古的模韵和虞韵都是合口。

《切韵》是分鱼、虞的。"支脂鱼虞，共为不韵"是《切韵》序有名的一句话。这可能是针对当时的南方方言而言。在颜之推《颜氏家训·音辞篇》中有"北人以庶为戍，以如为儒""北人之音多以举莒为矩"的记载，这是说北人鱼虞不分，同时也是说南人鱼虞有别。

在上古音系统中，王力先生把鱼部构拟为*ia。《切韵》时代的语音，学者对鱼韵音值的构拟虽有不同，但大多赞同*io。从 ia 发展到 io，鱼韵一直

---

① 但韵腹一下子由 a 变声 u，这一点让人怀疑，语言是一个渐变的过程，中间应该有一个过渡阶段，从汉代开始可能先变成 o。中古鱼韵拟音为 io，可证。有的汉语方言如娄底方言（靠近双峰的涟源市金石镇）模韵有读 o 的，普通话中也有。

② 开口四等麻韵到《中原音韵》归属车遮部，拟音为 ie。后来有的声母演变为翘舌音，介音 i 失去。《中原音韵》时代，翘舌音只与止摄，即《中原音韵》支思部相拼。

③ 按《七音略》体例，"重中重""重中轻"都属于开口，而"轻中轻""轻中重"则属于合口。

都是开口，与虞韵的区别是显著的。虞韵上古拟音为 iwa，中古为 iu，虞韵从上古、中古到现在一直属于合口是毫无争议的。阳休之《韵略》、李季节《音谱》、杜台卿《韵略》、夏侯该《韵略》四家并同。

2. 部分学者对鱼虞韵分合问题的考证

简启贤（2003）用《字林》、郭璞、徐邈的音注材料考察晋代鱼部的读音情况，用押韵材料作对比，表明鱼、模、虞三韵区分清楚，中原方言只是个别鱼韵字读同虞韵（或相反），齐鲁方言和中原方言的鱼韵和虞韵韵腹相同而韵头不同，江东方言的鱼韵和虞韵韵腹相异而且韵头也可能不同，但韵腹的差别应不大。罗常培《〈切韵〉鱼虞之音值及其所据方言考》（1931）从考察南北朝吴语区和非吴语区的诗人用韵情况出发，得出结论："切韵鱼、虞两韵在六朝时候沿着太湖周围的吴音有分别，在大多数的北音都没有分别。鱼韵属开口呼所以应当读作 io 音，虞韵属合口呼所以应当读作 iu，后代[y]音的演变是经过 io＞iu＞y 这样一个历程的。"王力（2000：1—58）通过考察南北朝诗人的用韵情况，认为南北朝鱼、虞韵的演变分为鱼虞分立、由分到合的过渡、鱼虞合并三个时期。潘悟云（2002）对王力所引用的材料重新作了分析，得出南方诗人鱼虞分用，而洛阳、邺下一带诗人鱼虞合用的结论，同时指出：中古"鱼虞有别"的范围比罗常培所说的其实要大得多，西北方言、长安方言、蜀中方言以至东北的幽冀方言都能区分鱼虞韵。秦似（1994）从考察杜甫、司空图的诗作用韵情况说明，在唐时鱼虞的区别并不限于吴语区。因为杜甫诗中，押鱼、模、虞三韵的共 95 首，其中纯粹押鱼韵字的占 28 首，模虞合用的最多，不杂鱼韵字的占了 51 首。杜甫是洛阳附近的巩县人，他又长期在长安、洛阳和陕西一带生活，与吴语区没有发生什么关系，不会在语音上受到吴语的影响。所以，上述罗常培（1931）所得出的鱼韵属开口呼，其音值为 io 的结论是带有普遍性的，至少在唐代是这样。李惠昌（1989）考察了初唐至晚唐多位诗人的诗作用韵情况，得出结论为：初唐"正音"鱼与虞有别，初唐诗家鱼韵大多独用。盛唐起，风气陡变，除王维和李白诗外，其他诗人的诗作鱼韵独用例甚少，而同用例比比皆是。这说明，鱼虞两韵开始趋同合流。周祖谟《宋代汴洛语音考》（1942）、李范文《宋代西北方音：〈番汉合时掌中珠〉对音研究》（1994）、鲁国尧《论宋词韵及其与金元词韵的比较》（1991）等都没有发现鱼、虞分用的现象。说明到了宋代，北方方言鱼、虞两韵已趋混。

3. 现代汉语方言中的鱼虞韵

从以上各位学者的论证中，我们可以肯定，上古及中古前期，鱼虞的区别比较严格且绝不限于吴语区，而是广泛分布于全国各地。发展到今天，鱼虞两韵在大部分方言中都合流了，如表 5-7（方言点及例字读音均引自《汉语方音字汇》，2003）：

表 5-7　　　　　　　现代汉语方言中的鱼虞韵今读

地点 \ 韵类	遇合三（鱼）		遇合三（虞）	
	女泥组/书章组	初庄组/举见组	斧非组/取精组	珠章组/句见组
北京	y/u	u/y	u/y	u/y
济南	y/u	u/y	u/y	u/y
西安	y 文、i 白/u	u/y	u/y	u/y
太原	y/u	u/y	u/y	u/y
武汉	y/y	y/y	u/y 文、i 白	y/y
成都	y/u	u/y	u/y	u/y
合肥	y/u	u/y	u/y	u/y
扬州	y/u	u/y	u/y	u/y
苏州	y/ʮ	ʮ/y	u/i	ʮ/y
温州	y 文、a 白/u	ɿ/y	u/ɿ	ɤ/y
长沙	y/y	y/y	u/i	y/y
双峰	y/y	y/y	əu/y	y/y
南昌	y/y	y/y	u/y	y/y
梅县	n̩/u	u/i	u/i	u/i
广州	øy/y	u 文、øy 白/y	u/øy	y/øy
阳江	ei/i	i/ei	u 文、ou 白/y	i/ei
厦门	u/u	u/u	u 文、ɔ 白/ei[①]	u 文、iu 白/u
潮州	ɯŋ/ɿ[②]	ɯ/ɯ	ou/u	u 文、iu 白/u
福州	y/y	y/y	u 文、ɔu 白/y	uɔ 文、ieu[③] 白/ɔu
建瓯	y/y	y/y	u/y 文、iu 白	y/y

从表 5-7 所列可看出，鱼虞两韵在官话区基本合流，只在少数点（闽语

[①] 李如龙（2013）曾提醒笔者说，这里的"ei"应该改为"iu"。
[②] 潮州的"书"实际音值应为ɯ，为忠实于引文，我们仍记为ɿ。实际上，潮州的ɯ、ɿ没有音位上的对立。
[③] 李如龙（2013）曾提醒笔者说，这里的"ieu"应该改为"iu"。

区表现得特别突出）存在个别的文白读层次上的区别，在其他方言区，合流也是主流。但鱼虞的合流不是绝对的，有些特字如"去、锯"等的白读层与虞韵不混，即虞韵一般没有相应的白读层。鱼虞合流的方言，其所具有的层次也并不相同。

　　鱼虞两韵仍有区别的情况在现代汉语方言中也多有存在，不少学者曾对此现象作过研究。代表性的有梅祖麟（2001：3—16），他指出浙南吴语鱼虞今读有三个历史层次。层次1中韵母还保存着秦汉时代的ɑ元音。层次2中的鱼韵字，开化、常山、玉山、遂昌、庆元有ie韵以及龙游、云和有i、ɿ韵，这些韵在虞韵字中都没有；层次2中的虞韵字有圆唇成分，鱼韵字没有。不仅是浙南吴语，梅祖麟在20世纪90年代初发现北部吴语也存在鱼虞有别的层次。刘新中《海南闽语的语音研究》（2006：134—135）指出，鱼虞有别在海南闽语中有真切的反映：同样是u，文读的属虞韵，白读的属于鱼韵；ia/iə、iau、ou这几个韵只出现在虞韵。同时指出，遇摄在海南闽语至少可以分为三个层次：白读、文读、其他（训读、来源不详等）。在鱼韵中，白读大多在ou、u、ɔ、iu等韵母中，读韵母i的都是文读；在虞韵中文读集中在ui，白读集中在ou、iau、ia。彭建国《湘语遇摄的语音层次》（2008）指出鱼虞韵在湘语可分为两大层次：鱼虞相混型有五类读音，分属同源层与异源层两大层次；鱼虞有别型有两类读音，都属于同源层次，又可细分为前中古层与中古层两个次层次。具体情况如下所示：

　　　　　　　　　↗同源层：y（iu>ɯ>iʉ>y）、ə（ɯ>u>əu）、
　　鱼虞相混　　　u（iu>u）、　　　　　i（iu>iʉ>ii>i）
　　　　　　　　　↘异源层：一些特殊的音变现象。见于鱼虞韵的泥来母。不同语音的形成是由于文白竞争关系

　　　　　　　　　　　↗前中古层："锯"读成低元音a或æ
　　鱼虞有别（同源层）
　　　　　　　　　　　↘中古层：舌位较高e、ɛ、ə、ɤ、i、ɯ（锯、去、渠）

　　谢留文《客家方言"鱼虞"之别和"支"与"脂之"之别》（2003）指出客家话的鱼虞之别只见于江西和闽西的客家方言，不见于广东的客家方言。从字数上看，鱼虞有别的鱼韵字，江西本地客家话保留较多，明清以来从闽西、粤东客家地区迁来的客家话相对较少，闽西客家话中宁化保留较多，其余较少。客家方言鱼虞有别的字，鱼韵字的主要元音一般是[ɛ]或[e]，这点与赣语类似。不过有些客家方言鱼虞有别的鱼韵字韵母可能不止一个层次，如江西的宁都、石城、于都、南康，福建的清流，鱼虞有别的鱼韵字韵母至少有两个层次。

　　以上主要是吴语、闽语、湘语、客家话鱼虞今读有别的一些方言，

其实在一些土话中，鱼虞之别也常有体现，如庄初升《粤北土话音韵研究》（2004：87）列出了粤北土话 24 个方言点鱼虞韵的 8 个代表字进行比较，从其所列的表中例字可以看出，粤北土话的鱼虞两韵在大部分的方言点中已经合流，但在以下 11 个方言点中体现出不同层次的鱼虞之别（见斜体部分）：

表 5-8　　　　　　　　粤北土话的鱼虞韵今读

地点＼韵类	遇合三（鱼）		遇合三（虞）	
	女/书	初/举	斧/取	朱/句
乌迳	y、m̩/y	u/y	u/i	y
雄州	y、n̩/y	ɔ/y	*u*/y	y
百顺	m̩/u	o/ŋ	u/*y*	u/*y*
长江	i、n̩/i	ɔ/i	*u*/i	*u*/i
上窑	œ/ŋ	ɔu/i	u/œ	ʮ/i
腊石	ui/y	i/uɛ	*u*/ui	y/i
石陂	i	ɔu/i	*u*/ɐi	i
石塘	uɐi/y	o/y	*u*/ɐi	y
北乡	ou/y	ɜu/uɛ	u/uɛ	y/u
西岸	y	ɐu/oi	u/oi	y/oi
三江	y	ø/ɔi	ɐu/ɔi	y/ɔi

综上所述，现代汉语方言中，所谓鱼虞有别并不是绝对的，而是区别中有相混，体现出不同的层次。混是后起的较晚层次，分是较早层次，并且鱼虞有别的方言中，也会显示出不同的层次，有的只有一层，有的是两层、三层甚至更多层。随着社会流动的加快和普通话的普及，鱼虞两韵在现代更多方言中的合流是大势所趋。湘西汉语方言也不例外，除一些特字如"锯、去"以外，古鱼虞韵在湘西多数方言点已全部合流，沱江、野竹坪、润雅、民安、洗溪、岩头河、高峰、山枣等方言点还保留有鱼虞有别的痕迹，特别是岩头河、高峰两个乡话点和"六保话"，其鱼虞韵之别还体现出了不同的历史层次，这是很值得我们特别注意的现象。

三　支微入鱼

"支微入鱼"是指中古止摄合口三等支、脂、微三韵读同遇摄合口三等鱼、虞韵的现象，有的方言蟹摄合口也参与其中。吴语区最早发现了此现象，如明正德七年（1512）序刊《松江府志》卷四"风俗"中说："韵之讹则以支入鱼（龟如居，为音如俞之类）。"清代《嘉定县志》云："归、龟呼为居，晷、鬼呼为举。"张光宇（1993b、1999）、顾黔（1997）都曾提到吴语、闽语、徽语、老湘语和江淮官话中的这个语音现象。在北方，山西、陕西和甘肃的一些方言中有此现象（侯精一、杨平，1993、王军虎，2004），在湘南、粤北的一些土话中，如东安土话（鲍厚星，1998）、湘南土话（杨蔚，2002）、粤北土话（庄初升，2004：87—91）也有此现象。另外，粤北土话的梅村、长来、黄圃、皈塘、三溪、星子等几个方言点还存在蟹摄合口读如遇摄合口的现象。实际上，"支微入鱼"现象在南方方言中并不罕见，但在北方方言中则鲜有人提及。王军虎《晋陕甘方言的"支微入鱼"现象和唐五代西北方音》（2004）一文以山西、陕西和甘肃一些方言点的白读音为例，论证了西北少数方言中确实存在"支微入鱼"现象，并结合唐五代汉藏对音材料、汉字注音材料和俗文学中的别字异文，进一步论证上述现象与唐五代西北方音具有承继关系，同时修正了罗常培先生有关唐五代西北方音研究的一些观点。

湘西汉语方言大部分还保留有"支微入鱼"的现象，只是程度不同。以下列举的是各方言点中支微韵读如鱼虞韵的例字。在洗溪及 3 个乡话方言点中，不仅止摄合口三等读同遇摄三等鱼、虞韵，而且少部分蟹摄合口一、三等也参与其中，我们一并列出，在蟹摄和鱼韵例字中间用双竖线隔开，如：

沱江凤凰：遂隧穗 ɕy⁽

乾州吉首：遂隧 ɕy⁽、慰 y⁾/ uei⁾

花垣花垣：虽隧 sɿ /ˌsui、慰 ʯ⁾/ ui⁾

古阳古丈：遂隧穗 ɕy⁽

迁陵保靖：吹ˌtsʰu

野竹坪保靖：慰 y⁾

洗溪泸溪：雷ˌly、回ˌy ‖ 槌 dzu⁽、水ˬʃu、谁 ɕy⁽、柜 tɕy⁾、鬼ˬtɕy、贵 tɕy⁾、违围ˌy

河蓬古丈"死客话"：虽ˬɕy、锤槌ˬdzu、水ˬsu、柜 tɕy⁾、鬼ˬtɕy、慰 y⁾、吹ˌtsʰu

岩头河泸溪乡话：罍雷ty、脆 tɕʰy⁾、税 ɕy⁾、肺 fy⁾ ‖ 嘴ˬtɕy³⁵、吹ˌtɕʰye、跪 ˬtɕʰy⁵³、醉 tɕy⁾、锤槌ˬty、水ˬtsu、龟ˬtɕye、柜ˬtɕʰy、飞ˬfy、肥ˬfy、鬼ˬtɕy、贵 tɕy⁾、围ˌy、穗 zu

高峰古丈乡话：脆 tɕʰyɛ⁾ ‖ 嘴ˬtɕy、吹ˌtɕʰyɛ、跪ˬtɕʰy、为围ˌy、锤槌ˬtyei、水ˬtsu、飞ˬfi、鬼ˬtɕy、贵 tɕy⁾

山枣古丈"六保话"：肺 fyi⁾ ‖ 醉 tɕyi⁾、水ˬtsu、飞ˬfyi、肥ˬfyi、围ˌyi、吹ˌtsʰu

可以看出，在乡话点和山枣"六保话"中，"支微入鱼"现象相对地保留得完整些，其次是位于湘西南部的洗溪方言和河蓬"死客话"。其他的位于湘西东部、北部、西部等与广大西南官话交接地带的方言点，"支微入鱼"现象只有零星的残存，如湘西偏西南部的沱江、乾州、花垣、古阳、迁陵、野竹坪 6 个方言点；有的方言点中这种现象已经消失，如湘西偏东北部的润雅、王村、万坪、里耶、民安等 5 个方言点。

湘西汉语方言中，同样也发现了大部分方言点有"鱼入支微"现象的残存。以下是我们所调查的各方言点"鱼入支微"的例字：

沱江凤凰：吕旅屡ᶜluei

乾州吉首：吕旅屡ᶜluei

花垣花垣：吕旅屡ᶜlui

古阳古丈：吕旅屡ᶜlui

迁陵保靖：屡ᶜnui

野竹坪保靖：吕旅屡ᶜnue

王村永顺：吕旅屡ᶜnue

润雅永顺：吕旅屡ᶜle

万坪永顺：吕旅ᶜnei、屡ᶜnɣ

里耶龙山：吕旅屡ᶜnui

洗溪泸溪：吕旅ᶜluei、蛆ₑtsʰuei、徐ₑsuei、取娶ᶜtsʰuei、趣 tsʰueiᵓ、聚 tsʰueiᵓ、须需ᶜsuei

河蓬古丈"死客话"：吕旅屡ᶜlui

山枣古丈"六保话"：吕旅屡ᶜlui、初ₑtsʰei

各点"鱼入支微"基本上都是来母字"吕旅屡"。洗溪方言则除了来母字外，精组字也体现出了"鱼入支微"的特点。岩头河、高峰、山枣三个方言点，只有山枣保留了这一现象。让人感到奇怪的是，岩头河乡话点处于泸溪湘语的包围之中，而泸溪湘语的"鱼入支微"现象还是比较突出的，岩头河乡话作为当地的弱势方言竟然没有受到湘语的影响。

"鱼入支微"现象在现代汉语方言中也多有体现，如"吕"在山西临县、介休，河北涿县，安徽黟县，贵州贵阳、镇远、都匀，湖南益阳等地都读同蟹摄合口一三等，具体读音如下（材料来自张光宇《汉语方言合口介音消失的阶段性》2006：356）

临县	介休	涿县	黟县	贵阳	镇远	都匀	益阳
ᶜluei	ᶜluei	ᶜluei	ᶜluei	ᶜluei	ᶜlei	ᶜlei	ᶜlei

四　蟹效摄一、二等韵的分混

1. 蟹摄一、二等韵的分混

表 5-9　　　　　　　蟹摄一、二等字今读分合的情况

	盖泰—界怪	改海—解蟹	孩咍—鞋佳	栽咍—斋皆	对队—掛卦	灰灰—坏怪
沱江凤凰	kɛˀ	ˀkɛ	₅xɛ	₅tsɛ	tuei	kua	₅xuei	₅xuɛ/xuɛˀ
乾州吉首	kɛiˀ	ˀkɛi	₅xei	₅tsei	tuei	kuɑ	₅xuei	xuɛi
花垣花垣	kɛˀ	ˀkɛ	₅xɛ	₅tsɛ	tui	kua	₅fe	xuɛˀ
民乐花垣	kɛˀ	ˀkɛ	₅xɛ	₅tʃɛ	tui	kua	₅fe	fɛˀ
古阳古丈	kaiˀ	ˀkai	₅xai	₅tsai	tui	kua	₅xui	xuai
迁陵保靖	kaiˀ	ˀkai	₅xai	₅tsai	tui	kua	₅xui	xuai
野竹坪保靖	kaiˀ	ˀkai	₅xai	₅tsai	tui	kua	₅fe	faiˀ
王村永顺	kaiˀ	ˀkai	₅xai	₅tsai	tui	kua	₅xui	xuai
润雅永顺	kaiˀ	ˀkai	₅xai	₅tsai	tui	kua	₅xui	xuai
万坪永顺	kaiˀ	ˀkai	₅xai	₅tsai	tuiˀ	kuaˀ	₅xuei	xuai
里耶龙山	kaiˀ	ˀkai	₅xai	₅tsai	tui	kuaˀ	₅fei	faiˀ
民安龙山	kaiˀ	ˀkai	₅xai	₅tsai	tui	kuaˀ	₅fei	faiˀ
洗溪泸溪	kaiˀ—kaˀ	ˀkai—ˀka / ˀkai	₅xai—₅xa	₅tsa	tui	kua	₅xuei	xuai
河蓬古丈	kaiˀ	ˀkai	₅xai—₅xa	₅tsai—₅tsa	tui	kua	₅fei	xuaˀ
岩头河泸溪	kuɔˀ名/feiˀ动 kuɔˀ	ˀkuɔ—ˀka		₅cuɔˀ	cuiˀ	cuiˀ	₅xei	ˀfei
高峰古丈	—kaˀ	ˀka—kaˀ		₅tsaˀ	tuaˀ	kuaˀ	₅xɣ	ˀxua
山枣古丈	kuaˀ	ˀkua—ˀka		₅tsua—	tua	kua	₅xei	ˀxua

从表 5-9 可以看出，湘西汉语方言蟹摄二等见组字声母读舌根音（白读层），蟹摄一、二等字的今读有三种情况：

（1）蟹摄开口一、二等字完全相混，合口分立不乱。属于这种情况的有除洗溪、河蓬、岩头河、高峰、山枣之外的所有 12 个方言点。

（2）蟹摄开口一、二等字基本分立，但有混同的趋势，合口分立不乱。洗溪、河蓬属于这种情况。

（3）蟹摄一、二等字今读无论开合，有分有合。岩头河、高峰、山枣"六保话"三个点属于这种情况。其中，高峰开口一、二等字今读已完全合流，但合口一、二等字还有分的痕迹。

第五章　湘西汉语方言的韵母　　147

为了全面比较,我们把前面第三章关于乡话和"六保话"蟹摄一、二等字今读的韵母情况再列举如下：

乡话及山枣"六保话"蟹摄一、二等字今读的韵母情况：

	蟹开一（咍泰）	蟹开二（皆佳夬）	蟹合一（灰泰）	蟹合二（皆佳夬）
岩头河泸溪	ei /ɜ/cɔ/ ɯ	ei/cɔ/ a	uɔ/ei	uɛ/cɔ/a
高峰古丈	a/ɤ	a/ɤ	a/ei/ua/ɤ	a/ ua
山枣古丈	ei/ai/ua	ei/ai/ua/ a	ua/ei	uai/u/ua/a

2. 效摄一、二等韵的分混

表 5-10　　　　　效摄一、二等字今读分合的情况

	开一		开二		
	刀豪	老皓	包肴	教效	咬巧
沱江凤凰	₋tɯ	ˬlɯ/ˉlɯ	₋pɯ	tɕiɯˀ	ŋɯˀ/ˬiɯ
乾州吉首	₋tɯ	ˬlɯ	₋pɑ	tɕiɯ/tɕiɯˀ	ŋɯ
花垣花垣	₋tʌ	ˬlʌ	₋pʌ	kʌˀ/ tɕiʌ	ŋʌ
民乐花垣	₋tau	ˬnau	₋pau	tɕiauˀ	ŋau
古阳古丈	₋tau	ˬlau	₋pau	kauˀ/tɕiauˀ	ŋau/ˬiau
迁陵保靖	₋tɐ	ˬlɐ	₋pɐ	kɐˀ/tɕiɐˀ	ŋɐ
野竹坪保靖	₋tɐ	ˬlɐ	₋pɐ	kɐˀ/tɕiɐˀ	ŋɐ
王村永顺	₋tɐ	ˬlɐ	₋pɐ	kɐˀ/tɕiɐˀ	ŋɐ /ˬiɐ
润雅永顺	₋tɯʌ	ˬlɯʌ	₋pʌɯ	tɕiɯʌˀ	ŋʌɯ/ˬiɯ
万坪永顺	₋tau	ˬnau	₋pau	kauˀ/tɕiauˀ	ŋauˀ
里耶龙山	₋tʌ	ˬlʌ	₋pʌ	tɕiʌˀ	ŋʌ
民安龙山	₋tʌ	ˬlʌ	₋pʌ	tɕiʌˀ	ŋʌ
洗溪泸溪	₋tcɔ	ˬlcɔ	₋pcɔ	kcɔˀ/tɕicɔˀ	ŋcɔ
河蓬古丈	₋tʌ	ˬlʌ	₋pʌ	tɕiʌˀ	ŋʌ
岩头河泸溪	₋tcɔ	ˬlcɔ	₋pou³⁵	kcɔˀ	
高峰古丈	₋tau	ˬlau	₋pau	ˬkau	
山枣古丈	₋tʌ	ˬlʌ	₋pʌ		ɲyoˀ

从表 5-10 可以看出,湘西汉语方言白读层（只有二等有文白异读）一、二等今读完全合流,二等文读层,部分字与一等字相区分。山枣效摄一、二等字也大部分合流,韵母今读作 ʌ,但部分一、二等字仍保留区别的痕迹,

如开口一等有ɤ、iʌ 韵，开口二等没有，开口二等中的 yo 韵在开口一等中则没有，如一等字"到 ₌tɤ、告 ʾkɤ、早 ₌tiʌ"，二等字"咬 ʾⁿyo、胶 ₌ⁿyo"。

五 效流摄的分混

湘西汉语方言普遍存在效摄二等见组字白读层不腭化的较古现象（文读层腭化为 tɕi-类），三等字有些方言点的白读层有 i 介音，文读层没有 i 介音，如河蓬"死客话"（"/"左边是白读，其右边是文读）：超 ₌tɕʰiʌ/₌tsʰʌ、招 ₌tɕiʌ/₌tsʌ。各方言点有关韵母如表 5-11 所示。

表 5-11　　　　　　　效流摄今读的分合情况

	效开一	效开二	效开三	效开四	流开一		流开三（尤）			流开三（幽）
	刀/高	包/咬	校	笑/朝	钓/尿	母	钩/口	富/浮	柳/救	瘦/收/寿	彪/幼
沱江凤凰	au	au	iau	iau/ɯ	iau	u	ɘɯ	u	iɯi	ɘɯ	iaɯ/ɯɛ
乾州吉首	aɯ	aɯ	iaɯ	iaɯ/aɯ	iaɯ	oŋ	ɯ	u	iɯ	ɯ	iaɯ/iɯi
花垣花垣	ʌ	ʌ	iʌ	iʌ/ʌ	iʌ	u	ɤ	u	iɤ	ɤ	iʌ/iɤ
民乐花垣	au	au	uai	iau/au	iau	u	ɛɯ	u	iɤ	ɯ	iau/uei
古阳古丈	au	au	iau	iau/au	iau	u	ɤ	u	iɤ	ɤ	iau/iɤ
迁陵保靖	ɐ	ɐ	iɐ	iɐ/ɐ	iɐ	u	ɤ	u	iɤ	ɤ	iɐ/iɤ
野竹坪保靖	ɐ	ɐ	iɐ	iɐ/ɐ	iɐ	ɯɤ	u	iɤ	ɯɤ	iɐ/iɤ
王村永顺	ɐ	ɐ	iɐ	iɐ/ɐ	iɐ	u	ɤ	u	iɤ	ɤ	iɐ/iɤ
润雅永顺	aɯ	aɯ	iaɯ	iaɯ/aɯ	iaɯ	u	ɯ	u	iɯ	ɯ	iaɯ/iɯ
万坪永顺	au	au	uai	iau/au	iau	u	ɤ	u	iɤ	ɤ	iau/iɤ
里耶龙山	ʌ	ʌ	iʌ	iʌ/ʌ	iʌ	u	ɤ	u	iɤ	ɤ	iʌ/iɤ
民安龙山	ʌ	ʌ	iʌ	iʌ/ʌ	iʌ	u	ɤ	u	iɤ	ɤ	iʌ/iɤ
洗溪泸溪	ɔu	ɔu	iɔu	iɔu	ã	ɯ/ai	u/ɯ	iɯ	sai/ɯ/ɯ	iɔu/iɯ
河蓬古丈	ʌ	ʌ	iʌ	iʌ/ʌ	iʌ	ɤ/ai	u/ɤ	iɤ	sai/iɤ/ɤ	iʌ/iɤ
岩头河泸溪	ɔu	ɔu/-	ɔu	iɔu/uɔ	a	u/ei	ia/u	ɯ/a/-	iʌ/iɤ
高峰古丈	au	au/-	au/iau	au	a	u	ia/ɘɯ	iɘɯ/a-
山枣古丈	ʌ	ʌ/yo	ʌ/iʌ	iʌ	ʌ/a	u/ei	-/ei	iu/ia/-

湘西汉语方言中，只有山枣"六保话"流摄开口一等侯韵部分字混入了效摄。洗溪、河蓬、岩头河、高峰等地的方言效摄、流摄分立不乱，泾渭分明。其他方言点也基本上是分立不乱，除山枣外，只有流摄开口三等幽韵字"彪"的读音混入效摄。"彪"在口语中不常用，而且此字在普通话

中也读同效摄，所以这些点"彪"字的读音混入效摄可能是受普通话的影响。另外，流摄开口三等幼韵字"谬"的读音也在某些方言点中混入了效摄，因为这不是一个口语字，所以它有可能是误读导致的。山枣"六保话"流摄开口一等侯韵部分字混入了效摄，如：

流开一：钩勾见₌kʌ、偷透dʌˀ、漏来zʌˀ

效摄：桃lʌ 开一豪定、刀开一豪端tʌ、包开二肴帮₌pʌ、笑开三笑心sʌˀ、跳开四啸透₌dʌ

上古时期，中古的效摄字和流摄字分属于幽部、宵部、侯部和之部，大致的情形是，尤、幽两韵的大部分字属于幽部，尤韵的少部分字属于之部；豪、肴、萧三韵的一部分字属于幽部，一部分属于宵部；宵韵字基本上都属于宵部；侯韵的大部分字属于侯部，少部分字属于之部。可见，效摄与流摄在上古时期就关系密切。但为什么湘西众多的方言中，只有山枣"六保话"有效流摄今读相混的迹象，我们目前还找不到合理的解释。

第二节 古阳声韵

一 古阳声韵的今读类型及分布

这里的"阳声韵"指中古"咸深山臻宕江曾梗通"九摄的舒声韵。《切韵》音系中，"咸深"舒声收-m 尾，"山臻"舒声收-n 尾，"宕江曾梗通"舒声收-ŋ 尾。湘西汉语方言同今天的大部分汉语方言——特别是官话一样，-m 尾并入-n 尾，阳声韵韵尾仅存-n、-ŋ 两个，而且都有不同程度的鼻化或丢失的现象。下文讨论湘西汉语方言阳声韵的今读类型及其演变过程。文中凡是以-m、-n、-ŋ 收尾的韵，我们统称为"鼻尾韵"。在很多汉语方言中，鼻尾韵发音时会因软腭下垂而使鼻腔通路打开，这样就使元音在带上鼻音色彩的同时，也使鼻音尾-m、-n、-ŋ 弱化甚至消失。凡属于鼻音弱化的，我们统称为"鼻化韵"，用"ã"来表示（"a"代表主元音）。有的方言鼻尾韵因弱化而最终消失，这种消失了鼻音尾而与阴声韵混同的韵，我们称之为"纯元音韵"（也可称口元音韵、阴声韵），用"a"来表示。

湘西汉语方言根据阳声韵韵尾的实际音值可以分成四大类，每一大类因为韵摄归并的不同又可以分成不同的小类。这里要说明的是，曾开一帮组舒声，字表中只列了"崩朋"两个字，曾合一舒声只有"弘"一字，这3个字在乡话点中全部读纯元音韵，在里耶全部读成鼻化韵，在其他方言点"朋弘"全部读成 oŋ，"崩"有的方言点读成 oŋ，有的方言点读成鼻化韵。因为情况有点特殊且字数少，我们在分类时把这几个字暂时排除在外。这样，湘西汉语方言阳声韵具体读音类型及分布情况如下：

1. 鼻尾韵型（-n、-ŋ 二分型）

沱江、迁陵属于这种类型，这一类型的重要特点跟大部分官话一样，就是古-m 韵尾消失，并入-n 韵尾，鼻音韵尾二分。根据古摄韵尾的合并情况，又可以分成两小类：

合并类型	相应的音值	方言点
（1）咸山深臻曾：宕江通：梗	-n：-ŋ：-ŋ/-n	沱江文读层、迁陵
（2）咸山深臻曾：宕江梗通	-n：-ŋ	沱江白读层

这一大类音值比较单一，咸深摄的韵尾-m 并入山臻韵的韵尾-n，曾摄的韵尾-ŋ 也并入山臻摄的韵尾-n。第（1）、（2）类的主要区别在于梗摄。梗摄在沱江有文白异读，白读层梗摄的韵尾和宕江通的韵尾合并，收-ŋ，与中古一致；文读层梗摄开口与部分合口字的韵尾变成-n，部分合口字仍保留-ŋ，这反映梗摄字在这两个点中正处于-ŋ→-n 的演变过程中。具体例字如下：

沱江、迁陵方言阳声韵今读情况如下所示：

	三咸	盐咸	蒜山	远山	针深	心深	春臻	云臻
沱江凤凰	san˸	˨ian	suan˧	˥yan	˨tsən	˨ɕin	˨tsʰuən	˨yn
迁陵保靖	san˸	˨ien	suan˧	˥yen	˨tsen	˨ɕin	˨tsʰun	˨yin

	羊宕	放宕	双江	讲江	等曾	病梗	兄梗	冬通	穷通
沱江凤凰	˨iaŋ	faŋ˧	˨suaŋ	˥kaŋ/ ˥tɕiaŋ	˥tən	piaŋ˧/pin˧	˨ɕioŋ	˨toŋ	˨tɕʰioŋ
迁陵保靖	˨iaŋ	faŋ˧	˨suaŋ	˥kaŋ	˥ten	pin˧	˨ɕioŋ	˨toŋ	˨dʑioŋ

-n、-ŋ 二分型（鼻尾型）广泛见于官话，赣语也占相当大一部分。另外，湘语、客家话、土话、平话等也有少量方言点属于这种类型。

2. 鼻化韵、纯元音韵共存型

湘西只有里耶方言属于这种类型。在这种类型中，除咸摄开口、山摄合口合流后部分读纯元音韵外，中古咸深山臻宕江曾梗通其他韵摄的舒声韵全部合流，所有韵摄的鼻音韵尾消失，主要元音鼻化。如下表所示：

	三咸	盐咸	山山	恋山	针深	心深	春臻	云臻
里耶龙山	˨sã	˨ie	˨sã	lie˧	˨tsẽ	˨ɕĩ	˨tsʰuẽ	˨ĩ

	羊宕	放宕	双江	讲江	等曾	病梗	兄梗	冬通	穷通
里耶龙山	˨iẽ	fã˧	˨suã	˥tɕiẽ	˥tẽ	pĩ˧	˨xiõ	˨tõ	˨tɕʰiõ

像里耶方言一样，几乎所有中古阳声韵全部合流而读鼻化韵的类型在全国各地比较罕见。据我们所掌握的资料，目前只有绩溪和歙县两个徽语方言点大致如此，不过两地的古韵尾合并情况不尽相同。三个方言点的具体表现比较如下：

合并类型	相应的音值	方言点
（1）咸开山合：咸合山开深臻宕江曾梗通	ã/a: ã	里耶
（2）咸山梗：深臻宕江曾通	ã/a: ã	绩溪
（3）咸山梗：深臻曾通：宕江	ã/a: ã: a	歙县

有趣的是，这三个方言点仅从韵摄的归并和演变看，似乎有紧密的前后继承关系，即：里耶>绩溪>歙县。实际上，位于湘、渝、黔三省（市）交界处的里耶跟其他两个方言点在地理上相距遥远，在来源上也很难说有更多的共同点。

3. 鼻尾韵、鼻化韵共存型

湘西大部分方言点属于这种类型。根据古韵尾的合并情况，分成以下小类：

合并类型	相应的音值	方言点
（1）咸山深臻曾：梗：宕江通	ã: -ŋ/ã: -ŋ	乾州、花垣、民乐、古阳、王村、民安
（2）咸山深臻宕江曾：梗：通	ã: -ŋ/ã: -ŋ	野竹坪
（3）咸山深臻曾宕开一合：宕开三江梗：通	ã: -ŋ/ã: -ŋ	润雅
（4）咸山深臻开宕江曾：臻合三梗：通臻合一	ã: -ŋ/ã: -ŋ	万坪

这一大类中以第（1）小类为主流类型，它们一致的特点是"咸深曾"摄并入"山臻"摄并进一步弱化成鼻化韵（万坪臻摄归并比较复杂）；梗摄则与沱江、迁陵一样处于弱化的过程中：一部分保留 ŋ 尾，一部分已经弱化成鼻化韵；通摄仍完整地保持读鼻尾韵。不同之处主要在于宕江摄的归并。具体例字如下：

乾州等方言古阳声韵今读情况（1）：

	三咸	盐咸	蒜山	远山	针深	心深	春臻	云臻
乾州吉首	₋sẽi	₋iẽi	suã'	ˊyẽi	₋tsẽi	₋cĩ	₋tsʰuẽi	₋yĩ
花垣花垣	₋sã	₋iẽ	suã'	ˊyẽ	₋tsẽ	₋cĩ	₋tsʰuẽ	₋yĩ
民乐花垣	₋sã	₋iẽ	ʃuã'	ˊyẽ	₋tʃẽ	₋cĩ	₋tʃʰuẽi	₋yĩ
古阳古丈	₋sã	₋iẽ	suã'	ˊyẽ	₋tsẽi	₋cĩ	₋tsʰuẽī	₋yĩ

续表

	三咸	盐咸	蒜山	远山	针深	心深	春臻	云臻
王村永顺	₋sãi	₋iẽ	suãi⁼	⁼yẽ	₋tsẽi	⁼çĩ	₋tsʰuẽi	₋yĩ
民安龙山	₋sã	₋iẽ	suã⁼	⁼yẽ	₋tsẽ	⁼çĩ	₋tɕʰyĩ	₋yĩ
野竹坪保靖	₋sã	₋iẽ	suã⁼	⁼yã	₋tsẽ	⁼çĩ	₋tsʰuẽ	₋yĩ
润雅永顺	₋sãi	₋iẽ	suãi⁼	⁼iẽ	₋tʃẽi	⁼çĩ	₋tʃʰuẽi	₋ĩ
万坪永顺	₋sã	₋iẽ	suã⁼	⁼iẽ	₋tsẽi	⁼çĩ	₋tsʰoŋ	₋ĩ

乾州等方言古阳声韵今读情况（2）：

	羊宕	放宕	双江	讲江	等曾	病梗	兄梗	冬通	穷通
乾州吉首	₋iaŋ	faŋ⁼	₋suaŋ	⁼kaŋ/⁼tɕiaŋ	⁼tẽi	pĩ⁼	₋çioŋ	₋toŋ	₋dʑioŋ
花垣花垣	₋iaŋ	faŋ⁼	₋suaŋ	⁼kaŋ/⁼tɕiaŋ	⁼tẽ	pĩ⁼	₋çioŋ	₋toŋ	₋dʑioŋ
民乐花垣	₋iaŋ	faŋ⁼	ʃuaŋ⁼	⁼tɕiaŋ	⁼tẽi	pĩ⁼	₋çioŋ	₋toŋ	₋tɕʰioŋ
古阳古丈	₋iaŋ	xuaŋ⁼	₋suaŋ	⁼tɕiaŋ	⁼tẽi	pĩ⁼	₋çioŋ	₋toŋ	₋dʑioŋ
王村永顺	₋iaŋ	xuaŋ⁼	₋suaŋ	⁼kaŋ	⁼tẽi	pĩ⁼	₋çioŋ	₋toŋ	₋dʑioŋ
民安龙山	₋iaŋ	faŋ⁼	₋suaŋ	⁼tɕiaŋ	⁼tẽ	pĩ⁼	₋xioŋ	₋toŋ	₋tɕʰioŋ
野竹坪保靖	₋iã	fã⁼	₋suã	⁼tɕiã	⁼tẽ	pĩ⁼	₋çioŋ	₋toŋ	₋tɕʰioŋ
润雅永顺	₋iaŋ	xuãi⁼	ʃuãi⁼	⁼tɕiaŋ	⁼tẽi	pĩ⁼	₋xioŋ	₋toŋ	₋tɕʰioŋ
万坪永顺	₋iãɛ	xuã⁼	₋suã	⁼tɕiã	⁼tẽi	pĩ⁼	₋xioŋ	₋toŋ	₋tɕʰioŋ

这种类型也广泛见于官话和闽南方言，部分见于吴语、湘语、客赣语、徽语等。闽南方言的咸深摄仍保留-m 尾；其他方言与湘西汉语一样，咸深摄的-m 尾主要并入深臻摄的-n 尾。

4. 鼻尾韵、鼻化韵、纯元音韵共存型

这种类型见于洗溪、河蓬、岩头河、高峰、山枣 5 个方言点，而这 5 个方言点又可以分成 5 个小类型，如：

<u>合并类型</u>　　　　　　　　　　　<u>相应的音值</u>　　　　　<u>方言点</u>
（1）咸山：深臻宕江曾：梗：通　a/ã: ã: -ŋ/ã: -ŋ　　洗溪
（2）咸山：深臻曾：梗：宕江通　-ŋ/a: ã: -ŋ/ã: -ŋ　　河蓬
（3）咸山合：深臻合通：山开江宕开：宕合：臻开曾梗
　　　　　　　　　　　　　　-ŋ/ã/a: a: -ŋ/ã: -ŋ: a/ã　岩头河
（4）咸山江梗：深臻通：宕合：曾：宕开
　　　　　　　　　　　　　-ŋ/a: a: -ŋ: -ŋ/a/-n: -ŋ/-n/ã　高峰

（5）咸山宕开江：深臻曾通：宕合：梗

-ŋ/a：a：-ŋ：-ŋ/ã　　　　山枣

这种类型各小类之间韵摄的归并及其具体音值最为复杂，其共同点几乎只有咸山摄和深臻摄的合并，但合并后的实际音值也很不一致。高峰宕摄开口只有"娘"字有纯元音韵的读法。其实，"娘"除了读 ₋nya 外，另有 ₋ɲiẽ/₋ɲian 两读，所以在归类时其纯元音读法不作为音类的代表而参与归类。"娘"字的三种读音类型正好体现了湘西方言阳声韵演变的途径和方式：鼻尾韵→鼻化韵→纯元音韵。当然这只是演变途径和方式的一种，实际上，湘西方言阳声韵的演变途径和方式不是单一的，详见下文论述。鼻尾韵、鼻化韵、纯元音韵共存型的部分例字见下表（因为这种类型比较复杂，以下例字未能完全反映上面各小类韵摄的归并情况）：

洗溪等方言点阳声韵今读情况（1）：

	三咸	盐咸	蒜山	远山	针深	心深	春臻	云臻
洗溪泸溪	₋sa	₋ie	sue³	ˇue	₋tɕĩ	₋sẽi	₋tsʰyĩ	₋uẽi
河蓬古丈	₋sa	₋ie	sue³/saŋ³	ˇye	₋tɕĩ	₋sẽi	₋tsʰuẽi	₋yĩ
岩头河泸溪	₋suɔ	₋zie	sʌŋ	ˇuɛ	₋tse	₋ɕie	₋tsʰuɛ	₋ye
高峰古丈	₋so/oɕ	₋dzai	sɤŋ	ˇvai	tsai	₋ɕie	₋tsʰuai	₋ye
山枣古丈	₋so	₋zie	ˇsoŋ	ˇuai	₋tɕie	₋ɕie	₋tsʰue	₋yɛ

洗溪等方言点阳声韵今读情况（2）：

	羊宕	放宕	双江	讲江	等曾	病梗	兄梗	冬通	穷通
洗溪泸溪	₋iã	fã³	₋suã	ˇkã	ˇtẽi	pẽi³	ʃoŋ	₋toŋ	₋dʑioŋ
河蓬古丈	₋ian	faŋ³	₋suan	ˇkan	ˇtẽi	pẽi³	₋xioŋ	₋toŋ	₋dʑioŋ
岩头河泸溪	₋zʌŋ	fʌŋ³	₋sʌŋ	ˇkɯ	ˇtɯ	fuɔ³	₋fʌɯ	₋tɯ	₋tɕye
高峰古丈	₋zɤŋ	fɤŋ³	₋sɤŋ	ˇkan	ˇtan	foŋ³		₋tau	₋tɕiau
山枣古丈	₋zioŋ	xoŋ³	₋soŋ	ˇkɤ	ˇtɤ	faŋ³		₋tɤ	₋tɕiɤ

这种类型主要分布在官话方言中，吴语的大部分也属于这种类型。所有属于这种类型的方言都没有咸深摄收-m尾的现象。

二　古阳声韵的演变

上面第一部分我们讨论了湘西汉语方言阳声韵的今读类型及分布，总的看来，湘西汉语阳声韵可以分成4大类12小类，归纳如下：

表 5-12　　湘西汉语方言阳声韵今读类型、音值及分布情况

	合并类型	相应的音值	方言点
鼻尾韵型	咸山深臻曾—宕江通—梗	-n: -ŋ: -ŋ/-n	沱江文读层、迁陵
	咸山深臻曾—宕江梗通	-n: -ŋ	沱江白读层
鼻化韵、纯元音韵共存型	咸开山合—咸合山开深臻宕江曾梗通	ã/a: ã	里耶
鼻尾韵、鼻化韵共存型	咸山深臻曾—梗—宕江通	ã: -ŋ/ã: -ŋ	乾州、花垣、民乐、古阳、王村、民安
	咸山深臻宕江曾—梗—通	ã: -ŋ/ã: -ŋ	野竹坪
	咸山深臻曾宕开－合—宕三江梗—通	ã: -ŋ/ã: -ŋ	润雅
	咸山深臻开宕江曾—臻合三梗—通臻合一	ã: -ŋ/ã: -ŋ	万坪
鼻尾韵、鼻化韵、纯元音韵共存型	咸山—深臻宕江曾—梗—通	a/ã: ã: -ŋ/ã: -ŋ	洗溪
	咸山—深臻曾—梗—宕江通	-ŋ/a: ã: -ŋ/ã: -ŋ	河蓬
	咸山合—深臻合通—山开江宕开—宕合—臻开曾梗	-ŋ/ã: a: -ŋ/a: -ŋ: a/ã	岩头河
	咸山江梗—深臻通—宕合—曾—宕开	-ŋ/a: ã: -ŋ: -ŋ/a: -n: -ŋ: -n/ã	高峰
	咸山宕开江—深臻曾通—宕合—梗	-ŋ/a: ã: -ŋ: -ŋ/ã	山枣

　　从表 5-12 可以看出，湘西汉语方言阳声韵今读情况比较复杂，各韵摄归并和演变进程不一，四大类之间看不出层次的先后，大类之下的小类除沱江白读层和沱江文读层及迁陵有前后发展关系外，其他大类下的小类也看不出前后发展关系。为了更清楚地了解古阳声韵在湘西汉语方言中的演变规律，我们按每摄的开合口列表如下，开合口合流的摄我们不再分开合口（"ã"表示鼻化，"a"表示纯元音，空白表示没有读音例字或发音人发不出。每一小类选取一个代表点）：

表 5-13　　古阳声韵在湘西汉语方言中的演变情况

	咸开	咸合	深开	山开	山合	臻开	臻合	宕开	宕合	江开	曾开	曾合	梗	通合
沱江凤凰			-n							-ŋ		-n	-ŋ	-ŋ/-ŋ-n	-ŋ
迁陵保靖			-n					-ŋ			-n		-ŋ-n	-ŋ
乾州吉首			ã								ã		-ŋ/ã	-ŋ
野竹坪保靖				ã									-ŋ/ã	-ŋ
润雅永顺			ã			-ŋ/ã		ã		-ŋ			-ŋ/ã	-ŋ
万坪永顺	ã				-ŋ/ã		ã				-ŋ	-ŋ/ã	-ŋ
里耶龙山	ã/a	ã		ã/a				ã						

第五章　湘西汉语方言的韵母

续表

	咸开	咸合	深开	山开	山合	臻开	臻合	宕开	宕合	江开	曾开	曾合	梗	通合
洗溪泸溪	ã/a	ã	ã/a	ã		ã						-ŋ	-ŋ/ã	-ŋ
河蓬古丈	-ŋ/ã	-ŋ	ã	-ŋ/a		ã		-ŋ			ã		-ŋ/ã	-ŋ
岩头河泸溪	-ŋ/a/ã	a	-ŋ/a	-ŋ/a/ã	a	-ŋ/a	-ŋ	-ŋ/a/ã	ã/a/a	a	ã/a/a		ã/a	a
高峰古丈	-ŋ/a	a	-ŋ/a			-ŋ/-n/ã		-ŋ/a			ŋ/a/n		-ŋ/a	
山枣古丈	-ŋ/a		-ŋ/a	-ŋ/a	a	-ŋ/a	-ŋ	-ŋ/a	a		-ŋ/a		-ŋ/ã	a

说明：三个乡话点臻摄开口只一个"人"字读为-ŋ尾，洗溪臻摄合口只有一个"允"字读为ioŋ韵，其他臻摄合全为鼻化韵。岩头河曾摄开口只有"胜"一个字读鼻化韵，高峰曾摄开口大都为鼻尾韵，只有曾开一帮组为纯元音韵；高峰通摄只有一个字"梦"字读为-ŋ尾。这些情况我们一般都视为例外而不参与归类。

从表5-13可以看出，中古阳声韵韵尾-m、-n、-ŋ三分的格局在湘西汉语方言中发生了变化，-m尾已经完全消失，大多数方言点只保留-ŋ尾，少数方言点如沱江、迁陵、高峰等还有-n韵尾的存在，这说明湘西方言中-m韵尾最早发生演变，其次是-n韵尾，而-ŋ韵尾是最稳定的。在《广韵》中，-m尾和-n尾是判然有别的，这种分别在通语中直到16世纪还存在。杨耐思（1984：16—27）曾指出：

就汉语共同语来说，到了十三四世纪，才有了少数-m尾字转化为-n，这主要反映在周德清（1277—1365）的《中原音韵》（1324）里。《中原音韵》真文韵上声"牝品"同音；寒山韵平声阳"烦繁膰礬蠻帆樊凡"，去声'饭販畈範泛范犯'同音。这些-m尾混入-n尾的字限于唇音声母（p-、p'-、f-等），这就是通常所说的"首尾异化"现象。至于绝大多数-m尾字还没有发生转化，正如王力先生指出的：《中原音韵》还保存着侵寻、监咸、廉纤三个闭口韵，可见基本上还保存着-m尾。"……-m的部分转化不晚于十四世纪，全部转化不晚于十六世纪初叶。这是就"通语""官话"而言，至于在汉语的方言里，这种演变的发生要早得多。

周赛红《湘方言音韵比较研究》（2005：82—85）中根据历史文献，证明现代湘方言咸山摄唐代开始出现合并；宋代合并可能全部完成，也可能在部分方言点首先完成；元代咸山摄完全合并。周赛红（2005：85）还认为咸山摄合并与臻深摄合并性质一样，在历史上应该是平行演变的。

鼻韵尾的归并、弱化为鼻化韵、鼻化消失转变为纯元音韵并与阴声韵合并等是中古阳声韵在汉语方言中演变的三个阶段，即：鼻音尾韵→鼻化韵→纯元音韵。这三个阶段都在湘西不同的方言中得到了体现。由上文可见，古-m、-n、-ŋ韵尾与湘西汉语方言古阳声韵字的韵尾音值对应关系复杂，四大类方言韵尾类型不同，鼻音韵尾今读类型存在着交叉现象，大类下属的方言也往往有着不同的韵尾类型。鼻音韵尾保留最多的是沱江和迁陵方言，它们有-ŋ、-n 两个鼻音韵尾，其他方言基本上只有-ŋ 韵尾，高峰还有少数-n 韵尾的残存，里耶除咸摄开口、山摄合口少部分字演变成纯元音韵外，其他全部演变成鼻化韵，就连公认最稳定的通摄也不例外。当然这只是大致的情况，具体到每个方言则并不是整齐划一的。这种不整齐性从另一个角度看，正好体现了方言阳声韵韵尾从中古到现代，由鼻尾韵的单一格局发展成鼻尾韵、鼻化韵、纯元音韵交叉叠置的多样格局。从韵摄角度看，中古阳声韵在湘西的演变显得比较凌乱，其演变为鼻化韵和纯元音韵的次序各不相同，但大部分的方言点各韵摄演变的大致次序是：咸山深臻摄最先发生演化，其次是宕江摄，再其次是曾梗摄，最后是通摄。乡话点的演变次序似乎与上述次序很不相同。

　　从演变方式看，古阳声韵韵尾在湘西汉语方言中的演变有三种方式：合并、弱化（脱落）、分化。演变而来的类型有鼻尾型、鼻化型、纯元音型。演变模式及演变而来的今读类型同大多数汉语方言一样。例如，张维佳在《关中方言鼻尾韵的音变模式》（2001）中指出，中古阳声韵尾在关中方言的演变情况十分复杂，"有合流、弱化和分流三种音变模式，演变出鼻音型、元音鼻化音型、元音型等三种类型"。湘西方言中古阳声韵今读的各类型中比较一致的是咸山摄合并、深臻摄合并、宕江摄合并，至于咸山摄、深臻摄、宕江摄之间是否再进一步发生韵类合并以及曾梗通的合并情况，则各个方言各不相同。第一大类主要是韵摄的合并，鼻韵尾弱化是湘西汉语阳声韵的主要演变类型；第二到第四大类既有合并，又有鼻韵尾的弱化，特别是在第四大类中，鼻音尾韵弱化至鼻化元音韵后进一步弱化，最后变成纯元音韵，与相应的阴声韵合流。

　　总之，湘西汉语方言中古阳声韵的演变比较复杂，其韵摄演变的先后规律很难看出。其中鼻尾韵型大致是：咸深山臻＞宕江曾梗通；鼻尾韵、鼻化韵共存型及洗溪、河蓬"死客话"大致是：咸深山臻曾＞宕江梗＞通。里耶、岩头河、高峰、山枣"六保话"则看不出很强的规律性。整体而言，湘西汉语方言中古阳声韵的演变途径和方式大致可以归纳如下图：

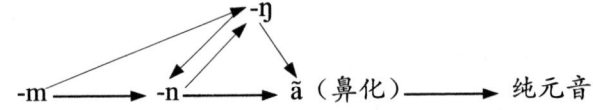

$$-m \longrightarrow -n \longrightarrow \tilde{a}（鼻化）\longrightarrow 纯元音$$
（以及 -n、-ŋ 上方的箭头关系）

这只是代表大多数方言点阳声韵演变的可能方式和途径，不排除有的演变可能没有经过鼻化阶段，而是直接脱落鼻音韵尾而变成纯元音韵，也不排除由复韵母到鼻化音，中间还可能经过鼻化复韵母的阶段。如湘西乡话，鼻化韵极少，纯元音韵最多，其次是后鼻音韵，这种存在较多鼻音尾韵和纯元音韵而鼻化韵极少的方言，其纯元音韵很可能是由鼻音韵尾脱落而直接演变而来的。

三 古阳声韵演变的特殊性

张琨《汉语方言中鼻音韵尾的消失》(1983) 一文曾专门讨论了吴语和官话鼻音韵尾消失的情形，他认为：

最保存的一组韵母是后高（圆唇）元音后附舌根鼻音韵尾（*oŋ），其次是前高（不圆唇）元音后附舌根鼻音韵尾（*eŋ），最前进的一组韵母是低元音后附舌头鼻音韵尾（*a/ɑn）。在吴语方言中，低元音后附舌根鼻音韵尾这一组（*a/ɑŋ）在受鼻化作用的可能性上仅次于*a/ɑn 组。在官话方言中，前高（不圆唇）元音后附舌头鼻音韵尾这一组韵母（*en）在受鼻化作用的可能性上仅次于*a/ɑn 组。

张琨（1983）所认为的吴语和官话鼻音韵尾消失的进程可概括为：

吴方言：an/ɑn＞aŋ/ɑŋ＞en＞eŋ＞oŋ

官话：an/ɑn＞en＞aŋ/ɑŋ＞eŋ＞oŋ

段亚广（2012：119—120）针对张琨（1983）的观点，进一步进行阐述：

可以看出，以吴语为代表的南方方言中，低元音后附鼻音最易受影响变成鼻化韵或纯元音韵，后高（圆唇）元音后附鼻音尾最保守。即是说，在鼻音尾丢失方面，南方方言是先以元音高低为条件，再以元音舌位前后为条件；而官话方言中，是先以鼻音前后为条件（即舌头鼻音-n 和舌根鼻音-ŋ），再以元音高低为条件。简言之，南方方言鼻音尾的消失与元音高低关系更为密切，而官话方言则与鼻音尾的前后关系更为密切。这代表了汉语方言南方、北方在鼻音尾消失方面不同的类型特征。我们非常认同张先生的观点。这篇论文从发表至今近三十年来，还未曾见到过有悖于论文观点的方言报告，也说明文中的结论是经得起检验的。

张琨先生提出的鼻音韵尾消失的规律，对大多数汉语方言而言无疑是正确的，诸多的方言调查报告也在不断地论证着这一规律的正确性。根据王力先生的拟音，中古咸山宕江梗等摄的主元音（韵腹）是低元音，所以其韵尾最先弱化、消失，咸山摄先于宕江摄韵尾先弱化、消失又体现了鼻音韵尾发音部位前后的影响。其他韵摄的主元音，深臻摄是高元音，曾摄是央元音，通摄是后高元音。通摄韵尾最为稳固，往往最后消失，这与其后高元音韵腹有着密切的关系。湘西汉语方言阳声韵大多数也遵循着这种规律进行演变，但乡话似乎是打乱了这一章法。

根据王力的拟音及张琨（1983）所提出的并被许多方言事实证明了的阳声韵演变规律，咸山摄的韵尾一般要比深臻摄先行演变。但在湘西乡话中，咸山摄今读是后鼻音尾韵、鼻化韵、纯元音韵都有，而深臻摄几乎全都是纯元音韵，深臻摄的演变走在了咸山摄的前面。岩头河、高峰、山枣乡话中阳声韵的演变最特别之处是通摄的演变。通摄在这些点中全部读成阴声韵，走在除深臻摄之外所有韵摄的前头，这既不同于张琨（1983）所概括的方言鼻音韵尾消失规律中的官话，也不同于南方方言。那么，湘西乡话到底是一种什么样的方言？是什么原因导致湘西乡话通摄字韵尾独特的演变规律？通摄字阳声韵演变成纯元音是在什么年代，演变途径是什么？

关于古阳声韵演变成阴声韵的途径，一般都认为中间要经过鼻化韵的阶段。张琨（1983：4）曾经指出：

在鼻音韵尾消失的过程中，元音会发生种种变化。鼻化作用是第一步，失去鼻化作用是第二步。平常的假设是鼻化作用先发生，然后再丢掉鼻化作用，变成纯粹元音。当然，鼻音韵尾也可能直接消失掉了，不经过鼻化作用的阶段。鼻化作用发生在不同的时间，发生自不同的地方。根据汉语发展的历史，最早的鼻化作用发生在吴语区，最晚的鼻化作用发生在西南官话区。

庄初升（2004：208）则认为：

古阳声韵一般不可能直接演变成阴声韵，中间一定要经过鼻化韵的阶段。鼻化韵是带有鼻音成分的元音韵母，因为鼻音成分逐渐淡化，气流只在口腔产生共鸣，鼻化韵也就变成了口音韵，即阴声韵。

但是，根据湘西乡话方言点通摄字今读全部为纯元音，可以推测其纯元音可能没有经过鼻化这一阶段，而是直接脱落鼻音韵尾而来。如果中间经过了-n 韵尾或鼻化阶段，按照常理总会在部分字中留下痕迹。当然也不排除确实是先经-n 韵尾或鼻化阶段，然后再演变成纯元音（如在高峰乡话中，"娘"的今读就有 nya[13]/niẽ[13]/niaŋ[55/13] 三个不同的读音），因为整个过程发生的时间比较早，故现在看不到演变过程的痕迹，如西南官话中的凤仪、丽江，及浙江汤溪吴语和湖南辰溪湘语，这四个方言点中古阳声韵全部变成阴声韵，已看不出演变的痕迹。关于湘西乡话通摄阳声韵演变为纯元音韵的时间，因为没有可靠的历史文献可资参考，我们也不好妄加推测。但至少可以确定，通摄阳声韵早在半个世纪前已全部变成纯元音韵了。1956年王辅世先生调查过泸溪县红土溪乡话，1982 年根据当年调查的材料撰写的论文当中提到：

下面我们再谈一谈有关瓦乡话韵母的一个有趣的现象。我们已经看到瓦乡话只有一个舌根鼻音韵尾ŋ，这个ŋ在少数字中还不稳定，有时还要丢失，如数词"三"单读时已经没有ŋ，读作sɔɿ，只是在和其他数词组成复合数词时或和"第"连用表示序数时，才带ŋ，……与此有关的现象是：有些阳声韵类的读法中，有的带鼻音韵尾，有的不带。……我认为这不是因为受了其他方言影响的结果，而是瓦乡话发展变化的趋势。瓦乡话已经把m、n、p、t、k等五个韵尾丢失了，如果不是现在交通便利，文化事业如电影戏剧等在瓦乡人居住的地区同样得到发展，那里的学校推广普通话，说不定瓦乡话最后也会把ŋ韵尾丢失！当然，今后瓦乡话只能再增加一个韵尾，而决不会把ŋ韵尾丢失的。（1982：146）

在论文中，王辅世先生不仅提到了泸溪县红土溪乡话通摄字已完全变成纯元音韵，而且认为这种特点是瓦乡话自身的演变导致的，并且如果不受其他方言的影响，瓦乡话最后有可能也会把ŋ韵尾丢失。我们认为，王辅世先生的这种论断不是没有根据的，汉语方言中丢失所有鼻音韵尾而变为纯元音韵并不乏先例。乡话内部的分歧尽管比较大，但在通摄阳声韵尾的演变上却是高度的一致。鲍厚星、伍云姬（1985：61）在对沅陵麻溪铺乡话进行调查后指出：

中古音的鼻韵尾-m、-n在乡话中已消失。咸深二摄除咸摄开口一等有少数字读-oŋ外，其余均读单元音、复元音或鼻化音。山臻二摄中除山摄开合口一等部分字读-oŋ外，其余几乎也都读为单元音、复元音或鼻化音。只有-ŋ尾还保存着一部分（实际上只有-oŋ和-ioŋ）。宕江二摄主要读-oŋ和-ioŋ，曾摄主要读õ，梗摄主要读ẽ和õ，通摄主要读ɑɯ和əɯ。

杨蔚（2010：144）通过对沅陵乡话的全面调查后指出："通摄在湘西乡话的演变十分特别，它已完全阴声化了，在不同的点与不同的韵摄合流，有的与阴声韵流效摄合流，有的与变为阴声韵的咸山深臻等韵摄合流。"杨蔚调查的主要是属于大湘西范围的沅陵乡话，而属于湘西的高峰乡话，据伍云姬（2010：19）调查后的总结是"通摄读au、iau，和效摄相同"。不管通摄阳声韵的实际音值是什么，至少过往学者们的调查结果表明，在通摄阳声韵全部变成纯元音韵这一特点上是一致的。

至于演变的原因，通常认为有内在的和外在的两方面。内在的原因是指语言内部各因素的互相影响、互相作用，外在的原因是指语言外部各因素的影响，主要是语言（方言）接触所带来的影响。我们认为湘西乡话通摄的这种不同于一般汉语方言的演变应该是乡话的内在原因所致，是乡话语音自身演变的结果。正如王辅世（1982：146）所言，"……这不是因为受了其他方言影响的结果，而是瓦乡话发展变化的趋势"。因为综观乡话周边的其他汉语方言，都没有类似的现象，而且湘西的少数民族语言如土家语、苗语都没有这种现象，土家语鼻化韵非常丰富，苗语有大量的后鼻尾韵。当然，瓦乡话在发展变化过程中，肯定也受到了其他方言的影响。王辅世（1982：36）在解释瓦乡话与中古汉语语音对应关系复杂的原因时指出：

> 瓦乡话为什么和中古汉语语音对应关系这么复杂呢？我认为有两种可能。一种可能是方言渗透的结果。所谓方言渗透是在瓦乡话中增加了其他方言的语音，当然其他方言的语音是随着词汇渗入瓦乡话的。瓦乡人现在居住在湖南省西部，他们和当地说湘西话的人密切交往，湘西话的语音就必然渗入瓦乡话。瓦乡人并不是湘西土著，根据瓦乡人的传说，他们是从陕、甘或江西迁到湘西的，那就不知道他们在迁徙中曾接触多少种其他方言。每次接触都可能有其他方言的语音渗入瓦乡话，因而造成今日瓦乡话和中古汉语语音对应关系复杂的现象。另一种可能是瓦乡话保存了中古以前的语音。中古以前的语音和中古语音肯定是不会全同的。一个中古声类可能是由中古以前的几个声类合并而成的，一个中古韵类可能是由中古以前的几个韵类合并而成的；或者中古以前同一声类或韵类的字到中古有个别的并入另一声类或韵类。如果上述两种情况都有，那就更难怪今日瓦乡话的语音和中古汉语语音的对应关系如此复杂。

历史上和现代官话中有关于宕梗摄率先丢失鼻音韵尾而其他韵摄保留鼻音韵尾的记载，如唐五代西北方音和宋代西北方音。早在20世纪初，罗常培（1933）研究唐五代时期汉藏对音材料《千字文》时就发现了宕梗摄率先变成纯元音韵的现象。从《千字文》的对音可以看出：宕梗摄大部分字已读为纯元音，其他各摄-m、-n、-ŋ尾保存完整。现代中原官话汾河片阳声韵的白读也是宕梗摄已变成纯元音韵而其他摄仍保留-n、-ŋ尾。但是，通摄阳声韵今读纯元音韵而其他韵摄保留鼻音韵尾的方言在全国各大主要方言区鲜有报道，在归属未明的土话区中也少有发现。据我们目前掌握的资料来看，唯有粤北土话中的鞍塘、连州、西岸方言大体上属于这种类型，通摄字全部变为纯元音韵，其他韵摄部分字保留n、ŋ韵尾[①]。而其他土话，如东安土话、宜章土话、江永土话、永州土话都没有发现这种情况。湘西乡话与粤北土话通摄阳声韵一致性的演变是否意味着它们之间有某种渊源关系，它们是否属于同一性质的方言呢？这个问题虽然看起来有点突兀，但还是值得进一步思考的。

第三节　古入声韵

入声韵在湘西汉语方言中的读音比较简单，塞音韵尾-p、-t、-k已全部

[①] 详见庄初升《粤北土话音韵研究》（第三章）（2004）。

脱落，也没有今读喉塞尾-ʔ的表现，入声韵都舒化为纯元音韵，舒化后大多数与相应的阴声韵合并，少数独立成韵，个别与阳声韵合流。本节主要讨论湘西汉语方言入声韵舒化后的读音类型，与阴声韵摄的分混情况以及入声韵今读鼻音韵的现象。

一 古入声韵的演变

我们主要参照王洪君（1990：9—19）对山西方言入声韵的分类方法，对湘西汉语方言入声韵的今读进行分类，讨论入声韵因主元音舌位高低前后变化而造成的韵类的归并或分化。依据主元音舌位高低前后的不同，湘西汉语方言古入声韵的今音形式基本上都是四组韵母型，但不同性质的方言古入声韵今读分合类型不同，每组韵母的来源不同。下面我们分三类进行讨论。

1. 沱江类

除了泸溪县洗溪方言、古丈县河蓬"死客话"、洗溪县岩头河乡话、古丈县高峰乡话、古丈县山枣"六保话"之外所有的12个方言点属于这种类型。这12个方言点古入声韵今读属于四组韵母型，分别为低元音组、中后元音组、中前元音组、高元音组，具体如下。

（1）低元音 a 组：包括 a、ia、ua、ɑ 等韵。这组韵主要来自咸山摄开口一等合盍曷韵见系除外、咸山摄开口二等洽狎黠鎋韵、山摄合口二等黠鎋韵、咸山摄合口三等乏薛月韵帮系。这些来源的字在沱江型方言点中均有一致的变化，在归类上没有分歧，均属低元音组，与假开二同音。详见下表（为简便起见，所有例字我们都只例出韵母，凡有文/白读的，表中一般只列白读音，以下各表同）：

	合盍曷咸山开一，见系除外			洽狎黠鎋咸山开二			黠鎋山合二	薛月咸山合三帮系	假二	
	搭	腊辣	八	插	夹	瞎	滑	法发	家	花
沱江凤凰	a	a	a	a	a	a	ua	a	a	ua
乾州吉首	ɑ	ɑ	ɑ	ɑ	ɑ	ɑ	uɑ	ɑ	ɑ	uɑ
花垣花垣	a	a	a	a	a	a	a	a	a	a
民乐花垣	a	a	a	a	a	a	a	a	a	ia
古阳古丈	a	a	a	a	a	a	ua	a	ia	ua
迁陵保靖	a	a	a	a	a	a	a	a	a	a
野竹坪保靖	a	a	a	a	a	a	a	a	a	a
王村永顺	a	a	a	a	a	a	ua	a	a	ua

	合盍曷咸山开一，见系除外			洽狎黠鎋咸山开二			黠鎋山合二	薛月咸山合三帮系	假二	
	搭	腊辣	八	插	夹	瞎	滑	法发	家	花
润雅永顺	a	a	a	a	a	a	uãi	a	a	uãi
万坪永顺	a	a	a	a	a	a	uã	a	ia	uã
里耶龙山	a	a	a	a	a	a	a	a	ia	a
民安龙山	a	a	a	a	a	a	a	a	a	a

（2）中后元音 o 组：包括 o、io、yo、ɔ、iɔ 等韵。这组来自咸山摄开口一等合盍曷韵见系、山摄合口一等末韵、宕江摄铎药觉韵。它们在沱江型方言中归类也比较一致，多数与果摄一等同音。详见下表：

	合盍曷咸山开一见		末山合一		铎宕开一	铎宕合一	觉江二		药宕开三		果一	
	合	割	末脱活	薄托索	郭	壳握	学	弱	脚药	多	火
沱江凤凰	o	o	o	o	o	o	io	o	io	o	o
乾州吉首	o	o	o	o	o	o	io	o	io	o	o
花垣花垣	o	o	o	o	o	o	yo	o	yo	o	o
民乐花垣	o	o	o	o	o	o	io	o	io	o	o
古阳古丈	o	o	o	o	o	o	yo	o	yo	o	o
迁陵保靖	ɔ	ɔ	ɔ	ɔ	ɔ	ɔ	iɔ	ɔ	iɔ	ɔ	ɔ
野竹坪保靖	o	o	o	o	o	o	io	o	io	o	o
王村永顺	o	o	o	o	o	o	yo	o	yo	o	o
润雅永顺	o	o	o	o	o	o	io	o	io	o	o
万坪永顺	o	o	o	o	o	o	io	o	io	o	o
里耶龙山	o	o	o	o	o	o	io	o	io	o	o
民安龙山	o	o	o	o	o	o	io	o	io	o	o

与低元音组一样，这一组基本上都是单元音，但宕开三药韵（除知系）、江开二铎韵见晓组今读复合元音 io 韵和 yo 韵。今读为单元音韵的，与果摄合流；今读为复元音韵的，则独自成类，成为入声字独用韵。

宕开三药韵（除知系）、江开二铎韵见晓组入声舒化后自成"入声字独用韵"的现象在西南官话中非常普遍。据牟成刚博士学位论文《西南官话音韵研究》（2012：276）介绍，"药韵开口三等在西南官话中，除知系字外基本都保留独立入声字韵母，它们大多读 io/yo 韵，这一条在西南官话中具有很强的一致性，例外情况极为有限"，并指出"目前仅有昆明、个旧、慈利 3 个方言点存在与药韵与阴声韵相混的情况"。实际上，据我们考查，西南官话中普遍保留独立入声字韵母的还应该包括江开二铎韵见晓组在内。牟成刚（2012：239—240）也是持此观点，但在后面归纳时可能忽略了江摄字。在湘西汉语方言中，只有沱江类方言有入声字独用韵的存在。

（3）中前元音 e 组：包括 e、ie、ye、ɛ、iɛ、yɛ、ɐ 等韵。这一组跟山西方言一样，因等呼不同而情况有异。基本上齐、撮两呼来自除合三帮系外的所有咸山摄三四等叶业帖薛月屑韵，凡今读复元音韵的便自成一类"入声字独用韵"，没有与其他阴声韵合流。若今读为单元音韵的，则一般与相应的阴声韵合流，合流的情况比较复杂，主要与果开合三、假三、蟹合一或止开三部分字合流。具体情况见下表：

	叶业咸开三	薛月山开三			帖咸开四	屑山开四	薛月山合三		屑山合四	果开合三	假三	蟹合一	止开三支
	接	折	薛	列	热	跌/贴	铁	劣	雪月	缺/血	茄靴	蛇	妹	碑/披
沱江凤凰	iɛ	ɛ	yɛ	iɛ	ɛ	iɛ	i	iɛ	yɛ	yɛ	yɛ	a	i	ei
乾州吉首	ie	ei	ye	i	ei	i	i	i	yei	yei	yei	e	ei	ei
花垣花垣	i̠	e	ɥ	ie	e	i	i	ɥ	ɥ	ɥ	e	ei	ei
民乐花垣	ie	ɛ	ye	ie	ɛ	i/ie	i	i	ye	ye	ye	ɛ	ei	ei
古阳古丈	ie	e	y	ie	e	ie	ie	ie	ye	ye	ye	ɛ	ei	ei
迁陵保靖	ɪ	i	y	i	i	-/i	i	i	y	y	ye	i	i
野竹坪保靖	ie	e	y	ie	e	ie	ie	ie	ye	ye	ye	ɛ	ei	ei
王村永顺	ie	e	ye	ie	e	ie	ie	ie	ye	ye/ie	ye	ɪ	ɪ
润雅永顺	ie	ɛ	ie	ɛ	ie	ie	ie	ie	ie	ie	ie		
万坪永顺	ie	ie	ie	ie	ie	ie	ie	ie	ie	ie	ie	ei	ei
里耶龙山	ie	ᴇ	ie	ᴇ	ie	ie	ie	ie	iẽ	iẽ/ie	ᴇ		
民安龙山	ie	e	ye	ie	e	ie	ie	ye	ye	ye	ye	e	ei	ei

保靖迁陵方言这一组韵母都归为高元音组，花垣基本上也可以归入高元音组，但为了避免分类的繁琐，暂时放在一起。还有乾州薛月韵部分字、帖屑韵，古阳山开三薛月韵部分字，野竹坪咸开四帖韵、山开三薛月韵部分字也应归入高元音组。

开合两呼来自曾开一德韵、梗二陌麦韵、臻深曾开三缉质职韵庄组。与齐、撮呼一样，开合两呼入声韵在声组的归类上有分歧。大部分归为中前元音组，少数方言点梗二摄部分字归入低元音组或高元音组。迁陵方言基本上归于高元音组。详见下表：

	德曾开一		陌麦梗开二		陌麦梗合二	缉质职韵深臻曾开三庄组		
	北/贼/黑	特	拆/白/麦/拍	百/摘/隔	获	涩	虱	色
沱江凤凰	ei/ɛ/ei、ɛ	iɛ	a	ei	uɛ	ɛ	ɛ	ɛ
乾州吉首	ei	i	ei	ei	uei	ei	ei	ei
花垣花垣	e	i	e	e	ɛ	e	e	e
民乐花垣	ɛ	i	ɛ	ɛ	o	ɛ	ɛ	ɛ
古阳古丈	e	ie	e	e	uai	e	e	e
迁陵保靖	-/-/-	i	i	i	ɔ	i	i	i
野竹坪保靖	e	ie	e	e	uai	e	e	e
王村永顺	e	ie	e	e	o	e	e	e
润雅永顺	ɛ	ie	ɛ	ɛ	uai	ɛ	ɛ	ɛ
万坪永顺	e	ie	e	e/e/ai	uei	e	e	e
里耶龙山	E	E	E	E	uai	E	E	E
民安龙山	e	ie	e/e/ie/e	e	o	e	e	e

梗二入特别是梗合二入有的点归 a，有的点归 e，有的点归 o。迁陵基本上都归入高元音组。这一组入声韵也主要与假摄三等、蟹摄合口一等或止摄开口三等字合流，例见第三章。

（4）高元音 i 组：包括 i、ɿ、ɪ、u、ɯ、y、ʮ、ʅ 等韵，主要来自古深臻曾梗通的入声，如下表：

	缉质深臻开三	没臻合一	术臻合三	职曾开三	昔梗开三	锡梗开四	沃通合一	屋烛通合三
	十	笔/七	骨	橘	出/佛	直/织	力/熄	尺	踢/滴	读/谷	福/竹/肉	玉/狱
沱江凤凰	ʅ	i	uei	y	u	ʅ	i	a	ia	əɯ/u	u/iəɯ/u	y/iəɯ
乾州吉首	ʅ	i	u	y	u	ʅ	i	ʅ	i	u	u	y/ɯ
花垣花垣	ʅ	ɿ	u	ʮ	u	ʅ	i/ɿ	ʅ	i	u	u	ʮ/iy
民乐花垣	ɿ	ɿ	u	y	u	ɿ	ɿ	ɿ	i	u	u	y/io
古阳古丈	ʅ	i	u	y	u	ʅ	ɿ	ʅ	ie/i	u	u	y/iy
迁陵保靖	ʅ	ɪ/i	u	y	u	ʅ	i/ɪ	ʅ	i	u	u/u/a	-/iy

续表

	缉质深臻开三	没臻合一	术臻合三	职曾开三		昔梗开三	锡梗开四	沃通合一	屋烛通合三	
	十	笔/七	骨	橘	出/佛	直/织	力/熄	尺	踢/滴	读/谷	福/竹/肉	玉/狱
野竹坪保靖	ɤ	i	u	ie	ɤ	i	i	ɤ	i	u	u	y/iɯ
王村永顺	ɿ	i	u	i	u	ɿ	i	ɿ	i	u	u	y/iɤ
润雅永顺	i̥	i	u	i	u	i	i	i	i	ɯ/u	u/u/ɯ	i/io
万坪永顺	ɿ	i	u	i	u	ɿ	i	ɿ	i	ɤ	u/u/y	i/io
里耶龙山	ɿ	i	u	i	u	ɿ	i	ɿ	i	u	u	i/iɤ
民安龙山	ɿ	i	u	ʅ	ʅ/u	ɿ	i	ɿ	i	ɤ/u/y	u/ɤ/y	ʅ/iɤ

各点除个别韵部分字的今读属于中元音组或低元音组，其他基本上都属于高元音组。高元音组的韵母一般与遇摄、蟹开三四、止开三合流，请参见第三章。

保靖迁陵方言入声韵今读基本上属于三组韵母型，其高元音组对应于沱江类其他方言点的中后元音组和高元音组，花垣、乾州、古阳等地的方言也在向三组韵母型演变。有趣的是，迁陵、花垣、乾州、古阳在声母上都是平声保留浊音，比沱江类其他方言声母的演化要慢，但在韵母的演变上，这四个方言点却跑在了其他点的前面，简化的程度比其他方言点厉害。这在一定程度上说明了语音演变的参差性和不平衡性。

2. 洗溪类

洗溪类方言包括泸溪县洗溪方言和古丈县河蓬"死客话"。洗溪类方言没有"入声字独用韵"，古入声韵今读一般与阴声韵合流，一部分与相应的阳声韵合流。

（1）低元音 a 组：包括 a、ua、ai、uai 韵。这组韵来自山合二黠鎋、梗二陌麦韵、山合三薛月韵帮系、臻开三质韵庄组，归类比较一致。其入声韵今读一般与假开合二部分字、蟹开一二、蟹合一二部分字合流，如：

	黠鎋山合二	薛月山合三帮	质臻开三庄	陌麦梗开二				陌麦梗合二	假开合二	蟹开一二		蟹合一二	
	滑	挖	伐	虱	白	麦	拆	拍	获	家	瓜	栽	害	外	话
洗溪泸溪	ua	ua	a	ai	ai	ai	ai	e	uai	a	ua	a	ai	uai	ua
河蓬古丈	ua	ua	a	ai	ai	ai	ai	e	ue	o	ua	a	ai	uai	ua

（2）中后元音 o 组：包括 o、yo、ɔu、iɔu、ɤ等韵。这组韵来自咸山摄

开口一二等合盍洽狎黠鎋韵、咸合三乏韵、山合一末韵、宕江摄铎药觉韵。它们在归类上有分歧，主要表现在洗溪方言江摄入声韵一般归入高元音组，而河蓬"死客话"则不是这样；洗溪方言宕开三主元音归中后元音组，而河蓬"死客话"一般归入低元音组。这组的主元音一般与果摄一等和假摄开口二三等部分字合流。详见下表：

	合盍咸开一		洽狎咸开二	乏咸合三	曷山开一		黠鎋山开二		末山合一	
	搭	腊	插夹	法/乏	辣擦	割	八瞎		末	脱活
洗溪泸溪	o	o	o	o	o	i	o		o	ɯ
河蓬古丈	a	o	o	o/a	o	e	o		o	ɤ

	铎宕开一	铎宕合一	药宕开三	觉江开二			果一		假开二	假开三
	薄/托/索	郭	脚/药	弱	剥	桌	壳	鹅	婆	疤	写
洗溪泸溪	ɔu/o/o	o	yo/uɔi	o	ɯ	ɯ	ɯ	o	o	o	yo
河蓬古丈	ʌ/o/o	ɤ	iʌ	o	ɤ	ʌ	ʌ	o	o	a	io

洗溪类方言yo、io 韵应该比 uɔi、iʌ韵要晚出现，因为今读 uɔi、iʌ韵的字比今读yo、io 韵的字更常用，而且有些字文读为yo、io，白读为 uɔi、iʌ，如"雀"的文读两个方言点分别为 tɕʰyo[23] 和 tɕʰio[23]，白读分别为 tɕʰiuɔi[23] 和 tɕʰiʌ[23]。

（3）中前元音 e 组：包括 e、ie、ye、ue 等韵。与低元音组一样，洗溪类方言入声韵今读为中前元音组的韵摄比较少，主要来自山摄开口三四等薛月屑韵、曾摄一等德职韵、曾开三职韵庄组，音值差异不大。在韵类合并上主要与山摄舒声部分字合流。详见下表：

	薛月山开三	屑山开四	德曾开一		职曾开三庄组		德职曾合一	山舒			
	薛	列	铁/切	北	贼	黑	色	国	干	变	烟	短
洗溪泸溪	ye	ie	i/ie	e	ai	ai	ie	ue	ue	ie	ie	ye
河蓬古丈	ye	ie	i/ie	e	ie	ai	e	ue	ue	ie	ie	ue

洗溪类方言的曾开一入在早期应该全部归入低元音组，从这里也可以看出元音高化的路线。

（4）高元音 i 组：包括 i、ɿ、u、ɯ、y、ʅ 等韵，这组在音值上有分歧，但大体上还是属于高元音组，主要来自咸梗摄开口三四等叶业帖陌麦锡韵、深摄缉韵、山摄合口三四等薛月屑韵、臻摄开口三等质栉迄韵、臻摄合口没术物韵、曾摄开口三等职韵、通摄沃屋烛韵。这组韵一般与遇摄、蟹开三四、止开三合流。详见下表：

	叶业帖咸开三	陌麦锡咸开四	缉深	薛月山合三	屑山合四	质栉迄臻开三	没术物臻合	职曾开三
	叶	接	跌/帖	笠急	十	月	雪	缺/血	七	侄	骨	橘	出	直	力
洗溪泸溪	i	i	i	i	ɿ	y	uei	ye/y	i	ɿ	uei	y	u	ɿ	i
河蓬古丈	i	ie	i	i	ʅ	y	ue	ye/y	i	ʅ	ui	ie	u	ʅ	i

	陌昔梗开三	锡梗开四	沃屋通合一	烛通合三	遇	蟹开三四	止开三
	尺	踢/滴	读/谷	福	竹	肉	玉	狱	斧	瞿	世	底	皮	梨	字
洗溪泸溪	ɿ	i	u	u	iɯ	ɯ	uei	ye	u	y	i	i	i	i	ɿ
河蓬古丈	ʅ	i	u	u	iɣ	iɣ	y	iɣ	u	y	ʅ	i	i	i	ʅ

3. 高峰类

高峰类方言入声韵今读基本上也是四组型，但每组来源规律性不强，不好一一列出，这里只把这一类方言入声韵的今读韵母全部列出，如下表：

	低元音	前中元音	后中元音	高元音
岩头河泸溪	a、ia、iã、uã	ei、ie、ye、ɛ	ɔ、ɔu、uɔ	i、u、y、ɯ、iɯ、ʅ
高峰古丈	a、ia、ua、ai、au	yɛ、iɛ	o、io、ɣ、əɯ、iəɯ、mei	i、u、ɿ
山枣古丈	a、ia、ua、ʌ	ei	iɣ、o、yo	i、u、yi、ui、iu、ʅ

与前面洗溪类方言一样，高峰类方言没有"入声字独用韵"，所有的古入声韵大都与阴声韵合流，少部分读为鼻韵。与湘西其他的汉语方言一样，湘西乡话及山枣乡"六保话"的入声韵已全部舒化，已看不出舒化过程的痕迹及时间。杨蔚（2010）调查的沅陵麻溪浦、泸溪八什坪两个乡话点的咸深、山臻、宕江曾梗通等摄部分字还保留喉塞音韵尾，这说明乡话的入声韵的完全舒化必定经过了喉塞尾阶段，同时也说明这种完全舒化完成的时间不会太长。

二 古入声韵今读鼻音韵的现象

从以上所述可知，湘西汉语方言中的古入声韵多读纯元音韵（开尾韵或元音尾韵），但调查过程中我们发现，许多方言点也存在入声韵读为阳声韵（包括鼻尾韵、鼻化韵、鼻音自成音节，我们统称为鼻音韵）的现象，辖字不多，每个点一般只有几个字，少的则只有一个字。最多的是龙山里耶，一共有十几个字，都读为鼻化韵。据罗昕如（2012：226—230）介绍，中古阴声韵、入声韵字今读鼻音韵的现象在湖南多见于湘语和赣语，有不少是成片分布的。湘语中有这种现象的方言集中分布在娄邵片，此外衡州片的衡山、辰溆片三个县都有分布。另外，赣语中有这种现象的方言集中分布在洞绥片。罗昕如（2012）还指出，湖南的西南官话、客家话、湘南土话、乡话中较少见到或尚未见到这类现象。据我们的调查，入声韵读如鼻音韵现象在湘西的湘语、西南官话、乡话中都有分布。另外，一些方言点还存在几个阴声韵读如阳声韵的现象，因字数不多，我们在这里一并列出。湘西各方言点中古入声韵（包括阴声韵）今读鼻音韵的情况如下（"‖"前面为入声韵字，后面为阴声韵字）：

乾州吉首：木目 ₌moŋ ‖ 母 ʿmoŋ

野竹坪保靖：乏 fã⁼

万坪永顺：抹 ₌mã、捏 ₌niẽ、滑猾 xuã、罚伐筏 xuã⁼

润雅永顺：滑 kuãi⁼、穴 ₌ɕiẽ

里耶龙山：乏 fã⁼、抹 ₌mã、揭 ₌tɕiẽ、捏 ₌niẽ、孽 ₌niẽ、绝决诀杰 ₌tɕiẽ、越曰 ₌iẽ、缺 ₌tɕʰiẽ、穴 ₌ɕiẽ

民安龙山：抹 ₌mã

洗溪泸溪：木 ₌moŋ、牧目 moŋ⁼、辱 ʿʒoŋ ‖ 母 ʿmã

河蓬古丈"死客话"：木 ₌moŋ/₌mu（前者为白读，后者为文读）

岩头河泸溪乡话：拨 pʰuɔ⁼、捏 ₌niã、滑 kuã、日 iʌŋ ‖ 五 ʿɦiʌŋ、二 ŋ̍⁼、挑 ₌tuɔ①

高峰古丈乡话：日 ɣŋ̍⁼ ‖ 五 ʿɣŋ̍/ʿŋ̍、二 ɣŋ̍⁼、梅 maŋ

山枣古丈"六保话"：日 ioŋ⁼ ‖ 五 ₌ɣoŋ、回 ₌ɣoŋ、挑 doŋ⁼

另外，《湖南省志·方言志》（2001：16）也提到："吉首话有一种较特殊的现象：m 声母与合口韵 u 相拼时，还带上鼻尾-ŋ。例如：木目＝盟 muŋ¹¹，母拇＝猛 muŋ⁵²"。以上我们所举入声韵读为鼻音韵的字，集中于山摄 19 个，其次为通摄 4 个（目木牧肉），臻摄和咸摄各 1 个（日臻乏咸）。在古声母上的分布情况为明母字 4 个（木目牧抹），日母字 2 个（辱日），泥母字 2 个（捏孽），来母字 1 个（劣），匣母字 3 个（穴滑猾），奉母字 4 个（乏罚伐筏），云母字 2 个（越曰），见母字 2 个（决诀），溪母字 1 个（缺），群母字 1 个（杰），从母字 1 个（绝），并母字 1 个（拨）。其中明母、日母、泥

---

① 岩头河"挑"有两个读音，"挑担"中的"挑"读 ₌tuɔ，"用针挑"中的"挑"读 ₌tʰiou。后一个读音明显是受其他方言影响而产生的。

第五章　湘西汉语方言的韵母

母、匣母这几个声母的字在各点读为鼻音韵的频率最高，特别是明母字。在各点阴声韵读为鼻音韵的例字中，也主要是明母、日母、泥母字。明母、日母、泥母都是中古鼻音声母，它们读为鼻音韵可能是因为鼻音声母对韵母的同化作用所导致。

有学者把这种非鼻音韵字今读为鼻音韵的现象称为鼻音增生现象。严修鸿（2002：86）指出，汉语方言里常见的鼻音增生类型主要有两种：儿化和鼻音声母影响，前者如吴语、徽语与粤语里的儿化现象，后者如作者举例所示：

双峰：迷弥 mĩ²³ | 尼泥 n̠ĩ²³（北大中文系，1989：75、79）

潮州：墓幕慕 mõ³⁵（北大中文系，1989：75、79）

武汉：母 moŋ⁴² | 木目牧 moŋ²¹³ | 墓幕暮慕 moŋ³⁵（北大中文系，1989：75、79）

合肥：母亩牡 məŋ²⁴（北大中文系，1989：75、79）

于都：巫模摹 məŋ⁴⁴ | 幕雾暮墓 məŋ²² | 遇御 n̠iəŋ⁴² | 鱼渔 n̠iəŋ⁴⁴ | 女语 n̠iəŋ³⁵ | 牡母 məŋ³¹ | 木目穆 məŋ⁴² | 肉玉狱 n̠iəŋ⁴²（谢留文，1992）

连城赖源：米 mẽ³⁵ | 蚁 ŋẽ²⁴ | 耳 ŋẽ³⁵ | 二义 ŋẽ⁴¹（笔者1996年调查）

以上严修鸿（2002）所举的鼻音增生现象的例字，既有阴声韵，也有入声韵。严修鸿（2002）同时指出，福建连城隔川话还存在一种不同于因儿化和鼻音声母影响而产生的鼻音增生现象，并认为这是一种非常罕见的音变现象，那些产生鼻音增生现象的字不是来自所谓的"叠置式音变"的文读层，而多数是白读音，是隔川话里本身具有的层次，其鼻音韵尾的增生是因为隔川话语音系统的自我调整和自我演变而实现的。在严修鸿（2002：86—87）所举的例字中，属于入声字的有：萨菩~səŋ⁵¹ | 割葛 kəŋ⁵¹ | 渴 kʰəŋ⁵¹ | 喝 həŋ⁵¹（山开一曷韵白读）；屑锯~səŋ⁵¹（山开四屑韵白读）；脱 tʰəŋ⁵¹ | 捋 ləŋ⁵⁵（山合一末韵）；刷 səŋ⁵¹（山合二鎋韵）；发头~pəŋ⁵¹（山合三月韵白读，文读为[a]韵，如：发~展 fa⁵¹）；核果~儿 həŋ⁵⁵（臻合一没韵白读特例，一般读法为[ue]韵，如：窟 kʰue⁵¹）。

据曹志耘（2002：91），"在汤溪方言里，我们发现古代同摄同组的阳声韵和入声韵在丢失辅音韵尾之后，其元音部分基本上保持了同样的读法。如果从韵母的历时演变的角度，我们可以把这种现象称为'阳入同变'现象"。湘西这种入声韵读如阳声韵的现象是否属于"阳入同变"呢？我们先看以下例字（同组字声调相同的标出声调，其他字声调略）：

乾州吉首：木＝蒙₂moŋ、目＝梦 moŋ

野竹坪保靖：乏＝范犯 fã°

万坪永顺：抹＝慢蛮 mã、捏＝年 n̠iẽ、罚伐筏＝烦繁饭 xuã、滑猾＝还环

₂xuã

润雅永顺：穴＝县 ɕiẽ

里耶龙山：乏＝范犯 fãˀ、抹＝慢蛮 mã、捏＝年 n̠iẽ、穴＝县 ɕiẽ、杰＝件键健 tɕiẽ

民安龙山：抹＝慢蛮 mã

洗溪泸溪：木＝蒙₂moŋ、目牧＝梦 moŋ

河蓬古丈"死客话"：木＝蒙₂moŋ

岩头河泸溪：捏 n̠iã ≠ 年 lɛ、日 iʌŋ、人 ɦʌŋ

高峰古丈乡话：日 ɤŋ、人 ɤŋ

山枣古丈"六保话"：日 ioŋ、人 ioŋ

以上同摄同组的入声韵和阳声韵例字的读音，表面上似乎可以视为古入声韵读如阳声韵的所谓"阳入同变"现象。但我们仔细观察发现，这些读音相同的入声韵和阳声韵字多为明母、泥母、日母字，它们的读音相同很可能是我们前面所说的是源于鼻音声母对韵母的同化。而从前面第三章湘西汉语方言与中古音韵母的比较中，我们发现，湘西汉语同摄同组的入声韵和阳声韵的主元音是独立演变，并没有走"同变"之路，所以这些鼻音声母以外的同摄同组的入声韵和阳声韵读音相同的例字，在没有其他有力证据的前提下，我们认为是入声韵读鼻音韵之后与相应的鼻音韵同音，而不是所谓的"阳入同变"。至于湘西入声韵今读鼻音韵的原因，因为各点辖字都非常少，除了鼻音声母的同化之外，目前尚看不出其他的规律，在此只好暂时存疑。

实际上，入声韵读为阳声韵的现象在汉语方言中并不常见，除湘西和前面我们所提到的连城隔川话，以及罗昕如（2012）所报道的湖南的一些湘语[①]和赣语存在这种现象外，其他我们所知道的还有：湘西南的泸阳、高村、文昌阁方言，如泸阳的"木₂moŋ"（胡萍，2007：132）；闽北浦城县南浦方言（属于吴语），少数的古入声韵字读入阳声韵，如：木 mouŋ、肉 ŋiuŋ。同样在闽北，邵武方言中部分古咸、深摄的入声韵字今读-n 尾的阳声韵，如：鸭 an、聂 nien、劫 kien、碟 tʰienˀ、集 tsʰənˀ、汁 tɕin、十 ɕinˀ。另外，丁邦新（1987/1998：234）曾经指出：

湖北（赵元任等，1948）武昌、汉口、汉阳、京山、荆门等地"木、

[①] 关于湘语中古入声韵读为鼻韵的现象，张进军在他的博士学位论文《中古入声字在湖南方言中的演变研究》（2008：92）中也有提及，作者指出：新化、湘乡、双峰等地入声韵有少数读成鼻化韵。例如湘乡：鸭[ŋã]、孽[miã]、蔑[mĩ]、麦[miã]、墨[miã]；双峰：没[miã]、辘[uã]、逆[ŋĩ]；新化：月[ỹ]、热[n̠iẽ]、孽[n̠iẽ]、贴[tʰiẽ]等。新化方言有几个入声韵甚至变成阳声韵，如：木[mən]、蜜[min]、肉[in]。

目"两字读 moŋ 阳平调,汉川、沔阳、天门等地也读 moŋ,但为入声。有的地方则读 muŋ,如钟祥,同时"亩母"也读作 muŋ 上声。这类字字数很少,但变读相当一致,相信是受到声母鼻音的影响。云南(杨时逢,1969)也有类似现象,例如兰坪读 moŋ 的字阳平有"木、目",上声有"某、亩",去声有"帽貌"。这些字中古来源不同,"木、目"是通摄入声字,"某、亩"是流摄上声字,"帽貌"是效摄去声字。共同的特点是以 u 为主要元音或韵尾,u 和 ŋ 都是舌位偏后的响亮音,加上双唇鼻音声母的影响,产生新的韵尾-ŋ,造成目前的现象。

综上所述,中古入声韵在湘西汉语方言中的演变类型有三:第一类是与阴声韵合并,这是湘西汉语入声韵演变的主流;第二类是少数入声韵独立成韵(只见于沱江类方言);第三类是少数入声字读为鼻音韵。

第六章 湘西汉语方言的声调

湘西汉语方言的声调（单字调）比较简单，一般是 4 个调类或 5 个调类，4 调类的占绝大多数，有 12 个方言点，5 个调类的为洗溪、河蓬、岩头河、高峰、山枣等 5 个方言点。调类数目的不同不以地理范围为条件，而是以方言性质的不同而不同。古平、上、去、入四声演变的一般规律是：古清平字在所有的方言点读阴平，古全浊平字在所有的方言点读阳平，古次浊平字在乡话 2 个方言点、"六保话"中与清平字合流读阴平，在其他各方言点与全浊平字合流读阳平；古清上、次浊上字与上声字合并，读为上声调，全浊上字在某些方言点的分派比较复杂，主要跟是否口语常用字关系密切，我们留待下文讨论。在 4 调类方言中，去声基本不分阴阳（凤凰比较特殊，我们将在后文讨论），在 5 调类方言中，去声字按声母的清浊分成两类，但分派规律不同，详见下文；入声在除乡话和"六保话"外都已消失，古入声字的分派规律根据方言性质的不同而有所不同，基本上是以声母的清浊为条件，少数以文白读为条件。总体上看，湘西汉语方言声调演变的一致性较强，但由于湘西是几种性质的汉语方言并存，又杂有各种少数民族语言，再加上历史移民所带来语言的影响，其内部差异性也是比较大的，主要表现在调类的合并与分化以及次浊平、浊上、去声、入声的分派等方面。下面我们就围绕这些问题重点讨论古平、上、去、入四声在湘西的演变，湘西汉语方言声调的特点及发展趋势，以及湘西汉语方言声调格局形成的原因，最后讨论湘西汉语方言两种比较特殊的声调——嘎裂声和假声。

第一节　古平声的演变

湘西汉语方言古平声字一般按声母的清、浊，分为阴、阳两调，古清平字归阴平，古浊平字归阳平，较少例外，但乡话、"六保话"的次浊平字跟清平字一起归入阴平。如：

表 6-1　　　　　　　　湘西汉语方言古平声字今读

	多_清	疤_清	锣_{次浊}	鱼_{次浊}	茄_{全浊}	抬_{全浊}
沱江_{凤凰}	₋to	₋pa	₋lo	₋y	₅tɕʰyɛ	₅tʰɛ
乾州_{吉首}	₋to	₋pɑ	₋lo	₋y	₅dʑyei	₅dei
花垣_{花垣}	₋to	₋pa	₋lo	₋ɿ	₅dʑɿ	₅dɛ
民乐_{花垣}	₋to	₋pa	₋lo	₋y	₅tɕʰye	₅tʰɛ
古阳_{古丈}	₋to	₋pa	₋lo	₋y	₅dʑye	₅dai
迁陵_{保靖}	₋tɔ	₋pa	₋lo	₋y	₅tɕʰye	₅dai
野竹坪_{保靖}	₋to	₋pa	₋lo	₋i	₅tɕʰye/₅tɕʰie	₅tʰai
王村_{永顺}	₋to	₋pa	₋lo	₋zi 老/₋y 青	₅dʑye	₅dai
润雅_{永顺}	₋to	₋pa	₋lo	₋i	₅tɕʰie	₅tʰai
万坪_{永顺}	₋to	₋pa	₋lo	₋i	₅tɕʰie	₅tʰai
里耶_{龙山}	₋to	₋pa	₋lo	₋i	₅tɕʰie	₅tʰai
民安_{龙山}	₋to	₋pa	₋lo	₋ɿ	₅tɕʰye	₅tʰai
洗溪_{泸溪}	₋tɯ	₋po	₋lɯ	₋y	₅dʑyo	₅da
河蓬_{古丈}	₋tɤ	₋po	₋lɤ	₋y	₅dʑye	₅dai
岩头河_{泸溪}	₋tie	₋pua	₋lye	₋ny	₅dʑye	₅cu
高峰_{古丈}	₋tiɛ	₋po	₋lu	₋meiu	₅dʑɤe	₅ta
山枣_{古丈}	₋ti	₋po	₋lu	₋niu	₅dʑyi	₅tua

乡话、"六保话"次浊平字与清平字合流归阴平，但也有一些例外字，主要是来母和喻母字，如"来梨来、移饶盐羊洋赢融以、围圆云云"还有泥母字"娘"，这些字在乡话两个方言点及"六保话"中均读为阳平调。岩头河乡话中次浊平字归阴平的比较多，高峰和山枣基本上就限于以上所举的一些字。

第二节　古上声的演变

湘西汉语方言中，古次浊上字跟清上字同调，都归入上声，很少例外；全浊上字的分派有两种现象，一种是跟口语字（简称为 A 类字）、非口语字（简称为 B 类字）相关，一种是跟口语字、非口语字无关。下面分别讨论。

古全浊上声字因口语、非口语的不同而分别归入不同的调类，属于这种情况的方言点主要有沱江、洗溪和河蓬。根据 A、B 类字演变方向的不同，这种类型又可以分成两小类（"/"左边为白读，右边为文读，有时一个字有两个白读调，我们同时标出）。

表 6-2　　　　沱江、洗溪和河蓬古全浊上声字的今读

	坐	柱	竖	跪	抱	厚	舅	近
沱江凤凰	ˬtsʰo/tsoˀ	ˬtsʰu/tsuˀ	ˬsu/suˀ	ˬkʰuei/kueiˀ	ˬpʰaɯ/paɯˀ	ˬxɯ/ xɯˀ	ˬtɕiəɯˀ	ˬtɕʰin/tɕinˀ
洗溪泸溪	tsɯ ˀ	tʃu ˀ	ʃu ˀ	ˬkʰuei	pou ˀ	xɯ ˀ	tɕiɯ ˀ	tɕĩ ˀ
河蓬古丈	tsʏ ˀ	tsu ˀ	su ˀ	ˬkʰu	pʌ ˀ	xʏ ˀ	tɕiʏ ˀ	tɕĩ ˀ
	罪	是	部	聚	赵	负	盾	杏
沱江凤凰	ˬtsuei/tsueiˀ	sɿˀ	puˀ	tɕyˀ	tsaɯˀ	fuˀ	tuənˀ	xinˀ
洗溪泸溪	tsuei ˀ	ʃɿ ˀ	pu ˀ	tsʰuei ˀ	tɕiou ˀ	fu ˀ	tuẽi ˀ	xẽi ˀ
河蓬古丈	tsui ˀ	sɿ ˀ	pu ˀ	dʑy ˀ	tsʌ ˀ	fu ˀ	tuẽi ˀ	ɕĩ ˀ

　　上面所举的 16 个全浊上声字，在当地方言中，上面 8 个为 A 类字，下面 8 个为 B 类字，它们在沱江、洗溪、河蓬分别有不同的走向，具体如下。

　　1. 沱江型

　　沱江古全浊上字有文白读层次，其中白读上声或阴平，文读去声。A 类字一般存在文白异读，其中文读去声，白读上声或阴平；B 类字一般归去声，B 类字有文白读层次的，文读去声，白读上声或阴平。为了便于比较，我们把凤凰沱江白读上声或阴平的例字重新排列如下（"/"左边为白读，右边为文读，有两个白读音的，则在白读音中间用"、"隔开，有些字只有白读音）：

　　A 类字的文白异读例字：坐ˬtsʰo/tsoˀ，柱ˬtsʰu/tsuˀ，竖ˬsu/suˀ，跪ˬkʰuei/kueiˀ，抱ˬpʰaɯ/paɯˀ，近ˬtɕʰin/tɕinˀ，重轻~ˬtsʰoŋ/tsoŋˀ，旧ˬtɕiəɯ/tɕiəɯˀ，动tʰoŋ/toŋˀ，簿pu/puˀ，旱xan/xanˀ，淡tʰan42/tan35，肚腹~təɯ，很ˬxən‖厚ˬxɯ、xɯ/xəɯˀ，下xaˀ、xa/ɕiaˀ‖后前~xəɯ/xəɯˀ，弟tʰi/tiˀ。

　　B 类字的文白异读例字：伴ˬpʰan/panˀ，厦~门ɕia，缓ˬxuan，汞ˬkoŋ（声调是白读，声母不送气，可能是普通话声母、声调折合过来的），腐辅ˬfu，强勉~ˬtɕʰiaŋ‖士sɿ/sɿˀ，罪ˬtsuei/tsueiˀ，尽ˬtɕʰin/tɕinˀ，辫pian/pianˀ，像ˬtɕʰiaŋ、ɕiaŋ/ɕiaŋˀ，幸ˬɕin/ɕinˀ，晃ˬuan/xuanˀ，祸ˬxo/xoˀ。

　　从以上例字中可以看出，沱江古全浊上字今读有三个分派方向：阴上、阴平、去声（阳去），即全浊上字的分化有三个层次，其中白读层两个层次，反映的是沱江方言声调自身演变的规律；文读层一个层次，反映的是受官话影响后沱江方言声调演变的方向。以上例字中，白读为上声（阴上）的主要为 A 类字，白读为阴平的主要为 B 类字。换言之，沱江方言中古全浊

声母上声字今读上声调的都是跟口语词相联系的白读层，而读阴平调的有少数是很常用的口语字，如"厚、下、后、弟"等，但相对而言多为书面化的用字。由此，我们可以推测，沱江方言中古全浊上声字读上声是白读层的第一个层次，读阴平是白读层的第二个层次，而读去声应该是受官话的影响而出现的文读层，也即最晚近的层次。其演变历程应为：古全浊上归上＞古全浊上归阴平＞古全浊上归去。

全浊上归去（或阳去）是西南官话和湘语的典型特征之一，凤凰沱江处于湘语与西南官话的交界地带，其方言白读层却不具有这一特征，这个现象很值得重视。根据陈晖《湘方言语音研究》（2006），湘语中古全浊上归上的方言多有存在，如洞口黄桥镇有一部分全浊上声字文读阳去（13），白读仍为上声（21），而这种现象只在少数白读音中存在，全浊上归去是洞口黄桥镇的大趋势。陈晖（2006）还提到，祁东、祁阳黎家坪、文明铺、龚家坪一带全浊上老派部分字仍读上声，与相应的清声母字声调相同，声母清浊对立，部分字读去声，与相应的全浊去完全同音；新派古全浊上声字已基本上归去声（声母仍保留浊音）。而在新化、冷水江金竹山、隆回，无论老派新派，都有相当一部分全浊上声字不归去声而归入上声。另外，新化方言还有少数全浊上声字文读去声，白读阴平，或者有两个白读：一个读上声，一个读阴平。这种全浊上字白读上声或阴平的特点与凤凰沱江方言相当一致。因为新化方言中古全浊上字白读阴平的字数不多，罗昕如《新化方言研究》（1998）把这些字看成声调演变的例外字。罗昕如《湘语与赣语比较研究》（2011）再次提到新化方言的古全浊上字白读作上声和阴平的现象，并根据移民史料，把这一现象看作受赣语影响的结果，是赣语特点的留存。我们认为，这种看法是正确的。罗昕如（1998、2011）描述了这一现象的存在，但没有进一步对新化方言全浊上字为何同时白读为上声和阴平进行分析。其实，上述陈晖所提到的几个湘语点，其方言的性质和归属在学界曾存在争议，因为这些地区的方言兼有赣语和湘语的大量特征。新化大熊山方言同样是具有大量赣语特征的方言，据陈新潮（2003）调查，其全浊上字大部分也不归去声，而是与相应的清上字同调异纽。瞿建慧（2010：62）指出辰溆片湘语中，"小龙门古全浊声母上、去声字今读阴平。桥江、低庄话古全浊声母上、去声字逢[ȵiuɹɣ]今读阴平，其余读阳去。龙潭、大水田话古全浊声母上声字部分今读阴平，部分今读上声。古全浊去声字今读阴平。大渭溪话古全浊声母上去声字部分今读阴平，部分今读去声。岗东、两江话古全浊声母上声字部分今读阳去，部分读阴去，部分今读上声"。以上所有全浊上字归上（或部分归阴平）的方言点，除岗东、两江外，其全浊去字都是或部分归阴平的，这一现象也与沱江相同。

关于沱江全浊去声字部分归阴平的现象，详见下文分析。

陈晖（2006：142）根据祁东、祁阳黎家坪、文明铺、龚家坪、新化、冷水江金竹山、隆回等地的全浊上声字虽然与阴上字同调，但仍保持声母清浊对立（异纽同调）的特点，认为这些方言点的古上声是不分阴阳的一种保留，与南部吴语、徽语等地的全浊上归上（同纽同调）是不同的，南部吴语、徽语的全浊上归上实际上是阳上归阴上的结果。在这里，陈晖把这些现象跟吴语、徽语进行比较未尝不可，但我们认为更应该从与赣语的渊源关系上进行考虑。

凤凰沱江的古全浊声母字基本上已清化，从表面上看，已看不出沱江方言古全浊上归上到底是古上声不分阴阳的保留还是古浊上字归入阴上（阳上归阴上）、或是古清上归阳上的结果。但是，我们注意到沱江方言全浊上还有一部分字白读作阴平，或同时白读作上声和阴平，这些字不宜看作声调演变的例外字。如果沱江方言保留了古上声不分阴阳，则根据语音演变的规律，也应该有一部分清上、次浊上字白读作阴平，但实际上，在沱江方言中，除"老、奶"白读为阴平和"牡 məu""惨 tsʰan"读作阴平外，没有发现其他清上、次浊上字读如阴平的现象。同理，如果是古清上归阳上的结果，那也应该有一部分古清上声字今白读作阴平。因此，沱江的全浊上声首先是经历了一个阴上和阳上两分的阶段，随着语音的发展变化，阳上再并入阴上而成为上声调，但声母今逢塞音、塞擦音时仍然读送气。至于沱江还有部分全浊上声字白读作阴平或同时白读作阴平和上声，则是另外一个层次的问题。它是随着浊去字归入阴平而一起读阴平的，而且今逢塞音、塞擦音时也是读送气，如浊上的"弟～媳"与浊去的"地"都读 tʰi。但是，像"罪"读 tsuei 不送气，就很奇怪，目前还找不到合理的解释。全浊上读阴平现象跟后面将要提到的浊去归阴平一样，是凤凰沱江方言区别于周边方言点的显著特征之一，我们将在后面重点讨论。

从以上所举例字中我们注意到，凤凰沱江方言古全浊上清化为送气的一般（称"一般"是因为有例外）读上声或阴平，不送气的一般读去声，如果有文白读，则白读层是送气音，文读层是不送气音。另外，沱江还有几个匣母字"旱 xan/ xan、缓 xuan、很 xən、汞 koŋ"和奉母字"腐辅 fu"都读为上声。"旱"有文白读，反映的是沱江方言全浊上声字两个不同的读音层次。"缓很汞腐辅"今读上声调，有两种可能：一种是这些字读上声，跟前面所说的全浊上字白读上声的性质一样，是方言语音自身的演变，反映的是沱江方言全浊上字比较早的读音层次；另一种是受官话的影响，反映的是沱江方言全浊上字最晚近的演变层次。因为，"缓很汞腐辅"等字在今普通话中也读上声，是普通话中"全浊上归去"演变规律的例外字，沱江方言把这些字读为上声，很有可能是受普通话的影响，借用了普通话的上声调类而折合了本方言的上声调值，所以，这些字在沱江方言中读为上声的性质跟前面沱江方言一些全浊上字白读为上声的性质是不一样的，它反映的是沱江方言声调受普通话影响后发生变化的最晚近的语音层次。考虑到这些字基本上都不是口语字，因此后一种的可能性较大。

综上所述，凤凰沱江全浊上声字的分派比较复杂，它具有三个不同的历史层次，并且同时存在两个条件：口语与非口语字、文白读。

2. 洗溪型

A 类字读阳去，B 类字一般读阴去。这种类型见于去声分阴阳的洗溪方言和河蓬"死客话"。洗溪方言读阳去的全浊上声字要多于河蓬"死客话"。在我们所调查的全浊声母上声字中，洗溪方言主要读阳去调，读阴去的有"下底~柱痔赵兆肇妇负纣愤仗并幸"等，基本上是一些非口语常用字。河蓬"死客话"读阳去的基本是一些口语常用字，如"坐下柱竖抱舅旱限（读 xa²）辫断肾近菌像棒动重轻~户"等读阳去。一些口语中不常用的，如："舵厦夏社部杜序叙绪巨拒距聚待亥倍汇被婢是技妓似祀痔士仕柿市道皂赵肇绍厚妇负纣犯诞辨辩践件键伴撰篆尽笨混盾愤荡象仗杖蚌项杏幸并奉薄弟"等都读为阴去。[①]少数有文白异读层次的，则白读阳去，文读阴去，如（"/"左边为白读，右边为文读）：善 ɕie²/saŋ²、祸 xɣ²/xo²、丈 tɕiaŋ² — ~/tɕiaŋ² ~量。

从洗溪方言和河蓬"死客话"读阳去的全浊上声字中，以及根据河蓬"死客话"一些全浊上声字白读阳去、文读阴去的现象，我们可以断定，这两个方言点的全浊上声字早期形式都是归阳去的。只是后来受到官话的影响，一部分字开始读为阴去。全浊上今读归派的主要条件是文白读，其次是口语与非口语，其演变模式是：全浊上归阳去＞全浊上归阴去。

洗溪方言与河蓬"死客话"也存在少数读上声的全浊上声字，如：

洗溪方言：辅ᶜpʰu、俭ᶜtɕʰie、诞ᶜtʰæ、笨ᶜpēi、荡ᶜtʰã、挺艇ᶜtĩ、丈仗ᶜtʂã、很ᶜxēi、晃缓ᶜxuæ、汞ᶜkoŋ、奉ᶜfoŋ、腐ᶜfu

河蓬"死客话"：跪 ᶜkʰu、俭ᶜtɕʰie、强勉~ᶜtɕʰiaŋ、挺艇ᶜ tēi、很ᶜxēi、缓晃ᶜxuaŋ、汞ᶜkoŋ、腐辅ᶜfu、上~山ᶜɕiaŋ

这些全浊上声字今读上声的例字中，"强"是多音字，在普通话中有上声的读法，"跪"有群母渠委切和溪母去委切两个读音，读上声送气，可能是来自去委切，与全浊上的问题无关。"辅俭很缓汞腐挺艇"在今天的普通话中也读为上声，因此，洗溪、河蓬"死客话"把这些字读为上声，

[①] "弟"在湘西是一个非口语常用字，"弟弟"在湘西称为"佬佬"。

应该是受到了普通话的影响。"诞笨荡奉丈仗"都是非口语字，"上"是一个口语用字，在今普通话中读为去声，但在河蓬"死客话"中却读为上声，这有点奇怪。

3. 高峰型

A 类送气塞音、塞擦音字（包括擦音）读上声，其他读去声，个别字读阳平，B 类字多读上声（也多为送气清音），少部分读去声。这种类型见于岩头河、高峰两个乡话方言点和山枣"六保话"，如：

表 6-3　　　　　　　　高峰型方言点古全浊上声字今读

	坐	柱	竖	跪	抱	厚	舅	近
岩头河泸溪	tɕie³	ᶜtʰia	dza³	ᶜtɕʰy	ˌbou	ɦia	kuɔ³	ᶜtɕʰie
高峰古丈	ˌtɕie	ᶜtʰia	dza³	ᶜtɕʰy	bau³	ᶜa	kəɯ³	ᶜtɕʰie
山枣古丈	ˌtsai	ᶜtʰia	dza³	ᶜtsʰui	bʌ³	ᶜɣa	ˌko	ᶜtɕʰie

	罪	是	丈	强	赵	痔	柿	市	棒	杏
岩头河泸溪	ᶜdzuɔ	ᶜtse	tʰioŋ³	ᶜtsʰʌŋ	ᶜtsɔu	dʐ³	ᶜʂɿ	ᶜʂɿ	pʌŋ³	ŋuɔ̃³
高峰古丈	dzua³	ᶜtsʰɤ	ᶜtʰɤŋ	tsʰɤŋ³		tsi³	ᶜɿʂ	sɿ		ᶜpaŋ	ɣɤŋ³
山枣古丈	ᶜdzua	ᶜtɕʰi	tʰioŋ³	ᶜtɕʰioŋ	tsʌ³			ᶜʂɿ	paŋ³	

其实发音人能用乡话读出来的字基本上都是乡话使用者的口语常用字，一些书面语用字现在基本上已无法用乡话读出来，所以我们的这种A、B 类字的分类只是相对的。简言之，乡话的全浊上声字主要归入的是上声，其次是去声，它是多层次的叠置，处于沱江白读层到沱江文读层的中间层次。

4. 乾州型

全浊上字全部归入去声，浊上与清去、浊去合流为一个声调，其分派与是否口语用字无关。这种类型分布于乾州、花垣等湘西大部分汉语方言点，如：

表 6-4　　　　　　　　乾州型方言点古全浊上声字今读

	坐	柱	竖	跪	抱	厚	舅	近
乾州吉首	tso³	tsu³	su³	kuei³	pɑɯ³	xɯ³	tɕiɯ³	tɕĩ³
花垣花垣	tso³	tsu³	su³	kui³	pʌ³	xɤ³	tɕiɤ³	tɕĩ³
民乐花垣	tʃo³	tʃu³	ʃu³	kui³	pau³	xɯ³	tɕiɯ³	tɕĩ³
古阳古丈	tso³	tsu³	su³	kui³	pau³	xɤ³	tɕiɤ³	tɕĩ³
迁陵保靖	tso³	tsu³	su³	kui³	pɛ³	xɤ³	tɕiɤ³	tɕin³

第六章 湘西汉语方言的声调

续表

	坐	柱	竖	跪	抱	厚	舅	近
野竹坪保靖	tsoʾ	ʻtsʰu	suʾ	kueʾ	pɐ	xɣɯʾ	tɕiɣɯʾ	tɕĩʾ
王村永顺	tsoʾ	tsuʾ	suʾ	kuiʾ	pɐ	xɣʾ	tɕiɣʾ	tɕĩʾ
润雅永顺	tsoʾ	tʃuʾ	ʃuʾ	kuiʾ	pʌɯ	xɯʾ	tɕiɯʾ	tɕĩʾ
万坪永顺	tsoʾ	tsuʾ	suʾ	kueiʾ	pauʾ	xɣʾ	tɕiɣʾ	tɕĩʾ
里耶龙山	tsoʾ	tsuʾ	suʾ	kuiʾ	pʌ	xɣʾ	tɕiɣʾ	tɕĩʾ
民安龙山	tsoʾ	tsʅʾ	sʅʾ	kueiʾ	pʌ	xɣʾ	tɕiɣʾ	tɕĩʾ

	罪	是	部	距	赵	负	盾	杏
乾州吉首	tsueiʾ	sʅʾ	puʾ	tɕyʾ	tsɑuʾ	fuʾ	tueiʾ	xĩʾ
花垣花垣	tsuiʾ	sʅʾ	puʾ	tɕʮʾ	tsʌʾ	fuʾ	tueʾ	xẽʾ/xĩʾ
民乐花垣	tʃuiʾ	ʃiʾ	puʾ	tɕyʾ	tʃauʾ	fuʾ	tueiʾ	xĩʾ
古阳古丈	tsuiʾ	sʅʾ	puʾ	tɕyʾ	tsɑuʾ	fuʾ	tueiʾ	xĩʾ
迁陵保靖	tsuiʾ	sʅʾ	puʾ	tɕyʾ	tsɐʾ	fuʾ	tunʾ	xinʾ
野竹坪保靖	tsueʾ	sɣʾ	puʾ	tɕyʾ	tsɐʾ	fuʾ	tueʾ	xĩʾ
王村永顺	tsuiʾ	sʅʾ	puʾ	tɕyʾ	tsɐʾ	xuʾ	tueiʾ	xẽiʾ
润雅永顺	tseʾ	ʃiʾ	puʾ	tɕiʾ	tʃʌɯʾ	xuʾ	tẽiʾ	xẽiʾ
万坪永顺	tsueiʾ	sʅʾ	puʾ	tɕiʾ	tsauʾ	xuʾ	tẽiʾ	xẽiʾ
里耶龙山	tsuiʾ	sʅʾ	puʾ	tɕiʾ	tsʌʾ	fuʾ	tẽʾ	xĩʾ
民安龙山	tsueiʾ	sʅʾ	puʾ	tɕʮʾ	tsʌʾ	fuʾ	tẽʾ	xẽʾ

乾州型方言点中，"柱"在野竹坪读上声可能是例外，也可以看作是沱江型全浊上声字白读层（浊上归阴上或阴平）在这些方言点的残留，它们最初的分化模式在本质上是一样的。其实乾州型方言点中也有少部分字今读上声，辖字与前3种类型一致，只是塞音、塞擦音不一定是送气音，而且在字数上要少于前3种类型。

综合以上论述，湘西汉语方言全浊上声字的演变过程为：
全浊上归上声或阴平（沱江白读层）──→ 全浊上归去声（沱江文读层、乾州型）

全浊上归阳去（洗溪、河蓬白读层）──→ 全浊上读阴去（洗溪、河蓬文读层）

高峰型全浊上声字的今读反映的是多层次叠置状态，处于沱江白读层到沱江文读层及乾州型的中间层次。

第三节　古去声的演变

湘西汉语方言去声的演变主要有两大类型：古清去、浊去今读无别，古清去、浊去今读有别。

一　古清去、浊去今读无别

湘西大部分汉语方言点去声不分阴阳，清去与浊去合流为一个去声。这些方言点如下：

	布—步	店—电	拜—败	带—代	幼—右
沱江凤凰	puᵌ	tianᵌ	pɛᵌ	tɛᵌ	iəɯᵌ
乾州吉首	puᵌ	tiɛ̃ᵌ	peiᵌ	tɛiᵌ	iɯᵌ
花垣花垣	puᵌ	tiẽᵌ	pɛᵌ	tɛᵌ	iγᵌ
民乐花垣	puᵌ	tiẽᵌ	pɛᵌ	tɛᵌ	iɯᵌ
古阳古丈	puᵌ	tiẽᵌ	paiᵌ	taiᵌ	iγᵌ
迁陵保靖	puᵌ	tienᵌ	paiᵌ	taiᵌ	iγᵌ
野竹坪保靖	puᵌ	tiẽᵌ	paiᵌ	taiᵌ	iγɯᵌ
王村永顺	puᵌ	tiẽᵌ	paiᵌ	taiᵌ	ʑiγᵌ
润雅永顺	puᵌ	tiẽᵌ	paiᵌ	taiᵌ	iɯᵌ
万坪永顺	puᵌ	tiẽᵌ	paiᵌ	taiᵌ	iγᵌ
里耶龙山	puᵌ	tiẽᵌ	paiᵌ	taiᵌ	iγᵌ
民安龙山	puᵌ	tiẽᵌ	paiᵌ	taiᵌ	iγᵌ

严格地说，沱江去声分文读系统和白读系统，文读系统古清去、浊去今读无别，合流为一个去声。白读系统古清去、浊去今读是有分别的，清去今读去声，浊去归入阴平。因为，沱江有大量口语常用浊去字文读去声，白读阴平，如（"/"左边为白读，右边为文读）：

大～小 ₋tʰa / tʰaᵌ、饿 ₋ŋo /ŋoᵌ、磨 ₋mo /moᵌ、贺 ₋xo /xoᵌ、树 ₋su/suᵌ、害 ₋xɛ/xɛᵌ、寨 ₋tsʰɛ/tsɛᵌ、誓 ₋sʅ/sʅᵌ、坏 ₋xuɛ/xuɛᵌ、话 ₋xua/ xuaᵌ、地 ₋tʰi/tiᵌ、忌 ₋tɕʰi/tɕiᵌ、逗 ₋təɯ/təɯᵌ、就 ₋tɕʰiəɯ/tɕiəɯᵌ、陷汗 ₋xan/xanᵌ、换 ₋xuan/xuanᵌ、现 ₋ɕian/ɕianᵌ、饭 ₋fan/ fanᵌ、夜 ₋ia/iɛᵌ、路露 ₋ləɯ/ləɯᵌ、卖 ₋mɛ/ɜɛᵌ、二 ₋ɚ/ɚᵌ、闷 ₋mən/mənᵌ、糯 ₋no/noᵌ、骂 ₋ma/maᵌ、下～降 xa /xaᵌ、ɕia ᵌ、赖 ₋lɛ/lɛᵌ、背～诵 pʰei/peiᵌ、累 ₋luei/lueiᵌ、卫 ₋uei/ueiᵌ、自 ₋tsʅ/tsʅᵌ、事 ₋sʅ/sʅᵌ、味 ₋uei/ueiᵌ、帽 ₋maɯ/maɯᵌ、号～码 ₋xaɯ/xaɯᵌ、庙

miɯ/miaɯˀ、尿₋niaɯ/niaɯˀ、又₋iəɯ/iəɯˀ、谬₋miəɯˀ、念₋nian/ nianˀ、烂₋lan/lanˀ、慢₋man/manˀ、乱₋luan/ luanˀ、闰₋zuən/ zuənˀ、问₋uən/ uənˀ、晕₋yn、傍₋pʰaŋ/paŋˀ、亮₋liaŋ/ liaŋˀ、匠₋tɕʰiaŋ、tɕʰiaŋˀ/tɕiaŋˀ、让₋zaŋ/ zaŋˀ、上~面saŋ/ ˀsaŋˀ、样₋iaŋ/ iaŋˀ、旺忘₋uaŋ/ uaŋˀ、剩₋sən/ sənˀ、病₋piaŋ/pinˀ、命₋pʰiaŋ/minˀ、梦₋moŋ/ moŋˀ、共₋tɕʰioŋ / koŋˀ。

从以上例字中可以看出，沱江方言浊去字存在文白分调现象，古全浊去声字白读层今逢塞音、塞擦音时读为阴平，而且一般送气，如"寨地忌就背傍命"等字；文读层读为去声，而且一般不送气，如"寨地忌就背傍命"等字。简言之，沱江方言的去声早期是分阴阳的，即清去字读阴去，浊去字读阳去（包括全浊上的部分字），后来阳去归入阴平（白读层），但部分字的读音因为受到官话方言的影响而与阴去合流（文读层），成为新的去声调。

二 古清去、浊去今读有别

古清去和浊去今读有别包括三种小类型：

1. 洗溪方言古清去字归阴去，次浊去字归阳去，如：个 kɯˀ、布 puˀ、妥 tsʰaˀ、退 tʰueiˀ‖饿 ŋɯˀ、卧 oˀ、路 luˀ、预 yˀ、负 vuˀ、卖 maˀ。

全浊去字大多归阳去，少数非口语用字归阴去，如：座 tsɯˀ、步 puˀ、树 ʃuˀ、袋 taˀ、败 paiˀ、备 piˀ、旧 tɕiɯˀ‖助 tʃɯˀ、械 kaiˀ、佩 pʰeiˀ、队 tueiˀ、避 pʰiˀ，个别有文白读的，白读阳去，文读阴去，如：自 tsɯˀ~个/tsɿˀ~然。

2. 古清去字归阴去，浊去字分归阴去和阳去，有文白读的，白读阳去，文读阴去。

属于这种类型的方言点为河蓬。河蓬"死客话"共有五个声调，去声分阴阳，清去字归入阴去，浊去字部分归阴去，部分归阳去，如：定 tẽiˀ、赠 tsẽiˀ、慢漫 maŋˀ、蛋 taŋˀ‖面 mieˀ、段 tueˀ、运 yˀ、命 mẽiˀ。

浊去字有文白读层次的，白读层归阳去，文读层归阴去，如（"/"左边为白读，右边为文读）：号 xʌˀ吹~/ xʌˀ三~、胃 uiˀ（白）、谓 uiˀ（文）、下 xoˀ/ɕiaˀ、论 nuẽiˀ/nuẽiˀ、饭 faˀ/faŋˀ、庙 miʌˀ（白）、妙 miʌˀ（文）、郡 dʑyĩˀ。

从洗溪和河蓬"死客话"的白读层可以看出，以上洗溪和河蓬两地的方言早期去声都是按清浊严格分成阳上、阴上两个调类的，后来可能由于受到官话的影响，一些次浊去或全浊去字不同程度地混入阴去当中。

3. 全浊去部分字归上声。

属于这种类型的方言点为：泸溪岩头河、古丈高峰、古丈山枣。岩头河和高峰乡话、山枣"六保话"清去、次浊去归去声，全浊去部分归去声，部分归上声，还有个别字归入阴平或阳平，如：

	过	坝	架	嫁	布	锯	拜	对	刺	四
岩头河泸溪	ky⁵	po⁵	ko⁵	ko⁵	pʰu⁵	ku⁵	puɔ⁵	tuɔ⁵	tɕʰi⁵	ɕi⁵
高峰古丈	ku⁵	po⁵	ko⁵	ko⁵	pʰu⁵	kəu⁵	pa⁵	tua⁵	tɕʰi⁵	ɕi⁵
山枣古丈	ku⁵	po⁵	ko⁵	ko⁵	pʰu⁵	kei⁵	pua⁵	tua⁵	tɕʰi⁵	ɕi⁵

	饿	夜	露	二	帽	庙	尿	面	面~粉	梦
岩头河泸溪	ŋɯ⁵	zu⁵	lu⁵	ŋ̍⁵	mɔu⁵	miɔu⁵	ȵiɔu⁵	mi⁵	mi⁵	mɯ⁵
高峰古丈	ɣɤ⁵	zo⁵	ləu⁵	ɤŋ⁵	mau⁵	miau⁵	liau⁵	miɛ⁵	miɛ⁵	maŋ⁵
山枣古丈	ŋei⁵	zyo⁵	lu⁵	m̩ʌ⁵	miʌ⁵	ȵiʌ⁵	miɛ⁵	mi⁵	mɤ⁵

这三个方言点中，都有个别次浊去声字如"妹骂"等读上声，原因不详。

	大~小	箸	住	树	背~诵	坏	鼻	字	事	轿
岩头河泸溪	ly²	₌tʰa	ty²	tsa²	⁼pʰa	fei	pi²	dza²	₌ʅ~情 tsa²讲故~	tɕʰuɕi²
高峰古丈	lu²/₌lu	tiəu²	tiəu²	tsa²	⁼pʰa	⁼xua	₌pi	dza²	₌sɿ	tɕʰiau²
山枣古丈	lu²	tiu²	tɕia²	⁼pʰua	⁼xua	₌bi	dza²	₌ʅ	tɕʰiʌ²

从以上例字中可以看出，虽然这三个点都只有一个去声调，但从本质上来说，是属于去声部分阴阳的类型，只是次浊去与清去合流，然后与归入上声（少数归入阴平或阳平）的全浊去相区别。这三个点与全浊上声字一样，其去声字的演变也处于多层次叠置状态。

通过分析，湘西的汉语方言去声字的演变除乡话、"六保话"是处于多层次叠置状态外，其他方言点去声字的演变次序大致是：

清去字归阴去，浊去字归阳去 ——→ 清去字归阴去，浊去分归阴去和阳去 ——→
　（洗溪、河蓬白读层）　　　　　　　（河蓬文读层）

清去字归阴去，次浊去字归阳去，全浊去字分归阴去和阳去 ——→ 清去、浊去合流
　（洗溪文读层）　　　　　　　　　　　　　　　　　　　　　（乾州型、凤凰文读层）

清去字归去声，浊去字归阴平
　（凤凰白读层）

三 沱江方言全浊上、浊去今读阴平的现象

前面提到，沱江方言古全浊上有一部分 A 类字和 B 类字白读阴平，加上沱江部分浊去字读阴平，即沱江古全浊上、古浊去都有部分字（大多是口语常用字）读阴平的现象，这很容易让人想到赣方言声调的演变特点。

谢留文在《赣语古上声全浊声母字今读阴平调现象》(1998)一文中提到："古上声全浊声母字和古去声浊声母字，在赣语方言里一般读阳去或去声，合乎古今语音演变的常例；但有些赣语方言有读阴平调的现象……"针对这一现象，他又细分为四种情况：

1. 古上声全浊声母和古去声浊声母字今都读阴平。
2. 古上声全浊声母和古去声浊声母字今都有一部分读阴平。
3. 古上声全浊声母字今都读阴平。
4. 古上声全浊声母字今有一部分读阴平。

沱江方言属于上述4种情况的第二种。根据方言语音演变的一般规律，方言白读层，特别是口语用字白读层一般反映的是方言本身语音系统的读音，文读层语音一般反映的是借自其他权威方言语音系统的读音。从沱江方言的全浊上、浊去字读阴平基本是口语字白读层来看，其全浊上、浊去字读阴平现象应是该方言自身的演变，与赣方言古全浊上、浊去字读阴平的性质一致。但我们也发现，沱江方言的口语常用字白读层大部分仍旧读上声，读阴平只占其中的少部分，由此可以推定古全浊上字读上声也应是沱江方言自身演变的结果。这样，沱江方言古全浊上字自身演变的结果就有两种，代表着两个不同的层次：一种是与清上、次浊上字合流，仍读上声（早期层次），一种是演变为阴平（浊上归阳去以后的进一步演变）。

瞿建慧（2010：62）所指出的辰溆片湘语中有古全浊上、去声字今读阴平现象的方言点，都位于溆浦县和辰溪县，跟下文提到的泸阳、高村等地毗邻。胡萍（2007）提到湘西南汉语方言中的泸阳、高村、新路河、洗马几个方言点也有全浊上、浊去读阴平的现象，她把这些方言点归入具有赣语色彩的西南官话。但是，胡萍根据这几个方言点全浊上读上声的字是最常用的字，而全浊上读阴平的字是比较常用的字，断定泸阳等地的全浊上读上声是本地方言自身演变的结果，而全浊上今读阴平调是受了浊去读阴平调的感染作用。胡萍（2007）还据此认为，泸阳等方言点全浊上、浊去读阴平现象与赣方言同类现象的性质不同。我们认为，胡萍的这种推论有一定的道理，但也有值得商榷的地方。因为，如果确实如她所说，则我们对一些三读现象，如"厚"及一些口语字的文白读现象如"弟后"等很难做出合理的解释。因为这些字在当地都是非常常用的口语用字，"厚ˉxəɯ、ˇxəɯ/xəɯˆ"白读为阴平和上声，其他二字白读为阴平，都是白读层，都是很常用的口语字，凭什么说白读为上声的就是其自身演变的结果，白读为阴平的是受了其他调类的感染。当然，沱江方言古全浊上在白读层面上为什么有两种不同调类的读音，我们的解释有两种：一种是沱江方言语音系统有两个底层：本地固有方言底层——湘语（这是最古老的底层）和因移民而来的赣方言底层。沱江方言早期（湘语）应是古上声依据声母清浊分阴阳，后来阴上阳上又合并了，因此浊上读上声应是沱江方言的固有底层读音。关于湘语全浊上字读上声的现象陈晖在《湘方言语音研究》（2006）中已有总结，前面我们也有相关论述。只是陈晖所提到的这些全浊上字读上声的方言点，其方言都具有大量的赣语特征。沱江方言全浊上声字读阴平，是受移民所带来的赣语的影响。另一种解释是：沱江方言全浊上字读上声是受早期移民语言——赣语的影响,而全浊上字读阴平是受周边移民语言（主要也是赣语）或周边方言特别是辰溆片湘语（湘语的这一特征很可能也是受赣语的影响）的影响，都是受赣语的影响，只是时间有先后，从而形成白读层的多层次叠置状态。再加上强势方言西南官话的影响，就形成了现在这种局面。除此之外，我们认为很难找到其他更合理的解释。

我们再回顾一下前面第四章中全浊声母今读类型的有关论述就会发现，凤凰沱江方言古全浊声母的白读层，今逢塞音、塞擦音时无论平仄都送气，这个"古全浊声母今无论平仄均送气"的语音特征也是赣语的主要语音特征之一，这再次证明了沱江的古全浊上、浊去部分字读阴平的现象与赣方言关系密切，是同一性质的现象。

那么"全浊上、浊去读阴平"和"全浊送气"是否存在密切的关联呢？胡萍《湘西南汉语方言语音研究》（2007：140—143）对"浊去读阴平"和"全浊送气"已有详细的讨论，证明两者之间有着必然的联系。现在我们再来看看"全浊上读阴平"与"全浊送气"是否有密切的关系。在前文我们所提到的浊上读阴平的方言点中，新化方言老派古全浊声母舒声字读送气浊音，入声字读送气清音。湘西南的泸阳、高村等地，古全浊声母无论平仄都读送气清音。瞿建慧（2008）提到的几个全浊上、去声字有读阴平现象的方言点，底庄、岗东、龙潭古全浊声母今蓬塞音、塞擦音无论平仄一般读送气清音。两江是平声字读送气浊音，仄声读送气清音。桥江、大渭溪、大水田是平声字读不送气浊音，仄声字一般读送气清音。因此，"全浊上读阴平"与"全浊送气"也有着必然的联系，即全浊上、浊去读阴平的方言一般都是全浊送气的方言。

谢留文（1998）指出古上声全浊声母读阴平是一部分赣语比较突出的共同现象，如果某些赣语中有浊去读阴平调的现象，那么它的古上声全浊声母的演变方向与之一致。辛世彪（2004）也指出赣语中浊去字归阴平的方言点都有浊上归去的音变，因此一部分浊上字会随着浊去字归阴而相应地归为阴平。因此，就赣方言而言，古上声全浊声母读阴平调是比较突出的特点，这与我们在湘西观察到的情况一样：因为沱江的全浊上声口语常用字白读阴平或上声。

第四节 古入声的演变

湘西汉语方言都已经没有入声韵了，即使是有入声调类的乡话，入声韵尾也已经消失。大体而言，湘西汉语方言根据古入声的读音情况，可以分为有入声调方言（乡话）和无入声调方言两大类。下面分别论述。

一 有入声调的方言

有入声调的方言指的是有入声调而无入声韵的方言，且入声调不短促读如舒声的方言，湘西乡话属于这种类型。乡话的古入声今读是属于古清浊部分有别的方言，其清入、次浊入字基本上仍旧读入声，全浊入字分派比较复杂，具体情况如下：

	搭	插	接	急	擦	八	铁	刮	笔	索	壳	客
岩头河泸溪	to₃	tsʰuɔ₃	₋tɕi	kɯ₃	tsʰu₃	puɔ₃	tʰa₃	kuɔ₃	pa₃	ɕy₃	kʰou₃	kʰo₃
高峰古丈	to₃	tsʰa₃	tɕiɛ₃	kɤ₃	tsʰo₃	pa₃	tʰa₃	kua₃	pa₃	su₃	kʰau₃	kʰo₃
山枣古丈	to₃	tsʰua₃	₋tɕi	kei₃	tɕʰyo₃	pua₃	tʰa₃	kua₃	pa₃	su₃	kʰʌ₃	kʰo₃

"接"在岩头河和山枣都为上声，可能是例外。

	辣	热	袜	月	密	力	麦	肉	绿	日
岩头河泸溪	lu₃	ȡei₃	₋vu₃	ȵy₃	mei₃	li₃	mu₃	ȵiu₃	₋lia	ioŋ/iʌŋ₃
高峰古丈	lo₃	ȡɤ₃	₋va	ŋɛ₃	mai₃	liəɯ₃	mo₃	ŋiɛu₃	lia₃	ɤŋ₃
山枣古丈	lo₃	ȡi₃		yi₃	mi₃	liɤ₃	mo₃	ȵiu₃	₋lia	ioŋ₃

"袜"在岩头河、高峰读阳平，可能是受到西南官话的影响；"绿"在岩头河、山枣读上声是例外。

	跌	十	活	侄	薄	白	读	熟	直	合
岩头河泸溪	da₃	₋tsʰʅ	xuɔ₃	₋tʰi	bɯ₃	₋pʰuɔ	lu₃	tsʰɯ₃	₋tʰy	₋ɕuɔ
高峰古丈	ta₃	₋tsʰʅ	₋xu	₋tʰi	bu₃	₋pʰo	ləɯ₃	₋tɕʰiɛu	mei	
山枣古丈	da₃	₋tsʰʅ	₋fu	₋tʰi	₋bu	₋pʰo	₋lu	₋tɕʰiu	₋tʰiu	₋vu

乡话古全浊入字今读比较复杂。发音人所能读出来的全浊声母入声字

中，分派到各调类的字数如下表所示：

	阴平	阳平	上声	去声	入声
岩头河泸溪	5	6		11	9
高峰古丈	9	4	1	3	3
山枣古丈	9	4			3

从上表可以看出，古全浊入字在岩头河、高峰、山枣三个乡话点的分派呈现出了同中有异的特点：岩头河古全浊入字分派到了除上声外的其他四个调中，其中分派到去声和入声的相对多些；高峰古全浊入字分派到所有五个调中，其中阴平较多；山枣古全浊入字只分派到阴平、阳平、入声当中，其中阴平较多。

二 无入声调的方言

湘西大多数汉语方言既无入声韵又无入声调，根据古入声字在各点方言中的不同分派规律，又可以分为几个小类型，具体情况如下（"/"前面为白读，后面为文读）：

	搭	插	接	急	擦	八	铁	刮	笔
沱江凤凰	₋ta/₋ta	₋tsʰa/₋tsʰa	₋tɕiɛ/₋tɕiɛ	₋tɕi	₋tsʰa/₋tsʰa	₋pa/₋pa	₋tʰi/₋tʰiɛ	₋kua	₋pi/₋pi
乾州吉首	₋tɑ	₋tsʰɑ	₋tɕiei	₋tɕi	₋tsʰɑ	₋pɑ	₋tʰi	₋kuɑ	₋pi
花垣花垣	₋ta	₋tsʰa	₋tɕi	₋tɕi	₋tsʰa	₋pa	₋tʰi	₋kua	₋pi
民乐花垣	₋ta	₋tʃʰa	₋tɕie	₋tɕi	₋tʃʰa	₋pa	₋tʰi	₋kua	₋pi
古阳古丈	₋ta	₋tsʰa	₋tɕie	₋tɕi	₋tsʰa	₋pa	₋tʰie	₋kua	₋pi
迁陵保靖	₋ta	₋tsʰa	₋tɕɿ	₋tɕɿ	₋tsʰa	₋pa	₋tʰi	₋kua	₋pɿ
野竹坪保靖	₋ta	₋tsʰa	₋tɕie	₋tɕi	₋tsʰa	₋pa	₋tʰie	₋kua	₋pi
王村永顺	₋ta	₋tsʰa	₋tɕie	₋tɕi	₋tsʰa	₋pa	₋tʰie	₋kua	₋pi
润雅永顺	₋ta	₋tʃʰa	₋tɕie	₋tɕi	₋tʃʰa	₋pa	₋tʰie	₋kua	₋pi
万坪永顺	₋ta	tsʰaᵓ	tɕieᵓ	tɕiᵓ	tsʰaᵓ	pa	tʰieᵓ	₋kua	piᵓ
里耶龙山	₋ta	₋tsʰa	₋tɕie	₋tɕi	₋tsʰa	₋pa	₋tʰie	₋kua	₋pi
民安龙山	₋ta	₋tsʰa	₋tɕie	₋tɕi	₋tsʰa	₋pa	₋tʰie	₋kua	₋pi
洗溪泸溪	₋to	tsʰoᵓ	tɕiᵓ	₋tɕi	₋tsʰo	poᵓ	tʰieᵓ	₋kua	piᵓ
河蓬古丈	₋ta	₋tsʰo	₋tɕi	₋tɕi	₋tsʰo	₋pa	tʰieᵓ	₋kua	₋pi

第六章　湘西汉语方言的声调

	辣	热	袜	月	密	力	麦	肉	木
沱江凤凰	laˀ/₅la	₅ʑɛ	₅ua	yɛˀ/₅ye	₅mi	₅li	maˀ/₅miɛ	zuˀ/₅zu	₅mu/₅mu
乾州吉首	₅la	₅ze	₅uɑ	₅ye	₅mi	₅li	₅me	₅zu	₅moŋ
花垣花垣	₅la	₅ʑɛ	₅ua	₅ɿ	₅mi	₅li	₅me	₅zu	₅mu
民乐花垣	₅na	₅zɛ	₅va	yeˀ	₅mi	₅ni	₅mɛ	₅zu	₅mu
古阳古丈	₅la	₅ze	₅ua	₅ye	₅mi	₅li	₅me	₅u	₅mu
迁陵保靖	₅la	₅zi	₅va	₅y	₅mi	₅li	₅mi	˚ka	₅mu
野竹坪保靖	₅na	₅ze	₅ua	₅ye	₅mi	₅ni	₅me	₅zu	₅mu
王村永顺	₅na	₅ze	₅ua	₅mi		₅ni	₅me	₅zu	₅mu
润雅永顺	₅la	₅ʒɛ	₅ua	₅ie	₅mi	₅li	₅mɛ	₅ʒu	₅mu
万坪永顺	naˀ	zeˀ	uaˀ	ieˀ	miˀ	niˀ	meˀ	zuˀ	muˀ
里耶龙山	₅na	₅ʑE	₅uã	ieˀ	₅mi	₅li	₅me	₅zu	₅mu
民安龙山	₅la	₅ze	₅ua	₅ye	₅mi	₅li	₅mie	₅zʏ	₅mu
洗溪泸溪	loˀ	ʒiˀ	vo	y/	miˀ	liˀ	₅mai	ʒɯˀ	₅moŋ
河蓬古丈	₅no	ziˀ	₅vo	₅y/₅ye	₅mi	₅ni	₅mai	₅ziʏ	₅moŋ/₅mu

	跌	十	活	侄	薄	白	读	熟	直
沱江凤凰	₅tiɛ	₅ʂʅ	xoˀ/₅xo	tsʅˀ/₅tsʅ	₅po	pʰaˀ/₅ʑɛ	₅təu	məuˀ/₅ʂəu	₅tsa
乾州吉首	₅ti	₅sʅ	₅xo	₅tsʅ	₅po	₅pei	₅tu	₅su	₅tsɑ
花垣花垣	₅ti	₅sʅ	₅xo	₅tsʅ	₅po	₅pe	₅tu	₅su	₅tsa
民乐花垣	₅tʰi	₅ʃi	₅xo	₅tʃi	₅po	₅pɛ	₅tu	₅ʃu	₅tʃa
古阳古丈	₅tie	₅sʅ	₅xo	₅tsʅ	₅po	₅pe	₅tu	₅su	₅tsa
迁陵保靖		₅sʅ	₅xɔ	₅tsʅ	₅bɔ		˚du		₅tsa
野竹坪保靖	₅tʰi	₅sʏ	₅xo	₅tsʏ	₅po	₅pe	₅tu	₅su	₅za
王村永顺	₅tʰie	₅sʅ	₅xo	₅tsʅ	₅po	₅pe	₅tu	₅su	₅tsa
润雅永顺	₅tie	₅ʃi	₅xo	₅tʃi	₅po	₅pɛ	₅tu	₅ʃu	₅tsa
万坪永顺	₅tʰie	₅sʅ	xoˀ/₅xo	tsʅˀ	poˀ	peˀ	₅tʏ	suˀ	₅tsa
里耶龙山	₅tie	₅sʅ	₅xo	₅tsʅ	₅po	₅pE	₅tu	₅su	₅tsa
民安龙山	₅tie	₅sʅ	₅xo	₅tsʅ	₅po	₅pe	₅tʏ	₅sʏ	₅tsa
洗溪泸溪	₅tʰi	ʃiˀ	xɯˀ	tʃiˀ	pʰouˀ	pʰaiˀ	tʰuˀ	ʃɯ	tsoˀ
河蓬古丈	₅ti	₅sʅ	fʏˀ	tsʰʅˀ	pʰʌˀ	pʰai	tʰuˀ/tuˀ	ɕiʏˀ/ɕuˀ	tsoˀ

1. 凤凰型

凤凰古清入字今白读阴平，文读阳平；古浊入字一般归阳平，有文白读层次的，白读层归去声，文读层归阳平。

换言之，凤凰入声字有文白读两套系统：白读层是清入归阴平，浊入归去声；文读层是不论清浊，一律归入阳平，跟下面的"乾州型"即大多数的西南官话入声的归派规律一致。

2. 乾州型

古入声都归入阳平，例外极少。湘西大多数汉语方言点属于这种类型，包括乾州、花垣、民乐、古阳、迁陵、野竹坪、王村、润雅、里耶、民安等10个方言点。古入声归阳平是西南官话的典型特征之一。

各地古清入归阳平的方言点中，都有少数清入字读去声，而且辖字比较一致，如"式饰设雪霍亿"等，乾州、里耶只有其中的二到三个字。我们注意到，这几个字除"雪"外，其他各字在普通话中也是读去声调的，所以它们在乾州型方言点中读去声，可能是折合了普通话的读音，即方言借用普通话的调类而值入本方言的调值。

3. 万坪型

古清入、次浊入归去声；古全浊入分归去声和阳平，全浊入有文白读的，则白读为去声，文读为阳平。我们所调查的方言点中，只有万坪一个点属于这种类型。

万坪古入声的今读分文白读两个层次：白读层是无论清浊，一律归于去声；文读层是清入、次浊入归去声，全浊入归阳平。

湘西汉语方言主要为西南官话，万坪位于自治州的东北部，在万坪的东面、北面和西面，都是典型的西南官话分布区。杨时逢（1959：120）指出"（入声派归阳平）这是西南官话声调的一个最显著和最主要的特点"。根据李荣（1985），西南官话是入声无论清浊都一律归入阳平，而清入、次浊入归去声是兰银官话的主要特点之一。据牟成刚的博士学位论文《西南官话研究》（2012：247—249）西南官话无入声的四调类（平分阴阳、全浊上声变去，去声不分阴阳，入声派归去声）方言点中，古入声派入去声的方言主要集中在四川岷、沱两江流域的下游中间一带，如自贡、简阳、仁寿、内江、井研、荣县、隆昌、筠连、富顺、冕宁、威远、荣昌、巫山等。此外，云南的威信、盐津，湖南的常德、桑植（赤溪坪），江西的赣州等也属于此类型。西南官话无入声的五调类（平分阴阳，全浊上声变阳去，去声分阴阳，入声舒化后派归平上去而消失）方言点中，慈利是入声派入阳去；汉寿是入声派入阴去；临澧是清入派入阴去，浊入声派入阳去。在牟成刚总结的所有这些入声归并到去声（阴去或阳去）的方言点中，只有常德、桑植、慈利、汉寿等地在地域范围上与万坪比较接近。

万坪方言的古入声不管是白读层还是文读层，为何会产生与湘西其他汉语方言的古入声迥异的归派特点，我们推测有三个原因。第一是万坪与常德、桑植、慈利、汉寿这几个方言点本来就属于同一类型，其底层是赣语，①入声归去声是方言自身演变的结果。从前面第四章关于全浊声母的今读分析中可知，万坪方言的底层或早期强势方言应是赣语，只是后来受到官话的影响才逐渐向西南官话转变。第二是受其他方言的影响。万坪处于湘西的东北部，与常德、桑植、慈利、汉寿等地非常接近，而常德、桑植、慈利、汉寿等地方言都是入声归入去声（慈利是阳去，汉寿是阴去），特别是与万坪毗邻的桑植方言是古入声派归去声，受这些方言点入声分派的影响，万坪方言入声也归入了去声。第三也是方言自身的演变。万坪方言在入声消失前，很可能其入声调调值已和去声调值非常接近，根据调类合并的唯一依据是调值的相近度原则，万坪入声白读层无论清浊，一律并入去声。文读层在周边强势方言西南官话的影响下，全浊入首先发生变化，并入阳平，而清入、次浊入仍保留其归入去声的特点，从而形成不同于湘西其他汉语方言入声分派的格局。

4. 洗溪型

入声分归阴去和阳平。

洗溪方言和河蓬"死客话"属于这种类型，它们的共同特点是古全浊入字大部分归阴去，小部分归阳平，有文白异读层的，白读层归阴去，文读层归阳平。但是，洗溪和河蓬在古清入和次浊入字的归派问题上内部有区别：古清入和次浊入字在洗溪方言中归入阴去的稍多于阳平，而河蓬"死客话"只是极少数字归入阴去，大多归阳平。也就是说，在入声归并的问题上，河蓬因位于湘西的中部偏西，其方言受官话的影响大些，因而就跑得快些，入声归阳平的字比较多；洗溪因位于湘西的南部，其方言主要处于湘方言的包围区，因而受官话的影响就小些，跑得慢些，入声归入阳平的就少些。

通过以上对洗溪方言、河蓬"死客话"古入声字今读的分析，我们可以推测，这两个方言点古入声的早期形式应是无论清浊全部归入阴去调中，即我们现在所见的白读层。后来，由于受到官话的影响，清入、浊入部分字跑到阳平里去了，即我们现在所见的文读层。因为地理位置的不同，受官话影响的程度不一，所以演变的速度也不同：河蓬演变得快些，洗溪演变得慢些。可以预见，洗溪方言、河蓬"死客话"古入声字将来的发展方

---

① 假定常德、桑植、慈利、汉寿几个方言点的底层是赣语只是我们的一个推测，因为判定这些方言的底层是湘语还是赣语，还得结合全浊清化是否送气等音韵特征来看。因资料缺乏，我们暂时没有进行考证。

向为"无论清浊,全部分归入阳平",从而跟今天的乾州型方言一致。

以上各点方言除乾州型方言外,其他方言点古入声字今读都是属于清入、浊入部分有别型的方言,只是程度不同而已。它们的演变模式为:

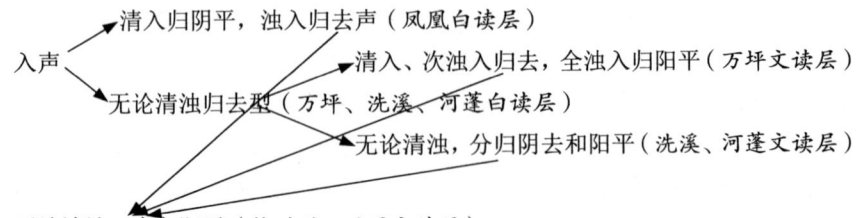

```
           ┌─→ 清入归阴平,浊入归去声(凤凰白读层)
           │     清入、次浊入归去,全浊入归阳平(万坪文读层)
入声 ──────┤
           │   无论清浊归去型(万坪、洗溪、河蓬白读层)
           │     无论清浊,分归阴去和阳平(洗溪、河蓬文读层)
           └─→
无论清浊,全归阳平(乾州型、凤凰文读层)
```

乡话几个点清入、次浊入字保留入声调,次浊入本质上属于归阴调的方言;全浊入字分归各调则是杂合了湘西汉语方言入声字演变的各个层次。

第五节 湘西汉语方言声调的特点

一 调类分合、演变的特点

1. 调类数目为4个或5个,多为4个。四调类的平声分阴阳,上声、去声各一个。五调类的洗溪、河蓬两个点是去声分阴阳,岩头河、高峰、山枣三个乡话点是保留了入声调(实际上是阴入调)。

2. 古平声、上声字基本按古声母清浊各分两类。去入声字在四调类方言中基本不分清浊(凤凰去声比较特殊,是个例外;凤凰、乾州、万坪入声清浊分调);在五调类方言中按古声母清浊各分两类。

3. 由古四声按清浊不同归入八个不同类别的调类之间互有合并,合并比较多的现象是:清入归入阳平,浊入归入阴去,浊入归入阴平(乡话及山枣"六保话"),另外是次浊上、清上合并为上声,浊去与清去合并为去声,浊上跟浊去合并为阳去,浊上与清去合并为阴去。它们之间的合并已打破了原声母清浊所造成的阴、阳调之间的界限,也就是说,这种合并已不限于"清—清"合并或"浊—浊"合并,如浊上字跟清去字合并为同一个调。

4. 上声只有一个调(阴上),清上与次浊上同调,都归入上声,极少例外。南方的许多方言次浊上的白读层一般是跟浊上合并,即"次浊归阳",文读层才是"次浊归阴"。除乡话及洗溪、河蓬这两个方言点之外,清去、浊去均合并成一个去声调。除乡话外,所有方言点无入声调。

5. 影响湘西汉语方言声调演变的因素主要有:古声母的清浊,口语与非口语字,文白异读、强势方言的影响等。

（1）古声母的清浊是影响湘西汉语方言声调演变的最主要因素。

（2）口语与非口语字也是影响湘西汉语方言的某些方言点声调归并的一大因素，如沱江、洗溪、河蓬、岩头河、高峰、山枣等地古全浊上声字的今读。

（3）文白异读在湘西汉语方言的声调归派中有比较大的影响。文读往往反映的是受官话影响后方言声调演变的方向，白读反映的则是方言自身演变的规律，如沱江、洗溪、河蓬等地上声和去声的文白读，沱江、万坪等地入声的文白读等。下面是沱江、洗溪、河蓬、万坪等地方言白读层和文读层声调归并表，从表中我们可以看出文白读对声调归并的影响。

（白读层）

	平			上			去			入		
	清	次浊	全浊	清	次浊	全浊	清	次浊	全浊	清	次浊	全浊
沱江凤凰	阴平	阳平		上声	上声阴平		去声	阴平		阴平	去声	
洗溪古丈	阴平	阳平		上声	阳去阴平		阴去	阳去		阴去多阳平少	阴去	
河蓬古丈	阴平	阳平		上声	阳去		阴去	阳去		阴去少阳平多	阴去	
万坪永顺	阴平	阳平		上声			去声					

（文读层）

	平			上			去			入		
	清	次浊	全浊	清	次浊	全浊	清	次浊	全浊	清	次浊	全浊
沱江凤凰	阴平	阳平		上声			去声			阳平		
洗溪古丈	阴平	阳平		上声	去声		阴去	阳去	阳去阴去	阴去多阳平少	阳平	
河蓬古丈	阴平	阳平		上声	去声		阴去	阳去	阴去	阴去少阳平多	阳平	
万坪永顺	阴平	阳平		上声			去声			阳平		

（4）强势方言（主要是西南官话）在湘西汉语方言的声调归派中担当重要角色。湘西汉语方言中诸如浊上归去、阳去、阴去合并、入声归阳平等都与西南官话的影响有关。从演变过程来看，官话方言主要是通过向本地方言覆盖文读音，并以文读音逐渐取代白读音的过程促使本地方言的声调系统向官话方言的声调系统靠拢，这是一个文白竞争的过程，也是一个词汇扩散的过程。

二 调型、调值上的特点

1. 阴平多为中升调 34，其次为高平调（沱江 55、古阳 44、高峰 55），再次是高升调（迁陵 45、王村 45）。

2. 阳平多为低平调 22，沱江、野竹坪为低降调 21，洗溪、河蓬为低升调 23，岩头河为低升调 24，高峰、山枣为低升调 13。

3. 上声多为高降调（因降的程度不同分别有 51、52、53、54 几种），沱江、洗溪是半高降调 42，高峰是低升调 25。

4. 在去声不分阴阳的方言点中，去声大多为降升调（213、214 或 212），只有沱江为 35 调，迁陵为 14 调，万坪为 13 调，高峰为 33 调；在去声分阴阳的洗溪和河蓬两个方言点中，阴平都是降升调 213，阳平都是一个带有假声的特高升调，我们把它记为 45。

5. 在有入声调类的方言中，入声调都是半高降调，其调值分别为：岩头河 43、高峰 41、山枣 42。

综上所述，湘西汉语方言声调内部一致性非常强，在调值、调型上差异不大：阴平多为中升调或高平调，阳平多为低平调，上声多为高降调，在去声不分阴阳的方言点中，去声多为降升调；在去声分阴阳方言点中，阴去是降升调，调值与去声不分阴阳的方言点非常一致，阳去是高升调。保留入声调类的方言点，其入声都是一个半高降调。

三 湘西汉语方言共时声调格局的成因

1. 现有声调格局是比较晚近的时代形成的

汉语方言的声调在浊声母清化前一般都经历过以声母清浊为条件的声调分化过程，即"四声八调"时期。湘西汉语方言概莫能外，也经历了阴平、阳平、阴上、阳上、阴去、阳去、阴去、阳入八个调类的时期，如沱江、洗溪、河蓬等地方言的白读层和岩头河、河蓬、山枣等地乡话现在都保留着平、上、去、入各分阴阳的声调格局。后来，在八个调类的基础上，发生了种种合并现象。合并比较多的是：阴调类与阳调类的合并，入声调与舒声调的合并。

曹志耘（1998：94）指出：

根据汉语语音发展演变的规律，产生这两类合并现象必须首先具备以下两个相应的条件：一是全浊声母清化，二是入声韵母的"舒声化"（这里指失去塞音韵尾，声调拉长），而全浊声母清化和入声韵母舒声化这两项重要的语音变化，在北方话里是中古以后慢慢完成的，入声韵母失去塞音尾大约发生在十四世纪左右（王力，1980：134）。

就湘西汉语方言来说，这两项语音变化发生的时间可能要晚近些。因为湘西现在仍有部分方言保留全浊声母，虽然已没有入声韵尾，但仍有部分方言点保留独立的入声调（实为阴入调）。这在一定程度上说明湘西汉语方言古全浊声母清化和古入声韵母舒声化的历史应该不会太久远。当然，在没有任何历史文献可资证明的情况下，我们还无法确定音变发生的具体年代。

2. 底层和移民

湘西古为蛮夷之地，湘西的原居民是少数民族"五溪蛮"（汉代称"武陵蛮"），湘西土家族，一部分是长期生于斯长于斯的土著先民，另一部分是在不同时期、由不同地区迁入州域各地的。苗族是由外地迁入州域最早的少数民族，迄今已有2300多年。湘西各少数民族因为分散而居，加上山川阻隔，很难形成一致性比较强的强势方言。湘语因地缘之故，首先以扩散的方式到达湘西的南部和中部地区，并成为当地的强势方言。明清之际，大批江西移民进入湘西，在湘西的湘语区外形成赣语区并成为当地比较强势的方言。清"改土归流"之后，再次引发大批汉人进入湘西，这一次汉人的进入，对湘西的汉语方言地理格局带来了很大的冲击。关于湘西底层汉语方言及汉语方言格局的形成，详见第八章。

据史料统计，湖南在历史上曾接纳过大量的外来移民，其中江西移民最多。罗昕如（2011：14—19）在归纳、统计了湖南省50个县（市）志书中关于江西向湖南移民的史料和数据后，指出江西向湖南移民的一些特点：

其一，江西向湖南移民的规模大，覆盖面广。

从唐末五代到清初，江西持续不断地向湖南大量输出移民，湖南无论是中部地区还是湘东、湘南、湘西、湘北等边缘地带，无论是中心城市（如长沙）还是穷乡僻壤，无论是汉族地区还是少数民族地区，都接纳了大量的江西移民，江西移民形成了"江西填湖广"之势。……龙山县的土家族占全县总人口的45%，《龙山县志》记载包括龙山在内的湘西土家族地区的土司首领为江西人，他们建立了土司制度，子孙世代沿袭，统治土家族地区800余年。江西移民大量深入进驻湘西少数民族地区的现象是江西在历史上向湖南大规模、全方位移民的突出表现。

……

其三，江西移民时间相对集中。

从地方志的记载可以看出，江西向湖南移民自唐末五代开始，宋、元递增，明代江西移民大增，至清代渐衰。唐末五代江西向湖南输出移民不多，江西移民时间主要在宋、元、明三代。……

其四，江西移民的出发地十分集中。

据地方志中各姓氏源流记载，湖南各地的江西移民出发地十分集中，大多来自江西吉安、南昌两府各县，其中来自这两府的泰和、吉安、吉水、安福、永新、南昌、丰城等7县为最多，而来自泰和县的移民尤其多。

江西向湖南长达七个多世纪的大量移民，其带来的方言（主要是赣方言）必然会使湖南方言发生巨大的变化。因为，江西向湖南的移民数量大，而且迁徙时间比较集中，这样就会以强大的优势侵蚀、同化当地的方言，甚至取代当地的方言，如湖南的洞口、隆回部分地区赣语的存在就是移民方言取代当地方言的结果。

湘西虽然地处湖南的西部和偏北部，但也有大量江西移民停留或留居于此，上文提到的《龙山县志》就有记载，因此当地也就不可避免地受到了江西移民所带来方言的影响。特别是凤凰沱江方言，现在还保留着较浓的赣语色彩，在湘西其他方言点，也有不同程度的赣语痕迹的残留。当然，无论是从影响的地理范围还是从影响的音类数量来看，赣语对湘语的影响力远远不及西南官话对其产生的影响。

3. 强势方言的影响

湘西境内民族众多，语言复杂，少数民族语言与汉语的长期共处，势必对湘西的汉语方言产生影响。但相对于湘方言和西南官话，湘西的民族语言是一种弱势语言，对当地汉语造成的影响有限。影响湘西汉语方言演变的主要是湘语和西南官话，特别是西南官话，西南官话是当前湘西汉语方言中的强势方言，它倚靠贵州、重庆、湖北的"大本营"，从北、西、南三个方向对湘西汉语方言步步进逼，致使湘西原有的语言特征在不断地改变和丧失，原有语言的地理范围也在逐渐缩小。

综上所述，湘西汉语方言共时声调格局的成因，既有语言系统自身特别是语音系统内部的原因，如音系的简化、声母清浊对立的消失、入声韵塞音尾的丢失、调值之间的相近度等，又有系统外部的原因，如强势方言——西南官话的影响。这是两种性质迥异的演变原因，两种原因共同作用于湘西汉语方言，导致湘西汉语方言声调演变结果既有很强的系统性的一面，如平分阴阳、浊上归去、阴阳去合并、调型调值相近等现象；又有某些方面系统性差的一面，如某些方言点的文白异读、一字多调现象突出（有些字甚至有三个不同的声调）。当然，在具体的方言里，一定时代常常是以某一种类型为主要形式的，从而形成湘西现有的声调格局。

四　调类的发展趋势

曹志耘（2009：18—22）提到，保靖县大妥乡有四个单字调：阴平55，阳平21，上声53，去声213。其中：

古上声中，全浊上归去声，清上次浊上大部分字归阴平，或阴平和上声自由变读，少数字读上声。值得注意的是，其中鼻尾韵字基本上都读阴平了，只有个别字还有阴平和上声两读，例如：胆｡taŋ、选｡ɕiaŋ/ɕiaŋ、音｡in、滚｡kuen、双｡suaŋ、井｡tɕin、顶｡ten、懂｡toŋ、满｡maŋ、冷｡leŋ。开尾、元音尾韵字则既有读阴平的，也有读上声的，还有阴平和上声两读的，读阴平的例如：几=机｡tɕi、草=抄｡tsʰəu。总的来说，保靖清上次浊上字的读音不太稳定，发音人常常第一遍读作阴平 55，但一追问，又会读作上声 53。与此同时，有的清平字也会读作上声，例如：ˈ初 tsʰu、区ˈtɕʰi。上述现象表明，保靖的上声 53 和阴平 55 两个调正处于合并的过程当中。

曹志耘所调查的大妥乡位于保靖县的西北部，湘西的中部偏西，根据我们的调查，大妥乡周边的汉语方言还没有发现这种上声和阴平合并的迹象，但在调查中也发现，与大妥乡并不相连的永顺县朗溪乡有类似的阴平与上声趋于合并的现象。朗溪方言也有四个单字调，在年轻人的口音中，其四个单字调为：阴平 55，阳平 33，上声 45，去声 313，如：

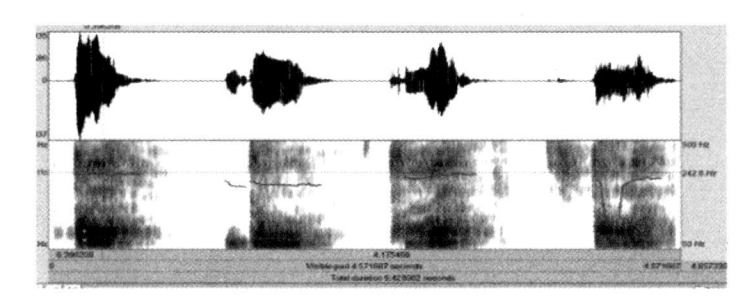

图 6-1 "通同桶痛"的发音

"通同桶痛"分别代表了朗溪方言的四个单字调，从图 6-1 可以看出，朗溪方言阴平是一个高平调 55，阳平也是一个平调，实际调值在 33 与 44 之间，我们记为 33，上声是一个调头略有降升的调，记为 45，去声跟州内多数汉语方言一样，是一个降升调。因为朗溪阴平与上声调值非常接近，在年轻人的口音中，上声与阴平往往混在一起，或者是自由变读。但在老年人的口音中，朗溪方言上声与阴平大部分还是分开的，阴平是高平调 55，上声大都读降调 52。

有声调合并迹象的还有洗溪方言。洗溪方言的阳平是低升调 23，阴上是降升调 213，但我们在第二章音系描写中提到，洗溪方言"阳平略有降升，有时接近阴去调值"。因为都带有降升的性质，调查时，发音人不管是中老年人还是年轻人，很多时候自己都弄不清到底发出的是 23 调还是 213 调。可以预见，在不久的将来，因为持续受到官话的强烈影响，洗溪方言的阳去与阴去会首先合并而只保留一个去声调类，接着调值接近的阴去调和阳平调也会发生合并，这样，洗溪方言最终会变成与州内其他多数汉语方言一样的4个调类的声调格局。

总之，以上论述表明，随着方言语音的发展，湘西汉语方言的声调系统在朝着简化的方向发展：五调类方言朝着四调类方言演化，而某些四调类方言最终会变成三调类的方言。

第六节　湘西汉语方言的两种特殊声调

本节以实验语音学方法讨论湘西两种比较有特色的声调读音：嘎裂声（creaky voice）和假声（falsetto）。这两种特殊的声调见于属于湘语性质的洗溪方言和河蓬"死客话"中（洗溪方言尤其突出），嘎裂声出现在阴去调中，假声出现于阳去调中（河蓬"死客话"阳去调尾略带假声）。

本节用了三个发音合作人的发音材料，分别为：龙永文，男，1959年生，泸溪县洗溪镇张家坪村人，小学文化，农民，未在外地长期生活居住过；龙玉燕，女，1989年生，泸溪县洗溪镇张家坪村人，本科，学生，上大学前一直生活在本地；苏清禄，男，1945年生，古丈县河蓬乡苏家村苏家寨人，高小毕业，通晓死客话，兼通乡话、古丈官话、苗语，为县轻工业局退休干部，从未在外地长期生活居住过。

我们采用LZ归一方法处理录音数据，画出洗溪方言和河蓬"死客话"各一个发音人的所有调类的基频曲线。下面两个图，图6-2为洗溪方言，图6-3为河蓬"死客话"。

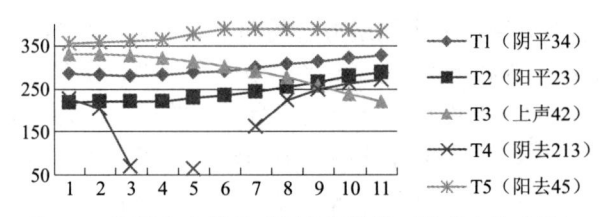

图6-2　洗溪方言等长时间基频曲线（发音人为女性）

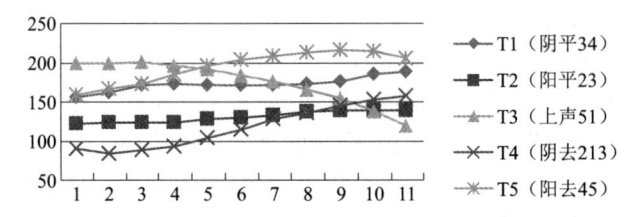

图6-3　河蓬"死客话"等长时间基频曲线

嘎裂声和假声是一种发声态现象。对于声调语言来说，发声态可以用来定义"声域"，而声调描写需要有声域的概念。音系学中的声域有：高域、中域、低域，高域实现为张声或假声，中域实现为常态发声，低域实现为嘎裂声。朱晓农（2009：5）曾指出："发声简单的语言只有一个中域，官话、粤语方言是单声域的。分两个域的语言/方言主要在吴语和湘语中，或者如吴语分中域和低域（气声），或者如岳阳话分中域和高域（假/张声）。分高中低三个域的语言极少见。从经验上来说，三域六度是最多的了。"

从图6-2、图6-3中可以看出，洗溪和河蓬"死客话"的调类一致，调型和调值也相差无几。它们阴去调的调型特点是凹调，其中洗溪方言阴去调是个带嘎裂声的凹调。洗溪方言阳去调的起点比洗溪方言上声全降调的起点还要高；河蓬"死客话"的阳去调，其调尾高出上声全降调的起点，这表明了洗溪方言和河蓬"死客话"的阳去调处于高声域中，可能带有张声或假声的特征。下面我们分别论述这两种声调类型。

一 嘎裂声

嘎裂声是一种"发声"，而不是"调音"。从发声机制上来说，发声时，声带强烈地往中央收缩，而不是像发喉塞音那样往两端拉紧。结果声带收缩得又短又厚，大约只有正常发浊声时的三分之二长短。发声时喉门后部两边的构状软骨紧闭，并紧拉住声带后部。声带从后部到中前部大部分都不振动，只有前部一小段漏缝，气流很小，溢出时振动这一小段的声带。从声学特征上来说，由于声带厚实僵硬，所以嘎裂音频率极低，远远低于发音人声域的最低限，有时甚至低到只有30Hz，以致声带振动时很不规则。由于基频太低而且常常不规则，所以有时无法测到基频，或者测到也不规则，忽高忽低，时有时无，表现在基频曲线上就是中间折断了（朱晓农，2009：12）。

"嘎裂声"有的人称为"中折调""中喉塞音""中塞调"。"中折调"最早是赵元任先生在浙江台州的黄岩发现并首先提出来的。赵元任先生认为这种中折调是一种中喉塞音。[①]朱晓农在《浙江台州方言中的嘎裂声中折调》（2004：226—230）一文中指出：在语音学上，"中折调"可以指两种情况，一种是音节中间出现喉塞音，即"中喉塞"，另一种是"嘎裂声"。它们的共同点是音节和声调中间都像折了一样，喉头——更应该说声门——都要关一关。不过它们的发音生理截然相反：中喉塞往两端拉紧声带来关住声门，

[①] Chao, Y.R.（赵元任）The non-uniqueness of phonemic solutions of phonetic systems. 史语所集刊（四本四分），1934：370.

从而塞住声音；嘎裂声是朝中间收紧声带来关住大部分声门，从而塞住声音。两者声学特征完全不同：喉塞音引起升调，嘎裂声导致降调，因而听感也不同：中喉塞的声调听上去中间像是往上翘了一下，而嘎裂声却像是中间往下折断。

我们在实验中发现，洗溪和河蓬"死客话"的阴去调有两种基频模式，一种是基频成一条凹形的连续曲线，如图 6-4。但很多时候（特别是洗溪方言），阴去调的基频中间是断开的，如图 6-5 到图 6-10。下面我们先看看洗溪和河蓬"死客话"阴去调第一种模式的语图：

洗溪"半"pai^{213}（龙永文发音）

河蓬"半"pai^{213}（苏青禄发音）
图 6-4

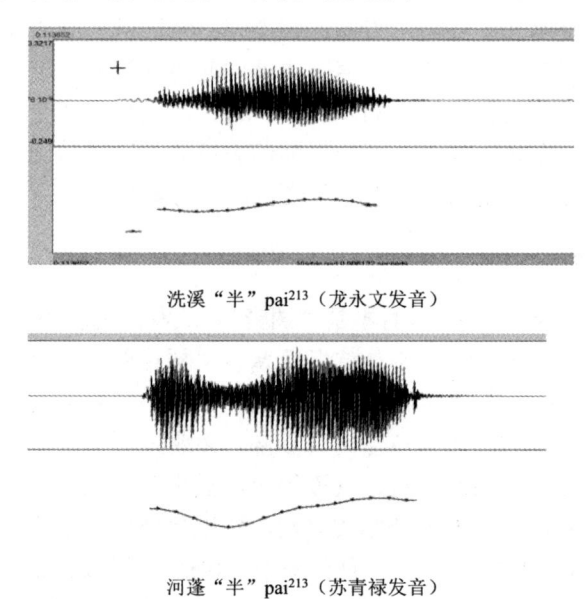

图 6-4 是阴去字"半"在洗溪和河蓬"死客话"中的读音，图中的基频线都是连续的，中间没有折断。但可以发现在音节的中间偏前一点部分，声波图上的竖直条之间的距离增大，间隔变得不规则，显得比较稀松。

麦耘（2007）对嘎裂声的发声原理阐释为："喉头紧张而音高很低或较低，是'嘎裂声'的特点。嘎裂声的发声原理是声带向中央挤缩，导致声带变厚，受肺部气流冲击时振动较慢，所以音高较低；且声带振动往往不规则，声波的周期性不强，在语图上，表现为语音软件计算不出其基频。嘎裂声还有一个特点是往往能量较小，响度低，所以当音节中间出现嘎裂声时，听感上会觉得音节中间突然没了声音，造成所谓'折断感'。"

洗溪和河蓬"死客话"的阴去调听起来是声调先下降，有时候在下降到最低点时，在音节的韵母前段有短暂的停顿，并伴随紧喉动作，然后声调上升。关于洗溪和河蓬"死客话"的阴去调是"中喉塞"还是"嘎裂声"，我们可以通过声学实验来探讨。如下面的几幅图：

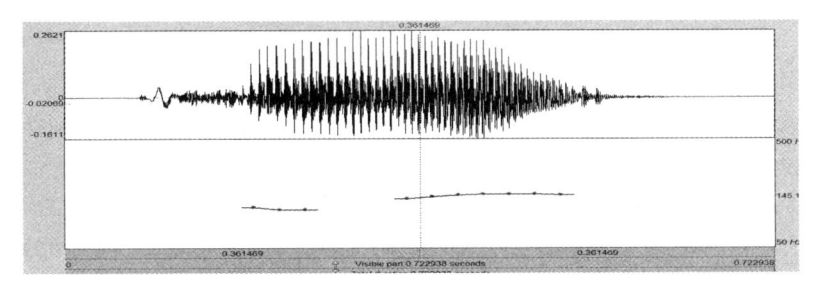

图6-5 "白"p^{h}ai^{213}（龙永文发音）

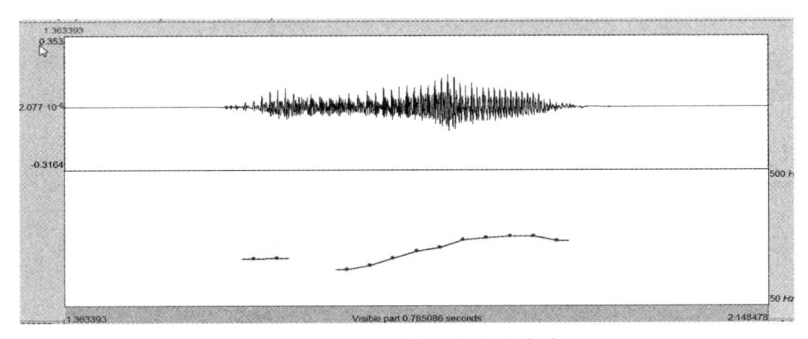

图6-6 "桂"kui^{213}（龙永文发音）

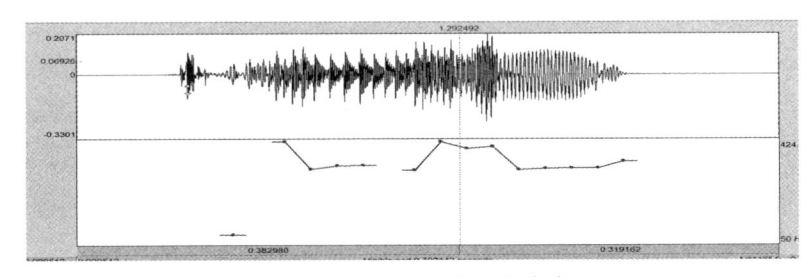

图6-7 "桂"kui^{213}（龙玉燕发音）

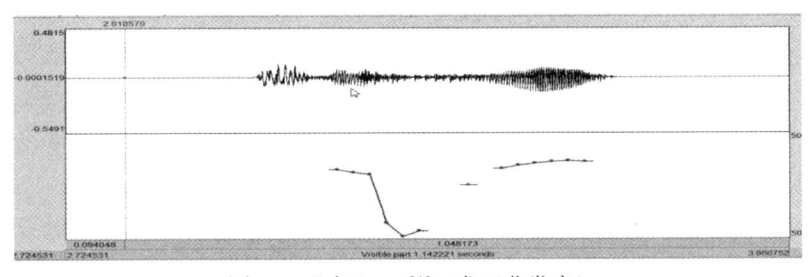

图6-8 "痛"t^{h}oŋ^{213}（龙玉燕发音）

从图 6-4 到图 6-9，我们可以看出，洗溪年轻女性发音人的阴去是一个不连续的降升调，降、升之间有时断开，是一个嘎裂声；男性发音人的阴去有时也是嘎裂声。在图 6-9 宽带语图上，不难发现中间竖直条之间的距离增大，变得很稀松，以至出现了空白。

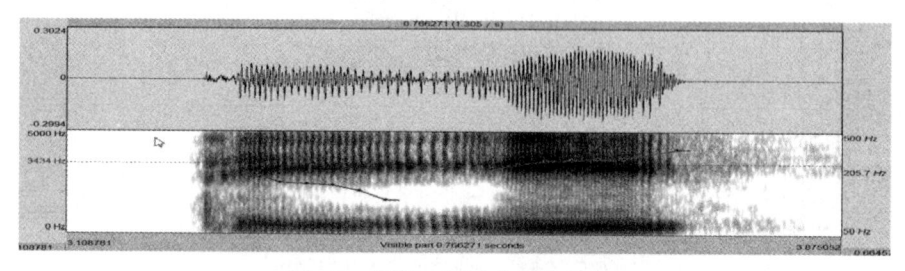

图 6-9 "滴" ti²¹³（龙玉燕发音）

河蓬的阴去调，大多基频连贯，中间没有断裂，可以说是嘎裂声的变体——弱僵声。但有时在声调的前一端也发生断裂，表现为嘎裂声，如图 6-10 所举的"白派"。

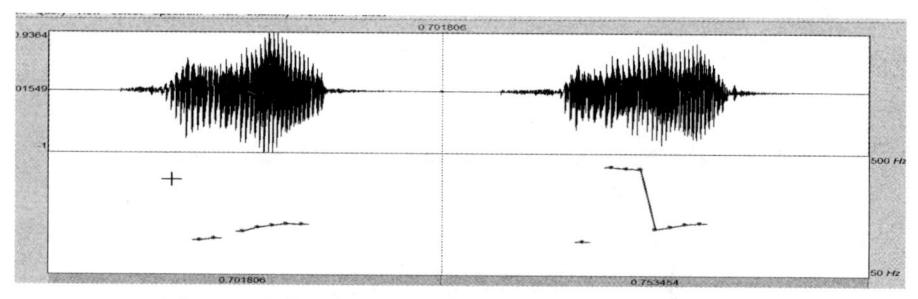

图 6-10 河蓬"白"pʰai²¹³="派"pʰai²¹³（苏青禄发音）

洗溪、河蓬"死客话"阴去调的音节前部音高较低，接着声调下降，到音节中部（河蓬是声调开始后前一部分）都有短暂的停顿，并伴随紧喉动作，然后声调上升为升调，因此从声学特征和听感来判断都是一个中间往下折断的声调，我们认为正是朱晓农先生所说的"中折调"中的"嘎裂声"，不是"中喉塞"。嘎裂在河蓬"死客话"阴去调音节中的出现位置偏前，能量在音节中的分布重心偏后，而在洗溪方言中，嘎裂基本上发生在音节的中间部位。朱晓农（2004）推测："嘎裂声消失的自然演变就是前高后低的凹调，以后可能再成降调。"与此不同的是，洗溪和河蓬"死客话"阴去调的嘎裂声中折调都演变成前低后高的凹调。

洗溪的阴去调是典型的嘎裂声，与阳平调非常容易相混。在调查过程中，很多时候发音人自己往往也分不清发的是阳平还是阴去调。可以预见，洗溪的阴去调可能会与阳平调合并，阴去调消失，只留下一个阳去调，最终演变成四调类方言。

中折调是一个比较常见的声调类型，在全国各地方言中时有发现，只不过学者们对其称呼各有不同，对各地中折调的性质也有不同的看法。关于湘西的嘎裂声中折调，目前见诸报道的仅有曾春蓉（2009）所描写的泸溪县浦市话。

二 假声

彭建国、朱晓农（2010：24—32）指出："假声的特征是基频很高，远远高出常态浊声的上限。假声可以有张声的社会变体，张声的基频也高于常态浊声"，"张声的声带紧张度介于常态浊声和假声之间"。

章婷、朱晓农（2012：196）还指出："假声的发音特点，是声带抻得长而宽，内沿拉的极薄，声带绝大部分不振动，只有沿着内缘一带振动。假声显著的声学特征是超高频率。张声（fortis voice）的语音实现是前喉塞，如ʔp-，ʔm-，ʔa-，或喉塞尾-ʔ。发张声时从喉头到口腔都比较紧张，音高较高。……一般而言，张声自己不能定义一个声域，但可以和假声一起（或作为假声的变体）定义一个高域。" 我们主要根据假声的一些显著声学特征[①]，并以朱晓农先生（2012）所指出的"一般而言，一个声调系统中，高降调起点是发音人声域的高限所在。如果急升调的起点和高降调的起点差不多，而终点大大高降调的起点，那就可能有张声或假声在起作用"的观点为参照，来分析洗溪和河蓬方言的阳去调。

从前面图6-2洗溪方言声调基频曲线可以看出，洗溪方言阳去调是一个高升调，其起点超过了该方言上声全降调的起点，终点则远远超过全降调的起点，达到近400Hz。我们再来看看洗溪女性发音人龙玉燕发"第"字音的语图。

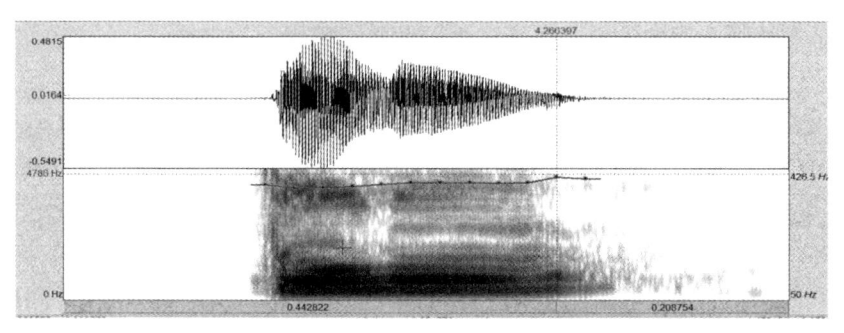

图6-11 "第"ti^{45}（龙玉燕发音）

[①] 假声最显著的声学表现就是基频高，并且音频范围大。

龙玉燕的普通发声态中的低调在 50Hz 左右，最高在 320Hz 左右，但我们所录的阳去字"第"的起点超过了 370Hz，而调尾竟达到了 425Hz，明显带有假声。

从图 6-3 河蓬"死客话"声调基频曲线中我们发现，河蓬"死客话"阳去调也是一个高升调，其起点是用常态浊声开始，到中段以后其基频超过全降调上声的起点，用假声或张声发音，临近调尾时到达最高点，最后调尾基频略有下降，但仍高于全降调的起点基频。也就是说，河蓬"死客话"的阳去调从中段以后是一个假声或张声。再看河蓬"死客话"发音人发"事"字时的语图，此发音人因为是老年男性，普通发声态中的低调在 90Hz 左右，最高在 270Hz，但他的阳去字"事"的调尾达到了 300Hz，带有假声或张声。

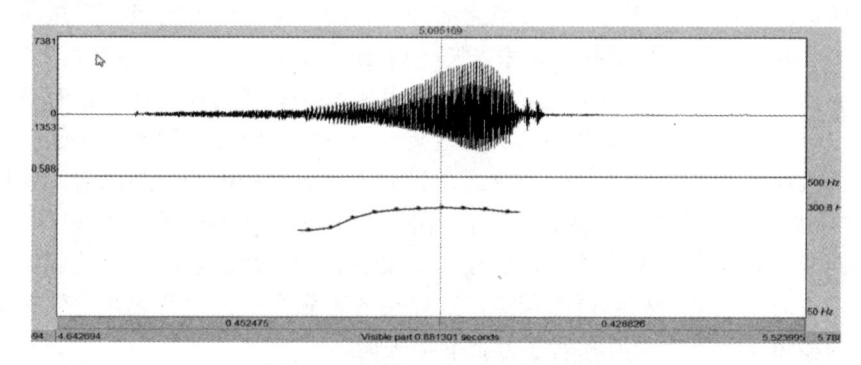

图 6-12 "事" $s\gamma^{45}$（苏青禄发音）

很显然，洗溪、河蓬"死客话"声调跟朱晓龙描述的连云港市区声调一样，也是个三域六度的系统，它们的阴去调，准确地说应该记成 203，而阳去调洗溪应该记成 46 或 56，河蓬应该记成 46。总之，洗溪、河蓬"死客话"声调在声域中的分布及其相关发声态可用下表来表示：

高域	张声/假声			阳去 46
中域	清声	阴平 34	阳平 23	上声：洗溪 42 河蓬 51
低域	僵声（嘎裂/弱僵）		阴去 203	

假声在全国各地民族语言和方言中多有分布，如侗台语、北部湘语和北部赣语、苏北连云港市区方言、南部吴语温州、温岭等地方言。此外，南部湘语中也有类似现象，但较少被提及，如彭建国、朱晓农（2010）根据麦耘提供的调查材料得知，湘南冷水江方言有五个声调（阴平、阳平、

上声、阴去、阳去），其中阴去为假声高域调。湘西的汉语方言，此前尚未见到假声的相关报告。并且，关于湘赣语中的假声，已有发现的主要集中于阴去调，少数在阴入。我们这里报告的假声（张声）都存在于阳去调中，这个发现有助于扩展假声的研究视域。[①]

[①] 据庄初升教授调查，桂东北富川县秀水村"九都话"的入声调也是假声，但是邓玉荣《富川秀水九都话研究》（广西民族出版社 2005 年版）记录为 45。

第七章　湘西汉语方言的区域特征及内部分片

前面第二和第三章我们分别从共时和历时的角度对湘西汉语方言进行了初步比较，第四到第六章分别从声、韵、调等方面对湘西汉语方言音韵的重要特点进行了纵横两向的比较。本章我们将从整体上来分析湘西汉语方言的区域特征、内部分片及各片方言的归属问题。

第一节　湘西汉语方言音韵的区域特征

在地域上相毗邻的语言或方言，不管是否具有亲属关系，完全有可能出于语言的相互影响而形成某些共同的语言特征。李如龙（2001：30）认为区域特征就是指"在一定区域之内多种方言共有的语言特征。区域特征可以是语音的，也可以是词汇的、语法的"。我们这里仅讨论湘西汉语语音方面的区域特征，包括地理特征和源流特征。李如龙（2001：30）还指出："地理特征是在地域上横向扩散而造成的共同特征；源流特征则是由于同源关系而形成的发生学上的共同特征（往往表现为对应关系）。"

为了更清楚地观察湘西汉语方言音韵方面的区域特征，我们以列表形式就声、韵、调三方面集中比较各个音韵特点在区内的分布，以此进行音韵方面区域特征的概括。在此基础上，讨论湘西汉语方言的地理格局及方言归属问题。

表中"+"表示参加比较的方言点具备表左项目栏所列的特征，空白表示不具备这项特征，凡是需要加以说明的均在表格的下方加注。

表 7-1　　　　　　　湘西汉语方言的声母特征比较

比较项目	地点	沱江	乾州	花垣	民乐	古阳	迁陵	野竹坪	王村	润雅	万坪	里耶	民安	洗溪	河蓬	岩头河	高峰	山枣
古全浊声母今读	全部清化，今读塞音、塞擦音平声送气，仄声大部分不送气				+			+		+	+	+	+					
	全部清化，今读塞音、塞擦音平声送气，仄声白读送气，文读不送气	+																

第七章　湘西汉语方言的区域特征及内部分片

续表

比较项目		沱江	乾州	花垣	民乐	古阳	迁陵	野竹坪	王村	润雅	万坪	里耶	民安	洗溪	河蓬	岩头河	高峰	山枣
古全浊声母今读	平声保留不送气浊音，仄声一般清化，今读塞音、塞擦音去声基本不送气，上声、入声部分送气		+	+		+	+		+					+	+			
	不论平仄，部分保留不送气浊音，部分为送气清音，部分为不送气清音															+	+	+
	匣母合口字有今读零声母现象	+	+	+	+	+	+	+	+	+	+	+	+	+	+	+	+	+
泥、来母今读	洪细均分①	+																
	洪混细分		+	+	+	+	+		+	+	+	+	+	+	+			
	不论洪细，有分有混															+	+	+
	洪细均混							+			+							
疑、影母今读	疑母开口一等基本读ŋ声母，影母除开口一等外，都基本上读零声母	+	+	+	+	+	+	+	+	+	+	+	+	+	+			+
	疑、影母开口一二等、合口基本合流，疑母开口三四等与影母开口三四等保持分立	+																
	疑、影母仍基本完整地保持分立状态															+	+	+
	疑母细音部分字与泥、来母混在一起		+	+	+	+	+	+	+	+	+	+	+	+	+			
日母今读	止摄字全部读零声母	+	+	+	+	+	+	+	+	+	+	+	+	+	+	+	+	+
	日母字今多读z声母（止摄字除外）	+	+	+	+	+	+	+	+	+	+							
精知庄章组的今读	知组三等口语字有读如端组的表现															+	+	+
	精、庄、知二与知三、章今读两套不同的声母													+	+			
	精庄三（除宕摄、止摄）和知（除止摄合口、梗开二入）章庄二（除蟹摄开口、梗开二入）两分								+									
	精、庄、知、章四组声母今读合流	+	+	+	+	+	+	+		+	+	+	+					
	精庄章知二与知三两分															+	+	+
非晓组分混	非、晓组分立													+				
	非、晓组基本分立，个别晓、匣母字无条件混如入非组															+	+	+
	晓组部分字混入非组	+	+															
	非、晓组互混			+	+	+	+			+	+							
	非组混入晓组							+	+									
	见系二等字白读舌根音	+	+	+	+	+	+	+	+	+	+	+	+	+	+	+	+	+

说明：① 凤凰沱江泥母通摄合口一等字读为 l，与来母混，如：农脓₂loŋ＝笼₂loŋ；来母宕摄开口一等读 n，混入泥组，如：狼廊郎₂naŋ＝囊₂naŋ。

表 7-2　　　　　湘西汉语方言的韵母特征比较

比较项目 \ 地点		沱江	乾州	花垣	民乐	古阳	迁陵	野竹坪	王村	润雅	万坪	里耶	民安	洗溪	河蓬	岩头河	高峰	山枣
阴声韵今读	蟹假果遇摄形成链条式音变															+	+	+
	蟹假果摄形成链条式音变														+	+	+	+
	假果摄形成链条式音变	+	+	+	+	+	+	+	+	+	+	+	+	+	+	+	+	+
	假摄开口二三等字未分化	+白														+	+	+
	假摄开口二三等字部分分化														+	+		
	假摄开口二三等字分化	+文	+	+	+	+	+	+	+	+	+	+	+	+				
	存在鱼虞韵有别现象																	
	支微入鱼	+	+		+			+						+			+	
	鱼入支微	+	+		+			+						+				+
	蟹摄开口一二等字白读完全相混，合口分立不乱	+	+	+	+	+	+	+	+	+	+							
	蟹摄开口一二等字基本分立，但有混同的趋势，合口分立不乱													+	+			
	蟹摄一二等字今读无论开合，有分有合															+	+	+
	效摄一二等韵白读合流①	+	+	+	+	+	+	+	+	+	+	+	+	+	+	+	+	+
	效流摄基本分立不乱②	+	+	+	+	+	+	+	+	+	+	+	+	+	+	+	+	+
阳声韵今读	-m 尾完全消失	+	+	+	+	+	+	+	+	+	+	+	+	+	+	+	+	+
	鼻尾韵基本上只保留有-ŋ尾		+			+												
	鼻尾韵	+				+												
	鼻化韵纯元音韵共存												+					
	鼻尾韵鼻化韵共存		+	+	+		+	+	+	+	+	+						
	鼻尾韵鼻化韵纯元音韵共存													+	+	+	+	+
	四等齐韵有今读洪音的表现															+		
	合并类型为：咸山深臻曾—梗—宕江通	+文	+	+	+	+	+	+	+	+	+	+	+	+				
入声韵	古塞音韵尾-p、-t、-k 完全消失，无喉塞尾-ʔ	+	+	+	+	+	+	+	+	+	+	+	+	+	+	+	+	+
	入声韵今读纯元音韵，并且大部分与阴声韵合流	+	+	+	+	+	+	+	+	+	+	+	+	+	+	+	+	+

第七章　湘西汉语方言的区域特征及内部分片

续表

比较项目 \ 地点		沱江	乾州	花垣	民乐	古阳	迁陵	野竹坪	王村	润雅	万坪	里耶	民安	洗溪	河蓬	岩头河	高峰	山枣
入声韵	入声韵今音形式基本上都是四组韵母型	+	+	+	+	+	+	+	+	+	+	+	+	+	+	+	+	+
	保留入声字独用韵	+	+	+	+	+	+	+	+	+	+	+	+	+	+	+	+	+
	存在少数入声韵读为鼻音韵的现象		+						+	+	+	+	+			+	+	+

说明：① 山枣效摄一二等字也大部分合流，韵母今读作ʌ，但部分一二等字仍保留区别的痕迹，如开口一等有ɤ、iʌ韵，开口二等则没有，开口二等中的yo韵在开口一等中没有，如开口一等：到ˀtɤ、告ˀkɤ、早ˀtiʌ；开口二等：咬ˀnyo、膠ˀnyo。② 山枣方言流摄开口一等侯韵部分字混入了效摄，如流摄开口一等：钩勾见ˀkʌ、偷透 dʌˀ、漏来 zʌˀ；效摄：桃開一豪定ˀtʌ、刀开一豪端ˀtʌ、包开二肴帮ˀpʌ、笑开三笑心 sʌˀ、跳开四啸透ˀdʌ。

表 7-3　　　　湘西汉语方言的声调特征比较

比较项目 \ 地点	沱江	乾州	花垣	民乐	古阳	迁陵	野竹坪	王村	润雅	万坪	里耶	民安	洗溪	河蓬	岩头河	高峰	山枣
四个调类：阴平、阳平、上声、去声	+	+	+	+	+	+	+	+	+								
五个调类：阴平、阳平、上声、阴去、阳去													+	+			
五个调类：阴平、阳平、上声、去声、入声															+	+	+
次浊平今读阴平															+	+	+
全浊上一般归去声		+	+	+	+	+	+	+	+	+	+						
全浊上字按照是否口语用字分化为两个不同的调类	+												+	+	+	+	+
全浊上有白读上声或阴平的现象	+		+										+				
清去、浊去今读有别	+①												+	+	+	+	+
浊去有白读阴平调的表现	+																
保留入声调															+	+	+
古入声字多归阳平	+文	+	+	+	+	+	+	+	+	+	+	+					
古入声字按声母的清、浊今读为不同的调类	+白												+	+			
古入声字白读归去声，文读清入、次浊入归去声、全浊入归阳平							+										
存在嘎裂声和假声现象													+	+			

说明：① 沱江是白读层去声分阴阳，文读层去声不分阴阳。

我们把覆盖湘西汉语 17 个方言点的一致性特点视为区域特征。从表 7-1 到表 7-3 的比较中可以看出，音韵上覆盖湘西汉语 17 个方言点的一致性特点主要有：

1. 匣母合口字有今读零声母现象；
2. 见系二等字白读层为舌根音声母；
3. 疑母开口一等基本读 ŋ 声母，影母除开口一等外，都基本读零声母；
4. 假果摄形成链条式音变；
5. 效摄一、二等韵白读合流；
6. 效流摄基本分立不乱；
7. -m 尾完全消失，导致咸、山相混，深、臻相混；
8. 古塞音韵尾-p、-t、-k 完全消失，无喉塞尾-ʔ；
9. 入声韵今读基本上为纯元音韵，并且大部分与阴声韵合流。

这些区域特征在声、韵、调上都有分布，数量上不算少。另外，还有一些音韵特点覆盖了湘西各种类型的大多数汉语方言点，表现得比较一致，也可以视为区域特征中的一种，如：

1. 阳声韵中鼻音韵尾只保留-ŋ（沱江、迁陵除外）；
2. 鱼入支微（民乐、民安、岩头河、高峰除外）；
3. 疑母细音部分字与泥、来母混在一起（沱江除外）；
4. 泥、来母都有不同程度的相混；
5. 入声韵今读形式基本上都是四组韵母型（迁陵除外）。

由上可知，湘西汉语方言的音韵方面具有一定的一致性，其区域特征的形成既有纵向同源的原因，也有横向渗透的原因，具体分析见第八章地理格局的形成部分。尽管湘西汉语方言在地域上表现出了一定的一致性特征，但它们的内部差异还是比较大的，特别是乡话和山枣"六保话"，与其他类型的方言根本无法进行交流。这种内部差异主要体现在：浊声母的今读；精知庄章组的分合；果假摄高化链类型；假摄麻韵开口二、三等的分化与否；效流摄的分混；阳声韵的今读；入声韵的今读；古四声的分化归并等。

湘西地处云贵高原东侧的武陵山区，交通闭塞，经济落后，旧时各地居民的往来不是非常的密切，各种方言在一定程度上独立发展（特别是乡话），再加上不同时期不同移民方言的影响，从而形成现在各类方言错综复杂的局面。

第二节 湘西汉语方言内部分片

从以上对湘西汉语方言一致性特点及差异性特点的分析，我们发现湘西汉语方言情况复杂，内部一致性强，但差异也较大，很多特征有时会交叉出现，使人很难把一种类型的方言跟另一种类型的方言截然地分开。但经过比较，我们还是发现有一些音韵特征都集中地出现于某些方言中而在其他方言中则没有出现，或者一些音韵特征集中地出现在这个区域但没有在那个区域出现，明显地表现出了方言类型上的或区域性的差异，这就使得我们有必要也有可能对湘西汉语方言进行类型上的分类或地理上的分片，尽管湘西不是一个独立的方言区，而仅是一个行政区域。

庄初升（2004：298）提出：音韵特征是方言区分的条件，但是，各条特征在具体运用时所适用的程度和范围并不相同。丁邦新（1982）指出，"以汉语语音史为根据，用早期历史性的条件区别大方言；用晚期历史性的条件区别次方言；用现在平面性的条件区别小方言。"王福堂（1999）对上述观点作了具体的阐述和发挥，指出早期历史性语音标准主要有：古浊声母的音值、轻唇音的音值、舌上音的音值，晚期历史性语音标准主要有：照二组照三组声母的音值、见组晓组声母的音值、阴声韵韵尾的演变、阳声韵韵尾的演变、入声韵韵尾的演变、调类的分合、入声调的分派，非历史性语音标准主要有：非敷奉母字和晓匣母字声母的分混、泥来母字声母的分混。

根据以上学者的有关论述，结合湘西汉语方言内部语音差异的实际情况，我们提取了以下 5 条历史性的语音标准作为湘西汉语方言分片的依据，把湘西汉语方言分为四种类型或四片：

1. 是否保留入声调？
2. 知组三等是否具有读如端组的现象？
3. 是否保留浊音？
4. 精庄知二与知三章是否今读两套不同的声母？
5. 蟹假果摄是否形成链条式音变？

根据第 1、2 条标准把岩头河、高峰及山枣"六保话"与其他方言区分开来，称为高峰片；根据第 3 条标准把沱江、民乐、野竹坪、润雅、万坪、里耶、民安与乾州、花垣、古阳、王村、洗溪、河蓬"死客话"区分开来，前者称为民乐片；后者根据第 4 条把乾州、花垣、古阳、王村与洗溪、河蓬"死客话"区分开来，前者称为乾州片，后者称为洗溪片。具体分类如表 7-4（"+"表示具备，空白表示不具备）：

表 7-4　　　　　　　　　　湘西汉语方言的内部分片

语音标准 \ 方言类型	民乐片	乾州片	洗溪片	高峰片
1. 保留入声				+
2. 知组三等有读如端组的现象				+
3. 保留浊音		+	+	+
4. 精庄知二与知三章今读两套不同的声母			+	
5. 蟹假果摄形成链条式音变			+	+

如果我们把对内一致、对外排他的音韵特征称为"区别特征"的话，那么，具备第 1、2 条是高峰片的区别特征，具备第 4 条是洗溪片方言的区别特征，浊音全部清化是民乐片的区别特征，乾州片具有跟洗溪片、高峰片相同的第 3 条特征，而与民乐片一样不具备其他三条特征。根据以上 5 条标准，沱江当属于民乐片，与民乐片方言有着众多相同的音韵特征，但沱江方言白读层的其他许多音韵特征与民乐片格格不入，如：全浊声母不论平仄一律送气，古四声按声母的清浊派入不同的调类，全浊上有读上声或阴平、全浊去有读阴平的现象，古清入归阴平、浊入归去声等，这些音韵特征在湘西 17 个方言点中可谓独树一帜。考虑到沱江方言在音韵上既像 A 又像 B 的特点与乾州片方言一致，我们认为把沱江方言归入乾州片似乎更加合适些。（见图 7-1）

以上所举仅是各片比较典型的特征。除以上特征外，各片实际上还有一些历史性的或非历史性的音韵特征可以作为分片的依据，下面分别列举。

一　民乐片

民乐片包括民乐_{花垣}、野竹坪_{保靖}、润雅_{永顺}、万坪_{永顺}、里耶_{龙山}、民安_{龙山}六个方言点。这些方言点都位于湘西北部、西部、东部等与湖北、重庆、四川以及本省桑植、张家界交接的边界地带。民乐片音韵上完全一致或比较一致的特征有：

1. 浊音全部清化，今读塞音、塞擦音平声送气，仄声大部分不送气；
2. 疑、影母开口一二等、合口基本合流，疑母开口三四等与影母开口三四等保持分立；
3. 日母字今多读 z 声母（润雅除外），止摄字全部读零声母；
4. 精、庄、知、章四组声母今读合流（润雅除外）；
5. 假摄开口二三等字分化；
6. 蟹摄开口一二等字白读完全相混，合口分立不乱；

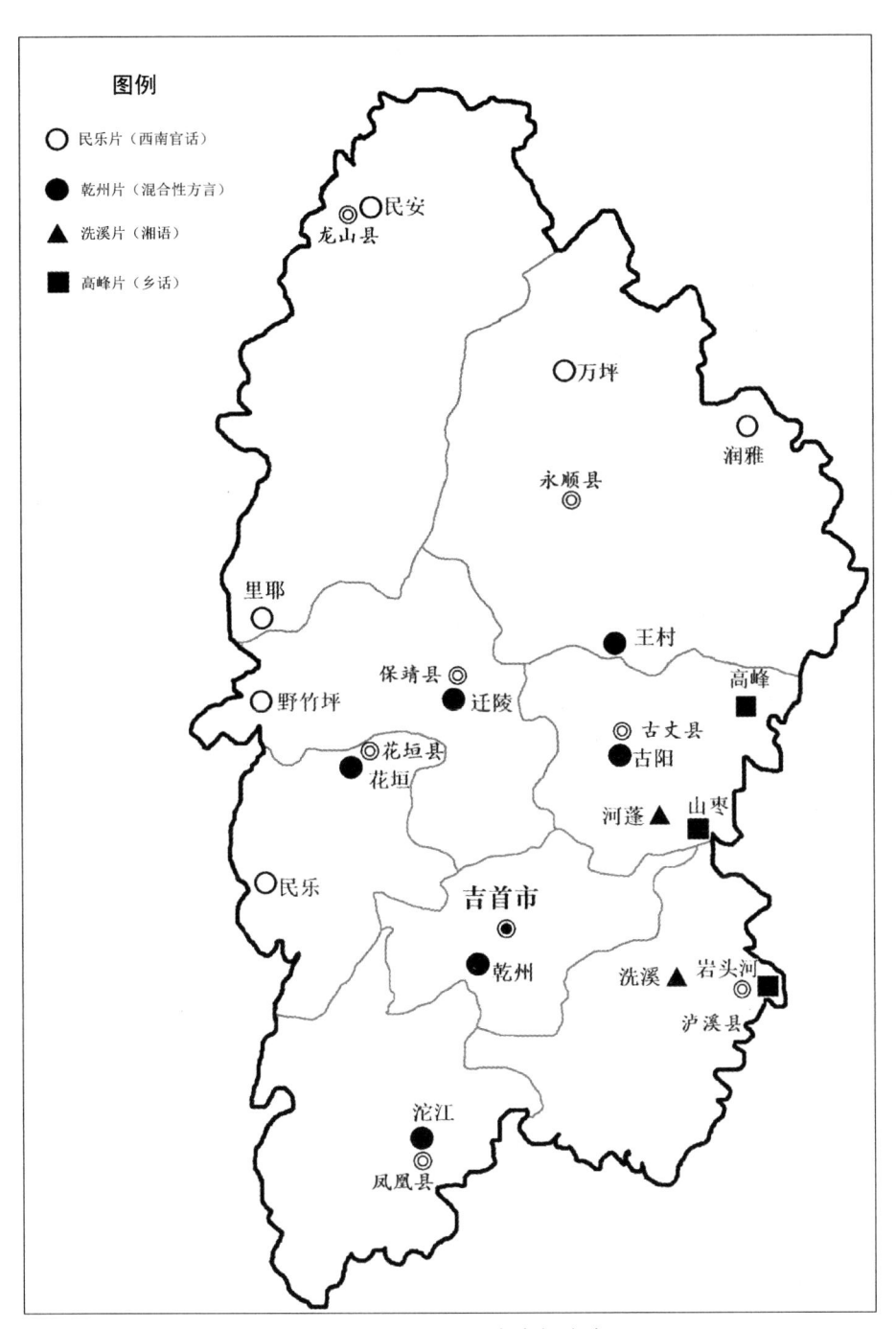

第七章 湘西汉语方言的区域特征及内部分片 211

图 7-1 湘西汉语方言内部分片

7. 鼻音尾韵、鼻化韵共存；
8. 保留入声字独用韵；
9. 四调类,去声不分阴阳；
10. 全浊上一般归去声；
11. 古入声字多归阳平（万坪除外）。

二 乾州片

乾州片可以分成两小片：

沱江小片：包括沱江_{凤凰}及其周围的地区，如官庄_{凤凰}；

乾州小片：包括乾州_{吉首}、花垣_{花垣}、古阳_{古丈}、迁陵_{保靖}、王村_{永顺}五个方言点。

乾州片完全一致或比较一致的音韵特征有：

1. 全浊平声保留不送气浊音，全浊仄声一般清化，今读塞音、塞擦音去声基本不送气，上声、入声部分送气（沱江除外）；
2. 泥、来母洪混细分（沱江除外）；
3. 疑、影母开口一二等、合口基本合流，疑母开口三四等与影母开口三四等保持分立；
4. 日母字今多读 z 声母，止摄字全部读零声母；
5. 精、庄、知、章四组声母今读合流；
6. 假摄开口二三等字有别；
7. 支微入鱼（王村除外）；
8. 蟹摄开口一二等字白读完全相混，合口分立不乱；
9. 鼻音尾韵、鼻化韵共存（迁陵除外）；
10. 阳声韵今读合并类型为：咸山深臻曾一梗一宕江通（沱江白读层除外）；
11. 入声韵今读表现出由四组韵母型向三组韵母型过渡（沱江、王村除外）；
12. 保留入声字独用韵；
13. 四调类,去声不分阴阳；
14. 全浊上一般归去声（沱江白读层除外）；
15. 古入声字多归阳平（沱江白读层除外）。

三 洗溪片

洗溪片包括洗溪_{泸溪}、河蓬_{古丈}"死客话"两个方言点。这两个点位于湘西中南部偏东，音韵上完全一致或比较一致的特征有：

1. 全浊平声保留不送气浊音，全浊仄声一般清化，今读塞音、塞擦音去声基本不送气，上声、入声部分送气；

2. 泥、来母洪混细分；

3. 疑、影母开口一二等、合口基本合流，疑母开口三四等与影母开口三四等保持分立；

4. 止摄日母字全部读零声母；

5. 蟹假果摄形成链条式音变；

6. 支微入鱼；

7. 蟹摄开口一二等字基本分立，但有混同的趋势，合口分立不乱；

8. 鼻音尾韵、鼻化韵、纯元音韵共存；

9. 存在少数入声韵读为鼻音韵的现象，无入声字独用韵；

10. 五调类，去声分阴阳；

11. 全浊上字按照是否口语用字分化为两个不同的调类；

12. 古入声字按声母的清、浊今读为不同的调类；

13. 存在嘎裂声和假声现象。

四　高峰片

高峰片包括岩头河泸溪、高峰古丈、山枣古丈（"六保话"）三个方言点。高峰片主要与洗溪片交错分布，都位于湘西中南部偏东。但高峰片方言一般分布于交通闭塞的山区，而洗溪片方言一般分布于城镇。高峰片三个方言点音韵上完全一致或比较一致的特征有：

1. 不论平仄，部分保留不送气浊音，部分为送气清音，部分为不送气清音；

2. 泥、来母不论洪细都有分有混；

3. 疑、影母仍基本完整地保持分立状态；

4. 日母字读音比较复杂；

5. 精庄章知二与知三两分；

6. 非、晓组基本分立，个别晓、匣母字无条件混如入非组；

7. 蟹假果遇摄形成链条式音变；

8. 假摄开口二三等字未分化；

9. 支微入鱼；

10. 蟹摄一二等字今读无论开合，有分有合；

11. 鼻音尾韵、鼻化韵、纯元音韵共存；

12. 存在少数入声韵读为鼻音韵的现象，无入声字独用韵。

从以上各片方言的共同特征可以看出，高峰片与其他各片的差异最大，其次是泸溪片，民乐片与乾州片的音韵特征相同点比较多。

关于汉语方言的分区，李如龙（2001：32）指出："只根据语音标准来为方言分区总是片面的。只有兼顾词汇、语法才能使分区更加全面，更加准确。"给一个地区的方言分片也理应如此。但是，因为我们尚未系统地调查词汇和语法，所以暂时只能依据语音标准对湘西汉语方言进行分片。

第三节　湘西汉语方言的归属

湘西地理环境、移民历史、民族分布等的复杂性，导致该区域语言非常的驳杂。如果不进行全面而又深入的综合调查和比较研究，很多问题的解释难免出现偏颇，产生分歧。关于整个湘西境内汉语方言的性质和归属，多年来学界的看法歧异纷呈，主要表现在两个方面：一是湘语和西南官话的关系；二是乡话的性质和归属。造成分歧的主要原因除了地理、历史、民族等客观因素，还有各家分区标准不同，以及研究的广度和力度不够均衡（以往的研究基本上限于一个县市就考察县城、城区一个方言点，选点粗疏）等主观因素。过往的调查研究对于湘西这样由于特殊的地理历史原因造成的"十里不同音""隔山隔水就隔音"的语言现状而言并不足够，难以全面反映湘西汉语方言错综复杂的面貌和特点。有些学者较为讲究方言分区的原则、标准和方法，但他们所依据的语料往往又是比较陈旧的二手材料。因为各个方面的原因这些材料并不能全面反映当地方言实际，所以依据这些材料所得到的分区结果就有待商榷，如有学者依据《湖南方言调查报告》（1974）的材料把湘西的汉语方言全部归为西南官话，我们认为其结论不够妥当。如所周知，《湖南方言调查报告》各个方言点的调查对象多为当年湖南第一师范学校的青年学生，调查后并没有到实地进行核对，所以其中的材料与语言事实常有出入，如关于凤凰沱江方言泥来母读音的记录、全浊声母清化后是否送气的记录就跟后来许多学者的调查结果很不一致。如果说《报告》中有关沱江方言的记音都是正确的话，那么，后来众多学者的记音则一致出现失误，这简直有些不可思议。而且，以往的研究大多只是注重单点方言音系的共时静态描写，忽视对方言音韵特征历时演变的探讨和特殊音变现象的解释；大多只是关注中心地带方言一般特征的归纳，很少关注方言过渡地带音类的竞争、渗透、叠加和融合等问题。有关湘西汉语方言音韵特征的综合考察和比较研究，与辖区内的少数民族语言的接触研究，自治州内汉语方言及方言语音的形成时代、形成过程和历史成因的探究以往都较少涉及，因此对其语言面貌的认识不够全面和深入。为了避免以上的不足，我们尽量通过实地调查掌握大量的第一手方言材料，在全面了解方言事实并进行多方面比较的基础上,对湘西汉语方言重新进行分区,并结合历时的和共时的有关资料,讨论各片方言的性质和归属。

一 民乐片归属

民乐片的 6 个方言点:民乐花垣、野竹坪保靖、润雅永顺、万坪永顺、里耶龙山、民安龙山,其音韵特征明显与西南官话一致。但在过去,其中一些方言点的归属一直存有争议。比较没有争议的是里耶、民安,这 2 个点除《湖南方言调查报告》(1974)把里耶、民安所在的龙山县划归为兼具湘语与西南官话色彩的第五区外,其他所有的论著、报告等都把这两个点划归西南官话,可见这 2 个点的方言属于西南官话在学界历来是比较统一的。据我们的调查,把里耶、民安划入西南官话片是非常正确的,因为无论是就方言的特征上来看,还是就方言点的地理位置上来看都说得过去。民乐片的其他 4 个点:民乐、野竹坪、润雅、万坪分别归属于花垣、保靖、永顺三县,这 3 个县城的方言在《中国语学》(1979)中都归属湘语,在《中国语言地图集》(1987、1989)和《湖南方言的分区》(1986)中,花垣、保靖归属湘语。上述把这几个方言点划归为湘语的主要依据之一就是保留浊音,而据我们的调查,尽管这几个点的县城方言还保留浊音,但在县域的边远地带特别是与广大西南官话交界的地带,浊音已经完全清化,其今读情况与大多数的西南官话一致,上述民乐、野竹坪、润雅、万坪等就属于这种情况。另外,在调查中,当地老百姓都认为他们所说的方言与普通话相差不大,外地人很容易听懂。我们认为,民乐片的方言都应该划归西南官话,它们在地理上与湖北、重庆、贵州境内的西南官话以及本省桑植、张家界的西南官话连成一片。

李荣(1985:3)指出:"西南官话的特性是入声全读阳平。"但是,后来许多学者的研究表明,这个一致性特点并不能囊括所有的西南官话,于是有学者对西南官话的定义进行了补充,如黄雪贞(1986:266)指出:"现在我们可以将西南官话的定义略加补充:古入声今读阳平的是西南官话,古入声今读入声或阴平、去声的方言,阴平、阳平、上声、去声调值与西南官话的常见调值相似的,即调值与成都、昆明、贵阳等六处的调值相近的,也算是西南官话。"李蓝(2009:73)认为:"一般情况下,凡古入声字今整体读阳平、四声框架与贵阳、昆明、武汉、桂林等地的西南官话接近、古全浊声母为'清化,平声送气仄声不送气'的演变类型、没有入声韵尾的方言,就基本可认定为西南官话。"牟成刚(2012:283)认为上述两位学者对西南官话定义的随意补充不够科学,他提出西南官话的特征是:入声合为一类,不带塞音韵尾,去声不分阴阳。我们觉得几位学者的分区标准都有一定的道理，对西南官话方言性质的判定都是有帮助的，下面我们分别以他们的定义为标准来对照一下民乐片方言的读音。从前面对区域特征的归纳中我们知道，民乐片方言都是没有塞音韵尾，去声不分阴阳的。古入声在民乐、野竹坪、润雅、里耶、民安等5个点是全归阳平；在万坪是白读全归去声，文读清入次浊入归去声，全浊入归阳平。也就是说，除万坪方言文读层外，所有的方言点在声调方面都符合牟成刚（2012）对西南官话的定义，属于西南官话型。再来看看这几个点的调型、调值等与相邻的湖北来凤县、重庆秀山县、湖南桑植县方言及贵阳、重庆方言的关系（来凤的材料来自《湖北方言调查报告》（1948：454—456），秀山材料来自《四川方言调查报告》（1984：360—361），桑植的材料来自《湖南方言调查报告》（1974：1075—1077），贵阳、重庆的材料转引自胡萍《湘西南汉语方言语音研究》（2007：191））：

表7-5　　　民乐片方言与贵阳、重庆、桑植方言声调比较

	阴平	阳平	上声	去声
民乐花垣	34	22	51	214
野竹坪保靖	44	21	53	213
润雅永顺	34	22	53	214
万坪永顺	34	22	54	13
里耶龙山	34	22	54	213
民安永顺	34	22	53	214
来凤	55	11	53	35，有时为325
秀山	55	31	42	24
桑植	44	13	53	24
贵阳	55	21	53	24
重庆	55	11	42	24

桑植阴平调实际调值为34。从表7-5明显可以看出，民乐片的调型、调值与西南官话的常见调型、调值相当的接近，所以，从四声框架来看，民乐片符合黄雪贞（1986）、李蓝（2009）对西南官话的定义。万坪方言白读全归去声，文读清入次浊入归去声，全浊入归阳平，在湘西方言中比较特别。我们在前面的第六章第三节中已有分析，古入声今读去声很可能是万坪方言自身演变的结果，与邻近的常德、桑植、慈利、汉寿方言一致。万坪方言文读层全浊入归阳平应该是受到其他类型西南官话的影响而产生的比较晚近的现象。常德、桑植、慈利、汉寿属于西南官话常澧片，结合前

面我们所提及的万坪方言所具有的其他西南官话音韵特征，万坪方言理应属于西南官话。为了更清楚地看清万坪方言与常德、桑植、慈利、汉寿方言的关系，我们把这几个方言点的古四声归并方式列表如下（万坪方言我们比较的是其白读层）：

表 7-6　　　　万坪方言与常德等地方言古四声今读的比较

	清平	浊平	清、次浊上	全浊上	清去	浊去	清入	浊入
万坪永顺	阴平	阳平	上声	去声				
常德	阴平	阳平	上声	去声[①]				
桑植	阴平	阳平	上声	去声				
慈利	阴平	阳平	上声	阳去	阳平	阳去	阳去[②]	
汉寿	阴平	阳平	上声	阳去	阴去	阳去	阴去[③]	

从表 7-6 可以看出，万坪方言在古四声今读归并方面与属于西南官话的常德等地方言是比较一致的，特别是与常德和桑植方言在古四声归并、今调类类别上完全一致。这种一致性可能与河流相关，万坪与常德等地一样，属于澧水流域。

在全浊声母的今读上，民乐片是全部清化，清化后今逢塞音、塞擦音时基本上是平送仄不送，属于典型的西南官话全浊声母的演变类型。另外，我们还注意到，这些点跟很多西南官话一样，都有丰富的儿化词（里耶、野竹坪没有儿化），如：籽籽儿、齿齿儿、把把儿、坡坡儿、果果儿、袋袋儿、盖盖儿、框框儿、杯杯儿、车车儿、刀刀儿、猫儿、沟沟儿、铲铲儿　竿竿儿、树根根儿、长长儿、军军儿（人名）、米米儿、姨儿、架架儿、条条儿、叶叶儿、干豆儿、秋秋儿、纤纤儿、片片儿、姑娘儿、瓶瓶儿、鼓鼓儿、糊糊儿、褂褂儿、乖乖儿、弯弯儿、洞洞儿、尖尖儿、皮皮儿、眼眼儿、角角儿、赤脚儿、虫虫儿、草草儿、昨儿、今儿、前儿、圈圈儿、群群儿、雄雄儿、框框儿等。这些儿化词一般都是后缀"儿"与它前一个音节的韵母结合成一个音节，并使这个音节的韵母带上卷舌音色。儿化词有表示小称、喜爱、亲昵的语义功能，还有改变词性等语法作用。

[①] 据《湖南方言调查报告》（杨时逢，1974：836），常德入声全归去声，如"骨 ku³=故 ku³、祭 tɕi³=集 tɕi³"，但《湖南汉语方音字汇》（湖南省公安厅，1993：22）强调全浊入小部分归阳平，如"别毒铡盒"等都为阳平调。

[②] 慈利"全浊入大部分归阳去，小部分归阴平（局 tɕy=拘 tɕy 族 ʑeiy = 秋 tɕiəy）。"（杨时逢，1974：145）

[③] 汉寿"阴去有少数白话音也读成阳平，文言音仍读阴去；全浊入声一部分白话读成阳平，文言音仍归阴去。"（杨时逢，1974：208）

里耶、野竹坪与相邻的重庆秀山方言一致，没有儿化现象。

综上所述，湘西民乐片方言当属于西南官话型方言。民乐片西南官话的形成源于多方面的原因，详见下文第八章的分析。

二 乾州片归属

（一）沱江小片

乾州片的沱江凤凰小片，过往所有的研究成果都毫无争议地把它归为西南官话类型，但我们认为把沱江方言划入西南官话片只能就其文读层面而言，若就其白读层面而言则是另一番情形。就其白读层而言，沱江小片对内一致，对外排他的最重要的音韵特征是"全浊声母清化后，今逢塞音、塞擦音时，不论平仄一律送气"，这个特征与客赣系方言相当一致。据黄雪贞（1988、1989），"古次浊平、古次浊上、古全浊上今都有一部分字读阴平调"是客家话重要的区别性特征。沱江方言没有古次浊平、古次浊上读阴平的现象，所以谈不上与客家话有什么渊源关系。但是，沱江方言却有古全浊上读阴平或上声、古全浊去读阴平、清入读阴平和浊入读去声等现象，这些音韵特征与某些赣语是相同的。关于古全浊上读阴平或上声、古全浊去读阴平等与赣语的关系问题，我们已在第六章声调部分进行过分析，此处不再赘述。关于古清声母入声读阴平及浊声母入声读阳平的现象，蒋平、谢留文在《古入声在赣、客方言中的演变》（2004：73）一文中谈到："古清声母入声在江西中西部地区都归阴平，例如莲花、吉安、泰和、永新都是如此，这一地区的安福、吉水、宁冈也是一样。……总的说来，赣语无入声的方言除了入声自成调类的方言外，古全浊声母入声一般归阴去或阳去，古入声清声母在江西中西部地区一般归阴平，在江西北部一般归阴去，规律比较明显。"可见，在古入声的归派方面，沱江方言也是与赣语一致的。

沱江方言白读层在声调归并方面的特征与湘西其他16个方言点都不相同，但与湘西南地区的文昌阁、高村、泸阳、新路河相同。文昌阁等四个方言点，全浊上都有部分归上声，少数归阴平的现象，古入声字（白读）清入归阴平、浊入归去声。此外，高村、泸阳、新路河三处还有浊去读阴平调现象。湘西南的这四个方言点，在胡萍的《湘西南汉语方言语音研究》（2007）一书中都划归麻泸片。其中高村、泸阳、新路河是麻泸片的代表点，文昌阁因"古全浊声母今逢塞音、塞擦时，阳平、阳去读不送气浊音，全浊上、全浊入读送气清音的格局"（胡萍，2007：185）而异于麻泸片其他方言点，但胡萍认为文昌阁与麻泸片大部分的语音特征相同，所以也一起归到麻泸片中。胡萍（2007：197）根据麻泸片方言的语音特征及当地人的语感，并结合一定的词汇和语法特征，认为高村、泸阳、新路河三处的方言"如果着眼于方言的历史来源,我们可以称它为'带有西南官话色彩的赣语',如果着眼于方言的共时表现和演变趋势,也可称它为'带有赣语底层的西南官话'"。胡蓉(2008:116—121)也通过对麻阳(高村)语音的全面分析,认为"麻阳方言呈现出一种混合性的多元化的特征,麻阳方言是归入赣语?还是归入西南官话?还是归入湘语(湘语的娄底方言以及新化方言的新派,古全浊声母今读塞音、塞擦音时,无论平仄,都读为送气清音)?还是把麻阳方言称为带有赣语底层的西南官话?麻阳方言的归属有待于进一步深化讨论"。

我们认为上述凤凰沱江方言的属性与麻泸片方言类似。因为与高村、泸阳、新路河方言一样,沱江方言既与赣语相似处颇多,又与西南官话有着千丝万缕的联系。与赣语的相似处主要体现在古全浊声母的今读、古四声的归并与今读等方面;与西南官话的联系体现在如古精知庄章的今读、四声格局等方面。沱江方言与高村、泸阳、新路河方言一样,古精知庄章全部合流,只是在具体音值上有差异。因为古精知庄章全部合流也是湘西乃至全国西南官话的主要特征,所以在此我们不再讨论。我们主要来比较一下沱江方言与高村、泸阳、新路河方言在某些重要音韵特征上与赣语的相同之处。

1. 古全浊声母的今读

前面我们提及,沱江方言中古浊声母今读的白读层与高村、泸阳、新路河方言一样,"古全浊声母全部清化,清化后今逢塞音、塞擦音时,不论平仄一律送气",举例如下(高村、泸阳、新路河材料来自胡萍,2007:65):

	背~诵並	淡定	匠从	茶澄	柱澄	锄崇	近群	白並	读定
沱江凤凰	₋pʰei	ˀtʰan	ˀtɕʰiaŋ	₋tsʰa	ˀtsʰu	₋tsʰɯ	ˀtɕʰin	pʰaˀ	₋tɤu
高村麻阳	₋pʻe	ˀtʻan	ˀtʃʻian	₋tsʻa	ˀtʃʻy	₋tsʻəu	ˀtʃʻin	pʻaˀ	tʻəuˀ
泸阳中方	pʻeiˀ	ˀtʻan	ˀtɕʻian	₋tsʻa	ˀtɕʻy	₋tsʻu	ˀtɕʻin	pʻaˀ	tʻuˀ
新路河中方	₋pʻei	ˀtʻan	ˀtɕʻian	₋tsʻa	ˀtɕʻy	₋tsʻu	ˀtɕʻin	pʻaˀ	tʻuˀ

以上例字,"茶、锄"是浊平字,"柱、淡、近"是浊上字,"匠、背"是浊去字,"白、读"是浊入字。就古全浊声母的今读来看,沱江方言和高村、泸阳、新路河方言古全浊塞音、塞擦音无论平仄一般读送气清音的特点与客赣语一致,而有异于湘语和西南官话。

2. 古全浊上及古全浊去声字的今读

我们在前文已有交代,沱江方言有古全浊上和古全浊去今读阴平的现象,而且这种古全浊上、浊去读阴平调的现象与古全浊声母今读送气型方言紧密相关,是属于赣语性质的。高村、泸阳、新路河方言与沱江方言一样,都有这种现象,胡萍认为麻泸片古浊去今读阴平调的现象"是湘西南送气型方言的自身特点,并在洞绥片赣语如绥宁(金屋塘)、洞口(黄桥)话中找到了类似的现象。此外,李冬香的博士学位论文《湖南赣语语音研究》也提到洞口(岩山)方言中有浊去同阴平合流的现象,如:共 $_ck'uŋ$/害 $_cxei$/帽 $_cmau$"(胡萍,2007:192)。

3. 古入声的归派

关于麻泸片方言古入声的演变问题,胡萍(2007:195)提到"从白读层来看,其入声分化的规律是清入归阴平,浊入归去声;可是,从文读的层面来看,泸阳、高村、新路河却不同程度地显示出入声不论清浊归阳平趋势,尤以泸阳的趋势最为明显,超半数的入声字都已归入阳平调中。看来,入声归阳平将成为麻泸片语音未来演变的趋势"。可以看出,在古入声归派问题上,麻泸片与沱江方言也是相当一致的,我们在前面第六章第四、五节中提到,沱江方言古入声白读层是清入归阴平、浊入归去声,文读层是不论清浊全部归阳平。我们同意胡萍的观点,即这种声调归派上与赣语的一致性并不是缘于巧合,而是缘于移民语言——赣语。

那么,沱江方言在归属上是否就是纯粹的赣语呢?它与西南官话的关系又如何呢?从音韵特征来看,沱江方言与属于西南官话方言的民乐片有众多的相似点。在我们所列举的 11 条民乐片音韵特征中,沱江方言除了不具备第 1、9、10、11 条特征外,*其他 7 条都具备,特别是沱江方言文读层所表现出来的音韵特征与典型的西南官话几乎相同,而且沱江方言在调类、调值上也与周围的西南官话相当的一致,如:

表 7-7　　　　沱江方言与周边西南官话型方言声调比较

	阴平	阳平	上声	去声
沱江	55	21	42	35
贵阳	55	21	53	24
重庆	55	11	42	24
桑植	44	13	53	24
来凤	55	11	53	35 有时为 325
秀山	55	31	42	24

因此,从共时平面来看,沱江方言与西南官话联系紧密;从发展趋势来看,沱江方言最终会演变为西南官话型方言。

综上所述,我们认为早期的沱江方言应是赣语,只是在西南官话的大肆进逼之下,也带上了许多西南官话的色彩。沱江方言在未来的进一步发展过程中,其赣语色彩最终会被西南官话所消磨取代。基于沱江方言白读层的音韵特征及沱江周围方言的相关表现①，在目前阶段我们觉得把沱江方言定性为正在由赣语向西南官话过渡的过渡性方言（混合性方言中的一种）是比较合适的。其实，沱江方言与湘西其他县市方言相比所表现出来的独特性，此前已引起有关学者的注意，如本土学者刘自齐编著的《湘西土家族苗族自治州志丛书——汉语方言志》（2000：5），虽然认为整个湘西的汉语方言都属于西南官话，但作者以中国社会科学院《方言调查词汇表》和语言文字研究所《北方话基本词汇调查表》为依据，在州内 10 县市（包括桑植和大庸）的县城和若干乡镇进行调查，在调查分析的基础上把湘西汉语方言分为五个土语区：（1）桑植、大庸土语区；（2）龙山、永顺土语区；（3）保靖、花垣、吉首、古丈土语；（4）凤凰土语区；（5）泸溪土语区。（见图 7-2）

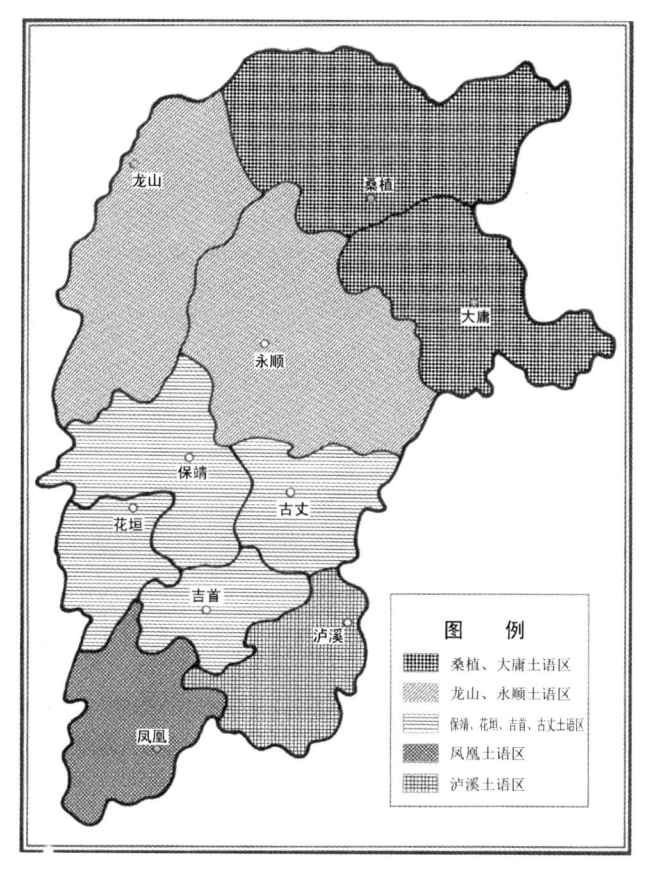

图 7-2 湘西汉语方言土语区示意图

---

① 凤凰县官庄乡官庄村方言全浊声母的今读是不论平仄一律送气型。我们推测，官庄方言因为地处偏僻，受西南官话的侵蚀较少，现在仍然保留着比较完整的赣语特点，而沱江地处县城，交通、经济发达，受西南官话的影响大，所以其赣语色彩在急剧退化，沱江方言正在由赣语向西南官话转变、过渡。

从图 7-2 中可以看出，凤凰方言独立于其他县市方言而自成为一个土语区。

实际上，沱江方言异于西南官话、湘语的音韵特征在地理上并不孤立，前面我们提到辰溆片湘语中的低庄、岗东、龙潭方言，古全浊声母今逢塞音、塞擦时也是无论平仄一律读送气清音。低庄、岗东、龙潭都处于溆浦县境内，过往的研究大都认为溆浦县境内的汉语方言为湘语，鲜有学者提及溆浦县境内有赣语的存在，如鲍厚星、陈晖在《湖南省的汉语方言（稿）》（2007：250—259）中指出，溆浦县城及大部分地区汉语方言属于湘语辰溆片，只在木溪乡、大渭溪乡、让家溪乡有少量乡话分布。但近年来，有不少学者注意到了溆浦县境内存在赣语的现象，如：张进军《溆浦方言的性质》（2007：57）认为"溆浦县的龙潭话是带有浓厚赣语成分的湘语"；李晓钰《溆浦龙潭方言语音研究》（2007：69）从音韵特点、文白异读及方言比较等方面对龙潭方言进行探讨，认为龙潭话属于赣语；谢毅《安化县与溆浦县毗邻地带的方言分界》（2004：7）认为溆浦县境内与安化县交界处的方言属于赣语，这里的"溆浦县境内"指的就是原低庄区；王小娟的硕士学位论文《湖南溆浦赣语语音研究》（2012）从共时和历时两个层面详细地论述了低庄、岗东、龙潭方言的语音特点，并将三地方言分别与湘语、赣语进行比较，认为它们是带有湘语色彩的赣语。

所以，在湘西惟有沱江存在赣语，并不是一件很突兀的事。沱江不是一个赣方言飞岛，沱江方言所体现出来的赣语色彩与溆浦、麻阳等地的方言是同一性质的，它们在地理上也相连成片，并与洞绥片赣语有着深厚的渊源关系。

（二）乾州小片

乾州小片所包括的乾州吉首、花垣花垣、古阳古丈、迁陵保靖、王村永顺五个方言点，在音韵上除具有湘西汉语方言共有的区域特征外，与民乐片、洗溪片共有的特征还有：疑、影母开口一二等、合口基本合流，疑母开口三四等与影母开口三四等保持分立，止摄日母字全部读零声母。进一步说，乾州小片所共有的其他音韵特征既有属于西南官话性质的，如前面所归纳的乾州片的音韵特征中的第3、4、5、6、8、9、12、13、14、15等十条，也有属于湘语性质的，如乾州片一致性音韵特征中的第1条：全浊平声保留不送气浊音，全浊仄声一般清化，今读塞音、塞擦音去声基本不送气，上声、入声部分送气；第2条：泥、来母洪混细分；第7条：支微入鱼（王村除外）。另外，还有属于乾州小片所独有的音韵特征，如第11条：入声韵今读表现出由四组韵母型向三组韵母型过渡；第10条：阳声韵今读合并类型为：咸山深臻曾—梗—宕江通。从数量上看，乾州小片与民乐片方言的音韵特征相似点更多一些，并且，这几个点中除古阳外，其他所有方言点都跟民乐片一样，具有丰富的儿化现象。此外，乾州小片与民乐片方言在调类、调值上非常相近。据此，我们似乎可以把乾州小片也归为西南官话一类。鲍厚星（2002：124）认为："在湘语和西南官话两种特点都具备的情况下，须要结合考虑人文历史背景和当地人民的认同感。从前者来说，北方话由沅水下游向上游推进的历史源远流长，行政区划在武陵郡范围；从后者来说，当地人民认为自己的方言更像'湖北话'、'四川话'、'贵州话'。因此，权衡轻重，这五处方言（按：五处指吉首、保靖、花垣、古丈、沅陵）更适合划归西南官话。"关于人文历史背景，我们在前文已或多或少介绍过，在后面第八章中我们还将具体论述。关于当地人民对自己方言的感觉，从本土学者刘自齐对湘西汉语方言的内部划分中能看出，当地人把属于纯粹西南官话区的"龙山、永顺[①]"与我们所说的乾州小片方言大部分所在地"吉首、古丈、花垣、保靖"分成两个不同的板块，这说明在当地人心目中，它们之间的汉语方言是有比较大的区别的。我们认为，把乾州小片划为西南官话型，从方言未来的发展趋势来说是没有问题的，但这样会抹杀方言之间的区别性，反映不出过渡地带方言的混合性特征，而且以上音韵特征是从总体上来说的，具体到每一条音韵特征每一个方言点上则不是那么整齐划一，如我们说乾州小片的入声多归阳平，这是就大部分入声字而言，实际上还有一部分入声字和湘语一样归入去声中。以花垣方言为例，花垣方言古入声字大部分今归阳平，少部分归去声，归去声的如：压 ŋa²白/ia²文、姜 tɕʰi²、捺 la²、秩 tsʰʅ²、术述 su²、幕 mo²、跃 iʌ²、霍 xo²、缚 fu²、雹 pʰʌ²、匿 ni²、式饰 sʅ²。还有少数几个字归阴平，如：搯 kʰa、汁 tsʅ、揭 tɕi、窟 kʰu、恤 sʮ。这些归阴平的字调类上大多跟普通话相同，应该是普通话影响的结果。

其实，上述乾州小片几个方言点的归属问题过往在学界也颇有争议。辻伸久《中国语学》（1979），《中国语言地图集》（1987、1989），鲍厚星、颜森《湖南方言的分区》（1986），基本上同意把上述几点划归为湘语，而《湖南方言调查报告》（1974），周振鹤、游汝杰《湖南省方言区画及其历史背景》（1985），李蓝《湖南方言分区述评及再分区》（1994），《湖南省志·方言志》（2001），侯精一《现代汉语方言概论》（2002），《湖南方言研究》丛书"代前言"（1998），陈晖、鲍厚星《湖南省的汉语方言（稿）》（2007），基本上都赞同把上述各点划归为西南官话。曹志耘（2007：46）认为可以

[①] 永顺大部分地区的方言是属于西南官话型的，如润雅、万坪等，但永顺的南部方言如王村方言，应属于另外一种类型。

考虑把吉首、花垣的汉语方言划为湘语,他说:"既然舒声'无送气'对湘语而言非常重要,而它在湘西又与'保留浊音'这一湘语的重要特点相吻合,笔者认为可以考虑把这两个特征的分布地区即芷江、吉首、花垣、泸溪、辰溪、溆浦、洪江、会同划入湘语区。"乾州是吉首的老城区,曹志耘(2007)调查的吉首方言也是乾州方言。以上划分之所以会出现分歧,根本原因在于这几个方言点的复杂性和特殊性。我们认为,方言的分区没必要也不可能像切割东西那样整齐划一,应该允许有过渡地带、过渡方言的存在。我们还认为,乾州小片方言就是一种从湘语向西南官话过渡型的方言,或者是具有浓厚西南官话色彩的过渡型方言。过渡型方言是混合型方言的一种。李如龙(2012:1—12)根据混合型方言中不同语言和方言掺杂的程度有很大的等差,不同的等差表现出了多种不同的存在形态,把混合型方言分为微变型、渐变性、合变型、蜕变型四种类型。其中渐变型指的是"在一些不同方言的过渡区,在两种方言的接触中发生中度渗透,采取缓慢过渡的方式,过一个乡变一点口音,越靠方言中心区越与之相近。这种状态可以成为'渐变型'。这类方言可以成为中介方言或过渡方言"。如上所述,我们认为乾州小片就是属于这种类型的方言。关于湘西乾州小片的早期方言或底层方言,我们在前面第四章已有论述,认为应该是湘语。乾州小片主要位于湘西的中南部,这些方言点的东、南部是湘语大本营,西、北部都是西南官话,加上西南官话已成为湘西乃至湖南省的强势方言,所以乾州小片的这些方言点在音韵特征上呈现出较多的西南官话色彩,而湘语色彩正在逐渐地消失,这是可以理解的。当然,随着西南官话在湘西的进一步扩散,乾州小片方言相对于洗溪片和高峰片方言而言会率先完成向西南官话的转变。

李如龙(2012:1—12)还指出:"就已经知道的事实说,混合型方言通常是一些通行面积不广的小方言点。就其生成的情况说,有的是在大小方言区交界处因语言接触融合而成的,这是共时作用的结果;有的是因历代不同来源移民长期杂处混合而成,这是历时作用的结果。"就乾州小片方言而言,其混合性质的形成既是共时作用的结果,又有历时作用的因素。关于湘西汉语方言的语言接触及语言演变问题,我们将在后文讨论。有关湘西不同历史时期的移民情况,我们在前面各相关章节中已有交代,在后文我们将进一步论述,可以参看。

三 洗溪片归属

洗溪片包括洗溪、河蓬"死客话"两个方言点。洗溪位于泸溪县中部,距县城约22公里。关于泸溪县的汉语,历来的主流观点都认为是湘语,如辻伸久《中国语学》(1979),《中国语言地图集》(1987、1989),鲍厚星、颜森《湖南方言的分区》(1986),《湖南方言研究》丛书"代前言"(1998),侯精一《现代汉语方言概论》(2002),陈晖、鲍厚星《湖南省的汉语方言(稿)》(2007)等。但是,也有认为是西南官话的,如《湖南方言调查报告》(1974)把花垣、永顺、保靖、古丈、凤凰、泸溪、乾城归为第五区,认为因靠近湖北、四川、贵州边界,所以很像西南官话。周振鹤、游汝杰《湖南省方言区画及其历史背景》(1985),李蓝《湖南方言分区述评及再分区》(1994),《湖南省志·方言志》(2001)把整个湘西的汉语都归为西南官话,但《湖南省志·方言志》(2001)同时也提到,泸溪方言也具有湘方言的一些显著特征。

我们认为,泸溪县的汉语大部分属于湘语无疑,洗溪方言也不例外。首先从音韵上看,洗溪方言的众多音韵特征都跟湘语相吻合,如:保留浊音,精庄知二与知三章两分,鱼虞有别,蟹果假摄形成链条式音变,五个调类,去声分阴阳,无塞音和喉塞音韵尾,古入声因清浊分归不同的调类等,这些音韵特征与湘语的主要音韵特征都是一致的。其次,洗溪方言属于湘语在地理上也可以找到依据。瞿建慧(2010:212—216)在谈到湘语辰溆片的地域范围的时候,认为辰溆片除了东边与安化、新化、洞口、隆回等地交接的岗东、两江、龙潭等地为赣方言点,西边的解放岩为西南官话外,其他各地的汉语方言都为湘语(乡话除外)。岗东、两江、龙潭三点属于溆浦县,与泸溪县相距较远,地理上互不相连,解放岩位于泸溪的西南角,与洗溪在地理上也不相连。地理上,洗溪位于泸溪县中北部,距县城约22公里,其周围的武溪、八什坪、潭溪的汉语方言除乡话外,都属于湘语,而从洗溪方言和乡话的音韵特征上可以很明显地看出,洗溪方言绝不属于乡话,所以洗溪方言的性质应与泸溪县大多数除乡话外的汉语方言的性质一样,属于湘语辰溆片。

接下来我们重点讨论湘西"死客话"的性质。"死客话"为湘西小土话的一种,以前鲜有人提到过。曹志耘(2007:44)到实地调查后指出:"古丈县东南部野竹乡的湾溪沟、洞坪村,说一种叫做'死客'的方言",并指出"详细情况有待进一步调查","死客话"才开始引起人们的关注。本土学者李琳筠也曾在《佤乡人的历史文化探析》(2007:64)中提到泸溪县也有"死客话","泸溪县的本土语言也十分丰富,除了苗语,还有土家语的南部方言,佤乡话(小客、丝客和香话)和六包话"。李琳筠在这里把"小客、丝客、香话"都作为佤(瓦)乡话的小类,我们则认为这应是几种不同类型的方言,"小客"是一般的客话,也就是泸溪县的通用语——湘语;"丝客"是"死客话",实际上也是湘语;而"香话"就是我们所说的"乡话"。至于李琳筠在文中说到的"六包话",应是我们后文将要讨论的"六保话"。但迄今为止,除笔者(2012)曾对"死客话"的性质有所讨论外,还没有其他学者对"死客话"进行全面的调查和进行归属上的讨论。根据我们的调查,"死客话"主要分布于古丈县山枣乡的火麻村、公家寨,野竹乡的湾溪沟、洞坪村及河蓬乡的苏家村。另外,有关人士介绍,沅陵县麻溪铺镇的碾溪铺、千立田两个村落的人都讲"死客字",估计也是我们所说的"死客话",因为没有实地调查,具体情况不太明白。据发音人介绍,苏家村讲"死客话"的居民早期从临近的泸溪县迁来,至今只有三百多人,泸溪县除八什坪等少数地方讲乡话外,其他地方大多讲"死客话",发音合作人坚持认为"死客话"应是"始客话",意为客话之始(该方言中"死"与"始"同音)。根据我们的调查研究,"死客话"具有湘语的典型特征,实属湘语辰溆片,与本县及周边的西南官话("客话")明显不同。下面我们参照湘语的鉴定标准,并着重与湘语辰溆片的音韵特点进行比较,从而确定"死客话"的湘语性质。

  首先我们从湘语的划分标准看"死客话"的归属。湘语的鉴定经历了从单一标准到综合标准的发展过程。《现代汉语方言》(詹伯慧,1985)、《中国语言地图集》(1987)、《湖南汉语方言概况》(1999)、《现代汉语方言概论》(侯精一,2002)等都为湘语的认定标准或湘语的主要特点进行过阐述,但都是以声母的发音方法作为依据,过于单一化,反映不出湘语纷繁复杂的面貌。鲍厚星、陈晖(2005:262)提出了确认湘语的四条标准:① 古全浊声母舒声字今逢塞音、塞擦音时,无论清浊,一般都念不送气音;② 古塞音韵尾-p、-t、-k完全消失,也无喉塞尾-ʔ;③ 蟹、假、果摄主要元音形成a、o、u序列;④ 声调有五至七类,绝大多数去声分阴阳,并指出:"当和西南官话发生划界问题时,加入③④条考虑,如原吉溆片的调整。"目前来说,鲍厚星、陈晖两位先生提出的确认湘语的四条标准无疑最为全面和科学。下面我们就以这四条标准为参照来考察一下"死客话"的语音特点。

  从前面第四到第六章的论述中,我们已经了解到:河蓬"死客话"平声保留不送气浊音,仄声清化,今读塞音、塞擦音去声基本不送气,上声、入声部分送气;有五个调类,去声分阴阳;塞音韵尾消失,无喉塞尾-ʔ;蟹、假、果摄形成链条式音变,如"死客话"蟹摄的主要元音为a、e、i、ɿ,如:排₂pʰaˊ、鞋₂xaˊ、抬₂daiˊ、灰₁feiˊ、鸡₁tɕiˊ、世ʂɿˀ;假摄的主要元音为o、a,如:霸 paˀ、夜 ioˀ、马ˇmoˇ、茶₂dzoˊ;果摄的主要元音为ɤ、o,如:左ˇtsoˇ、歌₁kɤˊ、坐 tsɤˀ。从以上论述可知,"死客话"音韵特点基本符合鲍厚星、陈晖(2005)提出的鉴定湘语特征的四条标准。而且,从古入声的归并方面看,"死客话"清入和次浊入多归阳平,如:血₂ɕy=徐₂ɕy、灭₂mie=棉₂mie。

古全浊入部分归阳平，部分归阴去，有文白两个层次的，文读层基本归入阳平，白读层则归阴去。全浊入归阴去的如：薄＝炮 pʰʌˀ、舌＝折~本＝线 ɕieˀ。全浊入归阴去也是"死客话"属于湘语而不属于西南官话的一个重要依据，因为大部分西南官话的入声无论清浊都归阳平，例外不多。

再来看看"死客话"与湘语辰溆片语音的比较。鲍厚星、陈晖（2005：261—270）根据语音特点及当地人的语感，将位于湖南西部，沅水中游的辰溪、泸溪和溆浦的汉语方言（乡话除外）归为湘语辰溆片。鲍厚星（2006：28—29）提到了湘语辰溆片的三个主要特点，其中前两个主要特点为：① 古全浊声母舒声字今逢塞音、塞擦音时平声读不送气浊音，仄声（上、去）基本上读不送气清音；古全浊声母入声字今读绝大多数清化，派入阳平的大多不送气，派入阴去的大多送气。② 蟹、假、果摄也存在类同娄邵片湘双小片的演变模式，即蟹摄（开口一、二等）失落韵尾 i，主要元音 a 推动假摄移位，假摄的变动又推动果摄移位。瞿建慧（2010：197—198）对湘语辰溆片的语音特点作了总结：

（1）古全浊声母平声今逢塞音、塞擦音时读不送气浊音，仄声字清化；（2）古全浊声母入声字大多数读送气清音；（3）古微母今读[v]；（4）匣母合口一二等字部分读零声母；（5）知二庄组声母与知三章组声母分立；（6）见系二等字声母白读为舌根音；（7）疑母开口三四等字与泥母在今细音前合流；（8）疑影母开口一二等字在今洪音前读[ŋ]；（9）蟹假果摄韵母的主要元音形成[a]、[o/ɔ/ɒ]、[ɯ/əɯ]序列；（10）蟹摄开口一二等韵有别；（11）支微入鱼；（12）流摄与蟹摄的韵母合流；（13）深臻曾梗摄舒声开口三（四）等帮端精组字读同一等韵；（14）咸山摄舒声开口一二等见系字有别；（15）山摄舒声合口一二等韵无别；（16）山摄舒声合口一等与开口二等帮组字韵母无别；（17）宕摄舒声开口一等精组字韵母与开口三等庄组字韵母合流；（18）古浊平声字白读为阴去；（19）古清去浊去字今声调有别；（20）无入声调类。

根据发音人介绍，河蓬苏家村讲"死客话"的居民祖上是从泸溪县迁来的，所以我们着重以泸溪湘语作为比较对象，同时兼顾辰溆片其他湘语点的特点，以进一步确定"死客话"的性质和归属。湘语辰溆片的材料主要依据瞿建慧《湘语辰溆片语音研究》（2010）。瞿书中涉及的泸溪县七个方言点除解放岩应归为西南官话外，其他六个点（武溪、八什坪、潭溪、浦市、兴隆场、石榴坪）都为湘语辰溆片。

关于"死客话"古全浊声母的今读、匣母合口一二等字读零声母、知二庄与知三章组声母分立、疑影母开口一二等字在今洪音前读 ŋ、蟹假果摄韵母的主要元音、支微入鱼、古清去浊去字今读有别、无入声调类等特点我们在前文已有论述，这里不再重复，这些特点都是跟湘语辰溆片的语音特点相吻合的。我们再来看看跟湘语辰溆片其他一致性的音韵特点：

（1）古微母的今读。湘语辰溆片古微母今读一般为 v，如武溪话：武ᶜvu、味 vei²、问 võ²，而"死客话"微母今读零声母，这似乎与湘语辰溆片语音特点不符。但湘语辰溆片并不是所有方言点的微母今读都是 v，在龙潭、两江、岗东等地读零声母，如：武ᶜu/ᶜu、味 ui²/ui²、问 uẽi²/uẽ²（"/"前为"死客话"，"/"后为岗东话）。

（2）古见系二等字的今读。与湘语辰溆片一样，"死客话"见系二等字今读声母也为舌根音 k、kʰ、x，如：街₋ka、鞋₋xa、楷ᶜkʰai、械 kai²、挨~着₋ŋai、寡ᶜkua、夸₋kʰua、花₋xua、华姓~₋xua。

（3）湘语辰溆片中古疑母开口三四等字与泥母在今细音前合流。"死客话"除少部分疑母四等非口语常用字读零声母外，其他疑母开口三、四等字与泥母在今细音前都读 n，如：艺 ni²、疑₋ni、牛₋niɤ、尧₋iʌ、研₋nie、尿₋niʌ、泥₋ni、尼₋ni、纽ᶜniɤ。

（4）辰溆片中古蟹摄开口一二等韵今读有别。"死客话"蟹摄开口一等字韵母主要为 ai，极少数字的韵母为 a，开口二等字韵母大部分为 a，少部分韵母为 ai。

（5）"死客话"与湘语辰溆片一样，古咸摄舒声开口一二等见系字今读有别，一等字韵母为 aŋ，二等字韵母为 a，如：含₋xaŋ、甘₋kaŋ、咸₋xa、岩₋ŋa、衔₋ka。

（6）"死客话"与湘语辰溆片一样，古非敷奉母一般今读 f，如：斧ᶜfu/fu⁴²、飞₋fui/₋fi、法₋fo/₋fo、反ᶜfa/ᶜfa、分₋fẽi/₋fẽ、方₋faŋ/₋faŋ、风₋foŋ/₋foŋ（"/"前为"死客话"，其后为武溪话）。

（7）"死客话"与湘语辰溆片一样，古喻母一般今读零声母，如：雨ᶜy、邮₋iɤ、有ᶜiɤ、圆₋ye、员₋yẽ、院 yẽ²、盐₋ie、演ᶜie、引ᶜĩ、养ᶜiaŋ、勇 ioŋ²、浴₋iɤ。

从以上分析可知，"死客话"与湘语辰溆片主要音韵特点基本相同，所以我们有理由认为"死客话"实为湘语。现在我们再来看看二者的声母系统、声调系统的异同关系。

表 7-8　　　"死客话"与湘语辰溆片声母系统的比较

	死客话	武溪	浦市	八什坪	兴隆场	石榴坪	潭溪
双唇	p pʰ b m	p pʰ b m	p pʰ b m	p pʰ bm	p pʰ b m	p pʰ b m	p pʰ bm
唇齿	f v	f v	f v	f v	f v	f v	f v
舌尖前	ts tsʰ dz s z	ts tsʰ dz s z	ts tsʰ dz s z	ts tsʰ dz s	ts tsʰ dz s z	ts tsʰ dz s z	ts tsʰ dz s z

续表

	死客话	武溪	浦市	八什坪	兴隆场	石榴坪	潭溪
舌尖中	tt^{h}dn	tt^{h}dl	tt^{h}dn	tt^{h}dl	tt^{h}dnl	tt^{h}dnl	tt^{h}dl
舌尖后		tʂtʂ^{h}dʐsʐ	tʂtʂ^{h}dʐsʐ	tʂtʂ^{h}dʐsʐ	tʂtʂ^{h}dʐsʐ	tʂtʂ^{h}dʐsʐ	
舌面	tɕtɕ^{h}dʑnɕʑ	tɕtɕ^{h}dʑnɕʑ	tɕtɕ^{h}dʑnɕʑ	tɕtɕ^{h}dʑnɕʑ	tɕtɕ^{h}dʑnɕʑ	tɕtɕ^{h}dʑnɕʑ	tɕtɕ^{h}dʑnɕ
舌根	kk^{h}gŋx	kk^{h}gŋx	kk^{h}gŋx	kk^{h}gŋx	kk^{h}gŋx	kk^{h}gŋx	kk^{h}gŋx
零声母	∅	∅	∅	∅	∅	∅	∅

"死客话"和泸溪湘语的声母系统基本一样，都有成套的全浊声母。"死客话"没有卷舌音声母，湘语辰溆片的潭溪方言和龙潭方言也都没有卷舌音声母。

表 7-9   "死客话"与泸溪湘语声调比较

中古	平声			上声			去声			入声		
	清	次浊	全浊	清	次浊	全浊	清	次浊	全浊	清	次浊	全浊
死客话	阴平	阳平		上声		阴去(文) 阳去(白)	阴去		阴去(文) 阳去(白)	阳平	阳平	阳平 阴去
泸溪湘语	阴平	阳平(文) 阴去(白)		上声		阳去	阴去		阳去	阳平		阳平 阴去

"死客话"与泸溪湘语都有五个声调：阴平、阳平、上声、阴去、阳去，其调值非常接近，分别为：34、23、51、213、45 和 35、13、42、213、55。两者的古调类今读的归并规律大体相同。鲍厚星（2006：29）提到湘语辰溆片的第三个主要特点是："声调五类：阴平、阳平、上声、阴去、阳去。无入声调，古入声字主要归阳平，其次归阴去。归阳平的主要来自清入，其次是次浊入和全浊入；归阴去的主要来自全浊入和清入。""死客话"与此特点基本吻合。声调系统的比较进一步证明"死客话"属于湘语辰溆片。

当然，"死客话"与湘语辰溆片也有一些不同之处，主要表现在：

1）湘语辰溆片中古流摄与蟹摄的韵母合流，"死客话"蟹摄开口韵母为 ai、a、ɤ、i，如：孩₂xai、柴₂dza、世 sŋ˚、低₁ti；合口韵母为 ei、ui、uai、ua，如：杯₁pei、队 tui˚、外 uai˚、话 xua˚；流摄韵母主要为 ai、ɤ、 iɤ、u，如：头₂dai、钩₁kɤ、富 fu˚、刘₂niɤ。

2）湘语辰溆片中古深臻曾梗摄舒声开口三（四）等帮端精组字读同一等韵，而"死客话"同中有异。深臻曾梗四摄中只有臻曾二摄有一等韵，"死客话"中其韵母均为 ẽi、uẽi，如：根₁kẽi、很₁xẽi、吞₁t⁽ʰ⁾uẽi、孙₁suẽi、灯₁tẽi、藤₂dẽi；深臻曾梗摄舒声开口三（四）等帮端精组字的韵母主要为 ẽi、ĩ，如：

心₋sēi、平₋bēi、丁₋tēi、民₋mĩ、新₋ɕĩ、侵₋tɕĩ²。

3）古山摄的今读。湘语辰溆片中古山摄舒声开口一二等见系字今读有别，合口一二等韵今读无别。在"死客话"中，它们都是混中有别，别中有混，如：官山开一₋kue、肝山开一₋kue、寒山开一₋xaŋ、安山开一₋ŋaŋ、观山开一₋kuaŋ、间（中~）山开二₋kaŋ、奸山开二₋tɕiẽ、颜山开二₋ŋa（白）/₋iẽ（文），再如：欢山合一₋xue、完山合一₋yẽ（白）/₋uaŋ（文）、闩山合二₋sue、关山合二₋kuaŋ、环山合二₋faŋ。湘语辰溆片山摄舒声合口一等与开口二等帮组字韵母今读无别，在"死客话"中，山摄舒声合口一等今读韵母为 ue、yẽ，如：宽₋kue、欢₋xue、完₋yẽ（白）/₋uaŋ（文）、丸₋yẽ，开口二等帮组字今读韵母为 aŋ、o，如：班₋paŋ、办 paŋ²、慢 maŋ²、八₋po、拔₋pʰo、抹~布₋mo。

4）湘语辰溆片中古宕摄舒声开口一等精组字韵母与开口三等庄组字韵母合流，"死客话"中古宕摄舒声开口一等精组字韵母与开口三等庄组字韵母则分别为 aŋ 和 uaŋ，如：仓₋tsʰaŋ、桑₋saŋ、装₋tsuaŋ、床₋dʐuaŋ。

5）湘语辰溆片中古浊平声字白读为阴去，"死客话"古浊平声今读一般为阳平，只有极少数字读为阴去，如：陈 dʐẽi²。

上述不同之处都是非常微观的音韵特点，不足以影响"死客话"的系属。况且，其中的 1、4、5 点为陈晖、鲍厚星（2007）所定义的西南官话吉永片吉沅小片①所共有，第 2、3 点则兼有湘语辰溆片和西南官话的特点。吉沅小片中的吉首、保靖、花垣、古丈，其方言我们认为是兼具湘语和西南官话色彩的混合性方言，详见上文的论述。

自 20 世纪 90 年代以来，古丈县的汉语方言（除乡话外）一直被学界认定为西南官话，很少有学者提及古丈县也有湘语的分布。实际上，"死客话"在古丈是弱势方言，处于古丈"客话"、乡话等方言的包围之中，不免受其影响而同时带上周围方言的特点。特别是"客话"的影响非常显著，使得"死客话"逐渐向其靠拢，最终必将演变成西南官话，但"死客话"今天仍属于湘语辰溆片是非常明确的。

四 高峰片归属

高峰片包括岩头河、高峰、山枣（"六保话"）三个方言点。岩头河、高峰两个点的方言都是乡话，这是确定无疑的。"六保话"是一种什么性质的语言或方言呢？下面我们先对"六保话"的性质进行讨论，接下来探讨

---

① 具体包括：吉首市、古丈县包括县城在内的大部分地区、保靖县、花垣县、沅陵县县城、官庄、凉水井蓝溪流域和原麻溪铺区舒溪、杨溪、荔溪流域、原太常区的明溪、丑溪流域、原乌宿区的酉溪流域，原军大坪区和北溶区等。详见鲍厚星、陈晖《湖南省的汉语方言（稿）》（2007：250—259）。其中属于湘西的四个县市的方言，在我们的划片中，都是属于兼具湘语和西南官话色彩的混合性方言。

高峰片方言的归属。

1. "六保话"的性质

"六保话"是湘西的一种小土话，以前鲜有人关注，直到曹志耘（2007）在湘西调查方言时才被提及，但他并没有做深入的调查。"六保话"的"保"可能是指清朝和民国保甲制度的"保"，即十户为"甲"，十甲为"保"。据我们调查，"六保话"其实就是乡话，除分布在古丈县山枣乡的火麻村、高寨村、筲箕田村、磨刀村，岩头寨乡的银坪村、梓木坪村、碗沟溪村以外[①]，还分布到泸溪县的八什坪乡、沅陵县的麻溪铺镇、筲箕湾镇，其口音大同小异，都已经处于高度濒危状态。下面我们以古丈县山枣乡筲箕田村"六保话"为代表，对"六保话"与湘西乡话及古丈县境内"客话""死客话"（辰溆片湘语）的音韵特征进行比较，并在考察"六保话"词汇特征的基础上，确定其乡话性质。

首先看音韵特点。《湘西古丈瓦乡话调查报告》在此调查报告中，作者提出了鉴别瓦乡话的9条音韵标准[②]。下面我们将主要以这9条标准为参照（我们另外提出"古知组三等读如端组"的标准），把古丈、沅陵、泸溪的乡话以及古丈境内的"客话""死客话"与"六保话"逐一进行比较，以观察"六保话"的音韵特点[③]。

（1）中古次浊平大部分归阴平。

伍云姬、沈瑞清（2010：23—25）认为："中古次浊声母在乡话中的声调表现基本和中古清声母一致，这是瓦乡话较为突出的特点。尤其是次浊平大部分读阴平而非阳平的特点和其他汉语方言很不一样。"古丈县境内的"客话""死客话"中古次浊平都归阳平。因此，伍云姬、沈瑞青把"中古次浊平大部分归阴平"作为鉴别瓦乡话的第一条标准。"六保话"中古次浊平如"罗。lu、磨。mu、人。yoŋ、麻。lu、芽。ŋo、来。zai、牛。ŋei"等归阴平的演变规律与乡话一致。

（2）中古全浊塞音、塞擦音上声字有两种声母类型。

沅陵、泸溪、古丈乡话及"六保话"中古全浊塞音、塞擦音上声字都有两种声母类型，前一组声母为浊音或不送气清音，后一组读送气声母，

---

① 清光绪三十三年（1907）的《古丈坪厅志》说竹坪、上下高寨、筲箕田、火麻坪、姚家坪、磨刀岩、百㨪坪、别州这八个寨子中，"除别州一寨用客话，余七寨皆用乡话"。（援引自伍云姬、沈瑞清. 湘西古丈瓦乡话调查报告[M]. 上海：上海教育出版社，2010：274.）

② 伍云姬、沈瑞清. 湘西古丈瓦乡话调查报告[M]. 上海：上海教育出版社，2010：23—24.

③ 沅陵瓦乡话的材料取自杨蔚《沅陵乡话研究》（1999），泸溪瓦乡话的材料取自瞿建慧《湖南泸溪白沙（屈望）乡话的音系》（2008），古丈瓦乡话的材料取自伍云姬、沈瑞清《湘西古丈瓦乡话调查报告》（2010）。其他材料均来自笔者和导师的调查。

而古丈境内的"客话""死客话"都清化为不送气音。如：

沅陵乡话：罪 ᴄdzo、抱 ᴄbəu、淡 doŋˀ、坐 ᴄdʑiɛˀ；柱 ᶜtʰia、是 ᶜtsʰɛ、上 ᶜtsʰoŋ、妇 pʰaˀ

泸溪乡话：罪 ᴄdzo、抱 bəuˀ、淡 doŋˀ、坐 ᴄtsai；柱 ᶜtʰia、是 ᶜtɕʰi、上 ᶜtsʰoŋ、妇 ᶜpʰa

古丈乡话：罪 dzuaˀ、抱 bauˀ、淡 dɤŋˀ、坐 ᴄtɕɛ；柱 ᶜtʰia、是 ᶜtsʰɤ、上 ᶜtsʰɤŋ、妇 pʰaˀ

"六保话"：罪 ᴄdzua、抱 bʌˀ、淡 doŋˀ、坐 ᴄtsai；柱 ᶜtʰia、是 ᶜtɕʰi、上 ᶜtɕʰioŋ、断 ᶜtʰoŋ

"客话"：罪 tsuiˀ、抱 pauˀ、淡 tãˀ、断 tuãˀ、坐 tsoˀ、柱 tsuˀ、是 sŋˀ、上 saŋˀ、妇 fuˀ

"死客话"：罪 tsui⁴⁵、抱 pʌˀ、淡 taŋˀ、断 tueˀ、坐 tsɤˀ、柱 tsuˀ、是 sŋˀ、上 ᶜɕiaŋ、妇 fuˀ

（3）中古全浊塞音、塞擦音去声字有两种声母类型。

湘西乡话和"六保话"中古全浊塞音、塞擦音去声字也有两种声母类型，分类情况和全浊上声相似，前一组声母为浊音或不送气清音，后一组则读送气声母。古丈县境内的"客话""死客话"古全浊去声字声母今读塞音塞擦音时都为不送气清音或浊音。如：

沅陵乡话：树 tsaˀ、匠 dʑioŋˀ、洞 dəuˀ、鼻 bi；背~诵ᶜpʰa、菢ᶜpʰaɔ、垫ᶜtʰæ、轿ᶜtɕʰiaɔ

泸溪乡话：树 tsaˀ、匠 ᶜdʑioŋ、洞 dɛiˀ、鼻 piˀ；菢ᶜpʰau、垫ᶜtʰai、轿ᶜtɕʰiau

古丈乡话：树 tsaˀ、匠 dʑinˀ、洞 dauˀ、鼻ᶜpi；背~诵ᶜpʰa、菢ᶜpʰau、垫ᶜtʰai、轿ᶜtɕʰiau

"六保话"：树 tɕiaˀ、洞 dɤˀ、鼻ᶜbi；背~诵ᶜpʰua、垫 tʰai、代ᶜtʰua、轿ᶜtɕʰiʌ

"客话"：树 suˀ、匠 dʑiaŋˀ、洞 toŋˀ、鼻ᶜpi、背~诵 peiˀ、垫 tiɛˀ、代 taiˀ、轿 tɕʰiauˀ

"死客话"：树 tsaˀ、匠 dʑiaŋˀ、洞 toŋˀ、鼻ᶜpi；背~诵 peiˀ、垫 tiɛˀ、代 taiˀ、轿 tɕʰiauˀ

（4）大部分中古全浊入声字读阴平。

湘西乡话和"六保话"中古全浊入声字大部分读阴平，而且凡声母是塞音、塞擦音的都读送气音。古丈县"死客话"古全浊入声字部分归阴去，部分归阳平，"客话"古全浊入声字归阳平（大部分西南官话的重要特征）。如：

沅陵乡话：十ᶜtsʰɿ、白ᶜpʰo、石ᶜtsʰu、直ᶜtʰiəɯ；侄 tʰiʔˀ

泸溪乡话：十ᶜtsʰɿ、白ᶜpʰɤ、石ᶜtsʰɤ、直ᶜtʰiɯ、侄ᶜtʰi

古丈乡话：十 ₌tsʰɿ、白 ₌pʰo、石 ₌tsʰo、著 ₌tʰu、直 ₌、侄 ₌tʰi、贼 ₌tsʰɤ、熟 ₌tɕʰiəu

"六保话"：十 ₌tsʰɿ、白 ₌pʰo、著 ₌tʰu、直 ₌tʰiu、侄 ₌tʰi、熟 ₌tɕʰiu

"客话"：十 ₌sɿ、白 ₌pe、石 ₌sɿ、著 ₌tso、直 ₌tsɿ、侄 ₌tsɿ、贼 ₌tse、熟 ₌su

"死客话"：十 ₌sɿ、石 ₌sɿ、著 ₌tso、直 ₌tsɿ；侄 tsʰɿˀ、白 pʰaiˀ、熟 ɕiɤˀ

（5）小部分来母读塞擦音或擦音。

湘西乡话和"六保话"中来母大部分读 l，小部分读 dz、z、ts，且所辖字非常一致，而古丈县境内的其他汉语方言来母要么读 l，要么读 n，极少有例外。如：

沅陵乡话：漏 zaˀ、梨 ₌za、来 ₌zɛ、淋 ₌zɛ、聋 ₌tsəu、懒 ᶜdzoŋ

泸溪乡话：漏 zaˀ、梨 ₌za、来 ₌zai、淋 ₌dzai、聋 ₌tsɛi、懒 ᶜdzoŋ

古丈乡话：漏 zaˀ、梨 ₌za、来 ₌zɤ、淋 ₌dzai、聋 ₌tsau

"六保话"：漏 zʌˀ、梨 ₌za、来 ₌zai、聋 ₌tsɤ、懒 ᶜdzoŋ

"客话"：漏 lɤˀ、梨 ₌li、来 ₌lai、聋 ₌loŋ、懒 ᶜlã

"死客话"：漏 nɤˀ、梨 ₌ni、来 ₌nai、聋 ₌noŋ、懒 ᶜna

（6）小部分並、滂母读成擦音 f。

湘西乡话和"六保话"中並、滂母字除大部分读塞音外，还有一小部分读成擦音 f（"六保话"还有读 x 的），而古丈县境内的"客话""死客话"並、滂母字都读成塞音。如：

沅陵乡话：皮 ₌fo、被~子ᶜfo、平坪 ₌fõ、病 vəuˀ、匹 ₌fa

泸溪乡话：皮 ₌fo、被~子ᶜfo、平坪 ₌fõ、病 fõˀ

古丈乡话：皮 ₌fa、被~子ᶜfa、平坪 ₌foŋ、病 foŋˀ、匹 ₌fa

"六保话"：皮 ₌xua、被~子ᶜxua、平坪 ₌faŋ、病 faŋˀ

"客话"：皮 ₌bi、被~子 piˀ、平坪 ₌bĩ、病 pĩˀ

"死客话"：皮 ₌bi、被~子 piˀ、平坪 ₌bẽi、病 pẽiˀ

（7）部分定、澄母读 l。

湘西乡话和"六保话"都有部分定、澄母字读 l，且所辖字非常的一致。古丈境内的其他汉语方言定、澄母字没有读 l 的现象。如：

沅陵乡话：地 liˀ、大 luˀ/ luiˀ、田 ₌lɛ、桃 ₌laɔ、掉 ᶜliəu、糖 ₌loŋ、啼 ₌liɛ、虫 ₌liaɔ、肠 ₌lioŋ、读 luʔ₀

泸溪乡话：地 liˀ、大 nuɤˀ、田 ₌lai、桃 ₌nau、掉 niəuˀ、糖 ₌noŋ、啼 ₌niɛ、虫 ₌lyɤ、肠 ₌niaŋ、读 nuˀ

古丈乡话：地 liɛˀ/liˀ、大 luˀ/₌lu、田 ₌lai、桃 ₌lau、掉 liauˀ、糖 ₌lɤŋ、啼 ₌liɛ、虫 ₌liau、肠 ₌lin、读 ₌ləu、迟 ₌li

"六保话"：大 luˀ、田 ₌lai、桃 ₌lʌ、糖 ₌loŋ、虫 ₌liɤ、肠 ₌lioŋ、读 lu、迟 li

"客话"：大 taˀ、田 ₌diẽ、桃 ₌dau、糖 ₌daŋ、啼 ₌di、虫 ₌dzoŋ、肠 ₌dzaŋ、读 ₌tu、

迟ˬdʐŋ

"死客话"：大 tʌˀ、田ˬdie、桃ˬdʌ、糖ˬdaŋ、啼ˬdi、虫ˬdʑioŋ、肠 dʑiaŋˀ、读 tʰu˒、迟ˬdʐŋ

（8）小部分晓母读 kʰ。

湘西乡话和"六保话"都有一小部分晓母字读 kʰ（"六保话"还有读腭化的 tɕʰ），古丈境内的"客话""死客话"晓母一律读擦音。如：

沅陵乡话：虎˓kʰu、黑 kʰeʔ˒、喜˓kʰəɯ
泸溪乡话：虎˓kʰu、黑 kʰei˒
古丈乡话：虎˓kʰu、黑 kʰɤ˒、喜˓kʰəɯ
"六保话"：黑 kʰei˒、河ˬkʰa、香ˬtɕʰioŋ
"客话"：黑˒xe、河ˬxo、香ˬɕiaŋ
"死客话"：黑˒xai、河ˬxɤ、香ˬɕiaŋ

（9）咸山摄一等开口端组、泥来母读成两种韵母。

湘西乡话咸、山摄一等开口端组、泥来母舒声读成两种韵母，且两个韵母的发音比较接近，有合并的趋势。"六保话"咸、山摄一等开口端组、泥来母舒声字也有两种韵母类型，只是后一种类型 aŋ 辖字非常少。古丈县境内的"客话"咸、山摄一等开口端组、泥来母舒声字读成同一韵，"死客话"虽读成两韵，但两韵的读音相差较大。如：

沅陵乡话：单˓tõ、痰ˬtõ、南ˬlõ、蓝ˬlõ；淡 doŋ˒、炭 tʰoŋ˒、胆˓toŋ、难ˬloŋ
泸溪乡话：单˓tõ、痰ˬtõ、南ˬlõ、蓝ˬlõ；淡 doŋ˒、炭 tʰoŋ˒、胆˓toŋ、难ˬloŋ
古丈乡话：单˓toŋ、痰ˬdoŋ、南ˬloŋ、蓝ˬloŋ；淡 dɤŋ˒、炭 tʰɤŋ˒、胆˓tɤŋ、难ˬlɤŋ
"六保话"：胆˓toŋ、蓝难栏ˬloŋ、淡 doŋ˒、碳 tʰoŋ˒；喊 xaŋˀ
"客话"：痰ˬdã、胆˓tã、淡 tã˒、炭 tʰã˒、蓝难栏ˬlã
"死客话"：痰ˬdaŋ、胆˓taŋ、淡 taŋˀ、南难栏ˬnaŋ；蓝ˬna、喊 xaˀ

其实，除了上述 9 条标准之外，我们认为"知组三等读如端组"乃是乡话非常重要的音韵特征①，古丈"六保话"也具备这个特征，这与古丈县境内其他的汉语方言均有所不同。关于知组字的读音及知组三等字读如端组的性质，我们在前面第四章已有详细的论述，此不重复。

再来看看"六保话"词汇方面的特点。"六保话"中保留了一大批上古时期汉语的单音节词，如：泅ˬzia 游、室 tɕi˒房、家、屋、盗 dʌˀ偷、拾ˬtsʰŋ 捡、履˓li 鞋、薪˓sai 柴、犬˓kʰuai 狗、虺 fyi 蛇、裈 kue 裤、箸 tiu˒筷、餍˒ie 饱、啼ˬli 哭、还 ɣoŋˬ回、闭 pi˒关、澡 tsʌ˓洗、望 moŋ˒看、割 ko˒剪、胡ˬvu 须、食ˬziu 吃、

---

① 庄初升、邹晓玲. 湘西乡话中古知组读如端组的类型和性质[J]. 中国语文，2013（5）.

第七章 湘西汉语方言的区域特征及内部分片

塍 dʑiu 田埂、怯 tsʰui 怕、甘 koŋ 甜、疲 bi 累、夺 抢、铛 tsʰaŋ 锅、爵 dʑui³ 瓢、晓 ɕiʌ 知、夜 zyoˀ 晚、竖 dʑaˀ 站、帕 pʰoˀ 巾、壁 pi 墙、反 fai 翻（~书），这类词见于湘西乡话，却不见于古丈境内的"客话""死客话"，在其他的汉语方言中也并不习见，其中的一部分词则见于西南地区的蔡家话或白语。"六保话"保留的这些古汉语词非常富有特色，其中是否具有一些汉藏语同源词还需要比较研究。伍云姬、沈瑞清（2010：30）指出："值得注意的是，蔡家话、白语和瓦乡话的关系似乎比它们和其他汉语方言的关系更为密切。"另外，"六保话"还有一大批与乡话相同的特征词，如：䨻 tui 雷、□䨻 kʰua tui 打雷、□雨 dʑuˀva 下雨、□雪 dʑuˀsui 下雪、罩崽 tsʌˀtsa 雾、岩脑牯 ŋaˀlʌku 石头（总称）、朝头 tiʌta 早晨、日头 ioŋ ta 中午、夜头 zyoˀta 晚上、后生家 ɣa soŋko 丈夫、室□人 tɕi ta ɣoŋ 妻子、阿□ aˀda 父亲、□娘 ain ioŋ 母亲、侄崽 tʰitsa 侄子、□□ tata 姑妈、渠 dʑei 他、你□ ni ŋaŋ 你们、渠□ dʑei ŋaŋ 他们、□□ a ŋaŋ 我们。这些词大部分不见于"客话"和"死客话"中，在其他汉语方言中也比较罕见。

通过上述考察和比较，可以看出古丈县的"六保话"完全符合乡话的 9 条语音标准，与湘西乡话在词汇上也相当一致，而与周边的"客话""死客话"差别较大，因此，"六保话"当属乡话无疑。

当然，"六保话"和乡话之间也存在一些差异，那只是方言内部的问题，不影响"六保话"作为乡话之一种的系属。在调查过程中我们发现，有些村民认为"六保话"就是乡话的一种，甚至有人说"六保话"就是泸溪的乡话。另外，湘西境内说乡话和说"六保话"的人能互相通话，说"六保话"的人学说乡话很容易，而当地说苗语、土家语的少数民族或说"客话""死客话"的汉人一般听不懂"六保话"和乡话，学起来也非常困难。这些也从另一个角度说明"六保话"与乡话应属于同一个系属的方言。

2. 乡话的性质和归属

乡话是一种处在极其复杂的语言环境中且独具特色并高度濒危的汉语方言，主要分布在湖南省西部沅陵县西南以及与沅陵交界的溆浦、辰溪、泸溪、古丈等县，在邵阳城步南山和与之临近的广西壮族自治区的交界带、贵州凯里、重庆市酉阳县的大坂营及重庆秀山等地区也有少量分布，具体使用人口及分布面积未详。在《中国语言地图集》里，乡话被列为汉语方言中未分区的非官话方言。近十年来，学界掀起了乡话研究的高潮，有关乡话调查研究的成果逐渐增多，公布了十几个方言点的乡话材料，讨论到乡话的语音、语法及其与周边方言的关系等各个方面。

从前面我们对湘西汉语方言区域特征的归纳中得知，高峰片方言与湘西的湘语和西南官话存在比较多的共同特征，就是高峰片内部的 12 条一致性音韵特征中，其中的第 9、11、12 条也与湘语洗溪片相同。但乡话的内部一致性比较强，与湘西的湘语、西南官话等其他类型的汉语方言的差别也比较大，以致乡话与自治州内的其他汉语方言根本无法通话。从前面我们所了解的乡话的一些主要的历史性音韵特征中，如：全浊声母的今读、精知庄章组声母的今读、阳声韵韵尾的演变、调类的分合、入声调的分派等方面，清楚地表明乡话不属于湘语性质，也不属于西南官话性质。那么，乡话到底是一种什么性质的语言或方言呢？

关于乡话的性质和归属，历来有所争议，具体我们在第一章绪论中已有提及。现在我们从瓦乡人的历史入手进行分析，希望能对乡话性质的判定有所帮助。

瓦乡人自称为"果兄翁"，自称其语言为"果兄喳 $ko^{41}\varepsilon o\eta^{55}tsa^{35}$"，他称其语言为"瓦乡话"或"乡话"。"瓦"即"说"之义，瓦乡人就是指说乡话的人。关于瓦乡人的历史，主要有以下几种说法。

一种说法认为瓦乡人就是苗人。本土学者张永家、侯自佳记述了关于瓦乡人由来的三种民间传说：盘瓠子孙说、戎氏阿娘戎氏阿樊相配说、由苗人分化而出。[①]三种说法都表明瓦乡人是苗族的分支。关于盘瓠子孙说，在各种历史文献中也都有记载，如《后汉书·南蛮传》：盘瓠是高辛氏的神犬，因杀敌有功，高辛氏"妻以少女"，盘瓠"负之入南山"，"经三年，生子女十二人，六男六女，盘瓠死后，因自相夫妻，……其后滋漫，号曰蛮夷，……今长沙、武陵蛮是也。"晋《荆州记》载："沅陵县居酉口，有上就、武阳二乡，唯此是盘瓠子孙。二乡在武溪之北。"二乡的范围约为今沅陵县太常、乌宿两个区的大部及与之相邻的泸溪、古丈、吉首等县市的边缘地带，都是瓦乡人聚居区。宋代朱辅《溪蛮丛笑·叶钱序》云："五溪之蛮，皆槃瓠种也。聚落区分，名亦随异，沅其故壤，环四封而居者，今有五：曰苗、曰瑶、曰僚、曰伶佬、曰仡佬，风声习气，大略相似。"[②]泸溪县境内现保留有以辛女命名的地名，如辛女岩、辛女桥、辛女溪等，这些地区都是瓦乡人聚居区。如果确如民间传说和某些史书上记载的那样，那么瓦乡人应该是苗族的一支，瓦乡人说的语言应该是苗语。但也有个别学者认为，瓦乡人与汉族、苗族、土家族属于不同的民族，瓦乡人应是当地一个古老的弱势土著部落的后代，他们处于穷山僻壤，生产工具极端落后，生活水平极为低下，历来被当作其他民族和部落的附属和同化对象，在历史演变过程中，因受到过盘瓠、巴人、楚文化的影响而削弱了本部落的文

---

① 张永家、侯自佳. 关于"瓦乡人"的调查报告[J]. 吉首大学学报，1984，1.

② 参见刘兴禄. 愿傩回归——当代湘西用坪瓦乡人还傩愿重建研究[D]. 中央民族大学博士学位论文，2010：35.

化,最终形成今天的局面。

关于瓦乡人的由来,移民说占主流。据刘兴禄(2010)对沅陵部分瓦乡人族谱的调查,族谱中记述瓦乡人多来自江西,如沅陵县筲箕湾镇筲箕湾村《李氏族谱》、用坪双炉村《刘氏族谱》《何氏族谱》、思通溪村《戴氏族谱》等,都明确记载他们的祖先迁自于江西。一些老年瓦乡人在接受调查时也明确地说他们的祖先是从江西迁来的。除自认为迁自江西之外,还有一部分瓦乡人认为他们来自福建。清同治十二年(1873)守忠等修《沅陵县志》载:"县之四塞山川险峻,故元明以来他省避兵者卒流徙于此,今之号称土著者原籍江西十之六七,其江浙豫晋川陕各省入籍者亦不乏。"[①]

关于瓦乡人的历史,除了前面两个说法外,还有一种是原住民说。不过自认为和被认为是原住民的村落和村民不多。据我们查阅有关资料,仅沅陵县用坪乡大坪头湾里唐家属于这种情况。

关于乡话的由来,在泸溪县瓦乡人聚居区的曲望、红土溪、侯家村等地还流行一种"挡局"的说法。该地村民认为,他们的祖先都来自江西,为躲避朝廷追杀,编造了一种暗语"挡局",也就是现在所称的瓦乡话。(明跃玲,2007:42)

伍云姬、沈瑞清《湘西古丈瓦乡话调查报告》(2010:97)提出:"瓦乡话应该是一种混合型的语言。它既保留了中古乃至上古汉语的很多特点,又有湘方言和西南官话的某些特色,在它的底层里还有吴方言和赣方言的影子。"我们认为这种观点是比较符合乡话的实际的。

乡话一般分布于交通闭塞的山区,处于西南官话与湘语的过渡地带,又处于苗族和土家族聚居之地,历史上经历了多次的移民迁徙运动。频繁的语言、方言接触,造就了乡话层次斑驳、离散性强的特点,也导致乡话成为一种萎缩型的濒危方言。特别是处于绝对优势地位的西南官话,其对乡话的影响非常显著。词汇上,乡话中存在大量由西南官话借来的词,有些词虽然语音形式上是乡话,但词形是借自于西南官话。有时候说乡话的人为了更准确地表达一件较为复杂的事情,往往要掺杂大量西南官话的词语才能完成。语音上,乡话也在向西南官话靠拢,如古全浊声母的清化,泥来母的今读、阳声韵尾和入声韵尾的演变等。诚如李如龙先生(1996:97)所指出的,"从现实分布的各区方言说,有的方言内部差异较小,形成中心点并对周围小方言发生深广的影响,这是向心型方言;有的方言区内部差异大,并没有形成中心,也没有具备代表性的口音,是为离心型方言"。李先生还根据社会生活中的使用情况,把汉语方言分为活跃型和萎缩型。

[①] 转引自杨蔚. 湘西乡话语音研究[M]. 广州:广东人民出版社,2010:192.

显然，我们所考察的"六保话"和乡话当属于离心型和萎缩型的方言。在湘西，现在会说乡话的人越来越少，说乡话的人一般也都会说西南官话，一些年轻人在学会了西南官话以后基本上就不用乡话与他人进行交流了，即便是偶尔使用，也是乡话与西南官话混在一起。在人口流动日渐频繁与大众媒介日渐发达的今天，乡话已经呈现出消亡的趋势，最终将被西南官话取而代之。即便不被取代，随着语言本体逐渐向西南官话靠拢，乡话最终也会演变成西南官话型的方言。

第八章　湘西汉语方言的地理格局及其形成

第七章我们主要从音韵特征出发对湘西的汉语方言进行了内部分片，并讨论了各片方言的归属。本章我们主要考察这些不同方言片之间在地理上的联系，并进一步分析湘西汉语方言地理格局形成的原因，以便更清楚地了解湘西汉语方言的前身和今世。

第一节　地理格局

湘西汉语方言的地理格局首先是官话与非官话两分，官话主要分布于湘西的西北部、酉水流域的西部及北部（酉水中段的一大支流——猛洞河流域周围的地区都包括在内）、澧水流域，与湖北、重庆、贵州及本省张家界等广大的西南官话分布区相连成片；非官话主要分布于湘西的东南部、酉水流域以南偏东部，主要在武陵山的主体山脉及其和雪峰山的西北余脉之间的沅水流域。王村镇处于酉水流域中段以北的酉水边上，也属于非官话区（方言过渡区）。与非官话区交接的主要为湘语区与乡话区。湘西官话区的汉语方言类型比较单一，主要是西南官话，称为民乐片。非官话区的方言比较复杂，类型较多。根据方言类型的不同又可以分成乾州片、洗溪片和高峰片等三片。其中乾州片属于混合性方言区，包括沱江小片和乾州小片。沱江小片主要指凤凰县内的汉语方言，这一片方言是以赣语为底层的混合性方言；乾州小片是以湘语为底层的混合性方言区，主要处于湘西中南部一些相对来说交通、经济比较发达的城镇，如市区或县城。乾州小片除乾州外，其他的如迁陵_{保靖}、王村_{永顺}、花垣、古阳_{古丈}四个方言点都位于酉水边上。洗溪片与高峰片交错分布，但总体而言，洗溪片多处于沅水流域交通、经济比较发达的城镇，方言性质为湘语，而高峰片多处于交通比较闭塞、经济比较落后的边远山区，片区方言为归属尚不明确的瓦乡话。各片方言具体分布见图 7-1。

从图 7-1 上可以看出，湘西汉语方言各片之间在地理上基本上是相连一起的，而且跟湘西的各主要河流高度相关。另外，湘西汉语方言的地理格局还与山川地貌紧密联系。在第一章中，我们对湘西历史地理有过简单的介绍。地理上,湘西地处湖南省西北部,与鄂、渝、黔接壤,处于云贵高原东北侧与鄂西山地西南端之结合部,属于武陵山区。武陵山区西依云贵高原,北临鄂西山地,东南以雪峰山为屏障,海拔从1000多米降至100多米。武陵山脉由西南向东北斜贯湘西全境,地势西北高、东南低,可分为西北中山山原地貌区、中部低山山原地貌区、中部及东南部低山丘岗平原地貌区,主要支脉分三支:北为保靖白云山、龙山八面山,中为永顺大米界,南为凤凰腊儿山、永顺羊峰山。湘西汉语方言的地理格局与湘西的地貌基本吻合。以武陵山脉为中轴,其西北中山山原地貌区为官话区,东南低山山原地貌区和低山山丘平原地貌区为非官话区。如果进一步细分的话,则官话区分布于西北中山山原区,混合性方言区基本处于中部低山山原区,湘语主要分布于东南部的低山山丘区,乡话也主要分布于中部及东南部地区。湘西地形地貌见图8-1。

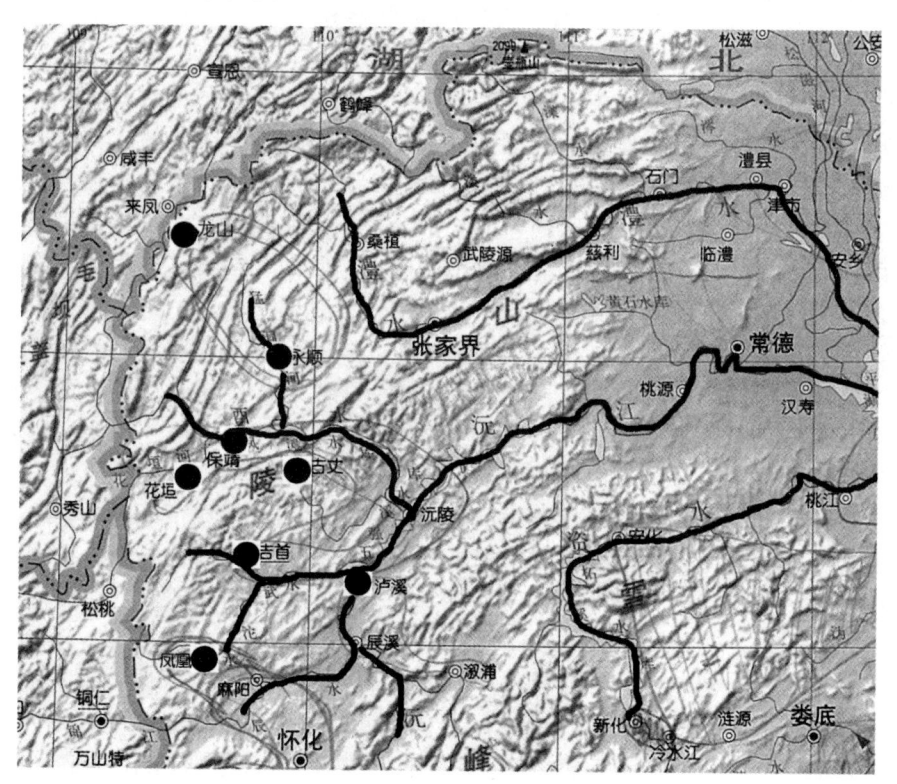

图8-1 湘西地形地貌

综上所述,根据音韵特征划分出来的湘西汉语方言的区片,与相应的地理区域、地理单元基本吻合。这证明我们把湘西汉语方言分成不同类型的四片是比较合理的。

第二节　地理格局的形成

湘西汉语方言地理格局的形成有历史地理、行政区划、历代移民、语言接触等各方面的因素，其中历代移民起着关键性的作用。我们首先来看看湘西历史地理、行政区划与湘西汉语方言地理格局的关系。

一　历史地理、行政区划与地理格局的形成

有关湘西的历史地理在第一章及本章第一节都有简单介绍。如前所述，湘西通向境外的水路主要有沅水、澧水两大河流，此外还有酉水、武水。尽管湘西因居湘、鄂、渝、黔四省市交界处，是中国西南部重要的交通要道。但清代以前，境域交通以便道和溪河为凭靠，陆路运输均为肩挑背负。历史上，湘西的原居民是少数民族"五溪蛮"（汉代称"武陵蛮"），湘西土家族一部分是长期生于斯长于斯的土著先民，另一部分是在不同时期、由不同地区迁入州域各地的。苗族是由外地迁入州域最早的少数民族，迄今已有2300多年。湘西各少数民族因为分散而居，加上山川阻隔，很难形成一致性比较强的强势方言。湘西特殊的地理历史，一定程度上造就了境内多语言、多方言共存的状态，因而有"十里不同音""隔山隔水就隔音"之称。境内不同片区之间的方言，既存在一定的联系，又有对内一致对外排他的各项音韵特征，方言片区之间的地理关系的形成，跟湘西的自然地理，特别是山川阻隔不无联系。

另外，历代行政区划对湘西方言的地理格局也起到一定的作用。湘西州域在商代至战国都属楚地，其后大部分时期都属于荆湖北路的辰州和沅州。众所周知，湘语的形成来源于古楚语，古楚语的进一步发展，就形成了今天的湘语。鲍厚星（2006：3）指出："湖南在春秋战国时期属于楚国。秦统一中国后，实行郡治制度，在湘资流域设长沙郡，在沅澧流域设黔中郡，其中黔中郡所属29个县（常德府4，辰州府4，沅州府3，永顺府4，澧州6，靖州4，乾州直隶厅1，凤凰直隶厅1，永绥直隶厅1，晃州直隶厅1）。据清代《嘉庆一统志》记载，湖南各府、州、厅共领七十五县，其中黔中郡所属二十九个县均属沅、澧两大水系。"湘西在战国时属楚黔中郡，战国以后曾分属于不同的行政区域。这种历代行政区划的变化，对湘西内部汉语地理格局的产生，无疑起到了一定的作用。特别值得一提的是湘西的土司王朝。五代时，"武陵蛮"辖区曾一度脱离中央政权的控制。唐末农民起义，唐地方政权崩溃，溪州土家族首领彭瑊在唐末战乱之际统一了酉水流域各部，于后梁开平四年（910）由楚王任命为靖边都指挥使、溪州刺史（管

辖今永顺、龙山、保靖、古丈等地。后晋天福四年（939），其子彭士愁率锦（今麻阳）、奖（今芷江）和溪州诸蛮万余人征战辰、澧二州，史称"溪州之战"。楚败。天福五年（940），刘勍力增兵围剿，切断彭军水运粮道，彭军战败，退守锦、奖。随后，彭士愁与楚议和结盟，立铜柱（"溪州铜柱"）于会溪坪野鸡坨（后因修凤滩电站迁至王村镇），并缔结盟约：彭士愁仍为溪州刺史，与楚划江而治，酉水以南归楚，酉水以北归彭士愁，并规定"汉不入境，蛮不出峒"，即楚国军人和百姓不能随意进入溪州，溪州境内的少数民族也不能随意走出境外。至此，溪州名义上仍归属楚国，但实际上为高度自治的独立王国——"土司王朝"，且统辖酉水流域二十余州达 817 年。土司王朝的建立，完全切割了少数民族与汉人的交往，使酉水流域以北长期处于一个相对封闭的状态，"王朝"境内民族几乎为纯少数民族。直到清雍正年间，清政府实行"改土归流"政策后，土司王朝结束，汉人和当地的少数民族才有了频繁的接触，汉人开始大量进入这一区域。

土司王朝与楚划江而治的地理格局与湘西汉语方言的官话与非官话二分的地理格局完全吻合，酉水以北属于土司王朝境域的现今基本上为官话区，酉水以南属于楚管辖范围的现今基本上为非官话区。

二　历史移民与地理格局的形成

历代移民对湘西汉语方言地理格局的形成起了非常关键的作用。千百年来，来自北方和东方的移民促使湘西的汉语方言发生了深刻的变化。从前文所述可知，湘西古为蛮夷之地。其实，据有关史料，在战国中期之前，今湖南全境均为古三苗的居住地。战国中期以后，随着楚国势力向南发展，汉人逐渐进入湖南境内。到秦汉时期，湖南境内的汉族主要分布在三个地方：以常德为中心的沅、澧二水中下游地区；以今长沙为中心的湘江中下游地区；沿湘赣两省的交界线直达广东省的狭长地带。此外，整个湖南地区的广阔腹地仍是古苗瑶语族的居住地和没有开发垦殖之地，其间可能还零星散布着一些汉族移民点（李蓝，1994：56—75）。可见，在以上三个地区可能通行古楚语时，当时的湘西仍然为蛮夷之地，通行的是少数民族语言。

北方汉语是随着西晋末年北方人民第一次南迁而进入湖南的。西晋末年永嘉丧乱，造成我国历史上北人的第一次大规模南迁，致使南方汉语方言区划格局发生巨大的变化。但永嘉丧乱导致的北人南迁，南迁的移民主要集中在"淮水（在山东是黄河）以南至太湖、鄱阳湖、洞庭湖以北地区及秦岭以南至四川成都之间"。（周振鹤，1997：29—30）苏、皖地区接受移民最多，其中"在北方偏西部的山西及部分河南移民迁到湖北江陵、松滋与湖南安乡一带"。(周振鹤，1997：30)此次移民并没有到达湘西，只是今常德地区的方言可能受到了北方话的冲击。唐天宝、至德年间的安史之乱，迫使北人第二次大量南迁。这次南迁规模庞大，致使湖北江陵到湖南常德一带的户口增加了十倍，并由此奠定了常德官话基础。此次南迁，虽然移民远至洞庭湖以南的湘水流域，但仍然未有史料证明有移民进入湘西境域。当然，在唐时，湘西属于贬地，一些官员被贬至此地，如李白曾写有赠王昌龄一诗《闻王昌龄左迁龙标遥有此寄》："杨花落尽子规啼，闻道龙标过五溪。我寄愁心与明月，随风直到夜郎西。"这里的"龙标"在辰溪(《舆地纪胜》卷七十一)，"夜郎西"很可能就是今天的乾州。据《湖南通志·地理志》里对乾州厅沿革记载，其中提到《陈书·疆域志》的记载说："乾州，古夜郎。"王昌龄贬龙标尉的时间不可确考，但有人推测大约在唐天宝七、八年间。另外，有一些犯人被发配、流放至此，但这些人数量有限，对当地语言不可能带来冲击。北人南迁第三次浪潮发生于北宋靖康之难到忽必烈入主中原之间。这次北人南迁，湖南常德地区再次接受大量北方移民，进一步加强了常德地区的官话色彩，但对湘西汉语方言格局的形成，仍没有直接的作用。退一步说，如果说永嘉丧乱、安史之乱导致的两度北方移民浪潮以及宋时的北人南迁潮流，对湘西的语言有影响的话，充其量只是使湘西边缘地带的语言开始接受官话方言的侵袭。宋代时，政府为了开发这个地区，加强对该地区的掌管，采取了许多措施，设置了荆湖北路，把整个沅、澧流域和湖北南部纳入以江陵为中心的同一政区内。宋神宗熙宁年间(1068—1077)派章惇"经制蛮事"，向沅水上游进兵，"平定"南北江蛮。此后在沅水中上游地区置辰、沅、靖三州。这样，北方汉语对湘西某些地区的语言带来了一定的影响，但仍然不大，远未能成为湘西的强势语言。这可以从两方面得到证明：一是湘西酉水以北地区从后晋天福五年开始，一直处于一个相对封闭的土司王朝时期，前后历经 800 余年，直到清初实行"改土归流"政策后才有大量汉人进入，所以这一时期酉水以北地区人们使用的基本上是当地民族语言，而北方汉语更不可能凭空跳过酉水以北地区而成为酉水以南的强势汉语。另外我们可以从湘西的一些地方用名可以看到，即在今天汉人比较集中的区域，一些地名都冠以"坪"字，如"万坪、野竹坪、清水坪、茅坪、保坪、大河坪、坪坝、木江坪、八什坪"等，与湘、赣语同。另外，在一些少数民族相对集中的地方，地名用字多为少数民族语转译过来的，如"猛必、勺哈、普戎、坡脚、靛房、猛西、咱果、苗儿滩、惹巴拉、拿卡毕、比耳、拔茅、排吾、排碧、吉卫、涂乍、夯沙、已略、默戎、德夯、腊尔山、阿拉营、茨岩"等，这些地名用字在北方是绝对不用的。也就是说，宋元时代，湘西境内虽然可能受到了北方移民语言的影响，但并没有改变湘西原有的语言面貌，当地的日常用语仍以少数民族语言为主，因为少数民族人口依然占绝对优势。实际上，汉人开始进入湘西域的具体时间无从考证，但大量进入湘西的时间是清初湘西少数民族地区实行"改土归流"后的乾隆、嘉庆时期则是可以肯定的。清乾隆本《凤凰厅志》（卷十一·赋役·户口）记载：

……凤厅自改土后，数十年来，享太平无事之福，沐生聚教训之恩，鸡犬相闻，栉比户口，可得而书矣。

镇筸城共九百五十三户。

五里

白岩里七十六寨共二千五百一十四户。

乌引里四十三寨共一千五百四十一户。

芦荻里三十八寨共二千二百八户。

杜望里三十九寨共二千八百十五户。

宋沱里四十四寨共一千四百九十三户。

四哨

永安哨七寨共四百七十八户。

永宁哨六寨共三百四十八户。

盛华哨七寨共二百四十六户。

王会营七寨共三百八十三户。

编甲共二百三十有四，共男妇计口五万一千三百八十有二。

苗寨三百一十四寨，共苗户六千五百八十有五，共男妇计口三万一千二百二十有一。

"镇筸城"为今凤凰县城沱江镇，"里"为当地的少数民族居住地，"哨、营"指的是外来的汉人聚居地。

张国雄、梅莉《明清时期两湖移民的地理特征》（1991：4）也指出，截至清初，湘西山区仍大多为徭苗等族土司属地。"清以前，两湖其他地区的人民应已陆续迁入，与徭苗杂居。然而大规模的迁入，却是在清初改土归流之后。湘西北、西南均有两湖移民分布。"

另据《永顺府志》及《乾州厅志》等有关人口资料统计，乾隆二十五年（1760）前后，永顺府及苗族聚居区3厅共有民户（由外地迁入的汉人）50104户，204577万人。民户人数占总人口37.61%。[①]永顺府"江西、辰州、沅、泸等处外来之人甚多"，"客民多辰、沅民，江右、闽、

[①] 湘西土家族苗族自治州丛书·人口志[M]．娄底：香港天马图书有限公司，2001：50.

广人亦贸易于此"。①龙山县"客民多长、衡、常辰各府及江西、贵州各省者"。②辰州府"以常、长等府及江西移入者为多"。③

清代中期,是湘西地区规模最大、持续时间最长的一次人口迁移。清王朝入主中原统一全国后,为了长治久安,实行"与民生息""召民开荒"的政策,当时省内外人口稠密地区有大批移民涌入湘西境。据《永顺县志》载:"永顺粮轻产贱,且可冒考,外郡汉人前来购产入籍者甚多。"光绪《乾州厅志》载:"康熙四十三年(1704)设厅时,原民户二千五百五十七,至乾隆三十年(1765)增至五千五百一十户。"宣统《永绥厅志》记述,"雍正十一年(1733)编审时,无民村民户,至乾隆十六年(1751)清查,新增民村一百零九村,新增内地徙入民户一千九百一十四户,新增男妇八千七百二十一名口。"④当时迁入的民户,以江西籍最多,湖北、四川次之。中华民国时期,特别是在全面抗日战争期间(1937—1945年),湘西又发生了一次较大规模的人口迁移变动。1937年全面抗日战争爆发后,在国民党反动派不抵抗主义政策下,大片国土相继沦丧,一些沦陷区的国民党军政机关、工厂、学校和大批不甘受日寇欺压的同胞相继来到当时地处抗日后方的湘西。这次人口迁移量据志书记载,泸溪迁入15000余人,花垣县迁入2万多人。⑤民国时期,经过清代中期汉人大举进入湘西以后,少数民族人口与汉族人口的比例开始发生变化。《湘西地方志·选举志》载:"湘西各县统计,蛮姓人数占全县人数,少或五六分之一,多至三分之一以上。"说明当时州域人口民族构成已由"蛮多汉少"转变为"汉多蛮少",汉族人口已在相当大的程度上超过了少数民族人口。⑥据1953年第一次全国人口普查资料,汉族人口占总人口的80.68%。1988年自治州公安局统计,汉族人口占总人口的32.53%。

湘西的南部和东部是广大的湘语区,一些交通和经济相对来说比较发达的集镇,如酉水流域两岸的王村、古丈、保靖、花垣以及吉首、泸溪等地,因紧邻湘语大本营,所以湘语势力最早到达这些区域并成为当地的强势方言。湘语是从东面、南面以扩散的方式进入湘西,其历史应该不会太悠久。彭建国、彭泽润(2008:158)认为:"新化、安化一带的湘语,可能是宋朝才扩散过去的。'梅山峒蛮,旧不与中国通。其地东接潭,南接邵,其西则辰,其北遇鼎、澧,而梅山居其中。……熙宁五年,遂檄谕开梅山。……

---

① 光绪《永顺府志》(续增重校乾隆本)卷一〇风俗,卷一一檄示。
② 同治《龙山县志》卷一一风俗。
③ 光绪《辰州府志》卷一五风俗。
④ 湘西土家族苗族自治州丛书·人口志[M]. 娄底:香港天马图书有限公司,2001:52.
⑤ 湘西土家族苗族自治州丛书·人口志[M]. 娄底:香港天马图书有限公司,2001:53—54.
⑥ 湘西土家族苗族自治州丛书·人口志[M]. 娄底:香港天马图书有限公司,2001:159.

诏以山地置新化县。'"(《宋史·卷494·列传第250》)湘西位于新化、安化的西部及西北部，湘语扩散到湘西必定要经过新化、安化，所以湘西境内湘语的形成一定晚于新化和安化湘语的形成。

北人的第二次南迁导致江西人口猛增，江西向湖南移民也即从这时（唐末五代）开始，到宋元递增，明朝大盛。从相关文献中可以看出，湘西在历史上也接受了大量的江西移民。关于湘西的移民，我们在第四章和第六章等章节中已有论述，相关内容我们不再重复。下面举几则文献资料以资证明[①]：

1. 《大明太祖高皇帝实录》卷之十七：56

〇庚申故陈友谅左丞辰州周文贵既走湖南其党欲复其城率众寇辰溪杀县丞高文贵夺县印劫掠居民总制辰沅等州事参军詹允亨遣兵讨之

2. 《大明太祖高皇帝实录》卷之十七：59

〇周文贵率划船三百余艘复攻辰州千户何德使别将与战于西门之外自将轻骑直抵其寨攻破之获其张千户等百余人文贵退保麻阳德追击之又俘其万户等二十四人文贵遁去

3. 《大明太祖圣神文武钦明启运俊德成功统天大孝高皇帝实录》卷之十八：59

〇癸未命以徐达所送泰州俘五千人安置潭辰二州时天寒命人赐衣一袭妇女亦皆赐衣履针线布帛初众自以抗拒必不免及得赐又妻子完聚咸感悦拜呼万岁而去

此三则文献材料，前面两则记的是元至正十一年（1351）的事，后面一则记的是元至正二十七年（1367）的事。可见在元末，因为战事等，辰州等地接收了大量的江西人。从前文关于湘西的历史沿革中可知，旧时湘西大部分地区为辰州属地。

湘西的江西移民很多都是二次移民（薛政超，2008：303），以凤凰为例，详见表8-1：[②]

表8-1　　　　　　　　凤凰县移民来源（1）

始迁祖	迁出地	迁移时间	迁入地	迁移原因	到民国时人口繁衍情况（代/人数）	备注
田儒铭	思州	明洪武初	凤凰	平定峒蛮	20余/45000	
周氏	麻阳	明洪武廿二年后	凤凰	家败思迁		麻阳始祖周效、周福
侯永禄	辰州	明崇祯间	凤凰	分居		辰州始祖侯氏

① 为忠于原文，我们没有对引文加标点。
② 以下两个表的内容都来自薛政超《湖南移民表——氏族资料所载湖南移民史料考辑》(2008)。

续表

始迁祖	迁出地	迁移时间	迁入地	迁移原因	到民国时人口繁衍情况（代/人数）	备注
丁氏	怀化	明末	始迁麻阳，再迁凤凰	不详	不详	
方宗舜	武冈	清嘉庆间	凤凰	不详	不详	
游氏	新化	?(宋元丰八年以后)	凤凰	分居	不详	新化始祖游应德
任氏	麻阳	?(明初以后)	凤凰	分居	不详	麻阳始祖任覃兴
米氏	麻阳	?(明初以后)	凤凰	分居	不详	麻阳始祖米氏
史氏	麻阳	?(明洪武后)	凤凰	分居	不详	麻阳始祖史氏
焦氏	麻阳	?(明洪武后)	凤凰	分居	不详	麻阳始祖焦氏
毛氏	麻阳	?(明洪武三年以后)	凤凰	分居	不详	麻阳始祖毛刚
冯氏	麻阳	?(明洪武三年以后)	凤凰	分居	不详	麻阳始祖冯宗咏
宗氏	麻阳	?(明永乐三年以后)	凤凰	分居	不详	麻阳始祖宗晒谷

这些从外地迁来的氏族中，除有两族（田儒铭、冯宗咏）分别来自思州和湖北外，其他氏族基本上都来自江西，详见表8-2：

表8-2　　　　　　　凤凰县移民来源（2）

始迁祖	迁出地	迁移时间	迁入地	迁移原因	到民国时人口繁衍情况（代/人数）	备注
侯氏	江西南昌府	明洪武六年	辰溪	不详	不详	
周郊、周福	江西丰城	宋庆历五年	麻阳	因家境不宽裕	不详	
米氏	江西	明初	始迁辰溪，再迁麻阳	不详	不详	
焦氏	江西	明洪武间	麻阳	政府移民	不详	
史氏（二支）	江西	明洪武间	始迁沅州，再迁麻阳	朝廷下旨移民	不详	
毛氏	江西	明永乐二年	麻阳	征讨屯卫	不详	九姓军家之一
宗晒谷	江西瑞金	明永乐三年	麻阳	不详	不详	
丁氏	江西	明洪武三年	靖州	不详	不详	
任覃兴	辰州	明中叶	麻阳	分居	24/500	辰州始祖任庆长；任姓氏族源流作自湖北襄阳迁，应误
冯宗咏	湖北	明洪武三年	麻阳	随父征战	不详	

麻阳在历史上曾经接受了大量的江西移民。据《麻阳姓氏》（1994），麻阳人口在万人以上的十大姓氏，每个姓氏或其支系都有祖籍江西或辗转经江西而迁入麻阳的记载，而且迁入的时间多为南宋或元末明初，迁出地多为江西吉安的泰和、吉永等县以及南昌府的南昌、丰城等县。①麻阳与凤凰相邻，凤凰在宋朝属于麻阳县。从以上两个表可以看出，江西移民进入麻阳和凤凰的时间比较集中，这样非常有利于赣语势力在当地的扩散。

因为湘西中南部的一些集镇如王村、古丈、保靖、花垣、吉首、永顺、泸溪等早已被说湘语的人所占据，所以明代及明以后从麻阳等地进入湘西的移民在这些地域已找不到他们想要的安身立命之所。于是，他们只好沿酉水北上，往地广人稀、偏僻荒凉的西北部山区前进，并以自己的语言、文化优势影响当地人民的生活，在这些本无强势方言的地区，赣语理所当然地成为当地的强势方言，成为当地汉语的底层方言，并进一步与湘语及后来居上的西南官话争夺地盘。

清乾隆五年"改土归流"之后，大量汉人进驻湘西，伴随而来的是西南官话对湘西语言的冲击。再加上近现代以后交通发达，南北人民往来频繁，西南官话于是以绝对的优势参与湘西汉语方言的竞争。这样，处于与西南官话交接地带的龙山、永顺北部、保靖西部等地固有的方言节节败退，首先转变成西南官话型方言，并进一步影响湘西其他地方的方言。至此，就形成了湘西西南官话、湘语、赣语三种汉语方言鼎立状态。赣语因是外来方言，虽一度成为湘西某些地方的强势方言，但在强大的西南官话进逼之下也开始萎缩。也就是说，原来以赣语为强势方言的地区，因受到西南官话从西面、北面而来的夹击，大部分已转变成西南官话，形成湘西汉语方言中的民乐片。实际上，民乐片方言都处于湖南的最边缘地带，这里离江西最远，江西人移入相对较少，赣语的影响本来就较小一些。民乐片方言成为西南官话除了受北方移民浪潮的影响外，更重要的是这片方言正好处于湖北官话、重庆官话、贵州官话及湖南东北部官话的几面夹击之中。在如此强势的官话面前，即使这些地区原来已有强势方言，最终也会被官话同化而变为官话方言区。

在西南官话和湘语的双重冲击下，赣语最终只在稍微远离北部官话区的凤凰县得以保留。但是，凤凰县城沱江镇为历史文化名镇，交通、经济、文化等方面相对来说都比较发达，所以不可避免地吸引许多汉人前来，其赣语因此受到了严重的冲击，表现为沱江方言兼具有赣语和西南官话的大量特征，变成一种以赣语为底层的混合性方言，也就是我们所说的乾州片

---

① 胡萍. 湘西南汉语方言语音研究[M]. 长沙：湖南师范大学出版社，2007：193—194.

第八章 湘西汉语方言的地理格局及其形成

中的沱江小片。沱江方言文读层则显示其向西南官话型方言转变的趋势，可以预计不久的将来，沱江方言的文读层将覆盖白读层，最终演变成纯粹的西南官话。到目前为止，湘西的赣语只在一些边缘地带还保留得比较完整，如前面我们所提到的官庄乡官庄村方言。

与此同时，湘西的湘语在强大的西南官话的进逼之下也同样开始萎缩。由北而南，由边远农村到城市，一些地方的湘语色彩开始消退，直至变成西南官话型方言，如永顺方言。永顺县包括县城所在地的方言在内的大部分地区的方言现在已基本没有浊音，一些音韵特征显示其已是西南官话型方言。但几十年前，永顺县大部分地方的方言还保留浊音，至少是平声保留浊音。在《湖南方言调查报告》（1974：1110—1111）中，永顺方言[①]还保留有浊音，但到了20世纪末，浊音已经消失，如《湘西土家族苗族自治州志丛书——汉语方言志》（2000：6）所记永顺音系中就没有浊音。下面我们把两书中的永顺方言的声母列出，以便进一步了解湘西西南官话对湘语的冲击、侵袭和渗透。

永顺县列夕乡方言声母（《湖南方言调查报告》，1974：111）：

p 包巴步白	p' 谱拔	b 爬婆排	m 门猫	f 狐灰飞	
t 多得等	t' 通突踏	d 同条桃	n 连良南		
ts 张争	ts' 充超测	dz 曹潮臣		s 时三舌	z 如让
tɕ 捲及拘	tɕ' 千腔溪	dʑ 齐全穷	ȵ 年义	ɕ 徐虚西	
k 共根果	k' 肯可	g 葵狂	ŋ 爱偶	x 毫好红	
ø 儿依妖温王尹					

永顺方言声母（李自齐，2000：6）：
p pʰ m f ts tsʰ s z t tʰ n l tɕ tɕʰ ɕ k kʰ ŋ x

另据《湖南省志·方言志》（2001）的例字，永顺方言的古浊声母平声字今逢塞音、塞擦音时已经全部清化为送气音声母，如：袍 pʰau²²、题 tʰi²²、铜 tʰəŋ²²、葵 kʰuei²²、求 tɕʰiə²²、权 tɕʰyan²²、潮 tsʰau²²。

实际上，湘西部分地区汉语方言中古全浊声母的清化、入声塞音韵尾的嬗变、入声调类的消失等，都和西南官话长期的冲击、侵袭和渗透有关。处于湘西中部及中部偏南的永顺王村以及保靖、花垣、古丈、乾州等地，

[①] 民国二十四年（1935）吴宗济先生所记永顺方言语音，发音人分别为列夕人和塔卧人。列夕乡位于永顺县的南部，与保靖交界；塔卧镇位于永顺北部、润雅乡的西北部比较靠近桑植之处，吴先生所记录的为列夕语音。

在西南官话成为湘西的强势方言前，基本上也是湘语区（关于这些地区方言底层应为湘语，可参见第四章古全浊声母的演变部分），这些地带在西南官话的强大攻势下，一方面不可避免地受西南官话的影响，一方面凭借其南、东两面湘语的优势，负隅顽抗，最终变成既像西南官话又像湘语，既不像西南官话又不像湘语的状态，成为本书所说的过渡型方言，也就是乾州小片。只有泸溪，包括与泸溪交界的古丈部分地方，因为一方面远离西南官话区，一方面紧靠湘语大本营，湘语才得以比较完整地保留，成为今天湘西的洗溪片方言。

至于乡话地理区片的形成，我们在前面各章节讨论乡话的音韵特征及归属的时候，已谈到过乡话人的由来及乡话的历史。乡话所具有的共同音韵特征中，许多具有存古性质，如知组三等读如端组，疑、影二母及非、晓组基本分立，假摄开口二三等字未分化，支微入鱼、分尖团、有入声调等。另外，乡话还保留了大批的古语词，训读现象非常突出。[①]也有一些音韵特征相对于湘西其他汉语方言来说，其演变是相当超前的，如"阳声韵多演变成纯元音韵、入声韵全部演变为阴声韵"等。这表明，乡话正处于各种历史层次的相互叠置和整体语言面貌的急剧变化当中。因此，根据乡话所表现出来的一些音韵、词汇特征，结合前文所述，我们认为乡话地理区片的形成应是不同历史时期的移民（主要为较早时期的移民）来到湘西后，定居于崇山峻岭，处于相当闭塞的环境中，其语言与当地的少数民族语言接触，受少数民族语言影响后独立保持和发展的结果。

三 语言接触与地理格局的形成

湘西是一个多语言、多方言的区域，所以语言接触现象非常普遍。不但湘语、赣语、西南官话、乡话等各种汉语方言之间会产生纷繁复杂的语言接触现象，而且湘西的汉语方言与当地民族语言之间也会产生不同的语言接触现象，各种语言或方言接触的方式、程度繁杂多样，不一而足。湘西汉语方言地理格局的形成既有纵向同源的原因，同时更与语言、方言间的横向接触和渗透密切相关。前文第七章我们也提到湘西汉语方言区域特征的形成既有纵向的同源关系，也有横向的接触、渗透关系。纵向的同源关系主要体现在一些历史性的音韵特征中，如：匣母合口字有今读零声母现象；见系二等字白读层为舌根音声母；效流摄基本分立不乱；-m 尾完全消失导致咸、山相混，深、臻相混；鱼入支微（民乐、民安、岩头河、高

[①] 关于乡话的训读，详见邹晓玲、段亚广《湘西"六保话"的训读现象》（第二届濒危方言学术研讨会论文，2011）。

峰除外）；古塞音韵尾-p、-t、-k 完全消失，无喉塞尾-ʔ等。其他的一些音韵特征，如：疑母开口一等基本读 ŋ 声母，影母除开口一等外都基本读零声母；假果摄形成链条式音变；效摄一二等韵白读合流；入声韵今读基本上为纯元音韵，并且大部分与阴声韵合流；阳声韵中鼻音韵尾只保留-ŋ（沱江、迁陵除外）；疑母细音部分字与泥、来母混在一起（沱江除外）；泥、来母都有不等程度的相混；入声韵今读形式基本上都是四组韵母型（迁陵除外）等，则多为湘西汉语方言因长期共处同一个特定的区域，相互接触而产生的共同特征。方言接触最直接的体现就是在一些方言过渡地带产生过渡性混合方言，如乾州片。乾州片中的乾州小片处于湘语与西南官话的过渡地带，其所共有的音韵特征中，保留浊音，支微入鱼（王村除外），一部分入声归并到去声当中，泥、来母洪混细分等特征与多数的湘语特征相同，其中保留浊音，支微入鱼跟湘语是同源关系。精、庄、知、章四组声母今读合流；日母字今多读 z 声母，止摄字全部读零声母；假摄开口二三等字分化；蟹摄开口一二等字白读完全相混，合口分立不乱；保留入声字独用韵；四调类，去声不分阴阳；全浊上一般归去声；古入声字多归阳平等音韵特征，包括儿化词非常丰富等，都与广大的西南官话相同，这些特征应该来自西南官话。而属于乾州小片所独有的音韵特征，如：入声韵今读表现出由四组韵母型向三组韵母型过渡（王村除外）；阳声韵今读合并类型为"咸山深臻曾一梗一宕江通"，应是湘语与西南官话或其他方言相接触、渗透之后而产生的音变。还有古阳声韵今读为鼻音尾韵、鼻化韵共存（阡陵除外）等音韵特征与湘西内外的湘语都不同，也不同于赣语，虽然与属于西南官话的民乐片相同，但不同于典型的西南官话，如重庆、贵阳方言，也不同于周边的来凤、秀山、桑植方言，详情如下（乾州小片以乾州方言为代表，湘语主要以境内的泸溪方言为代表。来凤的材料来自《湖北方言调查报告》（1948：454—472），秀山材料来自《四川方言调查报告》（1984：360—374），桑植的材料来自《湖南方言调查报告》（1974：1075—1092））：

表 8-3　　乾州小片与周边西南官话、湘语古阳声韵今读比较

	南咸	稳臻	忙宕	江江	等曾	兵梗	用通
乾州吉首	₅lẽi	ᶜuẽi	₅mɑŋ	₅tɕiaŋ	ᶜtẽi	₅pĩ	ioŋᵓ
秀山	₅nã	ᶜuən	₅maŋ	₅tɕiaŋ	ᶜtən	₅pin	ioŋᵓ
来凤	₅nan	ᶜuən	₅maŋ	₅tɕiaŋ	ᶜtən	₅pin	ioŋᵓ
桑植	₅nã	ᶜuen	₅mã	₅tɕiã	ᶜtən	₅pin	ioŋᵓ
洗溪泸溪	₅lɛ̃	ᶜuẽi	₅mã	₅tʃã	ᶜtẽi	₅pĩ	ioŋᵓ

以上代表点方言，秀山、来凤、桑植属于西南官话，洗溪属于湘语。乾州方言古阳声韵今读与这些方言点都有相同之处，但又不完全相同。这种既不完全同于西南官话，也不完全同于湘语、赣语的音韵特征，我们认为应该是湘语与西南官话及赣语相互接触、渗透而产生的音韵演变。

另外，疑影母开口一二等、合口基本合流，疑母开口三四等与影母开口三四等保持分立等音韵特征为湘西境内湘语、西南官话、混合性方言所共有，我们认为这也是湘语、西南官话、赣语长期共处于同一区域，相互接触、渗透而共有的音变现象。

再来看看乾州片中的沱江小片。全浊声母清化后，今逢塞音、塞擦音时，不论平仄一律送气；古全浊上读阴平或上声；古全浊去读阴平；清入读阴平和浊入读去声，如前所述，沱江小片的这些音韵特征与大多数赣语完全相同，跟赣语应是一脉相承的同源关系。而有些音韵特征如古精知庄章的今读全部合流，保留入声字独用韵等，以及文读层所体现的音韵面貌，都与西南官话相同，都应该是来自西南官话的，与西南官话具有同源关系。至于支微入鱼，则可能来源于赣语，也可能来源于湘语。

语言接触和渗透不仅仅体现于混合性方言中，在湘西其他类型的方言中也同样存在。限于篇幅，我们在此不一一讨论。另据瞿建慧（2010：167—176），辰溆片湘语深臻曾梗摄舒声开口三（四）等帮端组及知系字读同一等韵。瞿建慧根据前人已有的研究材料，说明在受赣语影响比较大的或本身就是赣语的方言中，也具备这一音韵特征，如湘西南地区的泸阳、高村、新路河、文昌阁，以及绥宁、洞口、隆回、常宁、安仁、耒阳、永兴等地。另外，还有如湘南土话如桂阳流峰土话、江华梧州话、蓝山太平土话、临武麦市土话。这些地区或属于赣语区，或与赣语区相连，如常宁、安仁、耒阳、永兴等地属于赣语耒资片，洞口、绥宁和隆回的南部属于湘语区，北部属于赣语区，而湘南土话区不但本身接受过大量的江西移民，而且与赣语耒资片相邻。在赣语的大本营，如余干、宜春、安福等地的方言深臻曾梗摄舒声开口三（四）等韵也读同一等韵。在湘语的典型代表点，如双峰、娄底、湘乡等地都没有此类现象。因此，瞿建慧（2010）认为，湘语辰溆片深臻曾梗摄舒声开口三（四）等帮端组及知系字读同一等韵与以上存在这一现象的方言点是一脉相承的，湖南境内的这类现象是受赣语影响的结果。我们认为这一结论是可信的。同样，在湘西汉语方言中，除了属于湘语辰溆片的泸溪县方言（如我们调查的洗溪方言）外，在湘西的大部分方言点，也存在这一现象。具体如下：

第八章 湘西汉语方言的地理格局及其形成

	林深	心深	鳞臻	新臻	凌曾	平梗	明梗	钉梗	灵梗	星梗
古阳古丈	lẽi²²	çĩ⁴⁴	lẽi²²	çĩ⁴⁴	lẽi²²	bĩ²²	mĩ²²	tẽi⁴⁴	lẽi²²	çĩ⁴⁴
迁陵保靖	len³³	çin⁴⁵	len³³	çin⁴⁵	len³³	bin³³	min³³	ten⁴⁵	len³³	çin⁴⁵
野竹坪保靖	nĩ²¹	çĩ⁴⁴	nẽ²¹	sẽ⁴⁴	nẽ²¹	pʰĩ²¹	mĩ²¹	tẽ⁴⁴	nẽ²¹	çĩ⁴⁴
王村永顺	nẽi²²	çĩ⁴⁵	nẽi²²	çĩ⁴⁵	nẽi²²	bĩ²²	mĩ²²	tẽi⁴⁵	nẽi²²	çĩ⁴⁵
润雅永顺	lẽi²²	çĩ³⁴	lẽi²²	çĩ³⁴	lẽi²²	pʰĩ²²	mĩ²²	tẽi³⁴	lẽi²²	çĩ³⁴
万坪永顺	nẽi²²	çĩ³⁴	nẽi²²	çĩ³⁴	nẽi²²	pʰĩ²²	mĩ²²	tẽi³⁴	nẽi²²	çĩ³⁴
里耶龙山	nẽ²²	çĩ³⁴	nẽ²²	çĩ³⁴	nẽ²²	pʰĩ²²	mĩ²²	tẽ³⁴	nẽ²²	sĩ³⁴
民安龙山	lẽ²²	çĩ³⁴	lẽ²²	çĩ³⁴	lẽ²²	pʰĩ²²	mĩ²²	tẽ³⁴	lẽ²²	çĩ³⁴
洗溪泸溪	lĩ²³	sẽi³⁴	lẽi²³	sẽi³⁴	lĩ²³	bĩ²³	mẽi²³	tẽi³⁴	lĩ²³	sẽi³⁴
河蓬古丈	nẽi²³	sẽi²³	nẽi²³	çĩ³⁴	nẽi²³	bẽi²³	mĩ²³	tẽi³⁴	nĩ²³	sẽi²³
岩头河泸溪	lie³⁵	çie³⁵	sẽi³⁵	çie³⁵		fuɔ̃²⁴	mu²⁴	tuɔ̃³⁵	lẽi²⁴	sẽi³⁵
高峰古丈		çie⁵⁵		çie⁵⁵		foŋ¹³	mie⁵⁵/mĩ⁵⁵	toŋ⁵⁵		çĩ⁵⁵
山枣古丈		çie³⁴		sai³⁴		fan²¹²		tan³⁴		sẽi³⁴

由上表可见，深臻曾梗摄舒声开口三（四）等韵读同一等韵现象在湘西四种类型的方言中都有体现，并且这一现象由南到北呈递减趋势，湘西西部边缘地带的花垣、民乐花垣、野竹坪保靖、沱江凤凰等没有出现这种现象。让人感到奇怪的是，如果说湘西的这一音韵特征也是受赣语的影响，是赣语与湘西的汉语方言接触后所产生的音韵演变，那为什么赣语色彩最浓的沱江方言反而不具备这一音韵特征呢？这个问题值得好好思考。

湘西汉语方言地理格局包括区域特征的形成既有纵向同源的原因，也有横向接触、渗透的原因，这不仅体现在方言音韵特征上，同时也体现在词汇、语法中。词汇上，一些历史层次比较早的日常用词，如"晓知道、疠毒、菢孵"等，在湘西的汉语方言中普遍使用，这些词是方言同源关系的体现。罗昕如《湘语与赣语比较研究》（2011：209—211）就认为，"晓、疠、菢"等词都源于扬雄《方言》等典籍，这些方言词今天仍流行于湘语与赣语中，所以它们应该属于湘语与赣语的同源性共有成分。如：

晓，知道。《方言》卷一："党，晓，哲，知也。楚谓之党，或曰晓，齐宋之间谓之哲。""晓"在今天湘西方言中都说"晓得"。

菢，孵。《方言》卷八："北燕朝鲜洌水之间谓伏鸡曰抱。"戴震疏证："抱，《广韵》作菢，云'鸟伏卵'。"今湘西称"孵小鸡"为"菢"。

疠，用毒药毒。《方言》卷三："凡饮药傅药而毒，南楚之外谓之瘌，北燕朝鲜之间谓之疠……自关而西谓之毒。"湘西"疠"作动词用时，后面直接带宾语，如"痨鱼、痨鸡"等。

另外一些词如"构冰、晏迟、檐老鼠蝙蝠、闻嗅、瞓睡、猪娘/婆母猪、鸡娘/鸡婆母鸡、姑妈大人、青蛙蛤蟆、打摆子患疟疾、叫化子乞丐"等在湘西普遍使用，则可能是湘赣语、西南官话等方言接触融合的结果。还有一些词，在湘西非常常用但不见于其他各地方言，如"逮吃，~饭、~酒、~烟、□kʰuai/kʰuɛ动词，带、拿、背等义，如~包、~钱、□luo找，~东西、~人、~钱、佬佬弟弟、装苕装傻、假装、吃咪咪吃奶、强盗小偷、莉tsuai蹲、□pa热，~水、苕甘薯"等，这些词大部分应是湘西汉语与民族语言接触后所产生的特征词。"强盗小偷"独特的义项跟湘西的人文环境相关，对此，我们在第四章已有交代。

总之，湘西汉语方言区域特征的形成一部分是源于汉语方言的同源关系，一部分是语言接触、渗透、融合的结果。湘西方言内部各片音韵特征的形成也缘于此，而语言接触同样对湘西汉语地理格局的形成起到了重要的作用。

综上所述，湘西汉语方言地理格局的形成源于多方面的原因。我们认为，移民在当中起着举足轻重的作用。一方面，北方移民在与湘西相邻的湖北、四川及本省的常德等地形成西南官话区，明清以来，西南官话凭借广阔的分布、众多的人口和强大的势力进一步扩散到湘西，并且随着西南官话的进一步进逼，对湘西的湘语也带来了巨大的冲击，并以农村包围城市的方式侵蚀着湘语。在一些与西南官话交接的、远离城郊的边远地带，湘语首先被西南官话所覆盖而成为新的西南官话地带，甚至有些县的中心城市也由湘语转变成了西南官话，如永顺城关话。另一方面，东方移民（绝大多数属于江西籍）的大量涌入，对湘西的汉语方言也带来了巨大的冲击，如在湘西的某些地方形成赣方言点或使其方言带上不同程度的赣语色彩。另外，不同方言（语言）之间的竞争、渗透和融合，又在不同方言地区之间形成一些过渡地带，处于这种地带的方言往往带有某种程度的混合特征，致使方言归属难以判定，如沱江方言。沱江方言在文读层面上属于典型的西南官话，但在白读层面上却表现出与西南官话很不一致的特征。这种与西南官话的不一致性，《湖南方言的分区》（1986：275）曾提到过，如"古全浊声母今读塞音、塞擦音时为，平声送，仄声文不送，白送"。除此之外，沱江方言白读层还存在一些与西南官话不一致而与其他方言一致的音韵特点，如：古全浊声母无论平仄都读送气清音，麻韵二、三等字读为同一个韵，支微入鱼，浊上部分字读阴平或上声，浊去部分字读阴平，古清入今归阴平，浊入归去声等。凤凰沱江方言的这种混合性特征，很可能是因为历史上接受了大量的江西移民的缘故。根据沱江方言文白异读的层次，我们可以推测其底层应该是赣语，形成时代为江西移民大规模向湖南西迁之时。沱江方言的文读层是后来受强势方言西南官话的影响而产生的晚近层次。当然，沱江为凤凰县的县城，也是一座历史文化名城，其地理位置靠近西南官话的大本营。在强大的西南官话的侵袭下，沱江的方言属性必然会慢慢向西南官话转变。除此而外，特殊的历史地理背景，如行政区划的划分、山川的阻隔等，都对湘西汉语方言地理格局的形成产生了直接或间接的影响。

简言之，湘西汉语方言现有地理格局主要是官话与非官话二分，湘语、赣语是湘西汉语方言的"底层"，西南官话已经成为当前湘西汉语中的强势方言。方言接触与演变的趋势是：赣语已沦为"底层"方言，湘语地理范围逐渐缩小，语言特征不断萎缩，而西南官话从北、西两个方向向湘西腹地的汉语方言步步进逼。湘西汉语方言地理格局的形成过程为：早期进入湘西的汉人，其语言在地理环境非常闭塞的情况下与当地少数民族语言接触融合，独立保持和发展，成为今天湘西境内的乡话片。相对于湘西的赣语、西南官话来说，湘语因地缘之便，首先以扩散的方式到达湘西的南部和中部地区，并成为当地的强势方言。明清之际，大批江西移民进入湘西，在湘西的湘语区之外形成赣语区并成为当地比较强势的方言。清"改土归流"之后，再次引发大批汉人进入湘西，这一次汉人的进入，对湘西的汉语方言地理格局带来了很大的冲击。一方面，西南官话挤占、覆盖湘西西北部地区已有的方言，使之成为西南官话区，赣语被迫退居凤凰一隅，并继续退化成为一种混合性方言。另一方面，西南官话凭借其强大的优势，从北面和西面对湘西湘语进行侵蚀和渗透，致使州境中部的湘语色彩逐渐消退，并逐渐向西南官话靠拢，形成湘西中部湘语向西南官话过渡地带。湘西的东南部，则至今仍然保留着湘语的地盘。至此，湘西汉语方言四分的地理格局基本形成。湘西方言地理格局形成和演变的原因与政区设置、移民活动以及由此而引发的持久而又复杂的语言接触、融合密切相关。

结　语

　　湘西地处湘鄂渝黔四省交接处，地理环境复杂，州境在历史上曾分属于不同的行政区，又是一个多民族杂居区，语言、方言情况异常丰富，堪称语言研究的一块宝地。

　　本书打破以往研究只注重某时某地单一方言静态的研究状况，首先把湘西的汉语方言作为一个整体进行综合的考察，从共时的角度对湘西的汉语方言音韵进行描写分析和横向比较，从历时的角度探讨中古以来汉语音韵在湘西汉语方言中的发展演变，并进一步归纳湘西汉语方言的区域性特征，探讨湘西汉语方言的地理格局及其历史形成，指出了湘西不仅有湘语、西南官话和乡话的存在，并且还有以赣语为底层和以湘语为底层的混合性方言，厘清了湘西各种汉语方言之间的发展演变关系，指明了湘西两种主要小土话的性质："死客话"实属辰溆片湘语，"六保话"实为瓦乡话，揭开了湘西土话归属的神秘面纱，发现了一些鲜为人知的语言现象，如"入声韵今读鼻音韵母"及存在于湘语中的"假声和嘎裂声"等。在调查过程中，我们一改过去只靠耳听口辨的传统调查方式，尽量利用声学实验的方法辅助调查研究，把传统调查法和现代调查法进行结合，互相验证，首先做到尽量忠于语言事实。

　　当然，关于湘西汉语方言音韵方面的研究，我们认为还有非常广阔的研究空间，如地毯式地扩大调查点，把境内汉语方言的音韵与民族语言的语音进行比较，把湘西汉语方言的音韵放在整个大湘西（包括今天的张家界市和怀化市）的背景上去进行综合考察等。另外，湘西境内汉语方言的词汇、语法研究，境内汉语方言与少数民族语言之间的接触比较研究，境内语言民俗文化方面的调查研究等，可以说都是一些很好的研究课题，本书的调查研究只不过是一个粗浅的开端而已。

参考文献

鲍厚星. 沅陵乡话和沅陵客话[A]. 双语双方言[C]. 北京：彩虹出版社，1991
鲍厚星. 湘方言概要[M]. 长沙：湖南师范大学出版社，2006
鲍厚星等. 湖南方言的分区[J]. 方言，1986，4：273—276
鲍厚星等. 二十世纪湖南方言研究概述[J]. 方言，2000，1：47—74
鲍厚星，陈晖. 湘语的分区（稿）[J]. 方言，2005，3：261—270
鲍厚星，李永明. 湖南省汉语地图三幅[J]. 方言，1985，4：273—276
鲍厚星，李永明. 湖南方言研究丛书·代前言[M]. 长沙：湖南教育出版社，1991
鲍厚星，伍云姬. 沅陵乡话记略[J]. 湖南师大学报（增刊），1985：40—60
北京大学中文系语言学教研室. 汉语方音字汇（第二版重排本）[M]. 北京：语文出版社，2003
曹剑芬. 论清浊与带音不带音的关系[J]. 中国语文，1987，2：101—109
曹剑芬. 常阴沙话古全浊声母的发音特点——吴语清浊音辨析之一[J]. 中国语文，1982，4
曹树基. 湖南人由来新考[A]. 历史地理（第九辑）[C]. 上海：上海人民出版社，1990
曹志耘. 汉语声调演变的两种类型[J]. 语言研究，1998，1：89—99
曹志耘. 南部吴语语音研究[M]. 北京：商务印书馆，2002
曹志耘. 湘西方言概述[J]. 语文研究，2007，1：42—47
曹志耘. 汉语方言地图集·语音卷[M]. 北京：商务印书馆，2008
曹志耘. 湘西方言里的特殊语音现象[J]. 方言，2009，1：18—22
陈保亚. 论语言接触与语言联盟——汉越（侗台）语源关系的解释[M]. 北京：语文出版社，1996
陈鸿迈. 海口方言词典[M]. 南京：江苏教育出版社，1996
陈晖. 湖南泸溪（梁家潭）乡话的声调[A]. 桂北下平话及周边方言学术研讨会论文[C]，2004
陈晖. 湘方言语音研究[M]. 长沙：湖南师范大学出版社，2006
陈晖，鲍厚星. 湖南省的汉语方言（稿）[J]. 方言，2007，3：250—259

陈晖. 古全浊声母在湘方言中的今读情况[J]. 方言，2008，2：124—132
陈康. 土家语研究[M]. 北京：中央民族大学出版社，2006
陈立中. 湖南客家方言音韵研究[D]. 长沙：湖南师范大学博士学位论文，2002
陈立中. 湘语与吴语音韵比较研究[M]. 北京：中国社会科学出版社，2004
陈立中. 论湘语、吴语及周边方言蟹假果遇摄字主要元音的连锁变化现象[J]. 方言，2005：20—35
陈泽平. 福州方言研究[M]. 福州：福建人民出版社，1998
陈忠敏. 吴语及邻近方言鱼韵的读音层次——兼论"金陵切韵"鱼韵的音值[A]. 语言学论丛（第二十七辑）[C]. 北京：商务印书馆，2003：11—15
戴庆厦. 汉语与少数民族语言关系概论[M]. 北京：中央民族学院出版社，1992
戴庆厦等. 语言接触与语言演变——小陂流苗语为例[J]. 语言科学，2005，4：3—10
邓佑玲. 土家语濒危现象研究[M]. 北京：民族出版社，2006
丁邦新. 重建汉语中古音系和一些想法[J]. 中国语文，1995，6：414—419
丁邦新. 论官话方言研究中的几个问题[A]. 丁邦新语言学论文集[C]. 北京：商务印书馆，1998
丁邦新. 中国语言学论文集[C]. 北京：中华书局，2008
董建交. 明代官话语音演变研究[D]. 上海：复旦大学博士学位论文，2007
董同龢. 四个闽南方言[M]. 厦门：厦门大学出版社，1959
董同龢. 汉语音韵学[M]. 台北：文史哲出版社，1989
董鸿勋. 古丈坪厅志[M]. 光绪三十三年铅印九册，1907（所据为影印件）
段亚广. 中原官话音韵研究[M]. 北京：中国社会科学出版社，2012
方言编辑部. 湖南省汉语方言地图三幅[J]. 方言，1985，4：273—276
冯蒸. 汉语中古音的日母可能是一个鼻擦音[J]. 汉字文化，1994，3：62
冯蒸. 《尔雅音图》音注所反映的宋代知庄章三组声母演变[J]. 汉字文化，1994，3：24—32
高本汉. 中国音韵学研究[M]. 北京：商务印书馆，2003
葛剑雄等. 简明中国移民史[M]. 福州：福建人民出版社，1993
葛剑雄等. 中国移民史[M]. 福州：福建人民出版社，1997
耿振生. 近代官话语音研究[M]. 北京：语文出版社，2007
贵州省地方志编纂委员会. 贵州省志·汉语方言志[M]. 北京：方志出版社，1998
顾黔. 通泰方言音韵研究[M]. 南京：南京大学出版社，2001

顾黔. 鲍明伟语言学文集[C]. 南京：南京大学出版社，2010
顾黔. 交接地带方言不同来源及层次语音竞争与叠置[J]. 暨南学报（哲学社会科学版），2006，6：126—129
郭丽. 西南官话鄂北片入声韵带 i 介音现象探析[J]. 汉语学报，2008，1：33—39
郭丽. 湖北西南官话音韵研究[D]. 上海：复旦大学博士学位论文，2009
郭丽. 湖北黄孝方言鱼虞韵的历史层次[J]. 语言科学. 2009，6：660—666
黄雪贞. 西南官话的分区（稿）[J]. 方言，1986，4：262—272
黄燕. 古泥来母字在现代汉语方言中的分混情况[J]. 宿州学院学报，2007，5：64—67
何大安. 规律与方向：变迁中的音韵结构[M]. 北京：北京大学出版社，2004
郝红艳. 江淮官话入声韵的现状[J]. 殷都学刊，2003，1：104—106
贺登崧著，石汝杰、岩田礼译. 汉语方言地理学[M]. 上海：上海教育出版社，2003
贺福凌. 湖南省凤凰县汉语方言与苗语的调查和比较[M]. 长沙：湖南师范大学出版社，2009
贺建国. 关于现代汉语普通话日母音值的再讨论[J]. 镇江师专学报（社会科学版），1986，4：53—56
贺巍. 汉语官话方言入声消失的成因[J]. 中国语文，1995，3：195—202
湖南省公安厅. 湖南汉语方音字汇[M]. 长沙：岳麓书社，1993
湖南省地方志编纂委员会. 湖南省志·方言志[M]. 长沙：湖南人民出版社，2001
湖南龙山县地方志编纂委员会. 龙山县志[M]. 长沙：湖南人民出版社，1985
湖南永顺县地方志编纂委员会. 永顺县志[M]. 长沙：湖南出版社，1995
湖南古丈县地方志编纂委员会. 古丈县志[M]. 成都：巴蜀书社出版社，1989
湖南保靖县地方志编纂委员会. 保靖县志[M]. 北京：中国文史出版社，1990
湖南花垣县地方志编纂委员会. 花垣县志[M]. 北京：三联书店，1993
湖南凤凰县地方志编纂委员会. 凤凰县志[M]. 长沙：湖南人民出版社，1988
湖南泸溪县地方志编纂委员会. 泸溪县志[M]. 北京：社会科学文献出版社，1993
胡萍. 湘西南汉语方言语音研究[M]. 长沙：湖南师范大学出版社，2007
胡萍. 湘西南汉语方言精知庄章组声母今读及其演变[J]. 吉首大学学报（社会科学版），2006，5：149—152
胡萍. 论湘语在湘西南地区的接触与变异[J]. 湖南社会科学，2007，3：

153—156

黄典诚. 汉语语音史[M]. 合肥：安徽教育出版社，1993
黄雪贞. 西南官话的分区（稿）[J]. 方言，1986，4：262—272
黄雪贞. 客家方言声调的特点[J]. 方言，1988，4：241—246
黄雪贞. 客家方言声调的特点续论[J]. 方言，1989，2：121—124
侯精一. 现代汉语方言概论[M]. 上海：上海教育出版社，2002
蒋平，谢留文. 古入声在赣、客方言中的演变[J]. 语言研究，2004，4：71—78
蒋冀骋. 近代汉语音韵研究[M]. 长沙：湖南师范大学出版社，1997
蒋希文. 汉语音韵方言论文集[C]. 贵阳：贵州人民出版社，2005
蒋希文. 湘赣语里中古知庄章三组声母的读音[J]. 语言研究，1992，1：69—74
简启贤. 晋代音注中的鱼部[J]. 古汉语研究，2003，1：20—24
简启贤. 音韵学教程[M]. 成都：巴蜀书社，2005
金基石. 中古日母字的演变与朝鲜韵书的谚文注音[J]. 延边大学学报（社会科学版），1998，2：148—152
金尼阁. 西儒耳目资[M]. 上海：上海古籍出版社，2002
李冬香. 湖南赣语语音研究[D]. 广州：暨南大学博士学位论文，2005
李冬香，庄初升. 韶关土话调查研究[M]. 广州：暨南大学出版社，2009
李范文. 宋代西北方音：〈番汉合时掌中珠〉对音研究[M]. 北京：中国社会科学出版社，1994
李惠昌. 遇摄韵在唐代的演变[J]. 汕头大学学报（人文科学版），1989，4：81—88
李敬忠. 泸溪土家语[M]. 北京：中央民族大学出版社，2000
李方桂. 上古音研究[M]. 北京：商务印书馆，1971
李军. 两百年前南昌话精庄知章组字的读音及其演变[J]. 语言科学，2009，5：465—471
李康澄. 湘语古匣母字今读的类型及历时关联[J]. 湖南科技大学学报，2010，5：106—109
李蓝. 湖南方言分区述评及再分区[J]. 语言研究，1994，2：56—75
李蓝. 西南官话内部声调与声母的异同[D]. 北京：中国社会科学院语言研究所博士学位论文，1995
李蓝. 六十年来西南官话的调查与研究[J]. 方言，1997，4：249—257
李蓝. 贵州汉语受当地民族语影响三例[J]. 方言，1999，2：150—153
李蓝. 西南官话的分区（稿）[J]. 方言，2009，1：72—78

李琳筠. 佤乡人的历史文化探析[J]. 土家族研究, 2007, 1: 64—66
李启群. 湖南吉首方言同音字汇[J]. 方言, 1996, 1: 29—38
李启群. 吉首方言研究[M]. 北京: 民族出版社, 2002
李启群. 湘西汉语与土家语、苗语的相互影响[J]. 方言, 2002, 1: 71—81
李启群. 湖南湘西自治州汉语方言的演变[J]. 吉首大学学报（社会科学版）, 2002, 1: 94—98
李启群. 湖南凤凰方言同音字汇[J]. 方言, 2011, 4: 341—353
李荣. 切韵音系[C]. 北京: 科学出版社, 1956
李荣. 音韵存稿[C]. 北京: 商务印书馆, 1982
李荣. 方言研究的若干问题[J]. 方言, 1983, 2: 81—91
李荣. 官话方言的分区[J]. 方言, 1985, 1: 2—5
李荣. 关于汉语方言分区的几点意见（二）[J]. 方言, 1985, 3: 161—162
李如龙. 中古全浊声母闽方言今读分析[J]. 语言研究, 1985, 1: 139—149
李如龙. 论汉语方言的类型学研究[J]. 暨南学报, 1996, 2: 91—99
李如龙. 汉语方言的比较研究[M]. 北京: 商务印书馆, 2001a
李如龙. 汉语方言学[M]. 北京: 高等教育出版社, 2001b
李如龙. 汉语方言特征词研究[M]. 厦门: 厦门大学出版社, 2002
李如龙. 论汉语方言的语流音变[J]. 厦门大学学报（哲学社会科学版）, 2002, 6: 43—50
李如龙. 关于方言与地域文化的研究[J]. 泉州师范学院学报（社会科学版）, 2005, 1: 48—56
李如龙. 论混合型方言——兼谈湘粤桂土语群的性质[J]. 云南师范大学学报（哲学社会科学版）, 2012, 5: 1—12
李如龙, 姚荣松. 闽南方言[M]. 福州: 福建人民出版社, 2008
李如龙, 辛世彪. 晋南、关中的"全浊送气"与唐宋西北方音[J]. 中国语文, 1999, 3: 197—203
李霞. 西南官话语音研究[D]. 上海: 上海师范大学硕士学位论文, 2004
李小凡. 汉语方言分区方法再认识[J]. 方言, 2005, 4: 356—363
李晓钰. 溆浦先龙潭方言语音研究[D]. 长沙: 湖南师范大学硕士学位论文, 2007.
李新魁. 古音概说[M]. 广州: 广东人民出版社, 1979
李新魁. 中原音韵音系研究[M]. 郑州: 中州书画出版社, 1983
李新魁. 汉语音韵学[M]. 北京: 北京出版社, 1986
李永新. 湘江流域汉语方言地理学研究[D]. 长沙: 湖南师范大学博士学位论文, 2009

林亦. 喻四归匣——古以母演变的另一种形式[J]. 语言研究，2004，3：95—99

林焘，耿振生. 音韵学概要[M]. 北京：商务印书馆，2004

刘晓梅，李如龙. 官话方言特征词研究[A]. 汉语方言特征词研究[C]. 厦门：厦门大学出版社，2002

刘纶鑫. 客赣方言比较研究[M]. 北京：中国社会科学出版社，1999

刘晓英. 近代湘南官话语音研究[D]. 长沙：湖南师范大学博士学位论文，2008

刘新中. 海南闽语的语音研究[M]. 北京：中国社会科学出版社，2006：134—135

刘新中等. 关于汉语方言分区的语言条件[J]. 语言研究，2009，3：113—118

刘勋宁. 文白异读与语音层次[J]. 语言教学与研究，2003，4：1—9

刘泽民. 客赣方言历史层次研究[M]. 兰州：甘肃民族出版社，2005

刘自齐. 湘西土家族苗族自治州志丛书——汉语方言志[M]．香港：香港天马图书有限公司，2000

龙宇纯. 上古音刍议[A]. 中研院史语所集刊（第69本2分）[C]. 1998，331—397

鲁国尧. 论宋词韵及其与金元词韵的比较[A]. 鲁国尧自选集[C]. 郑州：河南教育出版社，1991

鲁国尧. 鲁国尧自选集[C]. 郑州：河南教育出版社，1994

陆志韦. 近代汉语音韵论集[C]. 北京：商务印书馆，1988

黄笑山. 试论唐五代全浊声母的"清化"[J]. 古汉语研究，1994，3：38—40

罗安源等. 土家人与土家语[M]. 北京：民族出版社，2001

罗常培.《切韵》鱼虞之音值及其所据方言考[A]. "中研院"历史语言研究所集刊（第2本）[C]. 1931

罗常培. 汉语音韵学导论[M]. 北京：中华书局，1956

罗常培. 语言与文化[M]. 北京：北京出版社，2004

罗昕如. 湖南方言与地域文化研究[M]. 长沙：湖南师范大学出版社，2001

罗昕如. 湖南土话词汇研究[M]. 北京：中国社会科学出版社，2004

罗昕如，吴永存. 从词汇看湘语与西南官话的关系[J]. 船山学刊，2006，3：99—100

罗昕如. 湘语与赣语比较研究[M]. 长沙：湖南师范大学出版社，2011

罗昕如. 湖南方言古阴声韵、入声韵字今读鼻韵现象[J]. 方言，2012，3：226—230

马德强. 鱼虞有别与中古江东方言的关系之检讨[A]. 语言研究集刊（第五

辑）[C]. 上海：上海辞书出版社，2008
麦耘. "浊音清化"分化的语音条件试释[J]. 语言研究，1998（增刊）：25—31
麦耘. 广西贺州八步鹅塘八都话入声的语音分析[J]. 桂林师范高等专科学校学报，2007，1：1—7
麦耘. 音韵学概论[M]. 南京：江苏教育出版社，2009
麦耘. 从中古后期——近代语音和官客赣湘方言看知照组[J]. 方言，2000，1：226—230
麦耘. 汉语方言中的舌叶元音和兼舌叶元音[J]. 方言，2016，2：129—143
牟成刚. 西南官话音韵研究[D]. 广州：中山大学博士学位论文，2012
梅祖麟. 现代吴语和"支脂鱼虞，共为不韵"[J]. 中国语文，2001，1：3—16
潘悟云. 吴语的语音特征[J]. 温州师专学报（社会科学版），1986，2：1—7
潘悟云. 汉语历史音韵学[M]. 上海：上海教育出版社，2000
潘悟云. 中古汉语方言中的鱼和虞[A]. 著名中年语言学家自选集（潘悟云卷）[C]. 合肥：安徽教育出版社，2002
潘悟云. 吴语形成的历史背景——兼论汉语南部方言的形成模式[J]. 方言，2009，3：193—203
平田昌司主编. 徽州方言研究[M]. 日本：好文出版，1998
平山久雄. 中古汉语鱼韵的音值——兼论人称代词"你"的来源[J]. 中国语文，1995，5：336—344
彭建国. 湘语音韵历史层次研究[M]. 长沙：湖南大学出版社，2010
彭建国，郑焱霞. 湘语遇摄的语音层次[J]. 湖南大学学报，2008，5：83—88
彭建国，彭泽润. 湖南汉语方言历史研究[J]. 湖南社会科学，2008，1：156—162
彭建国. 湘语知庄章组声母的读音类型与历史演变[J]. 语言科学，2009，4：345—355
彭建国，朱晓农. 岳阳话中的假声[J]. 当代语言学，2010（1）：24—32.
钱曾怡. 汉语方言研究的方法与实践[M]. 北京：商务印书馆，2002
谭其骧. 湖南人由来考[A]. 长水集（上）[C]. 北京：人民出版社，1987
秋谷裕幸. 早期吴语支脂之韵和鱼韵的历史层次[J]. 中国语文，2002，5：447—451
秦　似. 秦似文集[C]. 南宁：广西教育出版社，1992
瞿建慧. 湘语辰溆片语音研究[M]. 北京：中国社会科学出版社，2010
瞿建慧. 湖南泸溪（浦市）方言音系[J]. 方言，2005，1：50—63

瞿建慧. 湖南泸溪（白沙）乡话的性质和归属[J]. 语文学刊，2007，5：55—57
瞿建慧. 湖南泸溪白沙（屈望）乡话的音系[J]. 方言，2008，2：161—172
瞿建慧. 湘语辰溆片异调变韵现象[J]. 中国语文，2009，2：149—152
瞿建慧. 湘西汉语方言的历史[J]. 船山学刊，2010，2：60—63
瞿建慧. 湘西汉语方言古全浊声母的演变[J]. 吉首大学学报（社会科学版），2011，3：156—158
瞿建慧. 湘西乡话古全浊声母今读塞音、塞擦音的类型和层次[J]．语文研究，2016，1：52—57
任晓军. 湖南古丈（高寨）"六堡话"语音研究[D]. 吉首：吉首大学硕士学位论文，2011
阮元. 经籍籑诂[M]. 成都：成都古籍书店，1982
桑宇红. 止开三知庄章组字在近代汉语中的两种演变类型 [J]. 语文研究，2007，1：20—23
桑宇红. 知庄章组声母在现代南方方言的读音类型[J]. 河北师范大学学报（哲学社会科学版），2008，3：109—116
桑宇红. 知、照组声母合一与知三章、知二庄对立——兼论《中原音韵》知庄章声母的分合[J]. 语文研究，2008，3：31—40
邵荣芬. 中原雅音研究[M]. 济南：山东人民出版社，1981
邵荣芬. 切韵研究（校订本）[M]. 北京：中华书局，2008
石启贵. 湘西苗族实地调查报告[M]. 长沙：湖南人民出版社，1986
辻伸久. 湖南诸方言の分类上分布全浊声母の变化12基《初步的试み》[J]. 中国语学，1979（226）
孙宜志. 江西赣方言语音研究[M]. 北京：语文出版社，2007
孙宜志. 江西赣方言中古精庄知章组声母的今读研究[J]. 语言研究，2002，2：20—29
唐伶. 永州南部土话语音研究[M]. 北京：北京语言大学出版社，2010
唐作藩. 上古音手册[M]. 南京：江苏人民出版社，1982
唐作藩. 音韵学教程[M]. 北京：北京大学出版社，2002
田德生，何天贞等编著. 土家语简志[M]. 北京：民族出版社，1986
田枫. 保靖音系研究[D]. 广州：中山大学硕士学位论文，2011
田恒金. 汉语方言"泥""来"二母相混类型研究[J]. 河北师范大学学报（哲学社会科学版），2009，1：108—113
伍巍. 析"築"[J]. 语文研究，2006，2：32—36
伍巍. 中古全浊声母为不送气音的研究[A]. 方言研究集稿[C]. 广州：暨南

大学出版社，2010
伍云姬. 湘西瓦乡话风俗名物彩图典[M]. 长沙：长沙师范大学出版社，2007
伍云姬，沈瑞清. 湘西古丈瓦乡话调查报告[M]. 上海：上海教育出版社，2010
伍云姬. 湖南古丈瓦乡话的音韵初探[A]. 语言变化与汉语方言——李方桂先生纪念文集[C]. 中央研究院历史语言学研究所筹备处，2000：349—366
吴波. 中古精组及知见系声母在江淮官话中的塞化音变[J]. 语文研究，2008，3：60—61
万波. 赣语声母的历史层次研究[M]. 北京：商务印书馆，2009
万波. 赣语古知庄章精组的今读类型与历史层次[J]. 香港中文大学中国文化研究所学报，2010，1：293—330
万波，张双庆. 论宋代以来邵武方言的演变[A]. 语言暨语言学（专刊外编之六）[C]，台北：中央研究院语言学研究所，2006
万波，甄沃奇. 从《广东省土话字汇》看两百年前粤语古知庄章精组声母的分合类型[J]. 南方语言学，2009（创刊号）
万波，庄初升. 客家方言古知庄章精组声母的今读类型及历史层次[C]. 第九届客家方言学术研讨会. 北京. 2010
万波，庄初升. 客赣方言中古全浊声母今读不送气塞音塞擦音的性质[J]. 方言，2011，4：302—313
万波，庄初升. 粤东某些客家方言中古知三章组声母今读的音值问题[J]. 方言，2014，4：334—342
王福堂. 汉语方言语音的演变和层次[M]. 北京：语文出版社，2005
王福堂. 古全浊声母清化后塞音塞擦音送气不送气问题[C]. 第一届湘语国际学术研讨会. 长沙，2006
王辅世主编. 苗语简志[M]. 北京：民族出版社. 1985
王辅世. 湖南泸溪瓦乡话的语音[J]. 语言研究，1982，1：135—147
王辅世. 再论湖南泸溪瓦乡话是汉语方言[J]. 中国语文，1985，3
汪平. 贵阳方言的语音系统[J]. 方言，1981，2：122—130
王洪君. 入声韵在山西方言中的演变[J]. 语文研究，1990，1：8—19
王洪君. 文白异读、音韵层次与历史语言学[J]. 北京大学学报（哲学社会科学版），2006，2：22—26
王洪君.《中原音韵》知庄章声母的分合及其在山西方言中的演变[J]. 语文研究，2007，1：1—10
王军虎. 晋陕甘方言的"支微入鱼"现象和唐五代西北方音[J]. 中国语文，2004，3：267—271

王力. 汉语音韵学[M]. 北京：中华书局，1956
王力. 汉语语音史[M]. 北京：中国社会科学出版社，1985
王力. 汉语史稿[M]. 北京：中华书局，1980/2004
王力. 南北朝诗人用韵考[A]. 王力语言学论文集[C]. 北京：商务印书馆，2000：1—58
王小娟. 湖南溆浦赣语语音研究[D]. 广州：暨南大学硕士学位论文，2012
汪荣宝. 歌戈鱼虞模古读考[J]. 国学季刊，1923，2
向海洋. 沅陵乡话语音研究[D]. 贵州：贵州大学硕士学位论文，2009
向亮. 湖南凤凰（沱江）方言音系特点[J]. 重庆文理学院学报（社会科学版），2011，6：102—105
向日征. 吉卫苗语研究[M]. 成都：四川民族出版社. 1999
向熹. 简明汉语史[M]. 北京：高等教育出版社，1993
项梦冰. 客家话古日母字的今读——兼论切韵日母的音值及北方方言日母的音变历程[J]. 广西师范学院学报（哲学社会科学版），2006，1：83—91
湘西土家族苗族自治州志编委会. 湘西土家族苗族自治州志（上、下）[M]. 长沙：湖南人民出版社，1999
谢留文. 客家方言语音研究[M]. 北京：中国社会科学出版社，2003
谢留文. 赣语古上声全浊声母字今读阴平调现象[J]. 方言，1998，1：20—22
谢留文. 客家方言"鱼虞"之别和"支"与"脂之"之别[J]. 中国语文，2003，6：512—521
谢毅. 安化县与溆浦县毗邻地带的方言分界[D]. 长沙：湖南师范大学硕士学位论文，2004
熊正辉. 官话区方言分 tstʂ 的类型[J]. 方言，1990，1：1—10
熊正辉，张振兴. 汉语方言的分区[J]. 方言，2008，2：97—108
辛世彪. 东南方言声调比较研究. 上海：上海教育出版社，2004
许宝华. 中古全浊声母在现代方言里的演变[A]. 复旦大学中国语言文学研究所. 中国语言文学研究的现代思考[C]. 上海：复旦大学出版社，1991：275—283
徐通锵. 历史语言学[M]. 北京：商务印书馆，1991
薛才德. 语言接触与语言比较[M]. 上海：学林出版社，2007
严修鸿. 一种罕见的鼻音韵尾增生现象[J]. 中国语文研究，2002，2：86—87
杨剑桥. 汉语现代音韵学[M]. 上海：复旦大学出版社，1996
杨剑桥. 《切韵》的性质和古音研究[J]. 古汉语研究，2004，2：2—8

杨耐思. 中原音韵音系[M]. 北京：中国社会科学出版社，1981
杨耐思. 近代汉语音论[M]. 北京：商务印书馆，1997
杨耐思. 近代汉语-m 的转化[A]. 语言学论丛（第十三辑）[C]. 1984：16—27
杨再彪. 苗语东部方言土语比较[M]. 北京：民族出版社，2004
杨再彪. 湖南西部四种濒危语言调查[M]. 北京：民族出版社，2011
杨再彪，龙兴武. 湘西苗语研究五十年（1949—1999）[J]. 湖北民族学院学报，2001，2：47—49
杨时逢. 湖南方言调查报告[M]. 台北："中央研究院"历史语言研究所，1974
杨时逢. 四川方言调查报告[M]. 台北："中央研究院"历史语言研究所，1984
杨蔚. 湘西乡话音韵研究[M]. 广州：广东人民出版社，2010
杨蔚. 沅陵乡话研究[M]. 长沙：湖南教育出版社，1999
杨蔚. 沅陵乡话声母的历史语音层次[J]. 求索，2002，5：184—185
杨蔚. 湘西乡话韵母的存古现象[J]. 语言研究，2009，5：117—120
杨蔚. 湘西乡话语音的内部差异[J]. 湖南师范大学社会科学学报，2009，5：118—121
杨蔚. 湘西乡话古心生书邪禅母读塞擦音现象探析[J]. 湖南师范大学社会科学学报，2010，5：129—133
杨蔚. 从音韵现象看湘西乡话与湘语的关系[J]. 语言研究，2011，3：119—123
杨蔚，詹伯慧. 湘西乡话的分布与分片[J]. 语文研究，2009，4：46—51
杨秀芳. 论汉语方言中全浊声母的清化[J]. 汉学研究，1989，2：41—73
叶宝奎. 明清官话音系[M]. 厦门：厦门大学出版社，2001
叶德书. 土家语研究[M]. 吉首：吉首大学湘楚文化研究所，1995
印有家. 湖南省泸溪县兴隆场方言语音研究[D]. 湘潭：湘潭大学硕士学位论文，2007
袁家骅等. 汉语方言概要[M]. 北京：语文出版社，2001
袁焱. 语言接触与语言演变[M]. 北京：民族出版社，2001
余志鸿. 语言接触与语言结构的变异[J]. 民族语文，2000，4：23—27
曾春蓉. 湖南泸溪浦市话中的嘎裂声[J]. 湘潭师范学院学报（社会科学版），2009，1：114—116
曾献飞. 湘南官话语音研究[D]. 长沙：湖南师范大学博士学位论文，2004
甄尚灵. 四川方言的鼻尾韵[J]. 方言，1983，4：241—243
张国雄，梅莉. 明清时期两湖移民的地理特征[A]. 中国历史地理论丛[C]，

1991：4

张进军. 溆浦龙潭方言的性质[J]. 求索, 2007, 2：199—200

张进军. 中古入声字在湖南方言中的演变研究[D]. 长沙：湖南师范大学博士学位论文, 2008

张琨. 汉语方言中鼻音韵尾的消失[A]. "中研院"历史语言研究所集刊（第五十四本）[C]. 1983

张琨. 论吴语方言[A]. "中研院"历史语言研究所集刊（第五十六本）[C]. 1985

张琨. 汉语方言中的几种音韵现象[J]. 中国语文, 1992, 4：253—259

张光宇. 汉语方言合口介音消失的阶段性[J]. 中国语文, 2006, 4：346—358

张世禄. 中国音韵学史[M]. 北京：商务印书馆, 1938

张双庆, 万波. 乐昌（长来）方言古全浊声母今读音的考察[J]. 方言, 1998, 3：178—187

张双庆, 万波. 知章庄组声母在闽语及周边方言里的今读类型考察[A]. 载丁邦新, 张双庆. 闽语研究及其与周边方言的关系[C]. 香港：中文大学出版社, 2002

张双庆, 庄初升. 一百多年来新界客家方言音系的演变[J]. 中国文化研究所学报, 2003, 12

张卫东. 试论近代南方官话的形成及其地位[J]. 深圳大学学报（人文社会科学版）, 1998, 3：73—78

张卫东. 论近代汉语官话史下限[A]. 载耿振生《近代官话语音研究》[C]. 北京：语文出版社, 2007：204—219

张维佳. 关中方言鼻尾韵的音变模式[J]. 语言研究, 2001, 4：52—61

张永家, 侯自佳. 关于"瓦乡人"的调查报告[J]. 吉首大学学报（社会科学版）, 1984, 1：109—115

章婷, 朱晓农. 苏北连云港方言的三域声调系统——普通发声态与张声、嘎裂声[J]. 方言. 2012, 3：193—199

赵日新, 李姣雷. 湖南沅陵清水坪乡话同音字汇[J]. 方言, 2014, 2：155—169

赵元任等. 湖北方言调查报告[M]. 上海：商务印书馆, 1948

郑张尚芳. 上古音系[M]. 上海：上海教育出版社, 2003

郑庆君. 常德方言研究[M]. 长沙：湖南教育, 1999

郑焱霞, 鲍厚星. 湘桂边界南山蕨枝坪乡话记略（稿）[A]. 第一届全国濒危方言学术研讨会. 广州, 2009

郑焱霞. 湘桂边界南山乡话研究[D]. 长沙：湖南师范大学博士学位论文，2010

中国社会科学院，澳大利亚人文社会科学院. 中国语言地图集[M]. 香港：香港朗文出版社，1987

钟江华. 湖南省桑植县芙蓉桥话语音研究[D]. 湘潭：湘潭大学硕士学位论文，2009

钟奇. 湘语的音韵特征[D]. 广州：暨南大学博士学位论文，2001

周法高.《切韵》鱼虞之音读及其流变[A]. 中研院史语所集刊（第十三本）[C]. 1948

周赛红. 湘方言音韵比较研究[D]. 长沙：湖南师范大学博士学位论文，2005

周赛红. 中古知三、章组声母在湘方言中的演变[J]. 广州大学学报（社会科学版），2007，7：94—97

周振鹤，游汝杰. 方言与中国文化[M]. 上海：上海人民出版社，1986

周振鹤，游汝杰. 湖南省方言区划及其历史背景[J]. 方言，1985，4：257—272

周祖谟. 宋代汴洛语音考（1942）[A]. 问学集（下册）[C]. 北京：中华书局，1966

周祖谟. 周祖谟学术论著自选集[C]. 北京：北京师范学院出版社，1993

周祖庠. 新著汉语音史[M]. 上海：上海辞书出版社，2006

朱晓农. 音韵研究[M]. 北京：商务印书馆，2006

朱晓农. 近音——附论普通话日母[J]. 方言，2001，1：2—9

朱晓农. 浙江台州方言中的嘎裂声中折调[J]. 方言，2004，3：226—230

朱晓龙. 发生态的语言学功能[J]. 语言研究，2009，3：1—19

朱晓农. 全浊弛声论：兼论全浊清化（消弛）低送高不送[J]. 语言研究，2010，3：1—19

朱晓农. 声调类型学大要[J]. 方言，2014，3：193—205

庄初升. 粤北土话音韵研究[M]. 北京：中国社会科学出版社，2004

庄初升. 中古全浊声母闽方言今读研究述评[J]. 语文研究，2004，3：56—60

庄初升. 论赣语中知组三等读如端组的层次[J]. 方言，2007，1：15—22

庄初升. 粤北土话，湘南土话和桂北平话中全浊唇音，舌音今读的特殊表现[A]. 东方语言学（第二辑）[C]. 上海：上海教育出版社，2007.

庄初升，张凌. 贺州铺门方言的浊塞音声母[J]. 暨南学报（哲学社会科学版），2010，1：105—110

庄初升. 湘南桂北三种土话平话中古全浊声母今读送气与否的性质[J]. 方

言，2010，4：301—309
庄初升. 客家方言及其他东南方言的唇化软腭音声母[J]. 方言，2016，2：158—168
庄初升，林立芳. 粤北土话中古全浊声母字今读的类型[J]. 语文研究，2000，2：48—58
庄初升，万波. 闽中方言中古知组字今读的类型和性质[A]. 语言学论丛（第46辑）[C]. 北京：商务印书馆，2012
庄初升，万波. 东南方言几个古知组二等字特殊今读的性质[A]. 语言研究集刊（第十七辑）[C]. 上海：上海辞书出版社，2017
庄初升，邹晓玲. 湘西乡话中古知组读如端组的类型和性质[J]. 中国语文，2013，5：434—439
中国社会科学院，澳大利亚人文科学院. 中国语言地图集[Z]. 香港：香港朗文（远东）出版有限公司，1987/1989
邹晓玲，段亚广. 湘西"六保话"的训读现象[A]. 第二届濒危方言学术研讨会. 湖南吉首，2011
邹晓玲. 湘西古丈县"死客话"的归属[J]. 吉首大学学报（社会科学版），2012，1：168—172
邹晓玲. 湘西花垣县音系特点[J]. 铜仁学院学报（社会科学版），2012，1：168—172
邹晓玲. 湘西古丈县"六保话"的性质[J]. 文化遗产，2013，2：135—141
邹晓玲. 湘西汉语方言的假声和嘎裂声[J]. 毕节学院学报，2014，5：83—89
邹晓玲. 乡话古全浊声母今读的类型和层次[J]. 方言，2015，3：232—237
邹晓玲. 凤凰县沱江方言声调的演变及原因[A]. 中国方言学报[C]. 北京：商务印书馆，2016
邹晓玲. 凤凰县沱江方言古全浊声母今读的类型与层次[A]. 边界方言语音与音系演变论集[C]. 上海：中西书局，2016
Bodman, Nicholas. *Proto-Chinese and Sino-Tibetan: Data towards establishing the nature of the relationship: Contributions to Historical linguistics*, ed. by Frans van Coetsem and Linda R. Waugh. Leiden: E. J. Brill. 1980: 34-199
Cao, Jianfen & Ian Maddieson. *An exploration of phonation types in Wu dialects of Chinese*. Journal of Phonetics. 1992，20：77—92
Chao, Y. R. （赵元任）*The non-uniqueness of phonemic solutions of phonetic systems*. 史语所集刊（四本四分），1934：370
Schuessler, Axel. R and L in Archaic Chinese. *Journal of Chinese Linguistics*. 1974，2：186—199

后　记

2010年9月，承蒙庄初升教授不弃，我有幸忝列其门下研习方言音韵之学。入学不久，老师特别跟我指出湘西地区语言复杂，很值得进一步调查研究，我深受启发和鼓舞。于是，我一边跟着老师学习方言音韵理论知识及调查方法，一边努力搜集湘西的有关史料文献。

2011年5月，老师带着段亚广师兄奔赴湘西，为我博士毕业论文确定方言调查点，并着重调查了古丈县的两个濒危方言"瓦乡话"和"死客话"，还对永顺王村方言、润雅方言进行初步的调查。调查过程中，老师对语言现象的敏锐洞察力让我惊讶、叹服。这次调查之后，我或者与老师合作，或者独立撰写，完成了几篇有关湘西方言的论文，先后发表于《中国语文》《文化遗产》《吉首大学学报》等刊物上。

2011年11月，第二届濒危方言国际学术研讨会在吉首大学召开。作为会议的发起人和召集人，老师再次来到湘西。利用会议休息时间，老师为我方言调查点的音系进行复核和审定。这样，在博士毕业论文开题前，我对所选择的湘西州17个方言调查点的大部分进行了初步调查。

2012年4月，李如龙、伍巍老师一行来到湘西，我有幸跟两位老师对辰溪乡话、泸溪乡话进行了10余天的调查，随后还初步调查了泸溪湘语。至此，我博士毕业论文所涉及的调查工作，在导师及各位老师的帮助下进展十分顺利。2013年6月，我的博士毕业论文获得匿名评审专家及答辩专家的一致好评，顺利通过答辩，并因此获得中山大学优秀博士毕业论文的荣誉称号。

2014年7月，我进入中国社会科学院语言研究所，在麦耘教授的指导下从事博士后研究，得有较多机会跟随麦老师继续学习方言音韵之学。此后，我先后获得博士后特别基金项目及国家社科基金重点项目的资助，使我有了更好的保障条件对湘西方言进行更深入的调查研究。

该书名为《湘西汉语方言音韵研究》，就是我在中山大学博士毕业论文的基础上，在国家社科基金项目、博士后特别资助基金项目的资助下对湘西方言音韵进行初步研究的成果。

回想前几年的求学生涯，我每一步的成长都离不开恩师庄初升教授的指点，是他为我开启了方言学殿堂的大门。入学之后老师从最基本的概念入手，不厌其烦地指导我逐步掌握方言学的理论方法，并多次带领我们到粤东、粤北、湘西、豫西南、鄂西北等地区调查，指导我们掌握田野工作的实践技能。老师还细心批改我们的每篇习作，从论文的语料梳理、文献综述、观点提炼，到谋篇布局、遣词造句甚至标点符号，老师每次返回给我们的修改意见总是花花绿绿的一大片，不同的颜色代表着不同的提示和要求。特别是在博士毕业论文的写作阶段，老师抱病为我反复修改、润色，还在电话里长时间核对发音人的发音，都无不令我感动。该书定稿前，老师在百忙之中再次通读了全稿，并提出了一些非常中肯的修改建议。老师说话、走路、做事的速度都很快，给人的印象是雷厉风行。一般来说，这种风格的老师对那些表现出后知后觉的学生都是不太耐烦的，但老师对待我们却非常耐心。对待学术近乎虔诚的他，对我们偶有失望也从不疾言厉色，更多的是默默的鼓励。老师很乐观豁达，这源于他知识内存的强大，源于他正直大方、善待一切的人格魅力。

　　博士生学习生活中，我还有幸聆听了李炜、陈伟武、周小兵、刘街生、林华勇等老师的讲课，受益匪浅。博士毕业论文审阅专家麦耘教授、陈立中教授、陈晖教授及答辩专家李如龙教授、张双庆教授、施其生教授、伍巍教授、罗昕如教授等，对我的博士毕业论文提出了许多有益建议，这为我进一步开展田野调查以及后期的写作提供了非常大的帮助。特别是温文尔雅、博学多才的施其生老师，他在我日常学习及博士毕业论文开题、预答辩、答辩中都给予我许多富有启发性的建议，这些建议都一针见血，切中要害。暨南大学伍巍老师和蔼亲切，循循善诱，从国际音标的学习到田野调查，我都幸运地得到过他的许多指教。李如龙老师是我的师爷，也是我博士毕业论文的答辩主席。答辩之前，李老师和其他答辩专家都仔细地审阅我的论文并作了详细的批注，这对我后来进一步的修改帮助很大。

　　这本书稿的顺利完成尤其要感谢我的博士后导师麦耘教授。不知不觉，我投身麦老师门下已近三年，跟随老师开过大大小小不少的会议，聆听许许多多的指教。每个暑假，我都能在麦老师和朱晓农老师主讲的学习班里学习方言学和音韵学的前沿知识，受益良多。更难得的是，我还有多次机会跟随麦老师深入广东北部地区进行连州土话的调查，感受老师的言传身教，这极大地弥补了我以前词汇调查经验的不足。老师见多识广、博古通今、学养深厚，在学术问题上总能高瞻远瞩，别出心裁。此外，老师还非常豁达亲切，豪爽中不泛细腻，对学生的教导看似随意，却恰似"润物细无声"。

　　博士后期间，覃远雄老师也给予我很多的关照。书稿的修改，也得到过他的指教。在中国社会科学语言所，我还聆听了刘丹青、李蓝、胡建华等老师的课程，收获很大。另外，我还要特别感谢沈明、谢留文、熊子瑜、徐睿渊等多位老师对我学业上的帮助。

我的硕士导师盛新华教授一直像母亲一样关心我的学习和生活，她常常用电话、短信、邮件与我聊天、谈心，询问近况。我深深怀念研究生时期常常与盛老师手挽着手在湘潭大学校园里漫步的情形，怀念盛老师家那美味可口的饭菜，更怀念老师视我如女儿般的呵护与关怀。南京大学陈立中教授，指导我选择了方言学，并在学习和生活上都给予我无私、诚挚的帮助、指点与鼓励。

书稿的前期写作曾得到过同门师兄段亚广博士的指点。庄老师指导的博士后杨璧菀博士也为我的书稿花费了大量的时间和精力，书稿前期中的地图多得益于她的帮助，全文的排版、格式等诸多细节问题她也提出了许多有益的建议。

古丈县政协向午平副主席、非遗中心李琳筠老师，保靖县民委田二文先生、野竹坪镇党委贾建军书记、野竹坪小学向主任，永顺县润雅小学周亚玲老师，铜仁学院印有家老师等，他们都为我的方言调查提供了极大的帮助。与我的发音合作人一样，他们的热忱常常让我感动不已。尤记得在野竹坪调查完毕后，发音合作人因担心我的安全问题，无论我怎么劝说，他都坚持要在寒风中陪我等车。印象最深的是在润雅小学的调查。润雅小学位于四面高山环绕的一个盆地里，地理位置相当偏僻，那里的人们十分质朴。他们过着日出而作、日落而息的生活，一天只吃两顿饭。一个九年制的学校，三十几位老师，短短几天，我们就混得相当熟悉，我常常端着一碗饭，从这家吃到那家。每每在傍晚时，我们沿着蜿蜒的山路散步，听鸟鸣听潺潺的溪流声，跟他们扯着嗓门大吼以听四面高山的回音，晚上则一边烤火一边剥吃他们从山上捡回来的野板栗。这样的生活，让我仿若走进了陶渊明所说的桃花源境地。更让人感动的是，调查完毕我要回吉首时，发音合作人为了我第二天能坐上唯一的一辆去赶集的班车，他晚上竟没有回家，而是在食堂旁边简陋的茅房度过一晚，第二天凌晨五点多就去给我占位，帮我占住了那个在他们看来最好的座位。当我凌晨六点坐上车时，车上已有很多人，包括几位八十几岁的老人，他们一边用好奇的眼神看着我，一边议论，给我印象最深的一句话就是"她是干部"。湘西乡村的淳朴、宁静与热情，让人感动、让人深思；湘西老百姓的友善、乐观与对生活的热爱，让人敬佩，令人尊重。

多年来，我所任教的吉首大学为我顺利完成学业提供了有力的支持。吉首大学文学院、历史与文化学院、哲学研究所的多位老师，为本书的调查、写作和出版提供了无私的帮助。我的湘西籍大学同学热情地为我寻找发音合作人，我的众多的学生们也为我的调查付出了诸多努力。因为人数太多，恕不一一具名。

　　父母的养育之恩、公公婆婆的理解包容以及他们的大力帮助，常让我感动和心生愧疚。六年多来，我为了求学及调查，四处奔波，我的先生吴晓博士，给予我最大的理解、支持和安慰。我的儿子乖巧懂事，学业优异，很少让我操心，这为我潜心学习和调查提供了很大的契机和动力。

　　湘西语言丰富多彩，本书只是探讨湘西汉语方言的音韵问题，所触及的只是其冰山之一角。本人水平有限，本书难免粗陋，唯愿其出版能起到抛砖引玉的作用，让更多优秀学者对这块语言宝地进行更深入的挖掘。

邹晓玲

2017 年 5 月 10 日